GERSTENBERG VERLAG

50 Klassiker

SIEGE UND NIEDERLAGEN

Militärische Entscheidungen von Troja bis Jom Kippur
dargestellt von Wolfgang HEBOLD

4

»Eine gewonnene Schlacht ist kaum weniger traurig als eine verlorene«

Militärische Leistungen werden selten in eine Reihe mit bedeutsamen kulturellen Werken gestellt; es gibt große, es gibt entscheidende, vielleicht gibt es sogar klassische Schlachten − aber von Klassikern der Kriegsgeschichte spricht niemand so leicht. Die »Kaiserschlacht« ist kein »Kaiserquartett«.

Siege und Niederlagen werden mit Misstrauen betrachtet − nicht allein, weil sie Tod und Zerstörung gebracht haben; das haben einige Klassiker der Technikgeschichte gleichfalls getan. Sie sind auch schwerlich geeignet, zum Klassiker, und das heißt zum Kulturgut aller zu werden, weil sie nicht allen gleichermaßen nahe gebracht werden können. Denn anders als beim technischen Fortschritt steht die Menschheit auf dem Schlachtfeld keiner Natur gegenüber, an der sie sich abmühen muss − sie tritt sich selbst gegenüber und bleibt tief gespalten zurück. In die Sprache der Besiegten wird man die Hymnen der Sieger nicht übersetzen, in ihren Ohren werden die Fanfaren der Sieger immer nach Erniedrigung klingen. Und schließlich weiß jeder: Die Geschichte wird von den Siegern geschrieben.

Doch zugleich schaffen gewonnene und verlorene Schlachten Gemeinschaft. Wenig verbindet so sehr wie ein Seite an Seite erfochtener militärischer Sieg: Er kann ein höchst bedeutsamer sein, wie der Sieg der Briten in der Luftschlacht um England während des Zweiten Weltkriegs, oder auch ein vollkommen nutzloser, wie der Sieg der Indianer am Little Bighorn. Selbst angesichts einer sicheren Niederlage kann eine Gemeinschaft so eng zusammenrücken wie die Spartaner, die bei den Thermopylen für das Überleben aller griechischen Stadtstaaten kämpften und starben.

Schlachten verbinden und trennen. Und gerade deshalb, also weil sie Völker spalten und Gesellschaften von innen zerreißen, bringen sie kulturelle und politische Besonderheiten einer Wertegemeinschaft zum Vorschein. Die Schlacht verrät viel über die beteiligten Kämpfer − und nicht nur die Schlacht. Manchmal erzählen die Folgen noch mehr. Sedan markiert für Deutschland den Anfang des Traums von der Weltmacht; die Tet-Offensive der Vietnamesen zerstörte in den Vereinigten Staaten den Glauben, militärisch unbezwingbar zu sein. In der Art, wie die Völker und

■ Sitting Bull (indian.: Tatanka Yotanka, 1831–1890), der Sieger in der Schlacht am Little Bighorn

■ Schlachtenbild (Phyrrus-schlacht). Gemälde, um 1640, von Johann Heinrich Schönfeld (1609–1684). München, Bayerische Staatsgemäldesammlungen

Nationen ihre Siege feiern und Niederlagen verkraften, schreiben sie ihre Geschichte.

Nur macht das heute kaum einer mehr. Eine moderne europäische Geschichte des 19. Jahrhunderts erwähnt Trafalgar und Austerlitz vielleicht eher am Rande und den Übergang Napoleons über die Beresina erst gar nicht. Grad so, als gäbe es keinen militärischen Sieg, der es wert ist, gefeiert zu werden, und keine Niederlage, über die es zu trauern lohnte, ist die Kriegsgeschichte in manchen Ländern regelrecht tabuisiert. Nicht zufällig heißt es bei den großen Verlierern des Zweiten Weltkriegs, in Japan und Deutschland, am lautesten: »Nie wieder Krieg!« Das gilt dann oft als letzter Schluss politischer Weisheit. Auf den ersten Blick durchaus mit Recht. Die verschneite Trümmerwüste von Stalingrad duldet kein Siegesgeschrei. Doch zugleich steht Stalingrad für Sinn und Zweck militärischer Macht; es steht für die Einsicht, dass Waffen nützlich, dass Krieg unter Umständen unausweichlich und dass die Quintessenz des Krieges, die Schlacht, mitunter notwendig ist, selbst wenn Niederlage und Vernichtung von vornherein feststehen. Die Juden haben das beim Aufstand im Warschauer Ghetto erfahren; und Israels Sieg im Jom-Kippur-Krieg sorgte dafür, dass sich die Geschichte nicht wiederholte. Nicht jede Niederlage führt zum Pazifismus.

Militärische Niederlagen und Siege haben die Menschheit seit je begleitet und werden uns, ob wir wollen oder nicht, noch eine ganze Weile begleiten. Es lohnt also, einen Blick zurück auf einige klassische Schlachten zu werfen, auf ihre Ursachen, ihren Ver-

■ Photographie aus dem Indochinakrieg: Viet Minh jubeln auf einem abgeschossenen französischen Flugzeug.

lauf und ihre Folgen. Dieser Blick wird sich aber sinnvollerweise nicht nur aufs Militärische richten, sondern eben auch auf den kulturellen und politischen Rahmen der Schlachten und den Stellenwert, den sie in diesem größeren Rahmen haben.

Welche Schlachten sollen es sein? Wie gesagt, das Militärische soll nicht im Vordergrund stehen; es geht auch und vor allem um die Bedeutung von Niederlage und Sieg in Anbetracht ihrer Folgen. Deshalb wird Issos als Teil der Bedeutung Alexanders des Großen beschrieben, deshalb wird von Ausculum und vom Amselfeld berichtet, aber nicht von der Somme-Schlacht, deshalb wird der Angriff auf Pearl Harbor als Beginn einer Kette japanischer Siege beschrieben, deshalb gehören die Warschauer Aufstände, deutlich Plural, dazu.

Weil das Militärische nicht im Vordergrund steht, werden auch die Karten nur mit wenigen militärischen Einzelheiten versehen, werden in den Texten militärische Fachausdrücke sparsam verwendet. Verbandsgrößen wie Bataillon, Regiment und Division, Dienstgrade wie General, Vizeadmiral und Feldmarschall haben ihre Bedeutung ohnehin nur in ihrer Zeit; die Karten mit Truppenaufstellungen sind bei praktisch allen antiken Schlachten das Resultat von spekulativen Spezialdiskussionen. Erst wenn ein rein militärischer Begriff wie die »schiefe Schlachtordnung« auf einen weiteren Rahmen verweist, wird er selbst zum Thema, so im Essay über Leuktra.

Bleiben die militärischen Fakten wie beteiligte Truppen, Kommandos und Verlauf einer Schlacht. Sie werden von den Siegern und Verlierern gedreht und gewendet, aufgebläht oder verkleinert. Wer siegt schon gern durch Betrug, wer schon gern über einen unterlegenen Gegner, vom Verlieren erst gar nicht zu sprechen. Kommt dazu noch ein großer zeitlicher Abstand, werden die Fakten zu einem ernsten, vielfach unlösbaren Problem. Hier ist eine Problematisierung der Fakten nützlicher als die Entscheidung für diese Zahl oder für jenen Verlauf. Statt sich für eine Variante eines Schlachtverlaufs zu entscheiden, werden, wie zum Beispiel in der Darstellung der Schlacht bei Salamis, die plausiblen Möglichkeiten erwähnt, die Zahlenwerte in ihrer ganzen Bandbreite genannt.

Bewusst gewichtet wurde der Anteil von Schlachten aus den verschiedenen Zeiten. Selbstverständlich sind die klassischen Siege und Niederlagen der Antike dabei, wie zum Beispiel Cannae. Im Mittelalter durfte Hastings nicht fehlen. Doch insgesamt ist die erste Hälfte des zwanzigsten Jahrhunderts deutlich stärker präsent; schließlich prägen die beiden Weltkriege und ihre Schlachten unser politisches Denken wie kaum etwas sonst. Welche der anschließend, also nach dem Zweiten Weltkrieg geschlagenen Schlachten einmal zu den bedeutenden zählen, lässt sich dagegen heute schwer sagen. Es ist wie mit allen zeitgenössischen Werken: Erst im Nachhinein wissen wir, welche von ihnen zu Klassikern werden.

So und so bleibt die Rede vom militärischen Klassiker schwierig. Auch wenn manch ein militärischer Sieg die Möglichkeit für Kultur und kulturelle Werke erst schaffte und der ein oder andere Künstler die Wirkung seiner Werke mit der durchschlagenden Wirkung des Krieges vergleicht; auch wenn es eine Kriegskunst gegeben hat, gibt und geben wird — sie, die Kriegskunst, ist eine Kunst ohne Kunstwerk, und ihr größter Erfolg, die gewonnene Schlacht, wird niemals Kulturgut, wird niemals in diesem Sinn Klassiker werden – nicht einmal auf Seiten der Sieger.

■ Rod Steiger als Napoleon in dem Historienfilm *Waterloo* aus dem Jahr 1970 von Sergej Bondartschuk

Der Herzog von Wellington hat das gewusst. Tausende Tote und ein gefallener Freund dämpften seine Freude über den eben bei Waterloo gegen Napoleon errungenen Sieg; wahrscheinlich kam sie gar nicht erst auf. »Next to a battle lost, the saddest thing is a battle won«, sagte er mehrfach, und man kann es zu jeder Schlacht sagen: »Eine gewonnene Schlacht ist kaum weniger traurig als eine verlorene.«

Geschichte und Geschichten
Troja
um 1300 v. Chr.

Vor über 3000 Jahren war die Westküste Kleinasiens zum Zankapfel zwischen zwei rivalisierenden Mächten, den griechischen Mykenern im Westen und dem Reich der Hethiter im Osten, geworden. Die Hethiter dominierten Kleinasien, hatten aber um 1300 v. Chr. Streit mit Ägypten. Sie standen kurz vor einem Krieg. Möglicherweise dachte man sich in Mykene und anderen Orten Griechenlands, jetzt, da die hethitischen Armeen anderswo beschäftigt sind, sei ein günstiger Zeitpunkt gekommen, um Teile der umstrittenen Küste zu erobern, zum Beispiel »Wilusa«, die reiche Handelsstadt am Hellespont, besser bekannt unter ihrem griechischen Namen Ilios oder, wie wir heute sagen, Troja.

Gut möglich, dass die mykenischen Griechen und ihre Verbündeten Truppen an den Stränden unterhalb Trojas anlanden ließen. Möglicherweise scheiterten sie mit ihrem Vorhaben, die Stadt zu erobern, an inneren Unstimmigkeiten, der Achillesferse eines jeden von mehreren Feldherren geleiteten Eroberungszuges. Vielleicht fiel Troja wirklich nach zehn Jahren der berühmtesten Kriegslist aller Zeiten zum Opfer. Vielleicht! Denn wir wissen es nicht.

■ Das hölzerne Pferd vor den Toren Trojas. Szene aus dem amerikanischen Monumentalfilm *Die Abenteuer des Odysseus* von 1954 mit Kirk Douglas, Silvana Magnano und Anthony Quinn in den Hauptrollen

Die Belagerung Trojas kennen wir nur aus antiken literarischen Werken: aus Homers Epen *Ilias* und *Odyssee* vor allem, die um 700 v. Chr. entstanden sind. Sie erzählen den Kriegsverlauf bereits aus mehreren hundert Jahren Distanz, und so kommt einem alles sagen- und legendenhaft vor. Schon die überlieferte Kriegsursache kann nicht recht überzeugen: Angeblich ging es um eine Frau. Auch die Götter sollen ihre Hand im Spiel gehabt haben.

Zu einer Hochzeitsfeier waren alle ein-

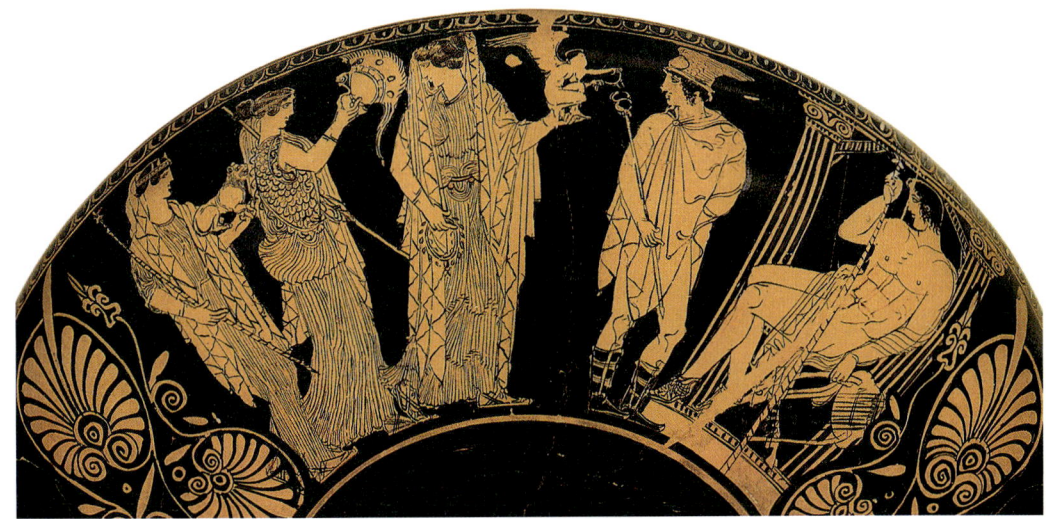

geladen – bis auf Eris, die Göttin der Zwietracht. Als sie dann doch von dem Fest erfuhr, war sie beleidigt und rächte sich auf die ihr angemessene Weise. Mitten zwischen die Feiernden warf sie einen Apfel mit der Aufschrift »Für die Schönste«. Die Göttinnen Hera, Athene und Aphrodite stritten sich um die in Aussicht gestellte Ehre und ließen einen Sterblichen, den aus Troja stammenden Prinzen Paris, entscheiden. Nachdem die Liebesgöttin Aphrodite, einer modernen Lesart zufolge, ihm unwiderstehliche männliche Reize versprochen hatte, erklärte er sie zur Siegerin und probier-

■ Das Urteil des Paris: Der trojanische Prinz Paris erwartet vor den Säulen des Palastes die von Hermes geleiteten Göttinnen, um zu entscheiden, wer die Schönste von ihnen sei. Rotfiguriges Außenbild einer attischen Trinkschale, spätes 5. Jh. v. Chr. Berlin, Antikensammlung

te seine Wirkung umgehend an der schönen Helena aus, der Frau des Königs Menelaos von Sparta. Helena verließ Mann und Tochter und folgte Paris nach Troja.

Menelaos trommelte alle verbündeten Griechen zusammen und segelte dem Paar hinterher. Von den Trojanern forderte er Wiedergutmachung und die Rückgabe seiner Frau. Kurze Zeit wurde verhandelt, dann sprachen die Waffen. Die Belagerer kämpften unter Agamemnon, dem König von Mykene, und dem Halbgott Achill; die Verteidiger Trojas unter den Söhnen ihres Königs Priamos, Hektor und Paris.

Nach neun Jahren hatten die Griechen und Trojaner den Krieg um die Frau und Geliebte ihrer Anführer satt. Die beiden,

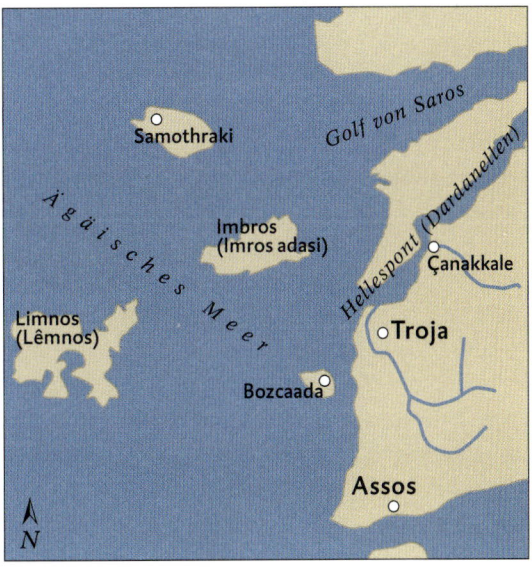

■ Trojakämpfer auf einer rotfigurigen attischen Schale des Euergides-Malers, letztes Viertel des 6. Jh. v. Chr. London, British Museum

die es betraf, sollten den Sieger im Zweikampf ermitteln: Menelaos und Paris trugen den Kampf unter sich aus. Paris war beinahe geschlagen. Im letzten Moment floh er mit Aphrodites Hilfe vom Schlachtfeld. – Betrug! Die Schlacht um Troja flammte erneut auf und wurde noch unerbittlicher fortgesetzt.

Vordergründig erzählt Homer Geschichten, die man glauben kann oder auch nicht. Zugleich aber zeichnet er ein wirklichkeitsnahes Bild vom Kriegsgeschehen in der Antike. Zur Feier sang Homer vom Jammer der Frauen: »Hektor, siehe, du bist mein blühender Gatte! Ach, erbarme dich doch und bleibe bei mir! Mache nicht zur Waise das Kind und zur Witwe die Gattin!« Er hob die Stimme, wenn ein Vers die Geräusche der anrückenden Heere beschrieb: »Aber nachdem sie sich geordnet, zogen die Trojer mit Lärm und Geschrei heran wie die Kraniche unter dem Himmel.« Sparte auch nicht mit drastischen Worten für den Tod im Gefecht: »Schon aber kam Achill und raubte sein Leben. Denn er hieb ihm am Bauch in den Nabel, und alle Gedärme stürzten heraus auf die Erde, und Nacht umfing seine Augen, während er röchelte.« Gespannt lauschten die Hörer den schönen, aber deutlichen Worten, empörten sich über Agamemnon, der fordert: »Keiner der Männer Trojas entfliehe dem jähen Verderben, keiner nun unserem Arm, auch nicht das Knäblein im Schoße, welches die Schwangere trägt, auch das nicht!« Sie waren in Gedanken bei ihren eigenen Kindern, wenn Hektors Abschiedslied erklang. Denn sie kannten das Ende: Hektor stirbt durch den Speer des Achill, und sein Leichnam wird – wiederum beschreibt Homer bei aller Bilderfülle zutiefst realistisch – misshandelt. Achill wird an der

Also sprach der glänzende Held und griff nach dem Kinde; / Aber zurück an den Busen der schöngegürteten Amme / Schmiegte sich schreiend das Kind, erschreckt vom Anblick des Vaters, / Scheu vor des Erzes Glanz und der flatternden Mähne des Busches, / Welchen es furchtbar winken sah von der Spitze des Helmes. / Herzlich lachte der Vater darob und die zärtliche Mutter. / Eilend nahm vom Haupte den Helm der strahlende Hektor, / Setzte den schimmernden hin auf den Boden sogleich, und er selber / Küsste sein liebes Kind und wiegte es sanft in den Armen; / Flehend sprach er darauf zu Zeus und den anderen Göttern: / Zeus und ihr anderen Götter, oh lasst doch dies mein Knäblein / Einst mir gleichen an strahlendem Ruhm im Volke der Troer, / Auch an herrlicher Kraft, und Ilion mächtig beherrschen!
Homer, Ilias

Ferse getroffen und fällt. Wieder greift Homer auf eine Legende zurück. Achills göttliche Mutter hatte ihn im Flusse Styx, der das Reich der Lebenden von dem der Toten trennt, gebadet und dadurch mit einer Schutzhaut versehen. Die Ferse aber blieb unbenetzt, da hatte sie ihn festhalten müssen, und da wird er vor Troja tödlich verwundet.

Nach Achills Tod räumen die Griechen das Feld. Die Danaer, wie man sie auch nennt, fahren mit ihren Schiffen davon und hinterlassen am Strand ein riesiges hölzernes Pferd. Im Siegesrausch verlieren die Trojaner den Verstand: Sie schaffen das Pferd in die Stadt, weil sie glauben, es sei ein Geschenk für die Götter. Dann verlieren viele von ihnen das Leben, denn im Innern des Pferdes lauert Odysseus mit ausgewählten Kriegern. Nachts klettern sie heraus, öffnen die Tore und erobern mit der unterdessen zurückgekehrten griechischen Streitmacht die Stadt. Fast alle trojanischen Männer werden getötet, die Frauen verschleppt; zuletzt wird Hektors Sohn vom Burgturm ins brennende Troja geworfen.

Doch die Griechen haben wenig Freude am Sieg. Etliche geraten auf der Heimfahrt in einen Sturm und ertrinken; Agamemnon wird zu Hause von der eigenen Frau und deren Geliebten ermor-

■ *Das brennende Troja*, Öl auf Kupfer, um 1595, von Jan Brueghel d. Ä. (1568–1625), München, Alte Pinakothek

■ Die Verteidigung Trojas. Relief, Anfang 4. Jh. v. Chr., vom Fries an der Westwand des Heroons von Gjölbaschi-Trysa (Lykien). Wien, Kunsthistorisches Museum

■ Die Versammlung der Helden im Lager vor Troja. Rotfigurige Vase des Brygos-Malers, 1. Hälfte 5. Jh. v. Chr. Wien, Kunsthistorisches Museum

det; Menelaos stellt fest – einer Überlieferung zufolge, die nicht bei Homer zu finden ist –, dass die umkämpfte Helena, die zu ihm zurückgeführt wird, gar nicht mehr »seine« Helena ist.

Die Heldengestalten der *Ilias* und der *Odyssee* leben weiter in Büchern und Theaterstücken. Einzelne Motive der *Ilias* sind als Redewendung in den Sprachgebrauch eingegangen: Streitobjekte werden »Zankapfel« genannt; die »Achillesferse« bezeichnet eine schwache, verwundbare Stelle, das »Trojanische Pferd« steht für in den feindlichen Linien operierende eigene Leute, die als »Geschenke« eingeschleust werden, »Danaergeschenk« sagt man auch.

Im 19. Jahrhundert ging der Kaufmann und Hobbyarchäologe Heinrich Schliemann dem Ursprung der Ge-

> Ihn aber ließ er am Fleck, nachdem er sein Leben genommen, / liegen im Sand, und dunkles Wasser bespülte die Leiche. / Aale machten sich gleich daran und andere Fische, / Schnappten und nagten gefräßig am nierenumhüllenden Fette.
>
> Homer, *Ilias*

schichten von Troja auf den Grund, reiste nach Kleinasien und suchte mit der *Ilias* unterm Arm nach der verschollenen Stadt. Bei Ausgrabungen wurde er fündig, stieß auf eine Burg und dann auf einen Schatz, den er dem Priamos zuschrieb. Die Wiederentdeckung Trojas war nicht weniger phantastisch als sein Untergang und Schliemann nur allzu bereit, neue Legenden zu bilden.

Die Mischung aus Geschichte und Geschichten macht die Belagerung Trojas zu einem ganz besonderen Fall in der Kriegsgeschichte. Denn durch den Anschein des Faktischen überzeugt das Erzählte, und durch den Mangel an Fakten kann der Erzähler seine Gedanken zum Krieg frei entfalten.

TROJA – GESCHICHTE UND GESCHICHTEN

 DATEN UND FAKTEN

Historischer Rahmen: mythisch

Zeit: um 1300 v. Chr. Die Belagerung dauerte zehn Jahre.

Ort: Türkei; Gebiete südlich der heutigen Dardanellen

Ziele
Griechen: Herausgabe der geraubten Helena und Eroberung Trojas

Trojaner: Abwehr der griechischen Belagerung

Gegner, Kommandos, Waffen
Griechen unter Achill, Patroklos, Agamemnon, Menelaos und Odysseus: Zahl unbekannt; Fußsoldaten und Streitwagen, die jedoch, ebenso wie bei den Trojanern, nur zur Fahrt auf das Schlachtfeld verwendet werden

Trojaner unter Priamos: Zahl unbekannt; Fußsoldaten und Streitwagen

Verluste: unbekannt

Sieger: Griechen

Verlauf
1.–9. Jahr Landung der Griechen an der Küste vor Troja. Verhandlungen über die Herausgabe der von Paris geraubten Helena, der Schätze und einer Entschädigung. Die Trojaner lehnen die Forderungen ab. Die Belagerung Trojas beginnt mit einem Eroberungszug von Achill durch das Umland der Stadt.

9. / 10. Jahr Interne Auseinandersetzung zwischen Achill und Agamemnon. Achill zieht sich mit seinen Truppen zurück. Stellvertretend für die Heere beginnen Menelaos und Paris einen Zweikampf; kurz vor einer Niederlage flieht Paris vom Schlachtfeld. Ausfall der Trojaner. Sie greifen die Griechen an und dringen bis zu den Landungsplätzen der Schiffe vor. Patroklos, ein enger Freund Achills, kehrt ohne Achill zu den bedrohten Griechen zurück und wirft die Trojaner zurück. Patroklos wird von Hektor getötet. Hektor wird vor den Toren Trojas von Achill im Zweikampf getötet. Misshandlung Hektors durch Achill. Beim Angriff auf die Stadt trifft Paris mit einem Pfeil Achill an der Ferse (»Achillesferse«). Achill stirbt. Die Griechen ziehen ab und hinterlassen am Strand ein riesiges hölzernes Pferd (»Trojanisches Pferd«). Nach langen Diskussionen schaffen die Trojaner das Pferd in die Stadt. Nach den anschließenden Siegesfeiern steigen Odysseus und eine Reihe weiterer Männer, die sich in dem Pferd versteckt gehalten haben, hinaus, öffnen die Stadttore und erobern mit den zurückgekehrten Griechen Troja. Bis auf Äneas und seine Angehörigen werden alle männlichen Trojaner getötet und die Frauen nach Griechenland verschleppt.

Besonderheiten
Die Belagerung Trojas ist historisch nicht belegt. Es gibt lediglich literarische Zeugnisse. Allerdings wurden an den Dardanellen Reste einer Stadt gefunden und ausgegraben. Dabei handelt es sich um mehrere Schichten verschiedener Städte (Troja I–X), von denen nach heutigem Kenntnisstand Troja VII beziehungsweise eine von den weiteren Unterteilungen VIIa, VIIb1–3 als das von Homer beschriebene Troja in Frage kommt. Bis heute fehlt für Troja VII jedoch ein eindeutiger schriftlicher Hinweis auf den Namen der Stadt.

 EMPFEHLUNGEN

Lesenswert:
Die Geschichte des Trojanischen Kriegs verteilt sich auf diverse Überlieferungen; zentrale Werke sind Homer: Ilias, Odyssee; Vergil: Aeneis.

Sehenswert:
Helen of Troy. (Der Untergang von Troja.) Regie: Robert Wise; mit Rossana Podesta, Jacques Sernas u. a. USA 1956.

Besuchenswert:
Die seit 1988 unter Manfred Korfmann durchgeführten Grabungen am Hügel Hirsalik, des Burgbergs von Troja-Ilion, und Umgebung.
Einen Überblick über die Grabungen gibt www. uni-tuebingen.de/ufg/troia.

 AUF DEN PUNKT GEBRACHT

Eine militärgeschichtliche Bewertung der Belagerung Trojas ist nicht möglich, doch literarisch betrachtet sind die Ilias und die Odyssee einzigartig. Die Handlungen, Gedanken und Schicksale ihrer Hauptfiguren haben die europäische Geschichte begleitet und Politikern und Militärs mitunter als Vorbild gedient.

Jagdtriebe
Kadesch
1299 v. Chr.

■ Ägypter unter Ramses erstürmen in Kadesch eine Festungsmauer. Relief, um 1265 v. Chr., vom Ramesseum, dem Totentempel des Ramses, in Theben-West beim Tal der Könige in Ägypten

Es gibt fruchtbare Landschaften, es gibt blühende Landschaften, und es gibt Landschaften, die bestimmt sind, zu Kriegsschauplätzen zu werden. Ihre Namen füllen die Register militärgeschichtlicher Werke: Verdun etwa, oder Adrianopel, das heutige Edirne in der Türkei. Für diesen Ort sind beispielsweise insgesamt fünfzehn Schlachten und Belagerungen überliefert.

Die Stadt Kadesch in Westsyrien war im 14. Jahrhundert v. Chr. ähnlich umkämpft, denn ihre Umgebung war ein strategisch bedeutsames Gebiet. Hier am Oberlauf des Orontes berührten sich die Einflusszonen von Ägypten und Hatti, dem Reich der Hethiter, den beiden Großmächten des östlichen Mittelmeerraums. Wer Kadesch beherrschte, kontrollierte das Eleutherostal zwischen Nordsyrien und der Mittelmeerküste. Die Stadt war der östliche Zugang zu diesem Tal und eignete sich als Ausgangsbasis für Eroberungszüge.

Zu Beginn des 14. Jahrhunderts wurde die ägyptische Oberhoheit über Kadesch von den Hethitern noch geachtet. Nachdem hethitische Truppen in einem einjährigen Feldzug sämtliche Staaten in Nordsyrien niedergeworfen und vertraglich gebunden hatten, wurde ihr Vormarsch Richtung Süden sehr wahrscheinlich von den Ägyptern aufgehalten (von wem genau, ist heute jedoch nicht mehr zu ermitteln), die von Kadesch aus angriffen. Die Hethiter schlugen erfolgreich zurück, inthronisierten in Kadesch einen ihnen verpflichteten König und kontrollierten bald das Eleutherostal bis zur Mittelmeerküste.

In der zweiten Hälfte des 14. Jahrhunderts brach die große Zeit der Hethiter an. Sie setzten sich in Kadesch dauerhaft fest. Alle Versuche Ägyptens, mit Truppen oder durch Unterstüt-

■ *Ramses II., der Große, in der Löwenschlacht gegen die Cheta bei Kadesch.* Farbdruck nach einem Aquarell von Eugen Hanetzog

zung von Aufständen die verlorene Stadt zurückzugewinnen, waren vergeblich. Widerwillig mussten Ägyptens Machthaber die Verhältnisse an der nordöstlichen Grenze akzeptieren. Denn mit den Streitwagen der Hethiter, der damals entscheidenden Waffe, konnten sie sich augenblicklich nicht messen.

Die XIX. Dynastie, die aus dem Militär hervorgegangen war, versprach bessere Zeiten. Unter Ramses II. bewegte sich ein riesiger Heereszug aus Streitwagen und Fußsoldaten durch Palästina nach Norden. Er wollte den hethitischen Truppen unter König Muwatalli II. die Vorherrschaft über Kadesch und Umgebung entreißen.

Verteilt auf vier nach den ägyptischen Hauptgöttern benannten Divisionen, nähern sich die Ägypter von Süden der karg bewachsenen Landschaft um Kadesch. Sie marschieren zunächst parallel; so kann jeder Verband ausreichend mit Verpflegung versorgt

■ Der nach der Schlacht von Kadesch zwischen Ramses II. und dem Hethiterkönig Muwatalli II. geschlossene Vertrag. Tontafel, um 1272 v. Chr. Istanbul, Museum orientalischer Altertümer

werden. Ramses überquert an der Spitze einer seiner Divisionen südlich von Kadesch den Orontes – er vermutet die Hethiter weitab im Norden. Aber die Hethiter halten sich hinter dem Hügel von Kadesch vor den Blicken der Ägypter verborgen, ziehen östlich an Ramses vorbei und rollen mit ihren Kampfwagen von Südosten her in die völlig überraschte ägyptische Flanke.

Auf ägyptischer Seite ist jetzt rasches Handeln gefordert, denn die Ebenen um Kadesch sind die ideale Landschaft für die schnellen Gespanne der Hethiter. Ramses reißt seine Verbände herum. Hunderte hethitischer Streitwagen donnern heran und sprengen in die ägyptischen Marschkolonnen hinein. So haben es die Hethiter oftmals geübt und in zahllosen Schlachten in die Tat umgesetzt. Drei Mann stehen auf der schmalen Plattform eines Streitwagens und machen Jagd auf den Gegner: Einer lenkt das Gespann, der zweite lauert auf eine Gelegenheit, seine Lanze in einen feindlichen Soldaten zu bohren, der dritte soll die beiden anderen schützen.

Den ersten Angriff der Hethiter konnte, so heißt es in den ägyptischen Inschriften, die von der Schlacht berichten, Ramses ganz allein abwehren. Mit der Hilfe Amuns, des höchsten ägyptischen Gottes, und mit übermenschlichem Wagemut machte er einen hethitischen Wagen nach dem anderen unschädlich, alles in allem

Der König stoppte die Flucht und stürmte Richtung Feind, und niemand war bei ihm. Er schaute sich um und konnte 2500 Wagen erblicken. … Ich rief dich an, mein Gott Amun. Ich bin allein, niemand ist bei mir, meine Infanterie und meine Streitwagen haben mich verlassen. Ich schrie sie an, aber niemand horchte auf mich. … Aber Amun war bei mir, als ich ihn rief; er gab mir seine Hand, und ich freute mich. … Ich schoss mit der Rechten und fing mit der Linken. … Ich befand mich mitten zwischen 2500 Wagen. … Keiner hatte die Hand frei, mit mir zu kämpfen. Einen nach dem anderen trieb ich ins Wasser. Wie Krokodile fielen sie nacheinander hinein. Ich tötete sie, wie ich wollte.

Ramses II.

2500 Gefährte. Selbstverständlich verließ Ramses das Schlachtfeld als Sieger – so jedenfalls wollten es die ägyptischen Quellen. Und ebenso selbstverständlich hält jeder Leser ihren Bericht und ihre Zahlen für Propaganda stark übertrieben.

Denn Kadesch befand sich nach der Schlacht weiterhin im Machtbereich der Hethiter, und die Ägypter zogen sich wieder zurück. Gesiegt hat Ramses also wohl nicht. Allerdings haben seine Truppen auch nicht verloren. Ramses hat in der Ebene westlich des Orontes durch persönlichen Mut lediglich eine schwere Niederlage verhindert.

Die ägyptischen Inschriften feiern den Helden, der beim Anblick zahlloser Gegner die Ruhe bewahrt. Leicht kann man sich auch heute noch vorstellen, wie Ramses auf seinem Streitwagen stand, den Bogen spannte und befriedigt weitersprengte, nachdem sein Pfeil einen hethitischen Wagenlenker getroffen hatte und das Gespann ins Schlingern geriet. Zielen und Treffen hieß sein Vergnügen, das mit dem Umstürzen des Wagens seinen Gipfel erreichte und das wir, wenn auch in anderen Formen, gut kennen. Es erinnert an Western, Schießbuden und Videospiele, also an die tiefe menschliche Lust an der Jagd. In diesem Sinne war die Gegend um Kadesch nicht nur strategisch bedeutsam oder für bestimmte Waffensysteme besonders geeignet – sie passte zu den kriegerischen Instinkten des Menschen. Sie war ein Jagdgrund.

Doch Vorsicht, der erste Schlachtbericht enthält nicht nur Phantasien eines gottgleichen Herrschers. Die ägyptischen Chronisten waren Pedanten. Zwar ist auch die von ihnen angegebene Trefferquote zu hoch, aber die Zahl an der Schlacht beteiligter Wagen haben sie keineswegs übertrieben;

■ Die Verteidiger werfen Steine von der Festungsmauer in Kadesch. Relief, um 1265 v. Chr., vom Ramesseum in Theben-West

■ Ein Haufen abgeschlagener Feindeshände; sie wurden aufgehängt und gezählt. Relief vom Ramesseum in Theben-West

in den Arsenalen Ägypten und Hattis standen nachweislich einige Tausende. Außerdem kannten die Schreiber die Verluste der eigenen und der feindlichen Seite ungewöhnlich genau und erstellten Listen namhafter getöteter Gegner.

Auch das war ein Vorteil der Landschaft um Kadesch. Am Ende eines Gefechts konnte man auf dem Schlachtfeld den Ausgang überprüfen, denn in der Steppe geht so schnell nichts verloren, die Gefangenen nicht und die Gefallenen ebenfalls nicht. Deshalb kannten die Ägypter die Zahl der gefallenen Hethiter so ungewöhnlich genau. Ramses ließ jedem gefallenen Gegner die Hände abhacken, damit ihre genaue Zahl belegt werden konnte. So wurde in der Landschaft um Kadesch auch der Wunsch des Menschen, zu dokumentieren und zu registrieren, befriedigt; er bekam die exakten Zahlen geboten, denen die Militärhistoriker bis heute nachjagen.

KADESCH – JAGDTRIEBE

 DATEN UND FAKTEN

Historischer Rahmen: Auseinandersetzung zwischen Ägypten und Hatti

Zeit: 5. Regierungsjahr Ramses' II. 1299 v. Chr.

Ort: Ebenen nordwestlich, westlich und südlich von Kadesch am Oberlauf des Orontes

Ziele
Ägypter: Eroberung von Kadesch und Vernichtung der hethitischen Armee
Hethiter: Verteidigung von Kadesch

Gegner, Kommandos, Waffen
Ägypter unter Ramses II.: circa 20 000 Mann. Die Ägypter marschieren in vier Divisionen – einige Quellen sprechen von Korps –, die nach den ägyptischen Hauptgöttern Amun, Re, Ptah und Sutekh benannt sind.

Hethiter unter Muwatalli II.: 47 500 Mann, davon 37 000 Mann Infanterie; 2500–3500 Streitwagen

Verluste: unbekannt

Sieger: keiner

Verlauf
1. *Tag* Ramses erreicht mit der Division Amun den Orontes südlich von Kadesch, ihm folgt die Division Re. Die anderen beiden Divisionen stehen entfernt im Süden. Zwei Beduinen erzählen, dass sich die Hethiter noch weit im Norden befinden. Ramses überschreitet daraufhin mit der Division Amun den Orontes und schlägt westlich von Kadesch sein Lager auf. Die Belagerung der Stadt wird vorbereitet. Ramses erfährt, dass sich die Truppen der Hethiter nordöstlich von Kadesch unmittelbar hinter der Stadt befinden. Per Boten werden die anderen Divisionen beauftragt, ihren Vormarsch zu beschleunigen.

2. *Tag* Die Division Re überquert den Orontes; beim und kurz nach dem Überschreiten werden die Verbände aus Richtung Osten von hethitischen Streitwagen angegriffen. Die noch nicht kampfbereiten Kolonnen geraten durcheinander und flüchten schließlich nach Norden. Das Lager von Ramses wird angegriffen, Ramses nimmt den Kampf alleine auf. Die Hethiter plündern das ägyptische Lager. Von Nordwesten her führen Verbände, die auf ägyptischer Seite stehen, deren Identität aber nicht geklärt ist, einen Gegenangriff und schlagen die Hethiter über den Orontes zurück. Die Verluste sind auf beiden Seiten so hoch, dass Ramses und Muwatalli keine weiteren Angriffe durchführen. Ramses bricht die Belagerung ab und zieht sich nach Süden zurück.

Besonderheiten
Kadesch ist die erste detailliert dokumentierte Schlacht der Geschichte. Ihr Verlauf ist in Ägypten auf mehreren Inschriften und Reliefs beschrieben. Einen Bericht aus hethitischer Sicht gibt es nicht.

 EMPFEHLUNGEN

Lesenswert:
Christian Jacq: *Ramses. Die Schlacht von Kadesch.* Bd. 3. Reinbeck 2001.

Birgit Brandau: *Der Sieger von Kadesch.* München 2001.

 AUF DEN PUNKT GEBRACHT

Die Auseinandersetzung zwischen Ägypten und Hatti war mit der Schlacht von Kadesch nicht entschieden und dauerte an. Kadesch verblieb im Einflussbereich Hattis. Nach weiteren kriegerischen Konflikten kam es erst sechzehn Jahre später zu einem Friedensvertrag. Hatti ging nicht am Konflikt mit Ägypten, sondern an Überfällen durch Seevölker zugrunde.

Eine europäische Legende

Marathon

490 v. Chr.

■ Spartanischer Soldat im 5. Jh. v. Chr. Das Scharlachrot der Soldatenumhänge wurde zum Symbol des spartanischen Stolzes. Herodot berichtet, dass spartanische Soldaten sich jedes Mal, bevor sie in einer Schlacht ihr Leben riskierten, sorgfältig ihr langes Haar kämmten.

In der zweiten Hälfte des 6. Jahrhunderts v. Chr. hatte sich Persien zur Großmacht entwickelt, die das Gebiet von Indien bis nach Ägypten und Kleinasien kontrollierte. 512 v. Chr. drangen die Perser zum ersten Mal nach Europa vor. Unter ihrem Großkönig Dareios I. überquerten sie den Bosporus und bedrängten die Skythen im heutigen Südrussland. Ein weitgehend erfolgloser Angriff – aber das Aufmarschgebiet am Bosporus verblieb im Einflussbereich des persischen Herrschers.

Die persische Machtentfaltung hatte Auswirkungen auf die beiden griechischen Stadtstaaten Athen und Sparta. Ihre Handelswege führten jetzt durch persisch kontrolliertes Gebiet. Außerdem war ein Vorrücken persischer Truppen auf beide Stadtstaaten denkbar.

Anfänglich schenkten Athen und Sparta, die größten Militärmächte Griechenlands, der Bedrohung durch die Perser weniger Beachtung als den Rivalitäten untereinander, sie suchten sogar die Nähe zur Großmacht im Osten. Erst nach Unruhen in den von »ionischen« Griechen bewohnten und den Persern tributpflichtigen Städten im Westen Kleinasiens bildeten Athen und Sparta um 500 eine gemeinsame Front. Von den Anführern des »Ionischen Aufstands« um Unterstützung gebeten, hatten die Athener einen Flottenverband entsandt; zu klein, um militärisch entscheidend zu sein, aber groß genug, um in Persien Argwohn zu erwecken. Nachdem die Revolte unterdrückt war, befahl Dareios I. den Marsch persischer Truppen auf Athen.

Das erste Expeditionsheer der Perser ging bei einem Unwetter buchstäblich unter; das zweite segelte 490 auf direktem Weg über das Ägäische Meer und landete nördlich von Athen auf Euböa. Die griechischen Städte mussten sich entscheiden, ob sie dem

Damals kannten die griechischen Generäle noch nicht das Vertrauen in die überlegene Qualität ihrer Truppen, die seit der Schlacht von Marathon alle Europäer, Griechen ..., römische Legionäre, ... oder unsere britischen Regimenter in den Feldzügen in Indien beflügelt hat.

Edward S. Creasy, Fifteen Decisive Battles of the World

■ So stellte man sich im frühen 19. Jahrhundert die *Schlacht bei Marathon* vor. Stahlstich aus der *Bilder-Gallerie zur allgemeinen Weltgeschichte* von Carl Rotteck, Karlsruhe und Freiburg 1842

■ Ein erbeuteter persischer Bronzehelm von der Schlacht bei Marathon mit der griechischen Weihinschrift »Die Athener für Zeus als Siegesbeute von den Medern«, 490 v. Chr. Olympia, Museum

übermächtigen Gegner Widerstand leisten oder sich beugen sollten. Das Schicksal des auf Euböa gelegenen Eretria offenbarte die innere Spaltung auf griechischer Seite: Es verteidigte sich und fiel am sechsten Tag durch Verrat.

Das nächste Ziel der Perser war Athen, das sofort einen Boten mit der Bitte um die zuvor vereinbarte militärische Hilfe nach Sparta schickte; doch die Spartaner marschierten aus religiösen Gründen nicht los. Athen musste den ersten Ansturm der Perser mit eigenen Kräften parieren. Bloß wie? Innerhalb der Stadtmauern? Auf offenem Feld? Athens militärischer Kopf Miltiades, ein genauer Kenner persischer Kriegskunst, empfahl, den Stier bei den Hörnern zu packen und die Perser früh, wenn möglich im Moment ihrer Landung zu attackieren. Er setzte sich durch und rückte, sobald der Landungsort der Perser bekannt war, mit einem aus der böotischen Stadt Platäa verstärkten athenischen Hoplitenheer (schwerbewaffneten Fußkämpfer) den Invasoren entgegen.

Was dann passierte, ist heute nicht mehr zu klären. Die historischen Quellen sind spärlich und nur auf griechischer Seite erhalten: Herodot hat die Ereignisse in seinen *Historien* beschrieben, dem frühesten Werk griechischer Geschichtsschreibung. Sicher ist, dass die Perser an den Stränden der Ebene von Marathon landeten und dass es wenige Tage später zur Schlacht kam. Sicher ist ferner, wo die griechischen und persischen Gefallenen liegen, denn man hat ihre Gebeine später gefunden. Der Läufer von Marathon, der die Meldung über den Ausgang der Schlacht nach Athen überbrachte und dann vor Erschöpfung tot zusammenbrach, ist dagegen Legende. Aber seine Botschaft war richtig: »Nenikékamen« – »Wir haben gesiegt!«

Also wurden die Forscher gefragt. Sie sollten und wollten erkunden, was in Marathon tatsächlich geschah. Mangels Fakten fügten sie unbewiesene Thesen und Mutmaßungen zu einer Vielzahl von Möglichkeiten zusammen. Und natürlich glaubte jeder,

■ Szene aus dem Film *Die Schlacht bei Marathon* (I/F 1959), unter der Regie von Jacques Tourneur. In der Mitte: Steeve Reeves

seine Theorie über den Ablauf des Kampfes komme den Fakten am nächsten. In der um Marathon geschlagenen Schlacht der Forscher kämpfte jeder gegen jeden.

Historiker bemängelten die einseitige Parteinahme Herodots für die Griechen. Logistiker widerlegten die in den *Historien* angegebenen Zahlen. Militärs spielten immer neue Angriffsvarianten der persischen und griechischen Heerführer durch. Bis heute steht nicht einmal fest, wer in der Ebene von Marathon Angreifer, wer Verteidiger war. Mal zwingen die Perser die Griechen zum Angriff, mal stürmen die Griechen mutig drauflos, mal ziehen sich die Perser zurück und werden von den Griechen beim Besteigen der Schiffe geschlagen.

Welche These wird den Kampf in der Forschung gewinnen? Vermutlich keine. Die verschiedenen Zahlen und fiktiven Schlachtszenarien deshalb für Spielereien zu halten, wäre indessen ein Fehler. Denn in ihren unterschiedlichen Ansätzen vertreten sie jeweils typische kulturgeschichtliche Bilder.

Geht man etwa von einer deutlich zahlenmäßigen Überlegenheit der persischen Truppen aus, so kann man den Mut und das Geschick der Griechen bewundern. Und man kann ihren Sieg über den numerisch überlegenen Gegner als Ausdruck geistiger und moralischer Überlegenheit deuten. Die Griechen haben das »Abendland« erfolgreich gegen den »Ansturm des Ostens« verteidigt. Setzt man dagegen eine nur mäßige Überlegenheit der Perser voraus, wird klar, wie nebensächlich die Expedition und damit Griechenland für Dareios war. Er ist nicht einmal selbst mitgezogen.

Oder traten die Perser bei Marathon sogar in der Unterzahl an? Dann fragt sich der militärische Fachmann, warum ihre Truppen

Die Überlieferung der Griechen über die Perser enthält einen inneren Widerspruch. Einmal werden diese dargestellt als ungeheure, aber sehr unkriegerische Massen, die mit Peitschenhieben in die Schlacht getrieben werden müssen. Dann wieder erscheinen sie als höchst tapfere und tüchtige Krieger. Wäre beides … so bliebe der immer wiederholte Sieg der Griechen unerklärlich. … da ist es klar, dass die Überlegenheit der Perser nicht in der Zahl, sondern in der Qualität zu suchen ist.

Hans Delbrück

■ Nach dem Sieg über die Perser bei Marathon bricht der Bote nach dem legendären 42,2 Kilometer langen Lauf, dem Marathonlauf, tot zusammen. *Ankunft des Siegesboten aus Marathon in Athen. Gemälde, 1869, von Luc Olivier Merson. Paris, Musée de l'École des Beaux-Arts*

entkamen. Womöglich stand den Griechen ein relativ kleines persisches Eliteheer gegenüber. Europäische Quantität hätte sich gegen asiatische Qualität durchgesetzt. Warum nicht?

Weil ein kleineres Heer, das freiwillig gegen einen zahlenmäßig überlegenen Gegner antritt, selbstbewusste Soldaten mit Initiative voraussetzt. Diese aber passen nicht ins europäische Bild einer asiatischen Großmacht und ihrer Kämpfer. Deshalb, das heißt, um das Bild von der europäischen Überlegenheit zu bewahren, wird Marathon in den Geschichtsbüchern fast immer als Sieg der Griechen gegen die numerisch überlegenen Perser beschrieben – auch ohne gesicherte Fakten. Mit anderen Worten: Beim ersten Marathonlauf war der Läufer Legende, aber die Botschaft war richtig. Beim Marathonlauf der Forschung wetteifern wirkliche »Läufer«, und einige verbreiten Legenden.

MARATHON – EINE EUROPÄISCHE LEGENDE

DATEN UND FAKTEN

Historischer Rahmen: Perserkriege

Zeit: August oder September 490 v. Chr.

Ort: Griechenland; Ebene von Marathon, nordöstlich von Athen

Ziele

Perser: Unterwerfung von Athen und Sparta. Sie wählen den Kampfplatz von Marathon aus taktischen Gründen, weil ihre Reiterei in der Ebene voll zum Einsatz kommen kann und die Griechen über keine Reiter verfügen.

Griechen (Athen und Platäa): Abwehr der Invasion der Perser und damit Sicherung der Unabhängigkeit ihrer Stadtstaaten

Gegner, Kommandos, Waffen

Perser unter Datis: 6000 – 20 000 Mann; leicht bewaffnete Bogenschützen und Reiter

Griechen unter Miltiades und Callimachus: 10 000 – 11 000 Mann, davon 1000 aus Platäa; schwer bewaffnete und gepanzerte Hopliten

Verluste

Perser: 6400 Mann; 7 Schiffe (Trieren). In den nördlichen Sümpfen wurden Knochenreste der Soldaten gefunden.

Griechen: 192 Mann. Die sterblichen Überreste der griechischen Toten wurden in einer besonderen Grabstätte beigesetzt, dem »Soros«.

Sieger: Griechen

Verlauf: ist nicht zu rekonstruieren. Die gängige Beschreibung beruht auf dem Text von Herodot und beginnt mit dem

1. *Tag* Landung der Perser in der Ebene von Marathon. Sofortiger Abmarsch von 10 000 Hopliten aus Athen. Zu ihnen stoßen weitere 1000 Hopliten aus Platäa. Athen schickt einen Läufer nach Sparta, der die Nachricht von der Landung der Perser überbringt. Sparta sagt Unterstützung zu, allerdings dürfen die Spartaner aus religiösen Gründen noch nicht ausrücken.

2.–8. *Tag* Die beiden Heere haben Stellung bezogen: Die Perser stehen parallel zum Strand, ihnen gegenüber die Griechen am Eingang des Vranatals. Die griechische Stellung bietet guten Flankenschutz und ist kaum zu nehmen. Die Perser warten darauf, dass die Griechen den Widerstand aufgeben, die Athener auf die zugesagten zusätzlichen Truppen aus Sparta.

9. *Tag* Nachdem bekannt wird, dass das von den Persern belagerte Eretria gefallen ist und damit in absehbarer Zeit weitere persische Truppen zur Verfügung stehen, entscheiden sich die Griechen zum Angriff. Zunächst machen die Griechen die Flanken für die persischen Reiter unpassierbar, dann attackiert die Phalanx aus Hopliten die Perser auf ganzer Breite. Im Zentrum gelingt den Persern zwar der Durchbruch, aber an

den Flanken siegen die Griechen. Die Griechen kreisen die Perser ein und vernichten die eingeschlossenen Truppen. Die Perser ziehen sich auf die Schiffe zurück; ein griechischer Angriff gegen die Schiffe wird abgewiesen, 7 Schiffe gehen verloren.

Neben dem beschriebenen Verlauf sind Varianten denkbar. Das Hauptproblem ist, dass der griechische Historiker Herodot die persische Reiterei zwar beim Auslaufen der Schiffe, aber nicht mehr in der Schlacht von Marathon erwähnt.

Variante 1: Die Perser landen mit allen Truppen, schiffen die Reiterei aber wieder ein, als die Athener erscheinen; sie wollen einen weiteren Angriff im Rücken der Athener versuchen. Beim Einladen der Pferde greifen die Griechen an und nutzen das Durcheinander aus.

Variante 2: Die Perser greifen ohne Reiterei an, weil das Gelände keine Möglichkeit bietet, die Pferde einzusetzen; bei dem Angriff gegen die starke griechische Stellung werden sie besiegt.

Besonderheiten

Erste Konfrontation der griechischen Phalanx aus schwer gerüsteten, mit einem Spieß kämpfenden Hopliten und den persischen Bogenschützen mit Reiterei; »Kampf des Spießes gegen den Bogen«.

AUF DEN PUNKT GEBRACHT

Für die Griechen war Marathon von großer Bedeutung, da es ihnen gelang, die Perser vorerst abzuwehren. Es war die erste Niederlage für die persische Armee und bedeutete einen Prestigeverlust. Marathon war keine Entscheidungsschlacht, da die Perser zehn Jahre später eine zweite Invasion begannen.

Ach, wer heilet die Schmerzen …
Thermopylen
480 v. Chr.

»Frühstückt erst mal, denn Abendbrot bekommt ihr im Hades.« Leonidas zu seinen Soldaten

■ *Leonidas bei den Thermopylen.* Gemälde, 1814, von Jacques Louis David (1748–1825). Paris, Musée du Louvre

»Wanderer, kommst du nach Sparta, verkündige dort, du habest uns liegen gesehen, wie das Gesetz es befahl.«

Kaum eine antike Inschrift ist bekannter als dieser Zweizeiler, der auf dem Gedenkstein für die an den Thermopylen gefallenen Spartaner stand. Sobald von Soldaten die Rede ist, die ihr Leben wissentlich opfern, kommt dieser Vers in den Sinn. Dabei ist die Schlacht, auf die er sich bezieht, nicht sonderlich bedeutsam gewesen. Es war eher ein Gefecht, das sich aus einer Reihe von Maßnahmen ergab, mit denen die Griechen ihre Unabhängigkeit gegen das Perserreich unter Xerxes verteidigen wollten.

480 v. Chr., zehn Jahre nach der Niederlage von Marathon, hatten die Perser eine zweite Invasion nach Griechenland begonnen,

um sich an den aufsässigen Athenern und Spartanern zu rächen. Aus Kleinasien kommend, überquerte eine gewaltige persische Streitmacht auf einer eigens dafür gebauten Schiffsbrücke den Hellespont und stand im Frühjahr in Makedonien. Die Städte am Weg öffneten Xerxes die Tore; teilweise verstärkten sie die Truppen der Perser noch durch eigene Kontingente.

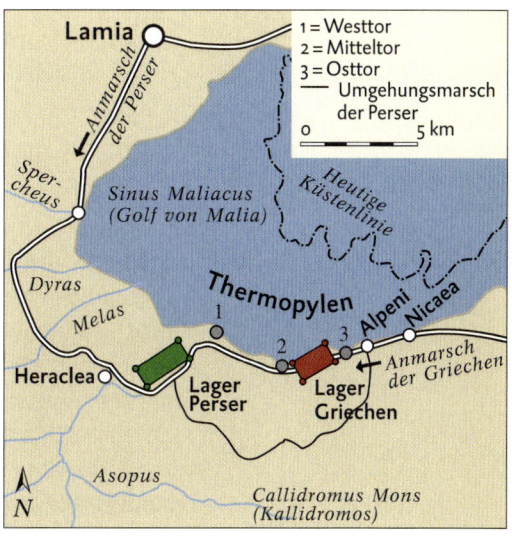

Ursprünglich wollte die Allianz um Athen und Sparta den Vormarsch des übermächtigen Gegners im Norden, im thessalischen Tempetal stoppen – ein von der Landschaft diktierter Entschluss, da die enge Schlucht sich leicht verteidigen lassen würde. Rechtzeitig erfuhren die bereits angerückten Hopliten, dass Xerxes die Stellung umgehen und sie dann von hinten angreifen wollte. Daraufhin zogen sich die griechischen Truppen wieder zurück.

Ein vereinter Kriegsrat beschloss, weiter südlich eine neue Front zu errichten. Unter dem Kommando des Leonidas, des Königs von Sparta, sperrten knapp viertausend Mann eine schmale Passage ab. Diese Passage, die ihren Namen den heißen Quellen der Umgebung, den Thermopylen, verdankt, ist nach Norden vom Meer und nach Süden von einer Bergkette begrenzt. Zugleich kreuzten griechische Schiffe vor der Küste, um jeden Versuch der Perser, mit ihrer Flotte die Verteidiger über See zu umgehen, zu vereiteln.

Die Perser folgten den Griechen auf breiter Front bis zum Eingang der Thermopylen und standen bald vor einer Mauer, die Leonidas hatte aufschichten lassen. Dort machten sie Halt und errichteten ein riesiges Lager. Xerxes spekulierte auf einen baldigen Seesieg; insgeheim hoffte er wohl, beim bloßen Anblick des persischen Heeres hätten die Griechen genug. Nichts dergleichen passierte. Xerxes fragte einen Berater, der die Griechen gut kannte, ob er denke, dass die paar Tausend Mann

■ Bronzestandbild des Leonidas (Ausschnitt). Skulptur, 1955, von G. Dousmanis

> »Die Perser schießen so viele Pfeile, dass die Sonne verdeckt wird.« – »Schön«, sagte einer der Spartaner, »dann fechten wir wenigstens im Schatten.«   Herodot, *Historien*

> *Die Kritiker sagen, Leonidas hätte sich zurückziehen sollen; soviel ist gewiss, die Kritiker hätten sich zurückgezogen.* Heinrich Loes

sich seiner Armee zum Kampf stellen würden. »Allerdings«, gab der Gefragte zur Antwort, »insbesondere die Spartaner werden sich nie unterwerfen. Sie akzeptieren nur einen einzigen Herren: das Gesetz, das ihnen jeden Rückzug verbietet. Eher sterben sie, als ihren Posten zu räumen.« Xerxes glaubte ihm nicht und befahl seinen Truppen die Einnahme der gut befestigten Stellung. Dreimal stürmten sie los, und dreimal kehrten sie nach hohen Verlusten wieder zurück.

Xerxes suchte und fand eine Alternative zum frontalen Angriff: einen Pfad, der um die Position der Griechen herumführte. Nach einem waghalsigen Nachtmarsch erscheinen persische Eliteeinheiten im Rücken des Gegners. Die Schlacht an den Thermopylen ist für Sparta verloren. Natürlich könnte Leonidas, sogar mit guten Erfolgsaussichten, einen Ausbruch versuchen, solange die Perser noch nicht vollzählig aufmarschiert sind. Doch er ist entschlossen, die Thermopylen so lange wie möglich zu halten. Wer von seinen Männern gehen will, den lässt er gehen; mit den anderen berät er die sinnvollste Taktik. Lebend, das wissen sie, kehrt keiner von ihnen nach Sparta zurück. Also verkaufen sie ihre Haut so teuer wie möglich.

Warum und wofür haben König Leonidas von Sparta und seine Soldaten die Stellung gehalten? Diese Frage stellt auch ein Plakat, das ähnlich bekannt wurde wie die eingangs zitierte Inschrift. Ein tödlich getroffener Soldat reißt sein Gewehr in die Höhe, und daneben steht: »Why?« Nach wohl allen Kriegen wurde diese Frage immer wieder von Zivilisten und

■ *Ephialtes führt die Perser bei Thermopylae in den Rücken der Griechen. Holzstich aus der Illustrierten Weltgeschichte von J. G. Vogt, Leipzig 1893*

überlebenden Soldaten gestellt: Warum starben und sterben Soldaten, wie überwinden sie ihre Angst, woher rührt der Mut, in den sicheren Tod zu marschieren?

Leonidas und seine Spartaner hätten diese Frage nach dem Warum vermutlich mit dem Verweis auf die militärische Lage beantwortet: Ihr Opfer ermöglichte den griechischen Truppen und Schiffen den Rückzug nach Süden, gleichzeitig konnte die zeitraubende Evakuierung der Zivilisten Athens durchgeführt werden. Und natürlich hätten sie an das eherne Gesetz Spartas erinnert, das ihnen gebot, eher zu sterben als sich zu ergeben. Gründe genug.

Viele Soldaten werden ähnliche Gründe nennen, und heute verweisen sie überdies auf Patriotismus und Kameradschaft. Mit diesen Legitimationen vertreibt man die Zweifel, mit ihnen wird die Angst vor der Schlacht eingedämmt. Ja, gute Gründe wie die Verteidigung von Freiheit und Heimat wirken über das Ende des Krieges hinaus und lindern, ja heilen die Schmerzen, die eine Kriegsverletzung zugefügt hat.

■ Der Engpass zwischen dem Kallidromosgebirge und dem Golf von Lamia war der Schauplatz der Schlacht bei den Thermopylen. Farbige Aquatinta, 1830

■ Abschied eines Kriegers. Amphora, um 500 v. Chr.

> ... so verkörpert uns Leonidas das moralische Element im Kriege, seine Bedeutung, seinen Wert; nicht bloß die ritterliche, persönliche Tapferkeit, den Heldentod, sondern das Heldentum in dem organisierten Zusammenhang des Krieges als bewusste militärische Handlung.
>
> Hans Delbrück

Doch wehe den kriegsversehrten Soldaten, die im Nachhinein den zweifelhaften oder verbrecherischen Zweck der Operation erkennen, der sie ihre Gesundheit und manche Kameraden ihr Leben geopfert haben: den Vietnamveteranen, den Soldaten der Deutschen Wehrmacht, den russischen Soldaten, die in Afghanistan kämpften. Sie haben ihre Knochen geschunden für nichts. Jetzt fehlt ihnen der Trost. Deshalb schließen viele von ihnen vor den Verbrechen die Augen, oder sie suchen verzweifelt nach einem Sinn für ihr Tun. Ein zweites Mal würden sie vielleicht anders entscheiden – während Leonidas und seine Spartaner wieder dort lägen, wie das Gesetz es befahl.

■ Die Hopliten, die schwerbewaffneten Fußsoldaten der altgriechischen Bürgerheere, trugen Helme mit metallenen Wangenklappen

THERMOPYLEN – ACH, WER HEILET DIE SCHMERZEN …

 DATEN UND FAKTEN

Historischer Rahmen: Perserkriege

Zeit: August 480 v. Chr.

Ort: Griechenland. Die Thermopylen bildeten 490 v. Chr. den mittleren von drei Durchgängen zwischen dem Kallidromosgebirge und dem Golf von Lamia (»mittleres Tor«) und galten als das Eingangstor nach Mittelgriechenland. Heute hat sich die Küste nach Norden verschoben, sodass die Enge verschwunden ist.

Ziele

Perser: Vorstoß nach Mittelgriechenland, um zunächst Athen und dann Sparta zu erobern

Griechen: Das weitere Vordringen der Perser soll verhindert werden

Gegner, Kommandos, Waffen

Perser unter Großkönig Xerxes: unbekannt; die Angaben ihrer Stärke beim Übergang über den Hellespont variieren von 100 000 bis zu 2,6 Millionen Mann; Infanterie und Kavallerie. Die Infanterie ist mit einem Bogen und einem relativ kurzen Schwert bewaffnet und nur mäßig geschützt.

Griechen unter König Leonidas: in der ersten Phase etwa 4000– 5000 Mann; nach der Umgehung 300 Spartaner. Die Griechen sind mit Lanzen und Schwertern bewaffnet und gut geschützt.

Verluste

Perser: unbekannt

Griechen: 300 Spartaner

Sieger: Perser

Verlauf

Ende der ersten Augustwoche Leonidas und seine verbündeten Truppen haben Position am mittleren Tor, den Thermopylen, bezogen. Sie bauen zum Schutz eine Mauer, möglicherweise ist die Mauer aber auch schon vorhanden. Xerxes' Armee nähert sich von Norden und macht vor dem westlichen Tor vier Tage lang Halt.

18. August: Xerxes entschließt sich zum Angriff auf die offensichtlich starke Stellung der Griechen; die Griechen bilden eine Phalanx. Zunächst greifen die Meder als Teil der persischen Truppen an, da sie als zuverlässige Soldaten gelten. Ein anderer Grund kann jedoch gewesen sein, dass Xerxes hoffte, sie im Falle einer Niederlage zusammen mit den Feinden loszuwerden. Oder er hoffte, sie würden aus Rache für die Niederlage von Marathon besonders engagiert kämpfen. Zuletzt werden die »Unsterblichen«, eine persische Elitetruppe, eingesetzt; sie scheitern aber ebenfalls. Die Überlegenheit der schweren Waffen und Rüstung auf Seiten der Spartaner kommt voll zum Tragen und sichert ihnen den Erfolg.

19. August: Zweiter Angriff der Perser. In der zweiten Linie bilden ausgewählte persische Soldaten eine weitere Front, die verhindert, dass die Angreifer zurückgehen. Auch der zweite Angriff scheitert.

Durch einen Verräter erfährt Xerxes von einem Pfad über das Kallidromosgebirge, über den die Stellung der Spartaner umgangen werden kann. Die Person des Verräters gilt im Allgemeinen als erfunden und soll wohl nur einen taktischen Fehler Leonidas' kaschieren; Leonidas kannte den Umgehungspfad und hatte ihn nicht ausreichend geschützt.

19./20. August Ausgewählte Truppen unter dem Kommandanten der »Unsterblichen« marschieren um die Thermopylen herum und beginnen damit, die rückwärtigen Positionen der Griechen zu erobern. Die Thermopylen sind für die Griechen nicht mehr zu halten.

20. August Dennoch beschließt Leonidas, mit den 300 Spartanern in seiner Position auszuharren; der Rest der Truppen zieht sich zurück und soll vermutlich zunächst versuchen, den endgültigen Durchbruch der Perser zu verhindern. Sie scheitern und werden entweder zurückgedrängt oder ergreifen die Flucht. Weitere frontale Angriffe der Perser werden abgewiesen; Spartaner führen einen Gegenangriff durch. Sie kämpfen nicht mehr nur hinter der Mauer und ihren Schilden, sondern offen, um die Verluste unter den Persern zu vergrößern. Die Spartaner werden im Rücken angegriffen und schnell besiegt.

 AUF DEN PUNKT GEBRACHT

Mit dem Sieg bei den Thermopylen gelingt den Persern der Durchbruch nach Mittelgriechenland. Die griechische Flotte, die bis dahin die Weiterfahrt der persischen Flotte verhinderte, muss sich ebenfalls nach Süden zurückziehen. Athen ist anschließend nicht mehr zu halten und fällt kurze Zeit später.

Erfolgreiche Kommandeure
Salamis
480 v. Chr.

Als der britische General Richard O'Connor nach einem gelungenen Angriff »erfolgreich« genannt wurde, gab er zur Antwort: »In jeder Hinsicht erfolgreich würde ich nur den Kommandeur nennen, der nach einer schweren Niederlage und einem langen Rückzug die Situation rettet.« Denn Angriffswillen zu zeigen ist eines, etwas anderes ist es, die Truppen unter dem Druck des triumphierenden Gegners zusammen und widerstandswillig zu halten.

480 v. Chr., während der zweiten Invasion der Perser und nach der Niederlage bei den Thermopylen, blickten die Griechen einer düsteren Zukunft entgegen. Ihre Truppen zogen sich nach Süden zurück, und sie mussten entscheiden, ob sie Athen dem Feind überlassen oder die Stadt verteidigen sollten. Einige Athener wollten unbedingt bleiben. Doch Themistokles, Athens militärischer Kopf, hatte den Großteil der Einwohner bald überzeugt; sie verließen die Stadt und setzten mit dem Nötigsten zur nahegelegenen Insel Salamis über. Die Zurückgebliebenen traf es nach der Einnahme der Stadt durch die Perser hart: »Einige wurden gefangen und die Frauen so oft von so vielen Persern vergewaltigt, dass sie starben.«

■ Mamorbüste des Themistokles, um 525–460 v. Chr. Ostia, Museo Ostiense

Mit dem Fall Athens trat der seit Kriegsbeginn unter den griechischen Alliierten schwelende Konflikt über die richtige Strategie gegen die Perser offen zutage: Sparta und die Städte des Peloponnes wollten ihre Heimat am Isthmus von Korinth verteidigen. Sie hatten schon begonnen, quer über die Landenge, ähnlich wie bei den Thermopylen, eine Mauer zu bauen. Die Athener unter der Führung des Themistokles meinten, ein Rückzug bis Salamis müsste genügen. Hier wollten sie die Perser zunächst zum Stehen bringen und dann möglichst bald besiegen. Denn noch hielten sie einen Trumpf in der Hand: ihre Flotte. Die hatte sich gegen die persische Flotte bislang beachtlich geschlagen. Zwar hatte sie ihre Häfen und Positionen im Norden verlassen, doch nicht unter dem Druck einer verlorenen Seeschlacht, sondern aus taktischen Überlegungen ihrer Führung heraus. Themistokles hätte sie etwa mit folgenden Worten erläutert: »Flotte und Heer bilden eine untrennbare

Einheit. Die Soldaten decken den Land- und die Matrosen den Seeweg. Jeder Teil verhindert, dass die Perser in den Rücken des anderen gelangen. Zieht sich ein Teil zurück, dann muss der andere seine Positionen also ebenfalls räumen.« – »Und wieso geht die Flotte nicht auch bis zum Isthmus zurück?« – »Weil unsere Flotte in einem Gefecht auf offener See den Kürzeren zieht. Sie hat weniger Schiffe, würde umzingelt und anschließend besiegt. Und beim Isthmus von Korinth gibt es nur noch offene See.«

■ *Die Seeschlacht bei Salamis 480 v. Chr.*, Öl auf Leinwand, 1862/1864, von Wilhelm von Kaulbach (1804–1874). München, Stiftung Maximilianeum

Die Spartaner waren skeptisch. Sie erkannten zwar, wie wertlos ihre Mauer am Isthmus nach einem persischen Seesieg gewesen wäre, aber eine Zurücknahme der griechischen Flotte nur bis nach Salamis brachte sie, so schien es ihnen, erst recht in Gefahr. Die Flotte würde sich hinter der Insel in der Bucht von Eleusis verkriechen und würde dort eingesperrt sein. Eigentlich brauchten die Perser ihre Schiffe nur vor die beiden Zufahrten zu legen und – zu warten. Nein, ein Rückzug zum Isthmus schien unumgänglich zu sein.

Themistokles dagegen dachte an die Flüchtlinge auf Salamis und dass sie, wenn auch die athenischen Bewaffneten und die Flotte sich zum Isthmus zurückzögen, den

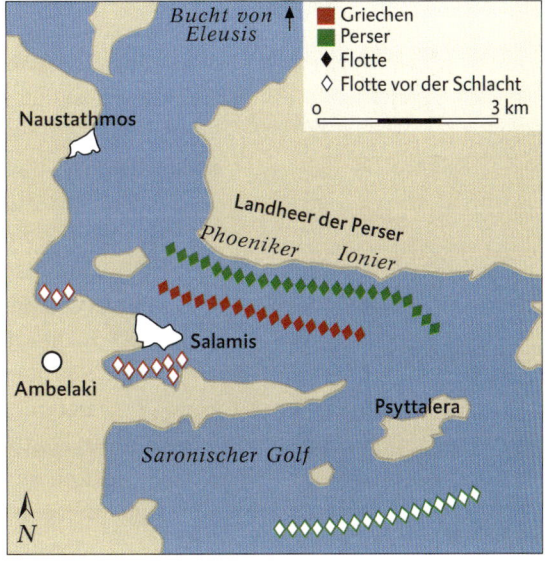

■ Die Seeschlacht bei Salamis

■ Ein attisches Kriegsschiff. Griechische Glyptik, 5. Jh. v. Chr. London, British Museum

persischen Soldaten in die Hand fallen würden. Als er merkte, dass seine Argumentation ihre Wirkung verfehlte, machte er Druck: »Gut, wenn ihr euch hinter den Isthmus zurückzieht, dann flüchten wir Athener mit der Flotte nach Westen. Es sind schließlich unsere Schiffe. Sie wurden von uns geplant, von uns finanziert und auf unseren Werften gebaut.« Damit war die Diskussion beendet, die Verbündeten gaben klein bei. Die Flotte lief in den Sund von Salamis ein, vielleicht zog sie sich in die Bucht von Eleusis zurück. Man weiß es nicht.

Die Perser unter ihrem Großkönig Xerxes beobachteten den Rückzug der Griechen. Sie hatten seit Wochen überhaupt nur Griechen gesehen, die sich zurückziehen mussten. Jetzt saßen deren Schiffe offenbar in der Falle, und die Heißsporne unter den persischen Führern brannten darauf, ihnen den Garaus zu machen. Aus Vorsicht oder vielleicht auch nur, um später nicht die alleinige Verantwortung tragen zu müssen, bat Xerxes alle Kommandanten, die noch Bedenken gegen den sofortigen Angriff hegten, sie jetzt zu äußern. Artemisia, die Königin von Halikarnass, riet zur Geduld. Sie hatte als Einzige den Sinn des griechischen Manövers durchschaut: In den engen Fahrwassern um Salamis würde die numerische Überlegenheit der Perser neutralisiert. Und hatte sich die griechische Flotte nicht ohnehin ins Abseits bugsiert? Jenseits von Salamis auf offener See konnte sie den persischen Schiffen nichts anhaben. Warum also das Risiko einer Offensive überhaupt eingehen? Xerxes ließ seine Schiffe erst einmal vor Athen ankern. Bis hierher war alles in Themistokles' Sinne gelaufen: Die griechische Flotte war bei Salamis stationiert, und die persischen Schiffe waren ihr immerhin zum Athener Hafen Piräus gefolgt. Allerdings nicht weiter. Tage gespannter Erwartung vergingen.

Was auch immer Xerxes bewegt hat – eine einfache List, wie es die Überlieferung will, oder, wie es einige Militärforscher sehen, schlichte Notwendigkeit: In jedem Fall rudern die persischen Schiffe schließlich in die Passagen westlich und östlich von Salamis ein. Zum letzten Mal ziehen sich die Griechen zurück, weiter in den engen Sund. Die persischen Kommandeure sind nicht zu halten und jagen ihnen mit voller Fahrt hinterher – in eine Falle. Xerxes kann von einem Hügel an der nahe gelegenen Küste ihren Untergang mit eigenen Augen verfolgen.

Von hier oben kann er zugleich die richtige Taktik studieren; sie wird ihm von Artemisia demonstriert. Ein Schiff aus Athen ist ihr auf den Fersen, und sie zieht sich zurück; dabei versenkt sie, gezielt oder versehentlich, das lässt sich nicht sagen, ein Boot der eigenen Seite. Ihr griechischer Verfolger hält sie daher für einen der Seinen und dreht ab. Xerxes erkennt beeindruckt: »Heute sind aus meinen Männern Frauen und aus meinen Frauen Männer geworden.«

Doch als die Schiffe, zuhauf in der Enge, / Einander kaum helfen konnten und mancher Rammsporn die Eigenen traf, / Kamen die Ruderreihen ins Wanken. Die Griechen, flink und berechnend, / Kreisten uns ein, bohrten sich in die Seiten. Unsre Schiffe, rumpfüber, / Kenterten kläglich. Kaum sah man das Meer noch, so viele Trümmer / Deckten die Wasserfläche ringsum. Überall Schiffswracks, blutige Leiber. / Bevölkert von Toten, unseren, war bald die Küste und jedes Felsenriff. / Für den Rest unsrer Flotte hieß es, in wirrer Flucht: Fort, nur fort! / Doch als wären wir Thunfisch, ein / Schwarm in Panik, hieb mit den Rudern, / Mit zerbrochenen Planken der Feind auf uns ein. Wehgeschrei lief, Geheul, / Wie Schauer über die Wellen. Bis die Nacht diese Szenen verschluckte. Aischylos, Die Perser

■ Der schnellste griechische Schiffstyp war die Triere, der Dreiruderer. Sie wurde von 170 Mann gerudert, die auf beiden Seiten des Schiffs auf drei übereinander angeordneten Decks saßen.

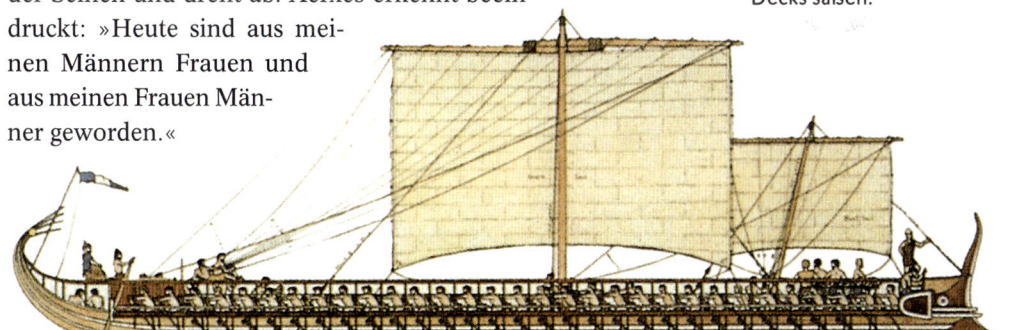

> Jeder, der jemals Leid erlebte, weiß es, Freunde: Je mehr / Auf ihn ein-
> stürmt an Übeln, umso schwärzer sieht er die Welt. / Kaum aber lässt
> ihn der Dämon in Frieden, schon glaubt er, / Es müsse ewig ihn tragen,
> auf seiner Welle, das Glück.   Aischylos, *Die Perser*

Bis in die Enge von Salamis hatte der Rückzug die Griechen geführt – hier aber machten sie kehrt und stellten sich dem Gegner
zu einem für sie günstigen Zeitpunkt und in für sie geeigneten Gewässern in den Weg. Erst jetzt und erst hier suchten sie die Entscheidung und siegten. Nach den Maßstäben des britischen Generals O'Connor war Themistokles sicher erfolgreich; aber war er
das auch nach seinem eigenen Maßstab? »Nein«, hätte Themistokles womöglich erwidert: »Erfolgreich würde ich nur den Kommandeur nennen, der nach einem großen Sieg und einem langen
Vormarsch die Situation weiterhin nüchtern beurteilt.«

Nach ihrem Sieg bei Salamis hätten die Griechen den angeschlagenen Persern bis zum Hellespont nachsetzen und Xerxes
den Rückzug abschneiden können. Die Mehrheit der griechischen
Kommandeure fürchtete indes einen dann
verzweifelt kämpfenden Feind und entschied
sich dagegen. Themistokles' Position wird
aus den Quellen nicht deutlich. Wir wissen
also nicht, ob er an der Entscheidung der
Griechen mitgewirkt hat. Wir wissen nicht
einmal, ob die Entscheidung wirklich richtig
war – schließlich überfielen die Perser Griechenland im Laufe des folgenden Jahres noch
zwei weitere Male.

Und daher gab es bei Salamis nur einen
Kommandeur, der nach griechischen und
nach modernen Maßstäben erfolgreich genannt werden darf: Artemisia von Halikarnass. Sie war nach dem langen Vormarsch
weiterhin besonnen genug geblieben, um vor
dem Angriff zu warnen. Nach der Niederlage von Salamis gab Xerxes seine Kinder in
ihre Obhut, und sie brachte sie auf ihrem
Kriegsschiff sicher in die Heimat zurück.

■ Teilansicht des aus dem
1. Jh. v. Chr. stammenden
Tempelbezirks in Salamis

SALAMIS – ERFOLGREICHE KOMMANDEURE

DATEN UND FAKTEN

Historischer Rahmen: Perserkriege

Zeit: 23. September 480 v. Chr.

Ort: Griechenland; westlich von Athen in der östlichen Zufahrt zur Bucht von Eleusis oder in der Bucht von Eleusis

Ziele
Perser: Vernichtung der griechischen Flotte, um nach Erringung der Seeherrschaft Schiffe mit Truppen an jeder beliebigen Stelle auf dem Peleponnes landen zu können

Griechen: Abwehr und Vernichtung der persischen Flotte

Gegner, Kommandos, Waffen
Perser unter Großkönig Xerxes: 800–1000 Trieren und Galeeren. Die Verbände stammen aus dem gesamten Herrschaftsbereich Persiens.

Griechen unter Themistokles: circa 370 Trieren. Ein bedeutender Teil der Schiffe stammt aus Athen.

Verluste
Perser: 200 Schiffe

Griechen: 40 Trieren

Sieger: Griechen

Verlauf: Lässt sich nicht genau rekonstruieren, da die antiken Quellen kaum Ortsangaben machen und sich zudem teilweise widersprechen; so kommt eine für die Schlacht wichtige Brise mal von Norden und mal von Westen. Das Hauptproblem ist, dass es in den Quellen keine höhere, das heißt strategische Sicht gibt. Die Beschreibungen handeln nur von einigen oder sogar einzelnen Schiffen. In der Forschung haben sich drei Varianten durchgesetzt, die alle darin übereinstimmen, dass die Perser am

20.–22. September, zunächst beide Zugänge zur Bucht von Eleusis blockieren.

23. September, morgens bis mittags

Variante 1: Die Perser laufen in mehreren parallelen Reihen und dicht gedrängt in die Enge zwischen der Insel Salamis und dem Festland ein. Die griechischen Schiffe greifen aus der Ambelaki- und der Paloukia-Bucht heraus an. Die Perser können den Angriff auf ihre Flanke in den engen Gewässern schlecht parieren und geraten beim Versuch, sich zurückzuziehen, mit den weiterhin nachstoßenden Verbänden durcheinander.

Variante 2: Perser und Griechen nehmen entlang der Küste vor dem Festland beziehungsweise vor Salamis mit dem Bug Richtung Gegner Aufstellung und greifen sich jeweils auf breiter Front und mit Gegenkurs an.

Variante 3: Die Griechen ziehen sich bis in die Bucht von Eleusis zurück. Die hinterherfahrenden Perser werden an der Einfahrt zur Bucht von Osten und Westen aus angegriffen. Die numerische Überlegenheit der Perser kommt nicht zum Tragen, da jeweils nur wenige Schiffe die Einfahrt passieren können; im Gegenteil, die Perser sind dadurch an der Einfahrt sogar numerisch unterlegen.

22. September, abends: Rückzug der Perser Richtung Athen

AUF DEN PUNKT GEBRACHT

Durch den Seesieg bei Salamis wehren die Griechen eine mögliche Niederlage gegen die Perser ab, da ihre Truppen nun nicht mehr auf dem Seeweg umgangen werden können. Gesiegt haben sie deshalb noch nicht, da das persische Heer intakt bleibt und sich nach Norden zurückzieht. Vor Salamis war die Frage, ob die Griechen verlieren; jetzt ist die Frage, ob sie gewinnen.

Menschliche Züge
Leuktra
371 v. Chr.

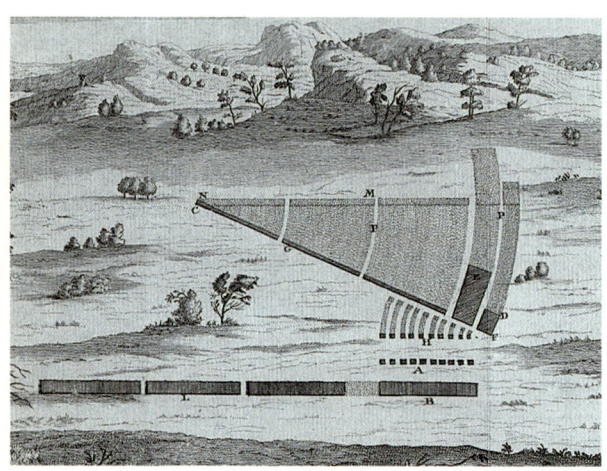

Kurz vor der Schlacht von Leuktra bricht der Stuhl des thebanischen Feldherrn Epaminondas zusammen. Abergläubisch wie sie sind, erschrecken die Umstehenden zutiefst. Doch Epaminondas ist Rationalist: »Das heißt nur«, beruhigt er sich und die anderen, »dass wir nicht länger herumsitzen sollen.« Dann trifft er die letzten Vorbereitungen zu einer schwierigen Schlacht. Seine Truppen sollen im Sommer 371 v. Chr. die in ganz Griechenland gefürchtete Kriegerelite Spartas bekämpfen, die seit den Ther-

■ *Schlachtordnung bei Leuktra:* Eingezeichnet ist die Dreieckformation des Epaminondas, die »schiefe Schlachtordnung«. Kupferstich aus der *Geschichte des Polybius mit den Auslegungen des Ritters Folard,* Berlin 1755

mopylen in keiner großen Feldschlacht besiegt worden ist. Mit ihrem Einsatz hatte Sparta zu Beginn des vierten Jahrhunderts zu Land seine Anerkennung als Ordnungsmacht unter den eigenwilligen griechischen Stadtstaaten durchgesetzt. Nur durch eine verlorene Seeschlacht bei Knidos wurde Sparta 394 zum vorzeitigen Abbruch einer Expedition nach Asien gezwungen. Die spartanische Armee blieb intakt und zog sich geordnet zurück.

Trotz des militärischen Rückschlags zur See erlangte Sparta in dem von Persien vermittelten »Königsfrieden« von 387 v. Chr. noch einmal seine führende Stellung in Griechenland zurück: Jeder Stadtstaat erhielt seine Autonomie, und diese wurde von Sparta aus überwacht; Koalitionen waren praktisch verboten. Gehalten hat der Frieden nicht lange. Als man im Sommer 371 wieder verhandelte, wies Theben Spartas Forderungen zurück. Theben wollte den von ihm geführten Böotischen Bund nicht auflösen lassen. Also marschierten Spartas gefürchtete Krieger gegen Theben. Die Spartaner verließen sich auf ihren Ruf und auf den hohen militärischen Ausbildungsstand, den ihre Heimatstadt ihnen ermöglichte. Ihr Beruf war der Krieg; die andere Arbeit wurde von Sklaven erledigt. Sie rechneten nicht mit der Methode, die Epaminondas, der Kommandant ihrer Gegner, erstmalig in der Kriegsgeschichte anwendete.

Nahe Leuktra in Böotien nordwestlich von Athen stellen sich Spartas Krieger wie gewohnt auf, in der Rechten einen Spieß von zwei bis drei Metern Länge, in der Linken das Hoplon, einen hölzernen, mit Bronze beschlagenen Schild. Die Hopliten rücken zusammen und gehen hinter dem eigenen und dem Schild des rechten Nachbarn in Deckung. In acht Reihen stehen sie hintereinander, eine Mauer aus Schilden, die Phalanx. Hier und dort gibt ein Spalt in der Wand aus Schilden den Blick frei auf die Phalanx der Thebaner. Im Sonnenlicht glitzern die bronzenen Schilde der vorderen Reihe; über ihnen erheben sich die nach oben gerichteten Spieße. Kriegsgesänge erschallen aus zigtausend Kehlen, untermalt vom rhythmischen Scheppern der Rüstungen.

Langsam schreiten die Spartaner voran. Sie können in der elenden Hitze nicht schneller, denn neben Schild und Spieß tragen sie bronzene Helme und Panzer. Weite Wege wären tödlich für sie. Erst auf den letzten Metern nehmen sie Anlauf, um Schwung zu gewinnen. Die ersten Reihen halten die Spieße jetzt nach vorn gerichtet und fest umklammert. Instinktiv sucht jeder noch besseren Schutz hinter den Schilden. Mit aller Gewalt wird die feindliche menschliche Mauer gerammt; die spartanische Phalanx will die der Thebaner zerschmettern. Spieße werden in Schilde und Leiber des Gegners gebohrt. Genaues Zielen ist im Getümmel unmöglich – doch man weiß, wo der schutzlose, weiche Unterleib ist. Von hinten wird vehement geschoben. Man trampelt über gestürzte eigene Leute und gibt verletzten Gegnern mit dem Kurzschwert den Rest.

Weil die Spartaner kaum etwas sehen, entgeht den meisten von ihnen, dass diese Schlacht völlig anders verläuft als sonst. Der eine oder andere aus der ersten Reihe hat es gemerkt: am linken Flü-

EPAMINONDAS' TOD IN DER SCHLACHT VON MANTINEIA
Während er um den Sieg rang, wurde er tödlich verwundet. … Aber man brachte Epaminondas noch lebend ins Lager zurück. … Er fragte seinen Waffenträger, ob er den Schild retten konnte. »Ja, das konnte ich«, sagt der und zeigt ihn. »Und wer hat gesiegt?« – »Wir, die Böotier haben gesiegt!« – »Dann kann ich sterben!« – »Aber du wirst kinderlos sterben.« – »Beim Zeus, ich habe zwei Töchter: Leuktra und Mantineia, meine Siege.« Dann ist Epaminondas gestorben.
Diodorus

■ Der Thebaner Pelopidas, ein Freund Epaminondas', entschied an der Spitze der »Heiligen Schar« die Schlacht bei Leuktra. *Epaminondas rettet dem Pelopidas das Leben,* Holzstich nach Hermann Vogel (1854–1921) aus der *Illustrierten Weltgeschichte für das Volk,* von J. G. Vogt, Leipzig 1893

gel, der auf gar keinen, am rechten Flügel, der auf zu großen Widerstand trifft. Die neue Methode des gegnerischen Befehlshabers Epaminondas macht sich bemerkbar. Er hatte ein Phänomen, das als »Rechtsziehen der Phalanx« seit langem bekannt war, genauer betrachtet. Dieses Rechtsziehen entsteht aus dem Schutzbedürfnis der Kämpfer: Zunächst sucht jeder hinter dem Schild des rechten Nebenmanns Schutz. Der rechte Flügelmann ist jedoch schutzlos und hält daher seinen eigenen Schild etwas weiter vor sich nach rechts. Nun ziehen die anderen Männer und schließlich die ganze Phalanx hinterher.

Viele Schlachten wurden auf dem rechten Flügel gewonnen, denn die Phalanx umging den linken Flügel des Gegners. Es war also durchaus plausibel, dass die Spartaner vor Leuktra diese, die rechte Seite verstärkten. Epaminondas forcierte hingegen die linke Seite, trat dem Angriffsflügel der Spartaner mit fünfzig statt wie gewöhnlich acht Reihen entgegen und vereitelte alle Umgehungs- und Durchbruchversuche. Dadurch entstand für ihn ein Problem auf der anderen Seite: Sein rechter Flügel wurde entscheidend geschwächt. Und hier brachte Epaminondas seine neue Methode zum Einsatz. Sie basierte auf geometrischen Verhältnissen im Dreieck, die der Pythagoreer Epaminondas sicher gekannt hat. Statt sich dem linken Flügel der Spartaner entgegen zu stellen, bog er seinen rechten Flügel so weit wie möglich nach hinten. Wie zwei Seiten eines Dreiecks trafen die Schlachtlinien schräg aufeinander. Und die dritte Seite misst den Weg, den der linke Flügel der Spartaner zurücklegen musste, um auf den geschwächten Flügel der Thebaner zu treffen. Dieser Weg wurde für den linken Flügel der Spartaner länger und länger.

Die Methode des Epaminondas hatte fatale Folgen für die Spartaner: Der weit überlegene linke Flügel der Thebaner stieß durch ihre Phalanx, packte die Reihen von hinten und machte sie nieder.

Später zogen die Thebaner zum Peloponnes und zerschlugen die spartanische Militärdiktatur. Ihr König Epaminondas hatte das im Schutzbedürfnis des Menschen begründete »Rechtsziehen« mit den geometrischen Verhältnissen im Dreieck verknüpft und sie sorgten nunmehr für menschlichere Verhältnisse in einigen griechischen Städten: Sie befreiten die von den Spartanern gehaltenen Sklaven.

■ Gegeneinander anrückende Schlachtreihen. Oberer von drei Friesen auf einer protokorinthischen Olpe (Chigikanne), 7. Jh. und 1. Hälfte des 6. Jh. v. Chr.

LEUKTRA – MENSCHLICHE ZÜGE

 DATEN UND FAKTEN

Historischer Rahmen: Krieg zwischen Sparta und Theben

Zeit: 371 v. Chr., wahrscheinlich im Juli

Ort: Griechenland; Ebene von Leuktra in der Nähe des heutigen Theben

Ziele
Sparta und Verbündete: Annahme des 371 geschlossenen Landfriedens zwischen Sparta und Athen durch die Thebaner, was gleichbedeutend war mit der Auflösung des Böotischen Bundes, einer Koalition mehrerer Städte in Böotien unter der Vorherrschaft Thebens

Theben: Erhaltung des Böotischen Bundes

Gegner, Kommandos, Waffen
Sparta und Verbündete unter König Kleombrotos: 10 000 Hopliten, 1000 Reiter

Theben unter König Epaminondas: 6000 Hopliten, 1500 Reiter

Verluste
Sparta und Verbündete: insgesamt 2000 Mann

Theben: unbekannt

Sieger: Thebaner

Verlauf
Aufstellung Die beiden Heere stehen sich zunächst in gewohnter Anordnung gegenüber. Beim Anmarsch schiebt Epaminondas seinen linken Flügel, der erheblich tiefer gestaffelt ist als der rechte, langsam nach vorne; beide Flanken werden zusätzlich durch die Kavallerie abgedeckt.

Zusammenstoß Zuerst treffen die Kavallerieverbände beider Seiten aufeinander; die Spartaner werden zurückgetrieben und geraten wahrscheinlich zum Teil vor und zum Teil in die eigenen Reihen; vielleicht wurden die spartanischen Reiter auch vom Schlachtfeld vertrieben. Die Phalanx der Spartaner und ihrer Verbündeten stoßen im schiefen Winkel auf den linken Flügel der Thebaner, wo deren Elitetruppe, die »Heilige Schar«, postiert ist. Der rechte Flügel der Thebaner zieht sich noch weiter zurück, um den für sie taktisch günstigeren Winkel zu vergrößern. Die Spartaner versuchen den rechten Flügel der Thebaner zu umfassen; da die Flanke jedoch weit nach hinten gebogen ist – man sagt auch, die Flanke wird verweigert –, misslingt der Versuch. Der Durchbruch der Thebaner auf der linken Flanke führt zum Sieg.

Besonderheiten
Zum ersten Mal treffen die Phalangen aus Hopliten nicht mehr nur einfach aufeinander, sondern folgen einem vorher ausgearbeiteten taktischen Plan: der »schiefen Schlachtordnung«. Sie wird später häufig angewendet und besagt, dass an einer Flanke ein Schwerpunkt auf Kosten der anderen Flanke gebildet wird. Das Problem bildet dabei die geschwächte Seite. Es handelt sich bei der »schiefen Schlachtordnung« also nicht einfach um eine Schwerpunktbildung, sondern um eine Taktik, die verhindert, dass der Gegner die eigene Schwäche ausnutzt.

 AUF DEN PUNKT GEBRACHT

Nach Leuktra ist die militärische Macht Spartas angeschlagen; 362 v. Chr. in der Schlacht von Mantineia wird sie endgültig gebrochen. Theben und der Böotische Bund befreien die Städte des Peloponnes und dominieren ihrerseits für wenige Jahre die griechische Politik. Dauerhaft behaupten können sie sich allerdings nicht, unter anderem weil sie ihren König Epaminondas in Mantineia verlieren.

Der unbesiegte Sieger
Issos
333 v. Chr.

»Es ist schön, mutig zu leben und zu sterben im Wissen um seinen ewigen Ruhm. «
Alexander der Große

Zweimal schon waren die Perser in Griechenland eingefallen, und seit vielen Jahren hatten sie sich in die Politik der griechischen Stadtstaaten eingemischt. Doch jetzt, im Sommer 336 v. Chr., war es endlich so weit: Griechische Soldaten überquerten den Hellespont, um Krieg gegen Persien zu führen. Allerdings stammte ihr Kommandant weder aus Theben noch aus Sparta und auch nicht aus Athen. Philipp II. von Makedonien befehligte sie. Und der Großteil seiner Hopliten und Reiter rekrutierte sich ebenfalls aus Makedoniern.

Das im Süden der Balkanhalbinsel gelegene Königreich hatte die griechischen Stadtstaaten einen nach dem anderen unterworfen und war zur neuen regionalen Vormacht aufgestiegen. Allerdings konnten sich die meisten Griechen mit der neuen Situation gut arrangieren. Sie wurden weder versklavt noch sonstwie drangsaliert. Philipp II. forderte sie sogar auf, mit ihm gemeinsam gegen den alten Feind im Osten zu Felde zu ziehen. Denn das war sein Traum: ein siegreicher Feldzug gegen die Perser. Doch unmittelbar vor dem Abmarsch wurde Philipp ermordet. Sein erst zwanzigjähriger Sohn Alexander stieg auf den makedonischen Thron. Einerseits war Alexander ein Schöngeist, der seine Ausbildung bei dem griechischen Philosophen Aristoteles erhalten hatte und Homers *Ilias* auf allen Feldzügen mit sich

■ Szene aus dem Monumentalfilm *Alexander der Große* von Robert Rossen, USA 1956 mit Fredric March (l.) und Richard Burton (r.)

führte. Andererseits schreckte er auch vor Mord nicht zurück, wenn er dem Machterhalt diente; nicht einmal seine besten Freunde waren sicher vor ihm. Womöglich war er in den Anschlag auf seinen Vater verwickelt. Für Persien sollte der Wechsel auf dem makedonischen Königsstuhl allerdings keinen Unterschied bedeuten, denn von Philipp hatte Alexander neben Amt und Würden auch den Traum vom Rachefeldzug gegen die Perser geerbt. Rücksichtslos räumte er alle potenziellen Gegner im eigenen Land beiseite und zerschlug den vorerst letzten Widerstand des griechischen Thebens mit brutaler Gewalt; die Koalition der griechischen Städte und Makedoniens stand. Im Frühjahr 334 v. Chr. setzte Alexander an der Spitze des makedonisch-griechischen Heeres über den Hellespont. »Als Alexander Asien erblickte, wurde er von einer unglaublichen Begeisterung ergriffen«, schreibt ein antiker römischer Autor. »Er sprang als Erster an Land und warf einen Speer in den asiatischen Boden.«

Auf persischer Seite unterschätzte man wieder, wie schon vor Marathon, den Gegner im Westen. Ungestört konnten die Makedonier in Asien landen; Satrapen, die abhängigen Herrscher unterworfener Landesteile, und nicht etwa der Großkönig selbst kommandierten die persischen Truppen. Erst am Granikos, einem Fluss östlich von Troja, traten sie dem Invasionsheer entgegen. Die Perser konnten Alexander im Laufe der Schlacht beinahe tödlich verwunden und wurden am Ende doch besiegt.

Alexanders Heer zog an der West- und Südküste Kleinasiens entlang, deren Städte von Griechen bewohnt, aber von persischen Garnisonen belegt waren. Die militärischen Mittel von

■ Die Perserschlacht auf der Rückseite des so genannten Alexandersarkophags, um 330 v. Chr. Istanbul, Archäologisches Museum

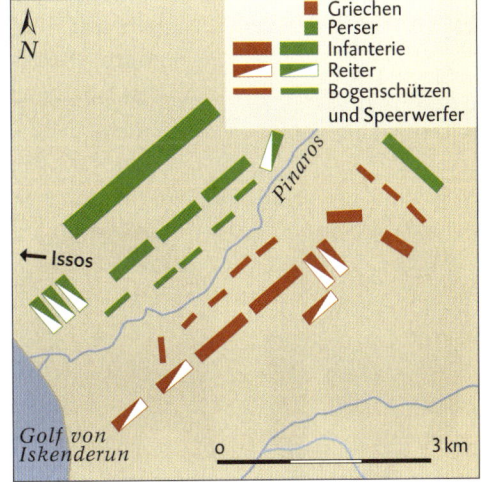

N

← Issos

Pinaros

■ Griechen
■ Perser
■ Infanterie
▨ ▨ Reiter
▨ ▨ Bogenschützen und Speerwerfer

Golf von Iskenderun

0   3 km

■ Das berühmte römische Mosaik *Die Alexanderschlacht* aus der Casa del Fauno in Pompeji mit dem bekannten Bildnis Alexanders (links), das einem griechischen Gemälde des 4. Jh. v. Chr. von Philoxenos nachempfunden sein soll. Neapel, Museo Nazionale Archeologico.

■ Helme stellten einen wichtigen Schutz dar; links ein attischer Helm ohne Nasenschutz und rechts ein korinthischer Helm mit langem Nasenstück und Wangenschutz.

Makedoniern und Persern hielten sich in etwa die Waage: Das makedonische Heer dominierte das Festland, die persische Flotte die See. Die Städte wurden von den persischen Besatzungstruppen verteidigt. Doch ohne Erfolg! Alexander nahm die Städte und damit der feindlichen Flotte wichtige Basen. Als er im Mai 333 die Kilikische Pforte passierte und die griechischen Siedlungsgebiete verließ, war der persische Herrscher Dareios III. alarmiert und stellte umfangreiche Verbände für eine Gegenoffensive zusammen.

Alexanders Vormarsch wird drängender, geradezu hastig. Als der Makedonier erfährt, dass Dareios in Sochoi lagert, nimmt er den direkten Weg dorthin an der syrischen Küste entlang. Und beinahe führt ihn seine Eile ins Verderben. Denn Dareios weilt nur kurze Zeit in Sochoi; er ist unbemerkt an Alexanders Truppen vorbei nach Norden und dann nach Issos an der Mittelmeerküste gezogen. Plötzlich steht der Großkönig im Rücken der Makedoner und hat ihnen sämtliche Nachschublinien- und Rückzugswege verlegt. Nur – Alexander denkt nicht eine Sekunde an Rückzug. Seine Soldaten brennen auf das Gefecht mit dem persischen Gegner, er selbst auf einen Zweikampf mit Dareios. Seine Soldaten bekommen, was sie verlangen; Alexander wird das Gefecht mit Dareios verweigert. Der Großkönig flüchtet auf schnellstem Weg nach Osten.

Issos markiert den Wendepunkt in einem großen, in *dem* Feldzug der Antike. Zum ersten Mal stoßen Griechen als siegreiche Krieger weit nach Asien vor. Und nicht nur nach Asien. Zunächst marschiert Alexander nach Süden, belagert und erobert die Hafenstadt Tyros und lässt sich in Ägypten zum Pharao krönen. Dann kehrt er nach Syrien zurück, begegnet Dareios im Jahr 331 bei Gaugamela am Tigris ein letztes Mal auf dem Schlachtfeld, wieder ergreift der Perser die Flucht. Anschließend ziehen Alexanders Soldaten triumphierend in Babylon ein. Das Zentrum des Orients mit dem Turm von Babel und den Hängenden Gärten liegt ihnen zu Füßen. Dann geht es weiter.

Vierzigtausend Mann umfasste das makedonische Heer. Es zog von Babylon aus ins iranische Hochland und zum Kaspischen Meer, wo Alexander den ermordeten Dareios fand, marschierte kreuz und quer durch das heutige Afghanistan, stieß bis nach Indien vor und erreichte auf dem Indus den Indischen Ozeans. Von dort aus führte sein Weg durch ferne Wüsten, und über ferne Meere wieder zurück. 323, acht Jahre später, sah Alexander Babylon wieder. Jetzt sollte ein Weltreich entstehen. Karthago und der ganze Westen mit dem noch unbekannten Rom sollten fallen; Vorbereitungen für die Eroberung der arabischen Halbinsel wurden getroffen. Doch unmittelbar vor dem Abmarsch starb Alexander.

■ Der zumeist aus Bronze gefertigte Brustpanzer der Soldaten bestand aus zwei Teilen, die an den Seiten durch Lederriemen zusammengehalten wurden. Er war der wichtigste Bestandteil der Rüstung.

Um sein Reich wurde in »Diadochenkämpfen« gestritten, und Alexanders Erben haben es schließlich zerstückelt. Ein vergleichbares Weltreich haben erst die Römer wieder errichtet. Sie orientierten sich, wie so viele spätere, an der großen Heldengestalt der Antike, an Alexander. Aber wie das mit Helden so ist – sie sind immer auch eine Last. Wenn die Griechen einen Römer ärgern wollten – so wird erzählt –, dann verwiesen sie auf den frühen Tod Alexanders. Denn hätte der Makedonier länger gelebt, wäre er nach Italien gezogen. Und selbstverständlich hätte er auch die römischen Armeen in die Knie gezwungen. Oder wollten die Römer etwa Alexanders militärische Fähigkeiten bestreiten?

Wohl kaum. Denn ob man seine Feldschlachten oder die Bela-

Phryne, eine bekannte griechische Hetäre, an Alexander: Griechenland, Asien, Persien, Indien – das alles hat großen Zuschnitt. Wenn ich aber von Eurem Ruhm abzöge, was davon gar nicht Euch gehört; wenn ich Euren Soldaten, Euren Hauptleuten – und sogar dem Zufall – den Anteil einräumte, der ihnen zusteht: Glaubt Ihr nicht, dass Ihr dabei höchstens zu verlieren hättet? Eine Schöne aber teilt den Ruhm ihrer Eroberungen mit niemandem, sie verdankt ihn nur sich selbst. Glaubt mir, es gibt kein angenehmeres Dasein als das einer lockenden Sirene.
Bernhard Le Bouvier de Fontenelle, *Gespräche aus dem Totenreich*

»Als Cäsar in Gades war, sah er im Tempel des Herkules eine Statue Alexanders des Großen, und es war zu hören, dass er einen tiefen Seufzer ausstieß. Er war wohl deshalb niedergeschlagen, weil er in einem Alter, in dem Alexander bereits die ganze Welt erobert hatte, noch nichts von Bedeutung getan hatte. «
Sueton, *Julius Cäsar*

■ Dareios III. Kodomannos wurde 330 v. Chr. von dem Satrapen Bessos ermordet. *Alexander an der Leiche des Dareios,* Gemälde, 1708, von Giovanni Antonio Pellegrini (1675–1741). Düsseldorf, Kunstmuseum

Der Ruhm allein tröstet uns durch das Andenken der Nachwelt über die Kürze des Lebens hinweg; er allein hat die Wirkung, dass wir als Abwesende anwesend, als Tote lebendig sind; endlich erlaubt er allein den Menschen, sich auf die Stufen bis in den Himmel zu erheben.
Cicero, Für Milo

gerungen betrachtet, ob es sich um logistische Maßnahmen handelt oder um strategische Planung – immer hat sich Alexander als Herr der Lage erwiesen. Die schwierige militärische Situation vor Issos, die durch den Marsch des Dareios in den Rücken der makedonischen Truppen entstanden war, meisterte Alexander zügig und mit Geschick. Und sein Mut ist ebenfalls über jeden Zweifel erhaben. Zu Beginn der Schlacht von Issos galoppierte er allen voran und warf sich zuerst auf den Gegner. Schon allein deshalb kann man den Neid der Römer auf Alexander verstehen. Und weil er schon tot war, konnten sich die römischen Feldherrn nicht mehr mit ihm messen.

Alexander hatte in jungen Jahren etwas erreicht, was nur wenigen Heerführern vor und nach ihm gelang und weshalb ihm eine besondere militärische Ehre gebührt. Die philosophisch gesinnten Griechen hätten sie Alexander mit den Worten seines Lehrers verliehen. Aristoteles beschrieb ein göttliches Wesen als »unbewegten Beweger«, als einen, der alles bestimmt und niemals selbst bestimmt wird. Ganz ähnlich kann man Alexander beschreiben: Er hat trotz seiner Jugend keine verlorene Schlacht hinterlassen und entzieht sich als »unbesiegter Sieger« jedem Vergleich, wird wahrhaft zu »dem Großen«.

ISSOS – DER UNBESIEGTE SIEGER

 DATEN UND FAKTEN

Historischer Rahmen: Zug Alexanders des Großen durch Asien

Zeit: Ende Oktober / Anfang November 333 v. Chr.

Ort: Syrien; Küstenstreifen an der Mündung des Pinaros in den Golf von Issos. Der Streifen wird zur Landseite von Bergen flankiert.

Ziele
Makedonier: Vernichtung des persischen Heeres, um den Weg nach Persien frei zu machen

Perser: Vernichtung des makedonischen Invasionsheeres

Gegner, Kommandos, Waffen
Makedonier unter Alexander dem Großen: 30 000–40 000 Mann; schwer gerüstete Hopliten, leichte Fußsoldaten, schwere und leichte Kavallerie, Bogenschützen

Perser unter Dareios III.: verbündete Truppen aus allen Landesteilen, griechische Söldner, zusammen etwa 30 000–100 000 Mann, nach den antiken Quellen 500 000–600 000 Mann; schwer gerüstete Hopliten, leichte Fußsoldaten, schwere und leichte Kavallerie, Bogenschützen

Sieger: Makedonier

Verluste
Makedonier: 450 Mann

Perser: unbekannt

Verlauf
Ende Oktober Die Makedonier marschieren an Issos vorbei nach Süden bis Myriandros. Dareios rückt von Sochoi aus an den Makedoniern vorbei nach Norden, überquert den Löwenpass und steht kurz darauf in Issos. Beide Seiten werden von der Entwicklung überrascht. Dareios zerstört die rückwärtigen Lager Alexanders und tötet dabei viele verletzte Makedonier. Dareios schiebt seine Truppen bis an den Pinaros vor, Alexander kommt ihnen von Süden entgegen. Es ergibt sich eine Schlacht mit verkehrten Fronten.

November Im Laufe eines Tages nähern sich die Makedonier von Süden. Sie rücken langsam vor, immer wieder von längeren Pausen unterbrochen, und gehen allmählich aus der Marsch- zur Schlachtordnung über. Im Zentrum steht die Hoplitenphalanx, an den Flügeln die Kavallerie. Alexander sucht den Durchbruch an der Landseite. Dareios hat seine Hoplitenphalanx gleichfalls ins Zentrum gestellt und beabsichtigt, die makedonische Front mit seinen Reitern an der Seeseite zu durchbrechen.

Dareios selbst weilt hinter seinem linken Flügel, Alexander ihm gegenüber. Als Alexander die Aufstellung der Perser erkennt, verstärkt er seinen linken Flügel durch Reiter, die er vom rechten Flügel abzieht.

Nachmittags, eine Stunde vor Sonnenuntergang: Alexander reitet die Front ab und fordert seine Männer auf, alles zu geben. Dann setzt er sich an die Spitze des rechten Flügels, stößt auf die Perser zu und eröffnet die Schlacht. Makedonier und Perser gehen jeweils an ihren rechten Flügeln in die Offensive. Die Angriffsflügel dringen langsam, aber stetig vor; im Zentrum halten die griechischen Söldner den Angriffen der makedonischen Phalanx erfolgreich stand. Die Entscheidung fällt auf dem rechten Flügel der Makedonier, als Alexander beinahe bis zu Dareios vorgedrungen ist. Dareios ergreift die Flucht, die Front der Perser gerät durcheinander und löst sich nach der Flucht des Königs auf. Die meisten Soldaten werden beim Rückzug der Perser getötet.

 AUF DEN PUNKT GEBRACHT

Die Schlacht bei Issos öffnete Makedonien den Weg für die Eroberung Persiens. Die Schlacht wird wesentlich durch die Kommandanten entschieden; zwischen den Truppen war bis zu Dareios' Flucht noch keine Entscheidung gefallen. Bei einem weiteren Zusammenstoß zwei Jahre später bei Gaugamela am Tigris steht es dann schlecht für die Makedonier, aber wiederum ergreift Dareios die Flucht. Issos bedeutete also eine Vorentscheidung.

Pyrrhussiege
Ausculum
279 v. Chr.

■ Pyrrhus, König der Molosser und Hegemon des Epirotenbundes. *Pyrrhus Epirotarum Rex*. Holzschnitt, 1575, von Tobias Stimmer

■ Kriegselefant des Pyrrhus. Holzstich

Ausculum – über kaum eine Schlacht lässt sich so wenig sagen, und doch hat sie den Namen des siegreichen Feldherrn berühmt gemacht. Die Rede ist von Pyrrhus und einem Typus von Sieg, der nach ihm seither Pyrrthus-Sieg heißt. Ihm zu Ehren – das hätte er nicht einmal selbst behauptet. Schließlich ist sein Ausspruch überliefert: »Noch so ein Sieg, und wir sind verloren.«

Pyrrhus, König von Epeiros, wurde 280 v. Chr. nach Süditalien gerufen, um das von Griechen bewohnte Tarent vor den noch relativ unbedeutenden Römern zu schützen. Er hatte sich schon einen Namen als Feldherr gemacht, und einige sahen in ihm einen zweiten Alexander. Der Zug gegen Rom war für Pyrrhus denn auch eher ein Vorspiel, gleichsam das Gesellenstück, für zukünftige ruhmreiche Taten.

Die Römer hatten sich gerade einiger Gegner in Mittelitalien entledigt und sahen sich gezwungen, ihren Machtbereich auch nach Süden auszudehnen, um ihre Eroberungen zu sichern. Da sie um die Gefährlichkeit des aus Griechenland herübergesegelten Gegners wussten, machten sie eilig mobil. Sie beorderten eine aus römischen Bürgern rekrutierte Armee vor Tarent. Pyrrhus zog dagegen mit seinen Truppen für mäßig motivierte Tarentiner

»Was aber, König, sollen wir nach unserem Sieg über die Römer machen?« – »Das versteht sich von selbst: Wir unterwerfen Italien!« – »Und was machen wir dann?« – »Sizilien wartet auf uns.« – »Aber dann ist der Feldzug beendet?« – »Ganz und gar nicht. Das ist erst der Anfang, der Vorbote für größere Dinge. Libyen etwa. Und Karthago liegt ganz in der Nähe. Nach diesen Siegen werden wir keine Gegner mehr kennen.« – »Sicherlich nicht. Und was machen wir dann?« – »Dann setzten wir uns zur Ruhe und genießen das Leben.« – »Aber können wir dann nicht gleich hier bei uns bleiben?«
Pyrrhus in einem Gespräch während der Vorbereitungen für die Überfahrt nach Italien

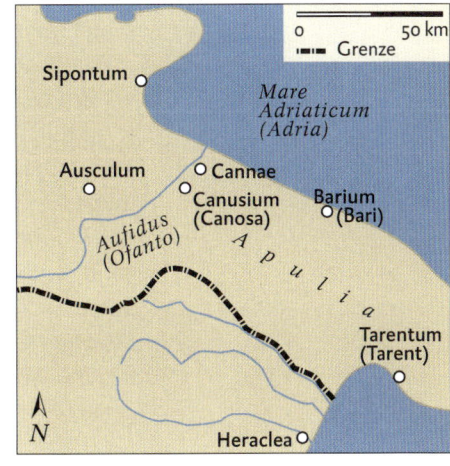

ins Feld. Römische Untertanen wollten die nicht werden – doch sonderlich kriegsbegeistert waren sie auch nicht. Als Pyrrhus Theater und Bäder schließen ließ und seinen Traum vom Königreich in Italien öffentlich machte, entdeckten einige Tarentiner sogar Sympathien für das republikanische Rom. Trotzdem wurden die römischen Legionäre 280 v. Chr. bei Herakleia geschlagen – nicht weil sie schlechter geführt waren; »die Gefechtsordnung der Barbaren ist ganz und gar nicht barbarisch«, wird Pyrrhus zitiert.

Aber Pyrrhus hatte sie mit einer von Alexander aus Asien nach Europa importierten neuartigen Waffe überrascht: Kriegselefanten. Diese hatten, glaubt man den antiken Quellen, die Reihen der Römer gesprengt.

Ein Jahr darauf stellen die Römer erneut Verbände zusammen; jetzt stehen sie unter verstärktem Druck, denn Pyrrhus bedroht ihre Hauptstadt. Bei Ausculum treffen sie ein zweites Mal auf den König von Epeiros, und wieder triumphiert Pyrrhus mit den Kriegselefanten. Doch als seine Leute ihn feiern, fällt seine Bemerkung: »Noch so ein Sieg, und wir sind verloren.« Wie schon bei Herakleia erleiden seine Truppen, namentlich unter den Kom-

■ *Die Schlacht bei Ausculum.*
Gemälde, um 1640, von Johann Heinrich Schönfeld (1609 –1648). München, Bayerische Staatsgemäldesammlungen

■ Die Kriegselefanten des Pyrrhus haben Generationen von Zeichnern fasziniert. *Die Schlacht bei Ausculum.* Holzstich nach einer Zeichnung von Heinrich Leutemann (1824–1905)

mandanten und Veteranen, ungewöhnlich hohe Verluste. Die Geschichte ist seinem Urteil gefolgt und bezeichnet Siege, die mit zu großen Opfern erkauft werden und sich deshalb ins Gegenteil verkehren können, als »Pyrrhussiege«. Im Siegesrausch merkt der Sieger noch nichts. Er täuscht sich sogar auf subtile Weise, weil die Niederlage durch den Erfolg erst möglich gemacht wird. Diese Ironie ist es, die die Untersuchung von Pyrrhussiegen zu einem wirkungsvollen Mittel der Manöverkritik gemacht hat. Denn falls die eigenen Verluste zum Niedergang führen, wird ein elementares militärisches Kalkül *ad absurdum* geführt: dass die Verluste der Preis für den Sieg sind.

Die Eroberung Kretas durch die Deutschen im Zweiten Weltkrieg ist ein Beispiel dafür. Im übertragenen Sinne kann man auch solche Siege als Pyrrhussiege bezeichnen, bei denen die Zahl der Ziviltoten ein humanitäres Kriegsziel ad absurdum führt; den Sieg der NATO im Kosovo-Krieg könnte man dazu zählen. So bezeichnet der »Pyrrhussieg« ein aktuelles Problem: Wie führt man Krieg zur Befreiung unterjochter Bevölkerungen oder Bevölkerungsgruppen, wo doch der Einsatz militärischer Mittel beinahe zwangsläufig Opfer unter denen bedeutet, um deren Wohl es eigentlich geht? Umgekehrt gilt aber auch: Unterbleibt der humanitär gerechtfertigte militärische Einsatz mit dem Hinweis auf die Verletzbarkeit der Zivilbevölkerung gänzlich, macht man sich schuldig durch Untätigkeit.

Das Problem der eigenen Verluste lässt sich nicht leugnen und widersetzt sich jeder schematischen Lösung. Erst wenn die Verluste zu hoch sind, läuft jede Armee Gefahr, ihr »Ausculum« zu erleben. Pyrrhus entschied sich zunächst für den weiteren Vormarsch. Erst nachdem er später bei Beneventum noch einmal unter hohen Verlusten gewonnen hatte – nach anderen Quellen verlor er diesmal sogar –, zog er seine Truppen aus Italien zurück. Seine Einsicht in die Wertlosigkeit seines Sieges spricht für ihn als Stratege. Pyrrhus hat eben nicht ohne Rücksicht auf Verluste gefochten. Wie zum Dank hat die Geschichte seinen Ruf unsterblich gemacht – dabei verlor Pyrrhus jedoch seinen guten Namen als Feldherr.

AUSCULUM – PYRRHUSSIEGE

 DATEN UND FAKTEN

Historischer Rahmen
Aufstieg Roms zur Großmacht im westlichen Mittelmeerraum

Zeit: 279 v. Chr.

Ort: Italien; bei Ausculum, in einem unebenen, sumpfigen und von einem Fluss begrenzten Gebiet

Ziele
Griechen: Eroberung Süditaliens und Gründung einen Königreichs

Römer: Abwehr der griechischen Invasion

Gegner, Kommandos, Waffen
Griechen unter König Pyrrhus: circa 40 000 Fußsoldaten, Reiter und Elefanten

Römer unter Sulpicius Saverrio: circa 40 000 Fußsoldaten und Reiter

Verluste
Griechen: 3550 Mann

Römer: 6000 Mann

Sieger
Griechen

Verlauf
Die Quellenlage ist äußerst dünn; es existiert im wesentlichen nur die folgende Darstellung bei Plutarch:

1. Tag Zusammenstoß der beiden Heere bei Ausculum. Das waldige Gelände ist ungeeignet für Pferde, der Fluss verhindert, dass Pyrrhus die Elefanten zusammen mit den Fußsoldaten einsetzen kann.

2. Tag Pyrrhus besetzt das für Reiter und Elefanten ungeeignete Gelände und greift an. Die Römer ziehen sich so weit wie möglich zurück, müssen sich aber schließlich auf ebenem Gelände stellen. Die Römer versuchen die Fußsoldaten der Griechen zurückzudrängen, bevor die Elefanten eingreifen. Die römische Front gibt an dem Punkt nach, an dem Pyrrhus kämpft. Die Elefanten können eingreifen und treiben die Römer in ihr Lager zurück.

Besonderheiten
Vor Ausculum, mitunter auch Asculum genannt, treffen in der Schlacht von Herakleia 280 v. Chr. das erste Mal griechische und römische Armeen aufeinander. Im Vergleich zu anderen Schlachten sind die Verluste des Siegers im Verhältnis zum Verlierer ungewöhnlich hoch.

 AUF DEN PUNKT GEBRACHT

Weil Pyrrhus die Römer nicht entscheidend schlagen kann, setzt er im Anschluss an seinen »Pyrrhussieg« bei Ausculum nach Sizilien über, das von Karthago gehalten wird, und erobert die Insel fast ganz. Später kehrt Pyrrhus nach Italien zurück. Wahrscheinlich wird er bei Beneventum von den Römern 275 v. Chr. geschlagen. Nach seinem Rückzug in die griechische Heimat nach Epeiros ist das Feld für den nachfolgenden großen Konflikt zwischen Rom und Karthago bereitet.

Taktik und Strategie
Cannae
216 v. Chr.

Gab es je einen hoffnungsloseren Fall, je einen Fall, der schon zu lange hoffnungslos war, oder im Laufe der Zeit immer nichtiger wurde, für die reichlich fließenden Tränen der Jugend und des Liedes? Robert Frost

■ Man kennt die Aufstellungen der Römer und Karthager in der Schlacht von Cannae im August 216 v. Chr. Über den genauen Platz des Schlachtfeldes – ob nördlich oder südlich, mehr im Westen oder im Osten des Flusses Aufidus – gibt es bis heute unterschiedliche Vermutungen.

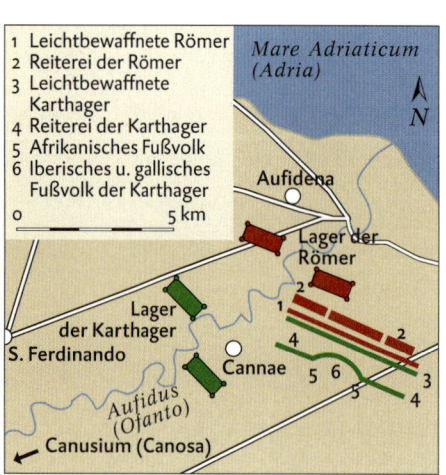

1 Leichtbewaffnete Römer
2 Reiterei der Römer
3 Leichtbewaffnete Karthager
4 Reiterei der Karthager
5 Afrikanisches Fußvolk
6 Iberisches u. gallisches Fußvolk der Karthager

0   5 km

Mare Adriaticum (Adria)

N

Aufidena

Lager der Römer

Lager der Karthager
S. Ferdinando

Cannae

Aufidus (Ofanto)

Canusium (Canosa)

Die meisten Generäle könnten wahrscheinlich eine persönliche Liste mit Lieblingsschlachten erstellen. Und zuoberst stünde bei vielen vermutlich Cannae. Jahrhundertelang galt die Schlacht bei Cannae zwischen den Römern und Puniern, wie die Römer die Karthager nannten, als Paradebeispiel für den perfekten militärischen Sieg.

Um 220 v. Chr. teilten sich Rom und Karthago den Machtbereich im westlichen Mittelmeerraum. Rom beherrschte Italien, Sizilien und die wichtigsten Inseln; Karthago wachte über die nordafrikanische Küste bis zum Atlantik und über das südliche Spanien. Roms Schiffe besaßen zudem die unangefochtene Seehoheit. Als der punische Feldherr Hannibal die Waffen gegen die Römer erhob, war ihm der direkte Weg über das Wasser nach Italien verwehrt; er musste den Feldzug in Spanien beginnen. Von hier aus führte er im Sommer 218 seine Truppen samt Kriegselefanten in seinem berühmten Zug über die Alpen nach Oberitalien.

Hannibal hatte seine Nachschublinien dadurch arg überdehnt; anders gesagt: Er hatte sich in eine strategisch schwierige Lage begeben. Aber die nahm er in Kauf, denn er vertraute seiner überlegenen Taktik und schätzte den Gefechtswert des punischen Heers hoch ein, besonders den der Reiterverbände. Bestärkt von Erfolgen am Po und überzeugt vom beachtlichen Sieg über das römische Heer an den Trasimenischen Seen, rückte er immer näher auf Rom zu.

Ein paar Monate lang mieden die Römer jede weitere offene Feldschlacht. Ihr Kommandant dachte strategisch und vertraute seinerseits auf die langfristige Wirkung großer Räume und Massen. Seine Legionen bewachten die Flanken; sie blieben in Hannibals Rücken und beschatteten die Punier bei ihrem Marsch durch Mittelitalien. Doch mit jedem gebrandschatzten Landstrich schwand die römische Klugheit, und der mittlerweile als Zauderer verrufene Kommandant wurde Anfang 216 turnusgemäß durch zwei Konsuln ersetzt.

Die Zeit des Abwartens war endlich vorbei. Die Römer verfolgten die Punier bis nahe an die adriatische Küste, bis nach Cannae, einen Ort, der für sie traurige Berühmtheit erlangte. Ein kleiner Fluss namens Aufidus trennte Karthager und Römer. Zunächst waren alle römischen Legionäre auf der ebenen und daher für Reiter besser geeigneten Seite postiert; dann wechselte ein Teil zur anderen, zur hügeligen Seite. Die folgenden Tage sahen ein fatales Schwanken der Römer zwischen vorsichtigem Taktieren und unvorsichtigem Tatendrang – Ausdruck eines geteilten Kommandos. Denn die beiden Konsuln lösten sich Tag für Tag als Befehlshaber ab. Eine Einrichtung echten republikanischen Geistes; politisch sinnvoll, um die konsularische Macht zu begrenzen – aber auf dem Schlachtfeld völlig verfehlt.

Am Tag der Entscheidung kommandiert der tatendurstige Konsul. Er führt das riesige Heer aufs hügelige Ufer, Hannibal folgt ihm; dann stehen sich beide Heere gegenüber. Die Aufstellung der Gegner stammt aus dem Lehrbuch: Die Kavallerie ist an den Flanken, die Infanterie im Zentrum postiert. Hier sind die Römer zahlenmäßig klar überlegen.

Plötzlich fällt zunächst auf der Linken und dann auf der Rechten die Entscheidung zugunsten der Punier. Bald sind die Legionäre umzingelt und fallen dort, wo

■ Vierzehn Jahre nach der totalen Niederlage der Römer bei Cannae wird Hannibal von Scipio Africanus in der *Schlacht bei Zama* besiegt. Gemälde von Henri Motte (1846–1922)

Taktik (griech. *taktike* »Kunst der Anordnung oder Aufstellung«): auch Lehre vom Gebrauch der Streitkräfte im Gefecht; dazu zählen die Truppenführung vor, während und nach dem Kampf, Maßnahmen zur Aufklärung, Täuschung und Tarnung. Taktische Waffen dienen zur unmittelbaren Bekämpfung von bewaffneten Gegnern, zum Beispiel taktische Atomwaffen auf Kurzstreckenraketen oder Geschützen.

■ *Hannibal ruft zum Krieg gegen die Römer auf.* Zeichnung von Crispijn van den Broeck (1524–1592). Dresden, Staatliches Kupferstichkabinett

Strategie (griech. *strategia*; aus *stratos* »Heer« und *agein* »führen«): Kunst, Wissenschaft von der Heeresführung, Vorbereitung, Planung und Durchführung der Feldzüge; höhere Planung; den organisierten Einsatz der Streitkräfte betreffend, für die Kriegsführung entscheidend. Als Gesamtstrategie fasst sie den Einsatz aller militärischen, wirtschaftlichen und politischen Mittel zusammen. Strategische Waffen dienen zur Bekämpfung der Kriegsfähigkeit des Gegners, zum Beispiel Bomber und Raketen mit großer Reichweite, die die Städte des Gegners erreichen.

sie stehen. Hannibals taktischer Sieg war total. Ja, Cannae wurde zur Vernichtungsschlacht par excellence. Allein, das römische Reich war nicht geschlagen. Es hatte den längeren Atem und besiegte Hannibal schließlich mit den eigenen strategischen Mitteln. Fürs Erste mieden die Römer die offene Feldschlacht und bauten in Spanien, also auf den Nachschublinien der Punier, allmählich eine Gegenmacht auf. Erst vierzehn Jahre später wurde Hannibal von Scipio Africanus bei Zama auch taktisch geschlagen.

Später sind sich der punische Feldherr und Scipio Africanus noch einmal begegnet. Scipio wollte von Hannibal wissen, wen er für den bedeutendsten Heerführer halte. »Alexander!«, lautete Hannibals Antwort. – »Und wer ist der zweite?« – »Pyrrhus.« – »Und der dritte?« – »Ohne Zweifel, ich selbst!« – »Wie bitte, schließlich hab' ich dich besiegt!« – »Ja, ja«, sagte Hannibal, »aber hättest du mich nicht besiegt, wäre ich der Erste gewesen.«

Dabei sinkt ein Feldherr nicht nur durch eine Niederlage vom ersten auf den dritten Rang zurück. Es gibt andere gewichtige Fehler. Wahrscheinlich war Rom nach der Schlacht bei Cannae wehrlos: ein blitzartiger Vorstoß – womöglich wäre Rom gefallen. Hannibals Männer drängten zum Angriff. Doch er hielt sie zurück. »Du verstehst es, zu siegen, Hannibal; den Sieg zu nutzen, verstehst du nicht!«, warf einer ihm vor. Anders ausgedrückt: Hannibals Taktik war gut, doch als Stratege hatte er versagt.

So wurde Cannae zur Schlacht ohne direkte politische oder militärische Wirkung. Mit ihr endete keine Epoche und mit ihr begann keine neue; nicht einmal militärgeschichtlich bietet sie Revolutionäres. Cannae war der reine taktische Sieg, Kriegskunst allein für die Kriegskunst. Gerade deshalb wird sie von vielen Generälen geschätzt. Unabhängig von komplizierten Dingen wie Nachschubproblemen, Kriegswirtschaft und politischen Fragen steht sie vor allem für militärisches Handwerk und zeigt damit die Möglichkeiten eines genialen Feldherren angesichts strategisch überlegener Gegner.

Darüber hat Cannae allerdings eine fatale indirekte politische und militärische Wirkung entfaltet: als sie bei einigen Generälen zur Überschätzung der Taktik geführt hat.

CANNAE – TAKTIK UND STRATEGIE

 DATEN UND FAKTEN

Historischer Rahmen: Zweiter Punischer Krieg zwischen Karthago und Rom

Zeit: 2. August 216 v. Chr.

Ort: Italien; am Ufer des Ofanto (Aufidus) in Apulien, zwischen Cannae und Adriaküste. In der Forschung ist umstritten, ob die Schlacht auf dem nördlichen oder dem südlichen Ufer des Flusses stattfand; manchmal ist auch von westlich und östlich die Rede.

Ziele
Karthager: möglichst umfassender Sieg über die Römer, um die mit Rom verbündeten italienischen Städte zum Frontwechsel zu bewegen

Römer: Vernichtung von Hannibals Armee, um die Punier, so die römische Bezeichnung für die Karthager, aus Italien zu verdrängen

Gegner, Kommandos, Waffen
Karthager unter Hannibal: 40 000 Mann Infanterie, 10 000 Reiter. Die Soldaten stammen unter anderem aus Nordafrika, Spanien und Gallien.

Römer unter Varro und Lucius Aemilius Paulus: 45 000–80 000 Mann Infanterie, 6000 Reiter. Die Soldaten kamen aus Rom und verbündeten Städten.

Verluste
Karthager: 6000 Mann

Römer: über 55 000–70 000 Mann, dazu 10 000 Gefangene

Sieger: Karthager

Verlauf
Im Morgengrauen Varro führt das Kommando und lässt das gesamte Heer wahrscheinlich auf das südliche Ufer des Flusses übersetzen; das Gelände ist hier etwas hügeliger und für Reiter weniger gut geeignet. Hannibals Truppen folgen auf zwei Übergängen.

Im Laufe des Vormittags Beide Heere nehmen Aufstellung. Die römische und punische schwere Reiterei sind im rechten Winkel am Fluss postiert. Im Zentrum folgt die Infanterie, auf der anderen Seite steht wiederum Kavallerie. In manchen Darstellungen stehen die Punier mit dem Rücken zum Fluss. Die Punier greifen am Fluss entlang an. Der Frontstreifen ist zwar durch den Fluss beengt, aber die Punier werfen die Römer zurück oder treiben sie in den Fluss. Auf der rechten Flanke der Punier wird die römische Reiterei zurückgedrängt. Nach dem Durchbruch auf der linken punischen Flanke geht die schwere Kavallerie im weiten Bogen um das römische Zentrum herum und greift die linke römische Flanke im Rücken an.

Etwa um die Mittagszeit Das punische Zentrum mit der Infanterie ist deutlich schwächer als das römische; anfänglich hatte es die Form eines nach vorne gebogenen Halbmonds. Unter dem überwältigenden Druck der römischen Legionäre wird es langsam nach hinten geschoben. Die mittlerweile auf beiden Flanken siegreiche punische Kavallerie greift die Legionäre im Rücken an. Der Druck auf das punische Zentrum lässt nach, da die Römer jetzt von allen Seiten angegriffen werden. Die Unbeweglichkeit der ungewöhnlich eng aufgestellten Manipelphalanx wirkt sich fatal aus, da die Legionäre nicht vor und zurück, ja im dichten Gedränge nicht einmal ihre Waffen einsetzen können.

Am Nachmittag Die komplett eingekesselten Römer werden niedergemacht. Aemilius Paulus fällt; Varro gelingt die Flucht.

Besonderheiten
Cannae prägt den militärhistorischen Begriff der Vernichtungsschlacht.

 EMPFEHLUNGEN

Lesenswert:
Livius: *Ab urbe condita*. Liber XXII / Römische Geschichte. 22. Buch (Der Zweite Punische Krieg II). Lat. / Dt., Stuttgart 2000.

Sehenswert:
Hans Burgkmair: *Die Schlacht bei Cannae*, Gemälde, 1529, Alte Pinakothek, München.

Besuchenswert:
Cannae mit Ausgrabungen der antiken Stadt.

 AUF DEN PUNKT GEBRACHT

Nach Cannae hat Hannibal für kurze Zeit freie Hand in Italien; einige Städte wie Tarent und später Capua fallen von Rom ab. Dennoch erholen sich die Römer relativ bald von den schweren Verlusten. Der Zweite Punische Krieg dauert an, wird 202 v. Chr. mit der Niederlage Hannibals bei Zama entschieden und vierzehn Jahre nach Cannae zugunsten der Römer beendet.

Die spinnen, die Römer

Alesia

52 v. Chr.

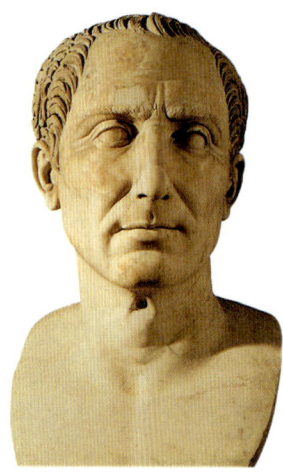

■ Julius Cäsar, Porträtbüste

Bei Asterix und Obelix sind die Römer immer die Dummen. Kommt es zum Kampf, nehmen Legionäre, wenn irgend möglich, vorher Reißaus, Zenturionen werden im Dutzend verprügelt, und die Tribunen melden im Nachhinein geschönte Berichte nach Rom. Ganz so leicht hatten es die Gallier in Wirklichkeit nicht. Im Gegenteil: Als die Römer 58 v. Chr. in ihre südlichen Siedlungsgebieten einfielen, wurde der Krieg – wie alle vorherigen Angriffe – mit äußerster Härte und allen Kniffen geführt. In einem Punkt verlief die Invasion dieses Mal jedoch anders. Es war keine zeitlich begrenzte Attacke, sondern der erste Schritt zur dauerhaften und von langer Hand geplanten Besetzung Galliens.

Das Invasionsheer der Römer wurde von Julius Cäsar kommandiert, der seine politische Karriere mit einem militärischen Erfolg vorantreiben wollte. Und da Rom praktisch im ganzen Mittelmeerraum schaltete und waltete, musste ein ehrgeiziger Römer, um imponieren zu können, schon einen längeren Weg zurücklegen – zum Beispiel ins unbekannte, gefürchtete Gallien. Über Gallien strebte Cäsar zur Macht.

Schlag auf Schlag unterwarf er ab 58 v. Chr. die Völker zwischen Rhein und Atlantik. Im Sommer des Jahres fielen die Helvetier seinen Legionen zum Opfer, in der zweiten Jahreshälfte besiegte er die germanischen Sueben, im nächsten Jahr erhielten die Belger, 56 v. Chr. die Bewohner der atlantischen Küstenregion römische Herren. Cäsars Siegeszug war nicht zu stoppen. Selbst der Rhein stellte für seine Truppen kein Hindernis dar. Und noch im selben Jahr setzten die Römer über den Kanal nach Britannien.

Damit war die Grenze des Möglichen erreicht. Als militärisch beruhigt galten lediglich die Gebiete westlich des Rheins. Und selbst hier täuschte die Ruhe. Im Frühjahr 52 wurden die Römer bös überrascht: Unter ihrem Anführer Vercingetorix legten die gallischen Stämme ihre internen Streitigkeiten zeitweise bei und erhoben sich gegen den gemeinsamen Feind aus Rom. Cäsar zog erneut gegen die Gallier zu Felde. Zunächst wählte Vercingetorix den richtigen Weg: Er wich den römischen Truppen konsequent aus und unterbrach stattdessen mit Erfolg ihren Nachschub, wo er nur konnte. Als Cäsars Legionen schließlich bei der Belagerung

Die Vertriebenen kamen zu den Befestigungen der Römer und baten weinend und flehentlich, man solle sie als Sklaven aufnehmen, aber ihnen wenigstens etwas zu essen geben. Doch Cäsar besetzte den Wall mit Posten und verbot, sie einzulassen. Cäsar, Über den Gallischen Krieg

Gergovias, der Hauptstadt der Arverner, ihren ersten herben Rückschlag einstecken mussten, schien die Zeit für einen gallischen Gegenschlag reif: Vercingetorix wird zum ersten Mal offensiv – und prompt von den Römern besiegt. Nun ziehen sich die Gallier hinter die befestigten Mauern von Alesia zurück, wohl in der Hoffnung, den Römern ein zweites Gergovia bereiten zu können. Und wieder befiehlt Cäsar, die Stadt zu belagern. Kurz bevor die eingeschlossenen Gallier aufgeben wollen, kommen ihnen verbündete Stämme zu Hilfe. Die legen ihrerseits einen Ring um die Römer. Und dennoch: Nach mehreren Ausbruch- und Entsatzversuchen kapituliert Vercingetorix vor Julius Cäsar.

Die Belagerer werden belagert – so kann man prägnant das Ringen um Alesia beschreiben und hat zugleich die Formel für den römischen Sieg. Vor Alesia war Vercingetorix den Römern entwischt, weil er zu schnell für sie war. Eine auf Reiterverbände gestützte Kriegsführung war nie die Stärke der Römer, die besten römischen Kavalleristen stammten selten aus Rom; auch in Gallien ritten gedungene Germanen – meisterliche Reiter – für Cäsar.

Doch im Vorfeld von Alesia kompensierten zwei Tugenden römischer Kriegskunst mangelnde Mobilität: *opus* und *virtus* – Arbeit und Tapferkeit. Die Legionäre schaufelten kilometerlange Gräben und kämpften zugleich tapfer am Grabensaum. Man muss es so sagen, sie fühlten sich in dem doppelten Grabensystem von Alesia praktisch zu Hause, denn es glich ihrer gewohnten Umgebung: dem Lager. Legionäre waren Lagersoldaten. Im Lager wurden sie gedrillt, bis die Angst vor den vorgesetzten Zenturionen und Tribunen größer war als die Angst vor dem Feind. Hier lernten sie Rücksichtslosigkeit gegen sich selbst, bis sie schließlich unter Prügeln und durch Selbstdisziplin

■ Der Keltenfürst Vercingetorix ergab sich Cäsar und wurde im Jahr 46 v. Chr. in Rom hingerichtet. *Vercingetorix ergibt sich Caesar.* Holzstich nach einem Gemälde von Henri Motte (1846–1922)

■ Bildnis des Vercingetorix auf einer zeitgenössischen Münze

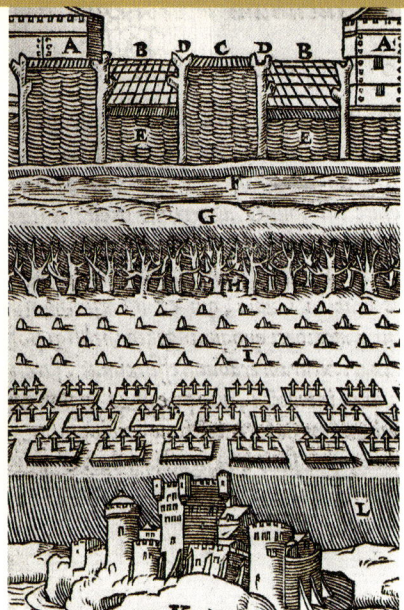

So soll der Belagerungsplan der Stadt Alesia ausgesehen haben. Holzschnitt aus *C. Iulii Caesaris rerum ab se gestarum commentarii*, herausgegeben von Giovanni Giocondo, Lyon 1560

»Weil du ... die militärische Disziplin zersetzt hast, die Rom bis heute erhält, zwingst du mich, entweder meine Pflicht gegen die Republik oder gegen mich selbst und meinen Sohn zu vergessen. Aber es ist besser, die Folgen des Vergehens am eigenen Leib zu spüren, als den Staat dafür büßen zu lassen. Deshalb, Liktor, bindet ihn an den Pfahl.« Alle Umstehenden waren entsetzt von dem rücksichtslosen Befehl; es war, als richtete sich das Beil gegen sie selbst. Vor Angst blieben sie regungslos, nicht aus Disziplin.

Livius, Konsul Manlius verurteilt seinen Sohn

die lagertypische Kälte entwickelt hatten, die sie auf dem Schlachtfeld unwiderstehlich, ihren Vorgesetzten gegenüber willfährig und, wenn nötig, unmenschlich machte. Als die Lebensmittel in Alesia zur Neige gingen, schickte Vercingetorix Zivilisten zu den römischen Linien. Cäsar befahl seinen Legionären, nichts an die Hungernden zu verteilen. Sie folgten seinem Befehl.

Bemerkenswert ist dabei weniger das fehlende Mitgefühl mit den hungernden Frauen und Kindern; militärisch ist der Befehl auch heute durchaus vertretbar, weil er die Kämpfe um Alesia verkürzte. Bemerkenswert ist vielmehr Cäsars Aufrichtigkeit. In seinem berühmten Bericht *Über den Gallischen Krieg* (*De bello gallico*) hat er offen diesen Vorfall geschildert, aber auch von Grausamkeiten berichtet, die schwerlich einer militärischen Notwendigkeit entsprachen. War Rom also besonders verroht? Wusste man im antiken Rom nicht, was Mitgefühl ist? Oder spinnen die Römer? Nein, die Legionäre waren das perfekte Kriegsinstrument. Sie konnten eingesetzt werden, wie und wo und gegen wen man sie brauchte wurden: gegen die Feinde Roms, aber auch gegen Cäsars Feinde in Rom. An sie, an seine politischen Gegner und die, die es werden wollten, wendeten sich Cäsars Berichte. Und für genau die waren Cäsars Berichte geschrieben. Sie sollten ein klares Bild der Geschehnisse bekommen und es durchaus als Drohung begreifen. Eine Berechnung, die man bei Cäsar, dem Begründer einer »acta diurna«, einer Art Tageszeitung, wohl voraussetzen darf.

Dass Cäsar häufig auch Milde gegenüber seinen Gegnern walten ließ, dass er seine Legionäre unter Umständen auch zurückhalten konnte, zeigt nur, wie perfekt sie ihm dienten, im Guten wie im Bösen. Also spinnen sie doch, die Römer.

ALESIA – DIE SPINNEN, DIE RÖMER

DATEN UND FAKTEN

Historischer Rahmen: Gallischer Krieg

Zeit: Juli–Oktober 52 v. Chr.

Ort: Frankreich; Alesia unweit der Seinequelle und die unmittelbare Umgebung.

Ziele

Römer: endgültige Niederschlagung des gallischen Aufstands und Tötung oder Gefangennahme der in Alesia eingeschlossenen aufständischen Anführer

Gallier: Sprengung des römischen Belagerungsrings um die Stadt

Gegner, Kommandos, Waffen

Römer unter Julius Cäsar: 50 000– 70 000 Mann; Infanterie und Kavallerie

Gallier unter Vercingetorix: in Alesia eingeschlossen circa 20 000 Mann, an den Entsatzangriffen Beteiligung von bis zu 50 000 Mann; Infanterie und Kavallerie. Die Zahlen sind umstritten und reichen bis zu insgesamt 333 000 Galliern. Cäsar spricht in seinen Berichten von bis zu 250 000 Angreifern.

Verluste

Römer: unbekannt

Gallier: die eingeschlossene Infanterie mit circa 20 000 Mann; dazu eine unbekannte Zahl bei den Entsatzangriffen

Sieger: Römer

Verlauf

Juli bis Ende September Vercingetorix zieht sich mit seinen Mannen nach Alesia zurück. Cäsar folgt ihm unter dauernden Angriffen und rückt von Osten her auf das Plateau zu. Die Gallier operieren zunächst außerhalb der Befestigungsmauern; im Osten, der schwächsten Seite, wird ein Wall zwischen den Flüsschen Ose und Oserain errichtet. Die gallische Reiterei rückt aus, um alle Rinder aus der Umgebung nach Alesia zu treiben. Westlich von Alesia stoßen gallische und mit den Römern verbündete Reiter aufeinander. Trotz anfänglicher Erfolge ziehen sich die Gallier schließlich geschlagen nach Alesia zurück. Vercingetorix entscheidet, Alesia zu halten. Er entlässt den größten Teil seiner Kavallerie und schickt sie los, um ein Entsatzheer zusammenzustellen.

Bis Ende September Die Römer beginnen mit dem Bau eines doppelten Grabensystems. Die innere Seite (»Contravallation«, circa 16 km) schließt Alesia ein und deckt gegen Ausbruchsversuche. Die äußere Seite (»Circumvallation«, circa 20 km) schützt vor Entsatzangriffen. An vielen Stellen werden Wachtürme errichtet. Zusätzlich wird das gesamte vorgelagerte Gelände mit Fallen versehen. Zivilisten kommen aus Alesia und bitten die Römer um Aufnahme als Sklaven oder wenigstens um Brot.

Oktober Die Entsatztruppen treffen ein und sammeln sich im Westen von Alesia.

1. Angriff Von Westen her greifen die Gallier die äußere Verteidigungsanlage an. Zugleich attackieren Vercingetorix' Truppen von Alesia aus. Die Angriffe werden abgeschlagen; wieder sind die germanischen Reiter entscheidend.

2. Angriff Die Gallier greifen nachts von Westen aus an. Sie schleichen sich im Schutz der Dunkelheit an und werden wiederum von den Truppen aus Alesia unterstützt. Auch dieser Angriff wird abgewehrt.

3. Angriff Ortskundige Aufklärer haben festgestellt, dass das Grabensystem im Norden ein Lager der Römer noch nicht einschließt. In der Nacht werden gallische Truppen vor das Lager gebracht. Es folgen Angriffe nach demselben Schema wie bei den ersten beiden Malen. Die Situation wird für die Römer bedrohlich; sie helfen sich mit Gegenangriffen ihrer Kavallerie. Erst das persönliche Eingreifen Cäsars rettet die Lage.

Die Entsatzarmee zieht unter hohen Verlusten ab. Alesia kapituliert. Vercingetorix ergibt sich, wird sechs Jahre in Rom inhaftiert und dann beim Triumphzug Cäsars vorgeführt. Anschließend wird er hingerichtet.

AUF DEN PUNKT GEBRACHT

Nach der Niederlage von Alesia gerät Gallien endgültig unter den Einfluss der Römer; der ganze westeuropäische Raum wird kulturell und politisch römisch geprägt. Von Gallien aus erobern die Römer anschließend Britannien und versuchen auch, nach Germanien vorzudringen. Mit dem Sieg von Alesia beginnt der Aufstieg Cäsars.

EMPFEHLUNGEN

Lesenswert:
Gaius Iulius Cäsar: *De bello Gallico / Der Gallische Krieg*. Lat. / Dt. Erweiterte Auflage, Stuttgart 1991.

Alea iacta est

Pharsalus

48 v. Chr.

Mit den Worten: »Alea iacta est« – der Würfel ist gefallen – überschritt Julius Cäsar in der Nacht vom 10. zum 11. Januar 49 v. Chr. den Rubikon, einen kleinen Fluss nördlich von Ariminum, dem heutigen Rimini. Zusammen mit den Männern der XIII. Legion zog er nach Süden – gen Rom: Römer erhoben die Waffen gegen Römer!

Mitte des ersten Jahrhunderts v. Chr. war das nichts Ungewöhnliches mehr. Denn beim Aufstieg zur führenden Macht des Mittelmeerraums hatte Rom sein staatliches Fundament unterhöhlt, als es die erbeuteten Schätze nicht mehr an alle römischen Bürger verteilte, sondern bevorzugt an jene, die ohnehin reichlich angehäuft hatten. Aus dem Bürgerheer, das seine und Roms Interessen aufs Engste vereint sah, war ein Heer von Legionären geworden, die vorrangig eigene Interessen verfolgten. Nicht lange, und das mächtige Werkzeug, mit dem Rom andere Völker in Schach hielt, wandte sich gegen die Römische Republik und ihre Kontrollorgane, die jeden Versuch eines Einzelnen, die Macht zu ergreifen, im Ansatz erstickten. Die Frage war nur, wem das Werkzeug gehorchte und wer es am besten handhaben würde.

»Pompejus oder Cäsar«, hätten die Einwohner Roms im Januar 49 zur Antwort gegeben. Der eine, Gnaeus Pompejus, hatte in mehreren Feldzügen zu Land und zur See seine Fähigkeiten zu Genüge bewiesen; und der andere, Cäsar, kehrte just von seinem Siegeszug durch Gallien zurück. Noch vor einigen Jahren hatten sie Rom gemeinsam mit Marcus Crassus, dem Dritten im Bunde, regiert. Doch Crassus verlor im Jahr 53 am Euphrat gegen die Parther, fiel und hinterließ ein Machtvakuum. Das Triumvirat, in dem jeweils zwei die Vorherrschaft des Dritten blockierten, zerfiel und ging in die hemmungslose Rivalität zweier Blöcke über: dort der noch in Gallien weilende und an die Spitze des Staates strebende Cäsar, hier der republikanische Senat mit dem staatstreuen Pompejus an seiner Seite.

Cäsar traf auf einen unvorbereiteten Gegner. Die republi-

■ Ein römischer Legionssoldat in voller Rüstung. Farblithographie, um 1860

kanischen Truppen lagen in Spanien und über einige östliche Provinzen verteilt; in Rom und Umgebung waren sie ungenügend gerüstet. Ihnen blieb nur die Flucht aus der wehrlosen Stadt. Mitte März erreichten Pompejus und andere Führer der Senatspartei über die Adria ihre im griechischen Epeiros stationierten Legionen.

Cäsar setzte nicht nach, schon weil ihm die Schiffe für eine Überfahrt fehlten. Stattdessen fasste er seine Legionen zusammen

■ *Römische Soldaten auf dem Marsche.* Lithographie von Carl Votteler aus dem *Album des klassischen Altertums,* herausgegeben von Hermann Rheinhard, Gera 1891

Nun griff Pompejus' Reiterei auf der Rechten an. Aber bevor ihr Angriff erfolgreich war, liefen die hinter der Front verdeckt aufgestellten Kohorten nach vorn und, statt wie gewöhnlich ihre Speere zu werfen oder auf Schenkel und Beine zu richten, zielten sie auf die Augen der Gegner. Cäsar hatte es ihnen empfohlen, weil er glaubte, die jungen und unerfahrenen Gegner würden bei dem Gedanken an eine Gesichtsverletzung keinen ernsthaften Widerstand leisten.

Plutarch, Cäsar

und zerschlug zunächst Pompejus' Verbände in Spanien. Anschließend kehrte er nach Italien zurück, überquerte im Winter 48
überraschend die Adria und landete nördlich von Korfu.

Bei Pharsalus stehen sich die beiden römischen Heere Anfang
August 48 gegenüber. Die republikanische Seite zögert; Cäsar provoziert sie vergeblich. Als Cäsar schon abrückt, greift Pompejus
ihn an, und es kommt am 9. August 48 zur Schlacht. Innerhalb weniger Stunden sind Senat und Pompejus geschlagen, die Römische
Republik liegt am Boden. »Der alte Staat der Römer war nicht
mehr lebensfähig«, heißt es in einem Standardwerk
über die Römer, will sagen: Cäsar vollzog bloß einen
überfälligen Schritt und stieß die Republik in den
Abgrund, an dessen Rand sie sich durch ihre Ex-
pansionspolitik selbst gebracht hatte. So kann man
die Niederlage von Pharsalus sehen: als eine Folge
tiefer innerer Krisen der über lange Zeit ungemein
wirkungsvollen politischen Ordnung.

Nach einer anderen Lesart hat Cäsar, als er den
Rubikon überschritt, gezögert und dann gerufen:

Als Cäsar im eroberten Lager von Pompejus die vielen Toten herumliegen
sah, stöhnte er: »Sie sind schuld an
dem allen; sie haben mich dazu gezwungen. Wenn ich meine Armee auf-
gelöst hätte, wäre ich, Gaius Cäsar,
trotz aller meiner Siege von ihnen vor
Gericht gestellt worden.«

»Lasst die Würfel hoch fliegen.« Das Spiel hatte begonnen, und es war riskant. Vor der Schlacht von Pharsalus stellte die Republik insgesamt das größere Heer, es mangelte Cäsar an Schiffen. Kurz nach seiner Landung nördlich von Korfu wurde er bei Dyrrachium sogar von Pompejus geschlagen.

Selbst nach Pharsalus war längst nicht alles gegen die Republikaner entschieden. Geschwächt, weil ihr militärischer Kopf Pompejus in Ägypten ermordet worden war, bekam die Senatspartei in Thapsus noch einmal die Chance, den Lauf der Geschichte auf dem Schlachtfeld in ihrem Sinne zu wenden. Wieder verlor sie. Ein letztes Mal trafen die republikanischen Truppen im spanischen Munda auf Cäsar. Noch immer hätte es anders ausgehen können. Er habe »oft für den Sieg, aber diesmal um sein Leben gekämpft«, gestand Cäsar nach der Schlacht, die seinen Krieg mit den Verfechtern der alten Ordnung entschied.

Erst im Herbst 45 stand Cäsars Legionären kein Senat mehr im Weg. Jetzt wollten sie gemeinsam mit ihren Befehlshabern die Länder hinter dem Euphrat erobern. Nach jedem Sieg hätten sie Cäsar auf dem Feld der Ehre mit dem Ausruf »Imperator« be-

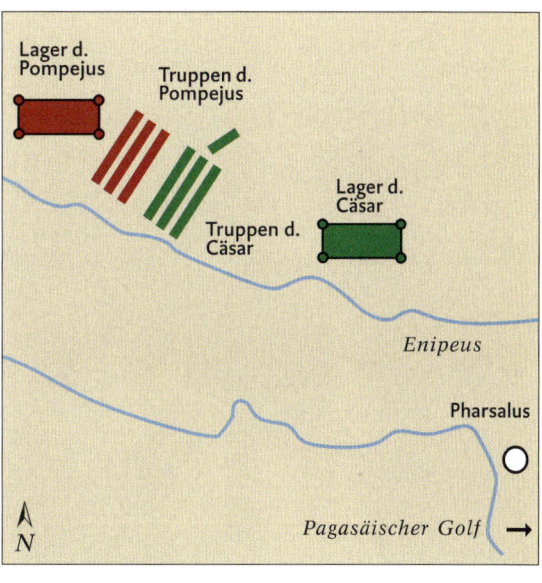

Lager d. Pompejus

Truppen d. Pompejus

Lager d. Cäsar

Truppen d. Cäsar

Enipeus

Pharsalus

N

Pagasäischer Golf

■ Ptolemäus sendet dem in Alexandria landenden Cäsar das Haupt des ermordeten Pompejus zu. Kupferstich von Matthäus Merian d. Ä. (1593–1650) aus der *Historischen Chronica* von Johann Ludwig Gottfried, Frankfurt am Main 1630

■ Cäsar wird am 15. März 44 v. Chr. in der Kurie des Pompejus unter Führung von Brutus und Cassius erdolcht. *Cäsars Ermordung.* Gemälde, 1865, von Karl Theodor von Piloty. Hannover, Niedersächsisches Landesmuseum

grüßt, der rituellen Inthronisierung des siegreichen militärischen Führers. Zurück in Rom, hätte das Volk sie mit rauschenden Triumphzügen tagelang gefeiert und schließlich den neuen Staat selbst mit dem Namen für Sieger benannt: »Imperium Romanum«.

An den »Iden des März«, also am 15. März, im Jahr 44 war das Spiel aus. Cäsars republikanische Feinde erdolchten ihn im Senat. Allein, die Republik wurde durch diesen späten Sieg nicht gerettet. Denn es war kein millitärischer Sieg; es war ein feiger Mord. Der wog die Niederlagen von Pharsalus und Thapsus nicht auf und zögerte das Ende der Republik bloß um einige Jahre hinaus. Nur ein Triumph seiner Waffen hätte dem republikanischen Rom wieder zum altem Glanz und früherer Größe verholfen. Denn das war es, was für Rom und die Römer letzendlich zählte: der Sieg auf dem Schlachtfeld.

PHARSALUS – ALEA IACTA EST

DATEN UND FAKTEN

Historischer Rahmen: Römischer Bürgerkrieg

Zeit: 9. August 48 v. Chr.

Ort: Griechenland; am Nordufer des Epineus in Thessalien, wahrscheinlich in der Nähe von Palaepharsalus. Der genaue Ort ist umstritten.

Ziele
Republikaner: Ausschaltung oder Vernichtung von Cäsar und seiner Armee

Cäsar: Vernichtung der republikanischen Armee

Gegner, Kommandos, Waffen
Republikaner unter Pompejus: 40 000–45 000 Fußsoldaten, 3000–7000 Reiter

Cäsar: 22 000–30 000 Mann Fußsoldaten, 1000–2000 Reiter

Verluste
Republikaner: 6000 Mann

Cäsar: 1200 Mann

Sieger: Cäsar

Verlauf
Anfang August Gnaeus Pompejus verfolgt Cäsar nach dem Erfolg von Dyrrachium nach Thessalien hinein. Cäsar zieht sich zurück. Nordwestlich von Pharsalus stehen sich beide Heere schließlich gegenüber. Pompejus positioniert seine Truppen auf einem Hügel und ist in Besitz der taktisch günstigeren

Lage. Cäsar versucht mehrfach, ihn zur Schlacht unterhalb des Hügels zu bewegen. Während Cäsar aus Mangel an Verpflegung Richtung Nordosten abrückt, verlässt Pompejus seine Position.

9. August Cäsar wendet sich um, und beide Heere treffen nördlich des Epineus aufeinander. Pompejus' rechte und Cäsars linke Flanke lehnen sich an das Flussufer an; hier ist eine Umfassung nicht möglich. Pompejus stellt seine Reiterei auf dem linken Flügel auf; hinter den Reitern stehen die Bogenschützen und Schleuderer, im Zentrum die Legionen in drei Reihen zu jeweils 1200 Mann. Die Kavallerie beider Armeen steht sich gegenüber. Auch bei Cäsar treten die Legionen im Zentrum zunächst wie bei Pompejus in drei Reihen an. Doch bevor die Reihen aufeinanderstoßen, gruppiert Cäsar um und zieht einen Teil der Legionäre aus dem Zentrum hinter die Reiterei und stellt sie schräg auf. Cäsar rückt als Erster an; Pompejus erwartet den Angriff. Nach einer kurzen Pause attackiert Pompejus' Kavallerie Cäsars rechte Flanke. Die Reiter stoßen auf starken, aber hinhaltenden Widerstand. Cäsars Reiter ziehen sich allmählich zurück, der Gegner stößt nach. Als Pompejus' Reiter weiter vorgedrungen sind, geht die schief aufgestellte Infanterie aus der Deckung gegen die Flanke der Angreifer vor. Pompejus' Reiter

werden nach und nach Richtung Norden abgedrängt. Dem folgenden Gegenangriff sind Pompejus' Bogenschützen und Schleuderer schutzlos ausgeliefert; sie werden zerschlagen. Anschließend drehen Cäsars Legionen im Rücken von Pompejus' Zentrums ein.

Mittag oder früher Nachmittag Pompejus flieht, als er die Aussichtslosigkeit der Lage erkennt. Cäsars Truppen verfolgen den Gegner bis zu dessen Lager.

Am Abend Die verbleibenden Truppen von Pompejus haben sich auf einen Hügel zurückgezogen. Nachdem sie vom Wasser abgeschnitten worden sind, kapitulieren sie am Morgen des 10. August vor Cäsars Truppen.

AUF DEN PUNKT GEBRACHT

Pompejus floh nach Pharsalus in Richtung Ägypten und hoffte, den Krieg von dort aus fortsetzen zu können. Er hatte jedoch seine Reputation verspielt und wurde ermordet. Damit verlor die Republik ihren fähigsten Feldherrn. Der Römische Bürgerkrieg dauerte anschließend noch drei Jahre.

»Weich nur als Sieger von ihr«
Aktium
31 v. Chr.

»Liebe ist eine Art Kriegsdienst«, schreibt Ovid, »wer träge ist, soll sich entfernen; Feiglinge eignen zum Kampfe für diese Fahnen sich nicht.« Und wie steht es mit dem umgekehrten Vergleich? Inwiefern ähneln sich Liebes- und Kriegsdienst? Wenn überhaupt, dann höchstens indirekt. Denn das Kriegshandwerk lag fast immer in den Händen von Männern; Frauen kämpften nur selten, und Liebe war praktisch nie mit im Spiel. Außer bei Aktium, der für Rom so bedeutsamen Seeschlacht.

Die Römische Republik stand nach dem Attentat auf Julius Cäsar im Jahr 44 v. Chr. am Anfang vom Ende. Geschickt ließ der amtierende Konsul Marcus Antonius den Tyrannenmord wie eine schändliche Bluttat erscheinen und zwang den Senat, Cäsars testamentarisch eingesetzten Erben Oktavian anzuerkennen. Oktavian verbündete sich seinerseits mit dem Senat, der den über-

■ *Die Seeschlacht bei Aktium.* Holzstich nach einer Zeichnung von Heinrich Leutemann (1824–1905)

mächtigen Konsul loswerden wollte. Antonius verlor diese Schlacht. Oktavian wechselte noch einmal die Seite. Anschließend jagten beide, Oktavian und Antonius, Cäsars Mörder Brutus und Cassius durchs Römische Reich, vernichteten sie 42 in der Doppelschlacht von Philippi in Makedonien und rächten sich an allen wirklichen und vermeintlichen Gegnern.

In der Folgezeit wurden Rom und seine Provinzen zum Spielball verschiedener militärischer Führer. Antonius erhielt im Jahre 40 durch das Abkommen von Brindisi Gallien und den Osten; Oktavian bekam wenige Jahre später im Abkommen von Tarent den Westen zugesprochen; ein Dritter, der ursprünglich als Vermittler zwischen Antonius und Oktavian aufgetretene Lepidus, beherrschte das unbedeutende Nordafrika; ein Vierter, Sextus Pompejus, kommandierte derweil von Sizilien aus große Teile der römischen Flotte. Sie alle koalierten, wie es ihnen grad passte. Und besiegelt wurden ihre Koalitionen durch Heirat. Oktavian verband sich vor Brindisi mit Scribonia, einer Verwandten des Sextus Pompejus, und nach Brindisi gab er seine Schwester Oktavia Antonius zu Frau. Und als Pompejus kurz nach der Übereinkunft von Tarent eine Seeschlacht verlor, ließ sich Oktavian scheiden und heiratete eine andere. Oktavia erging es nicht besser als Scribonia: Nach Tarent schickte Antonius sie wieder zu ihrem Bruder zurück.

■ Marcus Antonius, Bronzekopf aus Kilikien

Politische Ehen waren üblich, und gelegentlich kamen sogar Liebespaare zusammen, so die Tochter Cäsars, Julia, und Cäsars späterer Gegner bei Pharsalus, Pompejus; oder Kleopatra, Königin von Ägypten, und Antonius. Sie waren sich kurz vor dem Vertrag von Brindisi näher gekommen; und wenngleich Antonius sich nach Brindisi mit Oktavia vermählte – seine Leidenschaft galt der Ägypterin.

Nach Sextus Pompejus' Tod und dem freiwilligen Rückzug von Lepidus standen sich Antonius und Oktavian allein gegenüber; sie hatten das Römische Reich de facto in eine westliche und eine östliche Hälfte geteilt. Schritt für Schritt zogen ihre Heere in den folgenden Jahren aufeinander zu. Antonius marschierte über Syrien und Kleinasien nach Westen, Oktavian sammelte in Italien Legionen. Beide strebten dem griechischen Festland entgegen – ein für

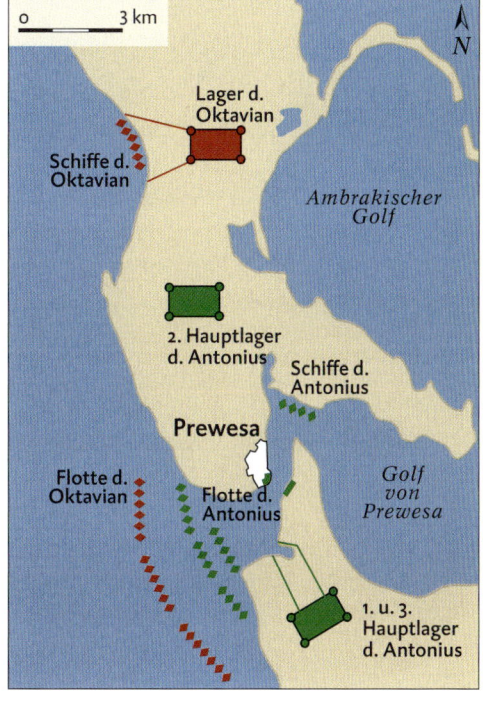

■ Reichtum, Luxus und Verschwendung – so wurde das Leben am Hofe der Kleopatra in der Kunst stets dargestellt. *Das Bankett von Kleopatra.* Gemälde von Gérard de Lairesse (1641–1711)

■ Bildnis der ägyptischen Königin Kleopatra auf einer zeitgenössischen Münze

Rom geradezu schicksalsträchtiger Boden: Alle entscheidenden Bürgerkriegsschlachten fanden hier statt.

Anfang 31 erreichten Armee und Flotte des Antonius die griechische Küste des Ionischen Meeres. Sie besetzten wichtige Stützpunkte südlich von Korfu und sicherten ihre Versorgungslinien nach Ägypten. Dann machten sie Halt. Augenscheinlich hatte Antonius Zeit. Er verließ sich auf seine militärische Reputation, seine gesicherte Stellung und die Finanzprobleme der anderen Seite. Um ihm etwas anhaben zu können, mussten Oktavians Truppen doch zunächst von Italien aus eine verteidigte Küste erobern, und das im stürmischen Frühjahr! Vielleicht war sich Antonius seiner Sache etwas zu sicher. Er unterschätzte die maritimen Möglichkeiten des Gegners und wurde innerhalb weniger Wochen von Agrippa, einem der wenigen römischen Offiziere, der etwas vom Seekrieg verstand, ausmanövriert. Agrippa hatte bereits die Flotte von Sextus Pompejus geschlagen. Seine Matrosen fuhren seit langem zusammen und waren bestens trainiert.

Anfang März 31 segeln Oktavians Schiffe unter Agrippa von Italien aus los, wählen den weiten und gefährlichen Weg übers Ionische Meer zur Südwestspitze des Peloponnes und nehmen Methone im Handstreich. Umgehend ist diese Nachschubroute für Antonius' Schiffe gesperrt, die militärische Lage hat sich gewendet. Weitere Stützpunkte fallen. Und als Oktavians Armee nördlich von Korfu an Land geht, kann Antonius nicht mehr viel unternehmen. Er zieht sich bis an die Einfahrt zum Golf von Ambrakia nach Aktium zurück. Oktavian folgt ihm und lagert nördlich davon. Antonius' Flotte ist praktisch bewegungsunfähig. Zaghafte Ausbruchsversuche führen zu nichts. Soldaten und Offiziere wechseln zur anderen Seite. Dann werden die Vorräte knapp. In Aktium kann Antonius nicht bleiben. Er schwankt, ob er Oktavian zur Schlacht herausfordern oder besser mit seinen Schiffen davonfahren soll. Schließlich entscheidet er sich für die Flucht. Am 3. September 31 kommt es vor Aktium zum Ausbruchsversuch. Jedes vierte Schiff durchbricht Agrippas Blockade; der Rest wird versenkt, verbrannt, aufgegeben oder gekapert.

Antonius konnte entkommen. Zwar hatte er 300 Schiffe und das in Aktium zurückgebliebene Heer eingebüßt, doch Verluste, sogar schwere Verluste wie bei Cannae, haben römische Truppen in ihrer Geschichte mehrmals ertragen. Antonius durfte hoffen, dass er die Kampfhandlungen an einem anderen Ort und mit neuen Truppen wieder aufnehmen konnte.

Wenn da nicht noch die Umstände gewesen wären, unter denen er vom Schlachtfeld verschwunden war. Er war geflohen. Schlimmer: Er war mit seiner Geliebten geflohen. Wäre es Oktavia gewesen: gut. Jede andere Frau hätte es auch sein dürfen, aber nicht diese: Kleopatra, der Schrecken aller römischen Soldaten und Bürger, die Inkarnation griechischen Geistes, ägyptischen Stolzes und orientalischer Reize. An ihre Kinder hatte Antonius römische Provinzen verschenkt, mit ihr hatte er sich zum orientalischen Herrscher entwickelt, um ihretwillen hatte er die edle Oktavia verstoßen. Sicher betörte sie ihn, um zum

■ Das Bildnis des Marcus Antonius auf einer zeitgenössischen Münze

■ Oktavian trat 44 v. Chr. Cäsars Erbe an. 27 v. Chr. verlieh der Senat ihm den Ehrennamen Augustus und übertrug ihm die Alleinherrschaft über Rom. Marmorstatue des Augustus, um 20 v. Chr

Als Antonius Kleopatras Flucht bemerkte, gab er den stärksten Beweis sittlicher Verworfenheit, den die Geschichte wohl irgend aufzuweisen hat. Einer Buhlerin zur Liebe, die ihm in der Stunde der Not verräterisch entflieht, lässt er, der Beherrscher des Orients, die Flotte, die für ihn um die Weltherrschaft kämpft, in der Hitze der Schlacht und ähnlich das Heer, das nur auf den Befehl dazu wartet, ohne Besinnen im Stich. **Alfred Stenzel, Seekriegsgeschichte**

> *Mitten im Bild waren eherne Flotten, Aktiums See-*
> *schlacht, / Dort zu schauen, und ganz Leukate konntest*
> *du wogen / Sehen im Reigen des Mars, von Gold auf-*
> *blitzten die Fluten. /…/ Hier der Cäsar Augustus, … –*
> *Weiter Agrippa … – Drüben mit Fremdvolks Macht An-*
> *tonius; … – es folgt ihm – Frevel und Schmach – die*
> *ägyptische Gattin. / Alle stürzen zum Kampf, und rings-*
> *um schäumt, überall von/ Ruderschlägen durchwühlt*
> *und dem Dreizack der Schnäbel, die Fläche. / Hoch zum*
> *Meer drängt's fast, als rissen Kykladen sich los und /*
> *Schwämmen darin oder ragende Berge stürzen auf*
> *Berge, / So mit Kolossen drängen die Krieger gegen die*
> *Turmhecks. / Wergfackeln schleudert die Hand und flie-*
> *gende Speere; Gemetzel, / Nie so gesehenes, rötet Nep-*
> *tuns Gefilde.*   Vergil, Aeneis

Lohn ihrer Gunst eines Tages in Rom einzuziehen.

Was war vor Aktium geschehen? Sicher ist nur: Als Kleopatras Schiffe die Schlacht zu Antonius' Gunsten hätten wenden können, stießen sie durchs Kampffeld und segelten davon. Es sah so aus, als wäre die ägyptische Königin geflohen. Hätte Antonius jetzt den Betrogenen gespielt – seine Leute hätten es akzeptiert. Aber er segelte ihr hinterher.

Antonius' Flucht war für Oktavian ein gefundenes Fressen. Seine Propaganda verkehrte den militärisch begründeten Durchbruch in eine schändliche Flucht, auch die treuesten Offiziere verloren ihren Glauben an Antonius. Das Bild des fahnenflüchtigen Feldherrn, der einem Weib hinterherläuft, konnten sie eben nicht akzeptieren – weil es nicht in ihr Männerbild passte. »Setz den Versuch bei ihr fort, weich nur als Sieger von ihr«, hatte Ovid römischen Männern für die Liebe geraten. Und sie hatten den Rat auf den Kriegsdienst übertragen.

Antonius hatte sich auf dem Schlachtfeld nicht wie ein Römer in der Liebe verhalten. Deshalb verließen ihn seine Soldaten, nachdem er Kleopatra gefolgt war, und machten Agrippas Sieg nachträglich zu dem, was er militärisch überhaupt nicht war: zu einem entscheidenden Sieg. Es kam zu keiner weiteren Schlacht. Antonius und Kleopatra nahmen sich ein Jahr nach Aktium das Leben.

■ Löwendenkmal zur Erinnerung an die Schlacht von Philippi, 42 v. Chr., in der die Cäsarmörder Brutus und Cassius von Oktavian und Antonius besiegt wurden.

AKTIUM – »WEICH NUR ALS SIEGER VON IHR«

DATEN UND FAKTEN

Historischer Rahmen: Römischer Bürgerkrieg

Zeit: 2. September 31 v. Chr.

Ort: Griechenland; Seegebiet vor der Einfahrt in den Golf von Ambrakia nördlich von Korfu

Ziele
Römer und Ägypter: Ausbruch der im Golf von Ambrakia blockierten Flotte Oktavians

Römer: Verhinderung des Ausbruchs und Vernichtung der gegnerischen Flotte

Gegner, Kommandos, Waffen
Römer und Ägypter unter Antonius und Kleopatra: ca. 500 Schiffe, davon sind 270 Schiffe an dem Ausbruch beteiligt; 20 000 Legionäre und 2000 Bogenschützen an Bord

Römer unter Oktavian: 260–400 Schiffe; 30 000–37 000 Legionäre und 2000–3000 Bogenschützen an Bord

Verluste
Römer und Ägypter: 300 Schiffe. Die meisten davon werden vor dem Ausbruch verbrannt.

Römer unter Oktavian: unbekannt

Sieger: Römer unter Oktavian

Verlauf
29. August Antonius' Schiffe stehen zum Durchbruch bereit, werden aber durch schlechtes Wetter zurückgehalten.

2. September, morgens Am Morgen stellen sich beide Flotten in Nord-Süd-Richtung vor der Einfahrt in den Golf von Ambrakia auf. Im Westen bilden Oktavians Schiffe drei Geschwader. Im Osten, unmittelbar vor der Einfahrt, stehen Antonius' Schiffe in vier Geschwadern, von denen drei nebeneinander liegen. Ein viertes unter dem Kommando von Kleopatra mit 60 Schiffen hält sich in Reserve. Oktavians Flotte bleibt zunächst passiv und erwartet das Auslaufen des Gegners. Ihre zahlenmäßige Überlegenheit, die sie einsetzen wollen, um Antonius' Flotte zu umfassen, kommt erst in der offenen See zum Tragen.

Am Mittag Der linke Flügel von Antonius rückt nach Südwesten vor. Oktavians linker Flügel versucht im Norden am Gegner vorbeizustoßen. Antonius zieht seine Flotte nach Norden auseinander; dadurch entstehen Lücken zwischen den Schiffen, in die Oktavians Schiffe hineinfahren.

Etwa 1 Uhr nachmittags Eine starke Nordwestbrise kommt auf. Die jeweiligen Flügelgeschwader sind nach Norden beziehungsweise Süden abgedreht. Kleopatra stößt durch das lichter gewordene Zentrum, setzt die Segel und fährt vor dem Wind Richtung Süden davon. Antonius folgt ihr auf einem kleineren Schiff, das von den anderen Kriegsschiffen nicht bemerkt wird. Die beiden Flotten setzen ihre Kämpfe mit unverminderter Härte fort. Oktavians Schiffe laufen durch die gegnerischen Reihen durch und attackieren sie von achtern. Als die Entscheidung immer noch nicht fällt, setzt Oktavian Brandgeschosse ein. Vorher hatte er gehofft, möglichst viele Schiffe intakt in die Hand zu bekommen.

Etwa 4 Uhr nachmittags Die Reste von Antonius' Flotte kehren in den Hafen von Aktium zurück.

EMPFEHLUNGEN

Lesenswert:
Allan Massie: Ich, Augustus. München 1998.

Sehenswert:
Cleopatra. Regie: Joseph L. Mankiewicz; mit Elizabeth Taylor, Richard Burton und Rex Harrison. USA 1963.

AUF DEN PUNKT GEBRACHT

Nach der Niederlage von Aktium fällt die Armee von Antonius rasch auseinander. Oktavian zieht nach Ägypten. Antonius und Kleopatra nehmen sich im folgenden Jahr in Alexandria das Leben. Oktavian kehrt nach Rom zurück, erhält den Namen Augustus und wird princeps, das heißt »Erster unter Gleichen«. Die Römischen Bürgerkriege sind beendet.

Wanderer zwischen den Welten

Katalaunische Felder

451 n. Chr.

»Das Datum der Schlacht ist so dunkel wie ihr genauer Ort.« Edward Thompson, *The Huns*

Mitte des fünften Jahrhunderts n. Chr. wurde Europa durch Rhein und Donau geteilt. Südlich und westlich lag das Römische Reich; nördlich und östlich erstreckten sich die Siedlungsgebiete zahlreicher Völker. Es war schon immer eine unruhige Grenze gewesen, doch jetzt, im Jahre 376, sollte sie noch unruhiger werden.

Die Westgoten drängten über die untere Donau. Sie waren auf der Flucht vor einem Reitervolk, das in Europa noch heute für Mord und Totschlag steht: den Hunnen. Rom ließ die Westgoten über die Grenze und erlaubte ihnen, südlich des Donaudeltas zu siedeln. Wenig später erhoben sich die Flüchtlinge gegen die Römer und bereiteten ihnen 378 in der Nähe von Konstantinopel ein zweites Cannae. Nur mit Mühe wurden sie wieder befriedet.

Einige Jahre später zogen die Westgoten vom Balkan aus nach Italien und stürmten 410 die Hauptstadt der westlichen Hälfte des mittlerweile geteilten römischen Reiches, das ewige Rom. Doch wiederum gelang es den Römern, ihr Schicksal zu wenden. Die Westgoten wurden aus Italien nach Südfrankreich gedrängt und gründeten das Königreich von Toulouse. Ruhe fanden das Weströmische Reich deshalb noch nicht. Denn mittlerweile waren germanische Stämme, voran die Franken, über den Rhein vorgedrungen und nach Gallien eingesickert. Nur dank des geschickten römischen Feldherrn Aetius gelang es, die römische Herrschaft über Gallien in einigen Gebieten zu erhalten. Zum Glück für Westrom waren die Hunnen mit Ostrom beschäftigt.

Erst Anfang 451 wendeten sich die Hunnen wieder nach Westen. Unter ihrem Anführer Attila verließen sie Ungarn, überschritten im Frühjahr nördlich von Koblenz den Rhein und belagerten Anfang Mai bereits Orléans. Ihr erklärtes Ziel hieß Toulouse und nicht Rom; doch Attilas Versuch, seine Gegner zu spalten, misslang. Westgoten und Römer erkannten in den Hunnen den gemeinsamen Feind. Gerade noch

■ *Attila nach der Schlacht bei Châlons. Holzstich, um 1860*

rechtzeitig erreichte ihr verbündetes Heer Orléans. Attilas Truppen waren schon in der Stadt und wurden in Straßenkämpfe verwickelt. Er erkannte die unglückliche Lage, rief seine Soldaten am 14. Juni zurück und formierte sie in der Gegend von Châlons zum Gegenangriff.

Auf den Katalaunischen Feldern prallen beide Heere aufeinander. Attila hat ein für Reiter geeignetes Terrain gewählt, und bei einem Angriff verliert der westgotische König sein Leben. Aber es nützt nichts. Die Goten fechten unter dem Sohn des gefallenen Königs noch furioser; die Römer weisen alle hunnischen Angriffe ab. Am Abend hat Attila die Schlacht auf den Katalaunischen Feldern verloren und zieht sich in ein eilig errichtetes Lager zurück. Die Goten brennen darauf, der »Geißel Gottes« bei Tagesanbruch den Garaus zu machen. Doch der Angriff bleibt aus. Zunächst rücken die Goten, dann die anderen Verbündeten ab. Attila verschwindet gen Osten. Zuletzt räumen die Römer das Feld.

Nach einer späteren Erzählung hat die Schlacht auf den Katalaunischen Feldern 350 000 Männern das Leben gekostet, und noch im Tod fanden sie

■ *Hunnenzug.* Holzstich, um 1890, nach einem Gemälde von Friedrich Emil Klein (1841–1921)

■ *Thorimund wird nach der Schlacht zum König der Westgoten erhoben. Holzstich, um 1890*

Da war mitten auf der Ebene zwischen zwei flachen Ufern ein Bach. Der verwandelte sich allmählich in einen Strom und dann in ein wildes Gewässer. Nicht vom Wasser, wie es Bäche gewöhnlich nach einem Schauer tun. Das Blut aus den Wunden der Erschlagenen hatte sich in ihn ergossen. Und die von ihren Wunden durstig Gewordenen tranken das Wasser, vermengt mit geronnenem Blut. Die Erbärmlichen tranken das Blut ihrer eigenen Wunden. Jordanes, *Geschichte der Goten*

keine Ruhe; drei Tage und Nächte sind die Geister der Getöteten über das dunkelste Schlachtfeld der Geschichte gestreift. Keiner weiß genau, wo es liegt, niemand kennt die Verluste; und was die Goten zum Abzug bewog, ist ein Rätsel – mit einer vielleicht gar nicht so schwer verständlichen Lösung.

Am späten Abend des ersten Tages hatte sich der römische Feldherr Aetius auf dem Schlachtfeld verlaufen. Er wanderte zwischen wimmernden Verletzten und Leichenbergen umher. »Was wird geschehen«, dachte er sich, »falls die Westgoten die hunnischen Truppen morgen völlig zerschlagen? Wer ist dann der wirkliche Sieger? Kein Zweifel«, wurde es ihm schlagartig klar. »Die Goten. Und bestimmt nicht wir Römer.« Im Mondlicht konnte Aetius jetzt Teile der Landschaft erkennen. »Also muß ich den Angriff der Goten verhindern.« Allmählich fand sich Aetius zurecht. »Doch selbst wenn ich die Goten zum Abzug bewege«, ging es ihm durch den Kopf, »was machen die Hunnen? Greifen sie an? Plündern sie weiter?« Da kam ihm eine Idee. Er kehrte nicht zu den eigenen Linien zurück. »Ich überrede Attila zum Rückzug!« Aetius stolperte durch die Dunkelheit ins von weitem sichtbare hunnische Lager. Die Hunnen hatten ein riesiges Feuer gemacht. Aetius begrüßte Attila auf hunnisch, das er als einer der wenigen Römer beherrschte. Kein Wunder, er hatte Jahre als Geisel in hunnischen Zelten verbracht. Eilig vereinbarten beide im Morgengrauen den Abzug der hunnischen Truppen. Aetius versprach, sich um den Abzug der Goten zu kümmern. Zugegeben, dass Aetius persönlich bei Attila war, wird nur vermutet. Allerdings passt es ins Bild, das die Überlieferungen von Aetius zeichnen. Er kalkulierte – zunächst, als er sich mit den Goten verband; dann, indem er ihren totalen Sieg hintertrieb. Doch ganz ging seine Rechnung nicht auf. Ein Jahr nach der Schlacht auf den Kaltalaunischen Feldern kam Attila über die Alpen und marschierte auf Rom. Aetius, »der letzte der Römer«, wie Edward Gibbon ihn nannte, hatte ihm 452 nichts mehr entgegenzusetzen.

KATALAUNISCHE FELDER – WANDERER ZWISCHEN DEN WELTEN

 DATEN UND FAKTEN

Historischer Rahmen: Invasion der Hunnen nach Europa

Zeit: genaues Datum unbekannt: 20. Juni, Anfang Juli oder 27. September 451

Ort: Frankreich; genauer Ort unbekannt, wahrscheinlich im Dreieck von Troyes, Méry und Arcis, südwestlich von Châlons-sur-Marne

Ziele
Römer und Westgoten: Abwehr der Invasion durch die Hunnen

Hunnen: Zerschlagung der letzten größeren in Westeuropa stationierten Streitkräfte

Gegner, Kommandos, Waffen
Römer und Westgoten unter Aetius: unbekannte Zahl von Legionären und Westgoten

Hunnen unter Attila: unbekannte Zahl von Reitern, vielleicht 100 000 Mann

Verluste: unbekannt

Sieger: Römer und Westgoten

Verlauf
14. Juni Die Hunnen brechen beim Eintreffen der verbündeten Römer und Westgoten die Belagerung von Orléans ab, nachdem sie bereits in die Stadt eingedrungen waren. Anschließend ziehen sie sich bis hinter die Seine zurück. Der Rückzug wird durch eine Nachhut gedeckt, die westlich der Seine verbleibt.

1. Tag, vor Tagesanbruch Aetius greift die Nachhut der Hunnen in der Nacht an. Es gibt schwere Verluste auf Seiten der Hunnen.

Am Morgen »zur neunten Stunde« Die Schlacht beginnt. Die Römer stehen am linken, die Westgoten auf dem rechten Flügel. Im Zentrum positioniert Aetius die unsicheren Alanen. Attila stellt sich ins Zentrum, die Ostgoten auf den linken und die anderen Verbündeten auf den rechten Flügel. Die Schlacht beginnt auf der linken Flanke der Hunnen mit Kämpfen um eine Höhe. Diese wird von den Westgoten erobert. Bei dem Gefecht stürzt der Westgotenkönig Theodorich vom Pferd und wird von den Pferden der eigenen Leute tot getrampelt.

Am Mittag und nachmittags Die Hunnen greifen das Zentrum der Römer an. Die Alanen wehren alle Angriffe ab und ziehen sich langsam zurück. Aetius verhält sich auf dem linken Flügel passiv. Die Westgoten attackieren die Hunnen und dringen fast bis zu Attila vor. Attila bricht den Angriff im Zentrum ab und zieht sich in sein Lager zurück, das von den Hunnen erfolgreich verteidigt wird.

Am Abend und nachts Aetius hat zunächst keinen Überblick über das Ergebnis der Schlacht.

2. Tag, morgens und vormittags Die Leiche des Königs Theodorich wird gefunden. Sein Sohn Thorismund übernimmt das Kommando. Aetius überredet Thorismund, mit seinen Truppen abzurücken und Attila ziehen zu lassen. Als Vorwand nennt er in Toulouse eventuell anstehende Kämpfe um die Nachfolge des Königs. Die Westgoten rücken nach Süden ab; Attila zieht anschließend zum Rhein.

Besonderheiten
Die Schlacht zählt zu den Mythen Europas. Einzelheiten sind jedoch so gut wie nicht bekannt. Die in den wenigen überlieferten Quellen angegebenen Verlustzahlen von bis zu 300 000 Toten werden im Allgemeinen nicht akzeptiert und dokumentieren eher die Bedeutung der Schlacht, vor allem aber die Angst vor den Hunnen.

 EMPFEHLUNGEN

Lesenswert:
Das Nibelungenlied. Nach dem Text von Karl Bartsch und Helmut de Boor ins Neuhochdeutsche übertragen und kommentiert von Siegfried Grosse. Mittelhochdeutsch/Neuhochdeutsch, Stuttgart 1997.

Hörenswert:
Nibelungenlied (4 Teile). Gelesen und kommentiert von Peter Wapnewski. Eine Produktion des Senders Freies Berlin 1994, Der Hörverlag 1996. 8 Audio-CDs.

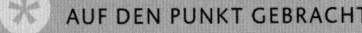 AUF DEN PUNKT GEBRACHT

Trotz der Niederlage auf den Katalaunischen Feldern greift Attila im folgenden Jahr Italien an. Inwieweit die Schlacht entscheidend für den folgenden Niedergang der Hunnen war, ist daher umstritten. Attila brach die Invasion vorzeitig ab. Für Westrom sind die Katalaunischen Felder die letzte siegreiche Schlacht. In den folgenden Jahren verschwinden das Hunnische und das Weströmische Reich für immer.

Glaubenskonflikte
Tours und Poitiers
732

Ab dem 7. Jahrhundert tauchte auf den Schlachtfeldern ein neues Kriegsmotiv auf: der Glaube. Vor allem Christen und Moslems zogen im Namen Gottes zu Felde, um ihre religiöse Gemeinschaft zu schützen oder zu vergrößern. Mit wechselnden Rollen: Mal waren die einen, mal die anderen auf dem Vormarsch. Das Christentum war zu Anfang des Jahrhunderts in Ostrom und den Staaten, die auf dem Gebiet des ehemaligen weströmischen Reichs entstanden, fest etabliert. Es war der Islam, der von Mekka aus, gestützt auf arabische Reiterei, die Offensive ergriff. 642, zehn Jahre nach Mohammeds Tod, hatte seine Krieger im Osten bereits die indische Grenze erreicht. Im Norden belagerten sie ihr vornehmsten Ziel: Konstantinopel.

Zwar konnte sich Konstantinopel der Moslems erwehren, doch auf Kamelen und Pferden eroberten die Araber auch im Westen riesige Gebiete in ungewöhnlich kurzer Zeit, denn die dritte Stoßrichtung brachte sie an der nordafrikanischen Küste entlang über Karthago 681 bis zum Atlantik; 711 setzen sie über nach Spanien und errangen mit sporadischen Überfällen binnen sieben Jahren eine dauerhafte und fast komplette Herrschaft über das Land.

Das christliche Europa befürchtete einen Angriff quer durch den Kontinent gegen Konstantinopel und sah sich durch die über die Pyrenäen nach Südfrankreich vorgetragenen moslemischen Plünderungszüge darin bestätigt. Die Invasoren hatten offenbar einen idealen Zeitpunkt gewählt. Das Frankenreich, Erbe Roms in Gallien, war in drei kräftemäßig ausgewogene Teile zerfallen: Austrasien im Nordosten, Neustrien im Westen und Burgund im Süden. Dazu wahrte nördlich der Pyrenäen Aquitanien seine Selbstständigkeit. Einheitlicher Widerstand war nicht zu erwarten. Erst nachdem Aquitanien zunächst von Austrasien und dann von den Moslems besiegt worden war, erlangte Austrasien ein Übergewicht, das zur Herrschaft wurde, als die anderen Länder nach Schutz vor den marodierenden Arabern suchten. Die zerstrittenen Landesteile einigten sich unter Karl Martell, dem höchsten Staatsbeamten Austrasiens. Aus altgedienten und unerfahrenen Soldaten schuf Karl ein fränkisches Heer. Er machte sich keine

Die Männer des Nordens blieben standhaft unter dem Eindruck der Schlacht. Sie rückten eng aneinander, so als wären sie zu einem Bollwerk aus Eis zusammengefroren. Und mit schweren Schläge hieben sie auf die Araber ein. Chronik von Isidor von Pacensis

Illusionen über seine Aussichten, falls seine Truppen auf die erfahrenen moslemischen Reiter träfen. Aber er hatte auch eine Schwäche beim Gegner entdeckt.

Als die Araber im Sommer 732 wieder einen Raubzug über die Pyrenäen begonnen haben, wartet Karl ab, bis sich die Reiter mit Beute gleichsam vollgesogen haben. Erst dann überrascht er sie in der Nähe von Tours. Einige Tage liegen sich moslemisches und christliches Heer gegenüber. Die Araber ziehen sich nach Süden zurück. Die Franken bleiben ihnen Richtung Poitiers auf den Fersen. Hier wenden sich die Araber mit einem Teil ihrer Truppen gegen ihre Verfolger. Doch die Franken sind standhaft und schlagen sämtliche Attacken der siegesgewohnten Araber ab.

Mittelalterlichen Quellen zufolge wurden im Gebiet von Tours und Poitiers 350 000 Moslems getötet; Prinz Karl Martell soll da-

■ *Die Schlacht bei Poitiers.* Gemälde (Ausschnitt), 1838, von Charles Steuben (1788–1856). Versailles, Galerie des Batailles

Dann kam Prinz Karl an der Spitze seiner Truppen. Sie kämpften so verbissen wie ein hungriger Wolf, der eine Herde anfällt. Mit Gottes Gnade schlachtete er die Feinde des christlichen Glaubens; 300 000 Mann, mit ihrem König Abd Ar-Rahman. Jetzt wurde Karl erstmalig »Martell« genannt, denn wie ein Hammer aus Eisen, aus Stahl schlug er zu.
　　Chronik von St.-Denis

■ *Karl Martell und Abd Ar-Rahman, der König der Sarazenen, im Nahkampf.* Bronzeskulptur von Théodore Gechter (1796–1844). Paris, Musée du Louvre

gegen nur etwa 1500 Mann verloren haben. Ein herrlicher Sieg! Sicher ist die Verlustzahl der Moslems stark übertrieben, und es ist die christliche Überlieferung, auf die diese Übertreibung zurückgeht; man war also stolz, obwohl die Bibel das Töten verbietet und Jesus ausdrücklich noch mehr als die Liebe zum Nächsten erwartet: »Liebt eure Feinde und bittet für die, die euch verfolgen.« Buchstabentreue Gläubige mussten sich also eigentlich ihrem Schicksal ergeben.

Die Araber kannten keine vergleichbaren Skrupel, zumindest wurden sie ihnen nicht durch ihren Glauben nahegelegt. Allein Kämpfe mit Gleichgesinnten waren für sie verboten. Gegen die Ungläubigen ruft der Koran zum »djihad«, zum heiligen Krieg, denn »Verführung zum Unglauben ist schlimmer als Totschlag«. Dass das Plündern erlaubt war, versteht sich damit beinahe von allein. Richtlinien gab es lediglich, sofern es um die gerechte Verteilung der gestohlenen Reichtümer unter den Gläubigen ging.

Nur in einem Fall sollen die Kämpfer ihre Gier zeitweilig zügeln: während sie fechten. Schon Mohammed hatte eine Schlacht beinahe verloren, denn »einige von euch verlangten nach dieser Welt«, will heißen nach Beute. Wie später bei Tours: Die arabischen Verbände zogen sich vor den Franken zurück, um die Erträge von Raub und Mord nach Süden zu schaffen. Und ein Teil der Truppen fehlte beim späteren Angriff, weil er das Raubgut bewachte. Diesmal ging die Schlacht tatsächlich verloren.

Moslems und Christen haben zwischen Tours und Poitiers gegen viele in Koran und Bibel festgehaltene Regeln verstoßen. Man kennt das: Der Gläubige übertritt das Gebot, wenn es ihm Vorteile verschafft. Aber sollten die Moslems denn auf ihre Beute verzichten? Oder hätten Karl Martell und seine Männer sich besser abschlachten lassen? Für Gläubige sind das schwierige Fragen. Wie sie sich jeweils entscheiden, hängt von vielen Dingen ab: von der Erfahrung, von der Lage, die sich auf dem Kampffeld ergibt, von dem, was Gottes Wort ihnen rät, etwa die Bibel über den Umgang mit den Bewohnern einer eroberten Stadt: »Wenn sie der Herr, dein Gott, dir in die Hand gibt, so sollst du alles, was männlich darin ist, mit der Schärfe des Schwertes erschlagen.« Orientiert sich der Gläubige am Wortlaut der Heiligen Schrift, kann er ebensogut zum Märtyrer werden wie zum Mörder.

»Haltet euch zurück, bis sich die Araber mit Reichtum vollgepackt haben. Denn er wird sie behindern und dafür sorgen, dass sie ihre Kräfte spalten und wir schließlich siegen.«
Karl Martell

TOURS UND POITIERS – GLAUBENSKONFLIKTE

 DATEN UND FAKTEN

Historischer Rahmen: Invasion der Araber nach Europa

Zeit: Oktober 732

Ort: Frankreich; Gebiet zwischen Tours und Poitiers, südlich der Loire

Ziele

Franken: Abwehr der Invasion durch die Araber

Araber: Sicherung der vorher gemachten Beute. Ob ein Marsch durch Europa auf Konstantinopel geplant war, lässt sich nicht sagen.

Gegner, Kommandos, Waffen

Franken unter Prinz Karl Martell: unbekannte Zahl von Fußsoldaten, die aus allen Teilen des Frankenreiches stammen. Kavallerie wird ausdrücklich nicht eingesetzt.

Araber unter Abd Ar-Rahman: 20 000– 80 000 Mann, überwiegend Reiter; Araber und Berber

Verluste

Franken: 1500 Mann. Eine Quelle nennt die Zahl 1007 Mann.

Araber: 350 000 Mann. Diese Angaben gelten als überzogen.

Sieger: Franken

Verlauf

Über den Verlauf der Schlacht ist nur sehr wenig bekannt:

1.–7. Tag Die beiden Heere liegen sich gegenüber und warten ab. In dieser Zeit schaffen die Araber ihre Beute nach Süden. Karl Martell wartet auf weitere Verbündete.

8. Tag Die Araber, deren Reiter praktisch nur offensiv eingesetzt werden, greifen an. Die Franken bilden eine Phalanx; die Angriffe werden abgewiesen. Bei einem Gegenangriff der Franken fällt Abd Ar-Rahman. Die Araber ziehen sich zurück, und die Schlacht wird abgebrochen.

9. Tag Vorsichtiges Nachrücken der Franken bis zum geräumten Lager der Araber.

Besonderheiten

Zum ersten Mal wird in einem Bericht von »Europäern« gesprochen.

 EMPFEHLUNGEN

Besuchenswert:

Das Römisch-Germanische Zentralmuseum in Mainz. Es besitzt eine bemerkenswerte Sammlung von Gegenständen aus der Übergangszeit von der Antike zum Mittelalter.

 AUF DEN PUNKT GEBRACHT

Mit dem Sieg von Karl Martell wurden die Überfälle der Araber in Südfrankreich beendet. Ob im Falle eines Sieges der Araber Europa islamisch geworden wäre, ist umstritten. Sicher ist, dass die Schlacht zwischen Tours und Poitiers zur Einheit der Teilstaaten im Frankenreich führte und den Weg für Karl den Großen und damit für das Europa, wie wir es heute kennen, ebnete.

Neuanfänge
Lechfeld
955

Stellungen der Ungarn
Reiterlegionen der deutschen Stämme
Stellung der böhmischen Legion

Augsburg

Wertach

Lechfeld

Lech

Ungarisches Lager

Lager der deutschen Stämme

Es ist ein Wunsch vieler Schüler, dass sich Geschichte möglichst oft wiederholt, am besten im hundert- oder tausendjährigen Abstand, schließlich kann man sich die Daten und Fakten dann besser merken. Historiker werden verständnisvoll lächeln, um jedoch gleich zu betonen, dass sich Geschichte nicht wiederholt. Beim Blättern in einem Geschichtsbuch kann dennoch der Eindruck entstehen, der Wunsch der Schüler und die Wirklichkeit lägen gar nicht so weit auseinander, etwa wenn man das 10. mit dem 20. Jahrhundert vergleicht.

Das Römische Reich war lange untergegangen und existierte als Byzanz nur noch in Südosteuropa und Kleinasien. Die Geschicke West- und Mitteleuropas wurden seit Tours und Poitiers von den Franken bestimmt. Doch das von Karl dem Großen vereinte Reich gehörte seit etwa 910 der Vergangenheit an. So hatten die Ostfranken sich vom Westen gelöst und unter anderem mit Sachsen, Böhmen und Bayern eine neue, noch relativ lockere Einheit gebildet.

In diesem Auflösungs- und Neuordnungsprozess erschien zwischen Atlantik und Elbe eine altbekannte Bedrohung. Nach Hunnen und Moslems waren es nun, seit Beginn des 10. Jahrhunderts, die Ungarn, die Städte und Dörfer überfielen. Und wieder spielten Schnelligkeit und Tücke eine bedeutende Rolle; wieder waren es Reiterattacken und Überraschungsanschläge, die später als »türkische Kriegslist« bekannt wurden. Vor einem Heer, das sich ihnen entgegenstellte, zogen die ungarischen Reiter sich scheinbar zurück. Übereifrige Kommandeure galoppierten sofort hinterher, und schon löste sich die zuvor geschlossene Formation im Angriffssturm auf – der Gegenangriff begann.

Die Ungarn wollten weder dauerhaft unterwerfen noch einen Glauben verbreiten – sie wollten rauben und plündern; anschließend machten sie sich aus dem Staub. Einzig der Feuerschein am Abendhimmel kündete von ihrem Aufenthaltsort. Sie waren der unangreifbare Feind, niemals würde ein Heer aus Fußsoldaten sie stellen. 926 wurde »das wilde und alle Raubtiere an

Grausamkeit übertreffende Volk« für neun Jahre besänftigt – gegen hohe Tribute. Aber die Stämme zwischen Rhein und Elbe nutzten die Zeit. Sie errichteten palisadengekrönte Wälle oder gar Mauern um ihre Städte, Kirchen und Klöster; Burgen entstanden, dann wurde das Heer reformiert. Das Gewicht verschob sich deutlich von der Infanterie zu den Reiterverbänden. Bereits um 930 verfügte man über Kavallerie, die geübt und mobil genug war, den Ungarn zu folgen und sie im März 933 an der Unstrut in Thüringen zu schlagen. Es war ein beachtlicher, aber kein entscheidender Sieg.

Denn Anfang der 950er Jahre kehrten die Ungarn zurück. Sie fühlten sich weiterhin stark und zeigten sich unbeeindruckt von Mauern und Burgen. 954 konnten sie nahezu ungestört plündern, denn die verschiedenen Stämme des Ostfränkischen Reichs lagen untereinander im Streit. Erst unter dem Druck des gemeinsamen äußeren Gegners aus dem Osten fanden sie unter dem aus sächsischem Adel stammenden König Otto I. wieder zusammen und marschierten vereint.

Am 8. August 955 stehen die Ungarn vor Augsburg und belagern die mäßig befestigte Stadt. Otto nähert sich mit seinen Truppen von Nordosten und verlegt den Ungarn den Rückweg. Dann reitet er Richtung Augsburg. Zwei Tage später stoßen die Ungarn jedoch unbemerkt an Ottos Truppen vorbei und vernichten die Nachhut. Doch ihre Abstimmung zeigt Mängel. Der Sieg im ersten Gefecht ist für sie wertlos, weil sie im zweiten Gefecht auf dem Lechfeld südlich von Augsburg gegen die Kavallerie der Franken alles verlieren. In versprengten Trupps versuchen sich die Überlebenden nach Osten zu retten. Viele werden von Bauern der Umgebung aufgegriffen: Die fackeln nicht lange.

Wenngleich Otto I. erst sieben Jahre später offiziell zum Kaiser gekrönt wurde und sich damit in die Nachfolge der Römischen Kaiser begab, wurde er eigentlich, in römischer Tradition, durch den Sieg auf dem Lechfeld zum Impe-

■ *Die Schlacht auf dem Lechfeld. Die Deutschen rächen sich mit einem schrecklichen Massaker an den Ungarn.* Kupferstich von Matthäus Merian d. Ä. (1593–1650)

■ *Die Schlacht auf dem Lechfeld.* Buchmalerei, 1457, von Hektor Muelich (um 1415– um 1490). Illustration zu der *Meisterlinchronik*, Augsburg, Staatsbibliothek

Und nachdem er (König Otto I.) das gesagt hatte, ergriff er den Schild und die heilige Lanze und richtete selbst als Erster sein Pferd gegen den Feind, wobei er seine Pflicht als tapferster Krieger und bester Feldherr erfüllte. Die Mutigeren unter den Feinden leisteten anfangs Widerstand, dann aber, als sie ihre Gefährten fliehen sahen, erschraken sie, gerieten zwischen unsere Leute und wurden niedergemacht. Von den Übrigen indes zogen die, deren Pferde erschöpft waren, in die nächsten Dörfer ab, wurden dort von Bewaffneten umringt und samt den Gebäuden verbrannt.

Widukind von Corvey,
Sachsengeschichte

rator. Unmittelbar nach dem Sieg begrüßten und feierten ihn seine Soldaten als »pater patriae«, als Vater des Vaterlandes, das später zum Heiligen Römischen Reich Deutscher Nation und noch später zu Deutschland wurde.

1955, tausend Jahre nach der Schlacht auf dem Lechfeld, wurde Westeuropa wieder von Osten bedroht. Und wieder hatten unterschiedliche Staaten unter einem gemeinsamen Nenner zusammengefunden: Sie hatten mit den USA die NATO gegründet, vor allem zum Schutz gegen die übermächtigen schnellen russischen Panzerverbände. 1955, am 9. Mai, wurde die westdeutsche Bundesrepublik in das Verteidigungsbündnis aufgenommen.

Die Art der Waffen, die Bedrohung von Osten – man sage nicht, die Geschichte wiederhole sich nie. Nicht nur wegen der Schlacht auf dem Lechfeld. Am 8. Mai 1945, exakt zehn Jahre vor der Aufnahme der Bundesrepublik in die NATO, hatte das Dritte Reich kapituliert. Seine Machthaber waren im März 1933, also tausend Jahre nach dem Sieg der deutschen Stämme an der Unstrut, angeblich angetreten, um Deutschland wieder einmal vor einer Gefahr aus dem Osten zu schützen. Doch sechs Jahre später, ab dem September 1939, überzogen mobile deutsche Angriffsverbände ihrerseits Europa mit einem Raub- und Eroberungskrieg. Plötzlich verbreiteten deutsche Soldaten Angst und Schrecken, der englische Rundfunk sprach von ihnen als »the huns« – »den Hunnen«. Und als man die deutschen Landser bei ihrem Rückzug aus Russland ergriff, traf sie ein ähnliches Los wie einst die Ungarn nach der Schlacht auf dem Lechfeld. Die Hände, die sie erhoben, um sich zu ergeben, säbelten die Kosaken ihnen gnadenlos ab.

Die Geschichte geht mit den Lernenden gnädiger um. 955 und 1955 – die Daten verweisen auf zwei Anfänge deutscher Geschichte. Beide Daten kann man sich gut merken.

LECHFELD – NEUANFÄNGE

DATEN UND FAKTEN

Historischer Rahmen: Einfälle der Ungarn

Zeit: 8.–12. August 955

Ort: Deutschland; das südlich von Augsburg gelegene Lechfeld. Umstritten ist, ob die Schlacht auf dem rechten oder linken Ufer des Lechs stattfand.

Ziele
Deutsche: Abwehr und Vernichtung der ungarischen Reitertrupps

Ungarn: Einnahme von Augsburg und Abwehr des deutschen Angriffs

Gegner, Kommandos, Waffen
Deutsche unter Otto I.: ca. 7000–10 000 Reiter

Ungarn unter Lél: 50 000 Mann, vornehmlich Reiter

Verluste
Deutsche: unbekannt. Wahrscheinlich war die Zahl der Verluste für die Sieger recht hoch; in einer historischen Quelle heißt es dazu lediglich: »Aber nicht gerade unblutig war der Sieg über einen so wilden Stamm.«

Ungarn: unbekannt

Sieger: Deutsche

Verlauf
8. August Die Ungarn beginnen mit der Belagerung von Augsburg. König Otto I. nähert sich der Stadt von Nordosten, um den Ungarn den Rückzugsweg zu verlegen.

9. August Durch Aufklärer erfahren beide Seiten die Position des Gegners.

10. August Im Morgengrauen versammeln sich die Deutschen und verlassen das Lager. Sie rücken in acht Kolonnen vor: die Bayern in der 1., 2. und 3., die Franken in der 4., der König in der 5., die Schwaben in der 6. und 7. und in der 8. Kolonne ein Kontingent aus Böhmen, das den Tross deckt. Die Ungarn passieren die Deutschen unbemerkt auf der anderen Uferseite des Lechs, gehen über den Fluss und attackieren die Nachhut. Der Tross wird geplündert und in die Flucht getrieben. Die 6. und 7. Kolonne werden angegriffen und ebenfalls in die Flucht getrieben. Die 4. Kolonne wird von Otto nach hinten geschickt und bereinigt die Lage. Zwischen den restlichen vier Kolonnen und den verbleibenden Ungarn kommt es zur eigentlichen Schlacht. Die Deutschen besiegen die Ungarn; die Gefangenen und der Tross werden befreit.

11. / 12. August Die in die Umgebung geflüchteten Ungarn werden verfolgt und zum großen Teil niedergemacht.

Besonderheiten Auf beiden Seiten wird nur zu Pferd gekämpft. Mit dem Lechfeld bricht die Zeit der Kavallerie an.

AUF DEN PUNKT GEBRACHT

Mit dem Sieg auf dem Lechfeld legt Otto I. die militärische und politische Grundlage für seine Krönung zum Kaiser in Rom 962. Das Datum gilt als Gründungstag des Heiligen Römischen Reichs Deutscher Nation. Die Ungarn beendeten ihre Einfälle nach Deutschland für lange Zeit und siedelten sich in einem Gebiet an, das in etwa dem heutigen Staat Ungarn entspricht.

Der Feldherr als Jongleur der Seelen

Hastings

1066

■ Das sächsische Fußvolk wehrt eine normannische Attacke ab. Wandteppich von Bayeux, spätes 11. Jh. Bayeux, Musée de la Tapisserie

»Seien Sie so freundlich und lassen Sie mich als Ersten angreifen«, lautet die seltsame Bitte eines Reiters an Wilhelm, den Herzog der Normandie; und es sollte noch seltsamer kommen. Mit Erlaubnis seines Feldherrn reitet er los und wirft sein Schwert in die Höhe – fängt es auf – wirft es wieder hoch – fängt es – wirft es noch einmal. Er jongliert vor der kampfbereiten feindlichen Front mit der Waffe. Dazu singt er ein Kriegslied.

Bis zu diesem Zeitpunkt, dem 14. Oktober 1066, hatte allein der Herzog der Normandie im Angesicht seiner Feinde jongliert. Ein politischer und militärischer Jongleur musste er sein, falls er seine Absicht, König von England zu werden, durchsetzen wollte; denn seit Anfang des Jahres saß Harold aus dem Hause Godwin auf dem englischen Thron. Der kinderlose englische König Eduard, »der Bekenner«, hatte zwar Wilhelm von der Normandie zu seinem Nachfolger bestimmt, dennoch ließ sich der angelsächsische Thronanwärter Harold Godwin am 6. Januar 1066 zum König krönen und wies die Ansprüche Wilhelms zurück.

Wilhelm agierte zunächst politisch. Indem er sich auf ältere

Schwüre und Versprechen berief, überzeugte er neben Papst Alexander II. mehrere europäische Könige von der Rechtmäßigkeit seines Anspruchs. Auch Tostig, der verstoßene Bruder von Harold, und schließlich sogar die Schotten stellten sich auf die normannische Seite.

Dann wurde Wilhelm millitärisch aktiv: Gleich von mehreren Seiten näherten sich im Frühjahr Schiffe der Insel, um Harold zu stürzen. Derweil erwies Harold sich militärisch als ähnlich geschickt wie sein Rivale vom Festland. Den ersten Angriff im Mai, den Tostig gegen die Nordküste Englands führte, wehrte er ab. Tostig floh zunächst nach Schottland, dann nach Norwegen und kehrte schließlich mit dem norwegischen König Harald Hardrada, der ebenfalls auf die englische Krone spekulierte, nach England zurück. Nach einem kleineren Sieg erlebten die Norweger und Tostigs Truppen am 25. September an der Stamford Bridge gegen Harold Godwins eilig herangeführtes Heer eine totale Niederlage.

■ Normannische Reiter werden in Booten nach England gebracht. Stickerei auf einem Teppich von Bayeux (Ausschnitt), spätes 11. Jh. Bayeux, Musée de la Tapisserie

Nun konnte Harold sich auf seinen wichtigsten Gegener konzentrieren: Wilhelm von der Normandie. Aus dem normannischen Heer war mittlerweile ein Expeditionskorps mit internationalem Charakter geworden. Ritter aus aller Herren Länder strömten zusammen und erhofften sich von einem Sieg Reichtum und Ländereien in England. Nur ein paar Kilometer Wasser, der Kanal, trennte sie noch vom erträumten Besitz. Wilhelm sollte der Letzte in der Geschichte sein, der ihn als militärischer Gegner Englands erfolgreich überquerte.

Nach ihrer Landung wendeten sich die Invasoren nicht sofort gegen die angelsächsischen Truppen, sondern verwüsteten zunächst die Umgebung. Wahrscheinlich vermutete Wilhelm Harolds Truppen weit im Norden. Tatsächlich hatte Harold jedoch die Siegesfeiern an der Stamford Bridge eilig abgebrochen und war bereits auf dem Weg nach Süden.

Am 13. Oktober 1066 werden die Normannen in der Nähe von Hastings von den Engländern überrascht. Es sind ungleiche Gegner. Die Normannen kämpfen zu Pferd und haben reichlich Fußsoldaten und Bogenschützen vor Ort. Die Engländer verfügen nur über wenige Reiter und sind gezwungen, auf einem Hügel den Angriff der Gegner abzuwarten. Zunächst werden sie von den Normannen mit Pfeilen beschossen, vor denen sich die Angelsachsen hinter ihren Schilden verbergen. Die Verteidiger halten die Stel-

Harold rief seine Männer, Grafen und Barone von Schlössern und Städten, Häfen, von Dörfern und noch den kleinsten Nestern zusammen. Die Bauern kamen … und trugen die Waffen, die sie gerade fanden: Keulen und große Picken, eiserne Harken und Pfähle. Die Engländer hielten den Platz umschlossen, auf dem sich Harold mit seinen Freunden und Baronen befand.

Augenzeugenbericht

■ Blick in das flache Tal zwischen Telham Hill und Senlac Hill, nördlich von Hastings, wo sich die Armee Wilhelms zur Schlacht sammelte

Dann schossen die Normannen ihre Pfeile steil nach oben zu den Engländern; und die herunterfallenden Pfeile schlugen auf die Köpfe und Gesichter und stachen viele Augen aus; jeder hatte Angst, seine Augen zu öffnen oder sein Gesicht ungeschützt zu lassen.
    Augenzeugenbericht

lung, ja, sie drängen Bogenschützen, Fußsoldaten und selbst angreifende Reiter zurück. Drei normannische Angriffe sind letztlich nötig. Aber entschieden wird die Schlacht erst am frühen Abend durch einen normannischen Bogenschützen. Sein Pfeil trifft Harold ins Auge und bohrt sich in den Kopf des englischen Königs. Die Schlacht von Hastings ist für die Angelsachsen verloren.

Mehr als eine Schlacht ging durch den Tod eines Kommandanten verloren. Bei Hastings hätte es noch am Nachmittag beinahe die Normannen erwischt, denn kurzzeitig hieß es, Wilhelm sei tot. Er mußte sich barhäuptig, also ohne Helm und somit für alle deutlich erkennbar, auf dem Schlachtfeld zeigen. Im Gefecht war das zwar gefährlich, andernfalls jedoch drohte die Moral der Normannen zu sinken, ja zu brechen. Denn für Fußvolk und Ritter spielte Wilhelm wie jeder mittelalterliche Heerführer eine unersetzliche Vorreiterrolle, doch weniger, weil er kommandierte. Tatsächlich war seine Befehlsgewalt sogar äußerst beschränkt, denn Staub und Schreie verhinderten die Weitergabe von Kommandos. Er disponierte lediglich die Truppen beim Aufmarsch und bestimmte allenfalls die grobe Umsetzung einer Attacke. Und auch dann ließ sich höchstens ein oftmals trainiertes Manöver auf Kommando realisieren.

Gleichwohl war der Feldherr, war Wilhelm die Seele seines Heers, sein symbolischer Mittelpunkt, der es allein zusammenhielt. Seine Befehle, seine Gesten, der Rhythmus seiner Bewegungen ging mit den Kriegsgesängen auf die Soldaten über, die damit ihren eigenen Kampfrhythmus fanden. Im Falle von Wilhelms Tod wäre die Musik mittendrin abgebrochen, die Soldaten hätten noch eine Weile reflexartig weitergemacht, dann wären sie führungslos und verloren gewesen – wie die Engländer nach dem Tod ihres Königs.

Wilhelm besetzte anschließend London. »The Conqueror«, der Eroberer, hieß er fortan; durchaus in der doppelten Bedeutung des Wortes, denn er besetzte nicht nur das Land, sondern eroberte zugleich auch die Seelen der Unterworfenen. Die Normannen verschmolzen mit den Angelsachsen zur englischen Nation.

HASTINGS – DER FELDHERR ALS JONGLEUR DER SEELEN

 DATEN UND FAKTEN

Historischer Rahmen: Invasion der Normannen nach England

Zeit: 14. Oktober 1066

Ort: England; Hügel in der Nähe von Hastings an der Kanalküste

Ziele
Normannen: Niederwerfung des englischen Heeres und Eroberung Englands

Engländer: Abwehr der gelandeten normannischen Truppen

Gegner, Kommandos, Waffen
Normannen unter Herzog Wilhelm von der Normandie: 2000 Mann Kavallerie, 5000 Mann Infanterie

Engländer unter König Harold Godwin: 4000–7000 Mann Infanterie. In einigen Quellen ist von 400 000 bis zu 1,3 Millionen Mann die Rede.

Verluste: unbekannt

Sieger: Normannen

Verlauf
13. Oktober, abends Die Engländer besetzen den Senlac Hill. Da der Hügel nach Westen, Süden und Osten steil abfällt, ist er zur Abwehr von Kavallerieangriffen gut geeignet.

14. Oktober, zwischen 4 und 5 Uhr morgens Die Normannen marschieren den Engländern entgegen. Bis 9 Uhr haben sie sich in drei Divisionen aufgestellt: Die Bogen- und Armbrustschützen stehen in der ersten, die schwere Infanterie in der zweiten und die Ritter in der dritten Reihe.

Ab 9 Uhr Erster Angriff der normannischen Bogenschützen; er bleibt wegen der hohen Abschusswinkel wirkungslos. Die schwere Infanterie und die Reiter beteiligen sich an den Angriffen. Die Engländer greifen, trotz gegenteiliger Befehle, die zurückgeschlagenen Normannen an. Das Gerücht, Wilhelm sei gefallen, verbreitet sich. Der unverletzte Wilhelm zeigt sich allen Kämpfern. Der englische Gegenangriff wird von der Kavallerie unter schweren Verlusten für die Engländer zurückgeschlagen. Ein zweiter Angriff der Normannen verläuft ebenfalls erfolglos. Wilhelm greift zu einer Kriegslist und befiehlt einen scheinbaren Rückzug. Wieder folgen die Engländer und werden unter Verlusten zurückgeschlagen. Wilhelm befiehlt einen neuen Angriff durch die Bogenschützen. Diese werden angewiesen, ihre Pfeile hoch und von oben auf die Engländer zu schießen. Die Engländer halten ihre Schilder als Deckung nach oben. Bei diesem Beschuss wird Harold durch einen Treffer im Auge tödlich verwundet.

Am frühen Abend Nach dem Tod ihres Königs geben die Engländer die Schlacht verloren und flüchten.

Besonderheiten
Erster Einsatz der Armbrust.

 EMPFEHLUNGEN

Besuchenswert:
Teppich von Bayeux, spätes 11. Jahrhundert. Bayeux, Musée de la Tapisserie de la Reine Mathilde. Dieser älteste erhaltene Wandteppich des Mittelalters erzählt auf einer Länge von 70 Metern in 72 Bildszenen mit insgesamt 1512 gestickten Figuren die Geschichte von der Eroberung Englands durch die Normannen.

 AUF DEN PUNKT GEBRACHT

Nach dem Sieg bei Hastings werden die Engländer von den Normannen unterworfen. Auf der Insel entsteht unter Wilhelm dem Eroberer ein einheitliches Königreich, das nicht mehr wie zuvor nach Skandinavien, sondern nach Frankreich orientiert ist. Wilhelm versteht es, die lokalen Institutionen für sich zu nutzen. So entwickelt sich England unter normannischen und angelsächsischen Einflüssen zur bedeutenden Macht in Westeuropa.

Der Anfang vom Ende des Ritterwesens
Sempach
1386

■ Ein Ritter in voller Rüstung mit Knappen und gesatteltem Pferd. Buchmalerei, Zürich, um 1310–1340, aus der *Großen Heidelberger Liederhandschrift*, Universitätsbibliothek Heidelberg

Österreich steht heutzutage für Kaffee und Kuchen, und in der Schweiz deponiert man sein Geld. Für so krisenfest hält man die Schweiz, für so friedlich ihre österreichischen Nachbarn. Eine Weiterentwicklung der Kriegstechnik würde niemand von den Alpenländern erwarten. Ende des 13. Jahrhunderts sahen das die in Wien regierenden Habsburger im Grunde ganz ähnlich, wenigstens soweit es die Schweizer betraf. Das Fürstengeschlecht verließ sich auf seine militärische Macht, die sich, wie in den meisten anderen europäischen Ländern, auf ein Ritterheer stürzte.

Die gepanzerten Reiter bestimmten seit über 300 Jahren das Geschehen auf dem Schlachtfeld. Sie waren aus dem angemessenen Mittel zur Abwehr mobiler Angreifer wie die Ungarn und zum Symbol der feudalen Gesellschaft geworden. In ihr war jeder Herrscher ein Ritter, und die Ritter waren an der Herrschaft beteiligt. Schließlich verschlang ihre Bewaffnung ein Vermögen. Anfänglich hatten Helm und Kettenhemd als Rüstung genügt. Aber bald erhielt jeder Teil des Körpers einen besonderen Schutz. Die Panzerung wurde dicker und schwerer. Dazu kam das Pferd, das ebenfalls gepanzert wurde. Bis zu drei Streitrösser begleiteten einen Ritter zum Schlachtfeld; eines allein wäre unter der schimmernden Wehr auf Dauer zusammengebrochen. Schließlich kamen die Ritter nicht einmal allein in den Sattel, zum Aufsitzen brauchten sie einen Knappen. Derart geschützt und bedient, traten sich die Ritter in relativ kleinen Heeren und nach festen Ritualen gegenüber. Jeder versuchte mit seiner Lanze den anderen zu treffen oder aus dem Sattel zu heben. Fußtruppen galten als minderwertige Gegner; sie zählten nicht richtig und wurden in aller Regel rücksichtslos niedergemacht.

Im vollen Bewusstsein ihrer militärischen Überlegenheit zogen die Ritter der Habsburger 1315 in die schweizerischen Gebiete nördlich des Gotthards,

■ Sieg über das Ritterheer Leopolds III. von Österreich. Buchmalerei, um 1540. Aus der *Amtlichen Chronik* von Diebold Schilling, Bürgerbibliothek Bern

die sich von Habsburg losgesagt hatten. Fraglos waren sie von ihrem Sieg überzeugt, denn es ging ja nur gegen Bauern. Die Eidgenossen, wie sie sich nannten, verfügten nicht über Ritter und kämpften zu Fuß – was sollte da schon passieren? Die Ritter wurden jedoch bei Morgarten in eine Falle gelockt. Anschließend kam es in der Schweiz allenthalben zu Aufständen gegen die Habsburger. Die Österreicher kehrten mit ihren Rittern zurück und wurden am 20. Juni 1339 ein zweites Mal vom Schweizer Fußvolk geschlagen. Der Konflikt schwelte weiter.

1386 ziehen die Österreicher neuerlich los. Wieder treffen sie die Alpenbauern an einem Hang, diesmal in der Nähe von Sempach. Aber die Ritter ändern die Taktik. Sie haben aus ihrer schlechten Erfahrung gelernt, steigen vom Pferd und kämpfen gleichfalls zu Fuß. Sie drücken den Gegner erfolgreich den Hügel hinauf, wähnen sich bereits als sichere Sieger – und merken nicht, dass sie lediglich die feindliche Vorhut bekämpfen. Etwas verspätet erscheint die Hauptmacht der Schweizer und wirft die Österreicher zurück. Für die Ritter geht es nun den Hügel wieder hinunter. Von

DAS SEMPACHERLIED
Man ziehet ins Schlachtgewühl
Zum heißen Kampf; der Tag war schwül.
Im Stahlkleid gar grausig furchtbar
Stand Östreichs geübte Kriegsschaar.
Doch kühlt der Tod bald ihren Muth,
In unserm Land wallt Schweizerblut.
Und über die Leiche tritt Das Heldenvolk im Sturmesschritt.
Der Schwertschlag erblitzet furchtbar,
Im Helmglanz erbleicht die Mordschaar;
Und ertönt von Berg zu Thal Der freien Nachwelt Siegeshall.

■ Die Schweizer Bauern bereiten sich auf die Schlacht vor. *Gebet der Schweizer vor der Schlacht bei Sempach.* Gemälde, 1874, von Peter Johann Theodor Janssen (1844–1908). Düsseldorf, Kunstmuseum

Darnach hört der edel Fürst ain chleglicke geschray, »O retta, Österreich, retta«, und sah die Bannyr swehen, gleichsam sie wolbe undergehn. Do ruft er an all sein Ritter und Knecht das mit samst tretten von der Rossen, und retteten Ritter und Knecht.

Augenzeugenbericht

ihrer eigentlich intakten und immer noch beträchtlichen Reserve greift kaum einer ein. Eilends flüchtet der Rest.

Die Schweizer Bauern hatten den wichtigsten Waffenträger des Mittelalters – den Ritter – in die Schranken gewiesen und erhielten, was sie verlangten: die Freiheit. Bald wurden die Schweizer in Europa zum Inbegriff des kriegslüsternen Fußvolks, das beinahe jedem Reiterangriff mit einer weiterentwickelten Waffentechnik widerstand. Die Bauern spießten die herangaloppierenden, furchteinflößend aussehenden, schwer gepanzerten Ritter mit Pike und Hellebarde buchstäblich auf. Schräg stellten sie ihre sechs Meter langen Spieße dicht an dicht auf, Rössern und Reitern entgegen. Das Tier war die kritische Stelle. Stieg es hoch oder brachte man es zu Fall, war es um den Ritter geschehen. Verhakte man die Hellebarde irgendwo an der sperrigen Rüstung und riss den Reiter vom Pferd, fiel er scheppernd zu Boden. Mit Stangen knackten die Bauern die Gelenke der Panzer; flink öffneten ihre rauen Hände die Visiere der Helme und hieben mit Äxten in die Adelsgesichter. Pardon gab es selten, dafür waren die Schweizer berüchtigt.

Waffentechnik war aber beileibe nicht alles: Die Schweizer besiegten die traditionelle Furcht der Fußsoldaten vor den Reiterverbänden. Leicht geschützt, zeigten sie eiserne Nerven und absolutes Vertrauen in die Mitkämpfer. Die Reihen blieben fest geschlossen. Disziplin lautete die oberste Regel. Natürlich kämpften auch die Ritter geordnet. Doch war ihre Individualität stärker ausgeprägt – bis in die Neuzeit hinein pflegten Kavallerieoffiziere häufiger als andere Befehle zu verweigern. Sie waren eben immer an der Herrschaft beteiligt gewesen und fochten für sich. Die disziplinierte Fußtruppen der Schweizer, die ihr Leben für eine eigene Sache riskieren oder für den Dienst an der Waffe üppig kassierten, wurde zum Vorbild für die Regimenter der großen Armeen und den Mut, mit dem sie sich in der Neuzeit bekämpften. Die Schweizer selbst zogen sich später in die Berge zurück und wahrten in den beiden Weltkriegen ihre Neutralität. Die Östereicher wurden erst nach dem Zweiten Weltkrieg neutral.

SEMPACH – DER ANFANG VOM ENDE DES RITTERWESENS

 DATEN UND FAKTEN

Historischer Rahmen: Unabhängigkeitskampf der Schweizer

Zeit: 9. Juli 1386

Ort: Schweiz; auf einem Hang östlich von Sempach im Kanton Luzern

Ziele
Österreicher: Niederschlagung von Aufständen der Schweizer

Schweizer: Wahrung ihrer Unabhängigkeit

Gegner, Kommandos, Waffen
Österreicher unter Herzog Leopold: 1400–4000 Ritter

Schweizer: 6000–8000 Fußsoldaten. Die Quellen sprechen von 1300–33 000 Mann.

Verluste
Österreicher: 676 Ritter

Schweizer: 120 Mann

Sieger: Schweizer

Verlauf
Am Mittag, 1. Phase Die Österreicher marschieren in drei Gruppen – Vorhut, Nachhut und der so genannte Gewalthaufen – von Sempach aus Richtung Osten, um dem Schweizer Entsatzheer entgegen zu gehen. Die vordere Gruppe stößt überraschend auf einer Anhöhe vor Hildisrieden auf die sich ebenfalls in Marschordnung befindende Vorhut der

Schweizer. Die österreichischen Ritter sitzen ab, lassen ihre Pferde nach hinten bringen und greifen sofort an, weil sie den Gegner in Unordnung glauben. In den folgenden Kämpfen fügen sie den Luzernern schwere Verluste zu und erbeuten ihr Banner.

2. Phase Es erfolgt ein Angriff der Österreicher durch den mittlerweile auf dem Schlachtfeld eingetroffenen Gewalthaufen. Die Luzerner ziehen sich über die Flanken zurück. Die durch die vorherigen Kämpfe und ihre schwere Rüstung erschöpften österreichischen Ritter der ersten Gruppe verlieren schnell an Boden und werden niedergekämpft. Die zweite österreichische Gruppe greift mit Herzog Leopold zu spät, nicht konzentriert und daher vergeblich ein. Die dritte Gruppe der Österreicher gibt die Schlacht verloren und flüchtet.

Besonderheiten
Anders als gewöhnlich, wenn sie gegen Fußvolk kämpften, saßen die Ritter ab. Damit reagierten sie wohl auf die vorherigen Niederlagen bei Morgarten und Laupen, in denen die Schweizer Reiterangriffe abgeschlagen hatten. Der Sieg der Schweizer ist mit dem Sieg der Griechen über die Perser vergleichbar. In beiden Fällen kämpfte eine Phalanx gegen ein Reiterheer, in beiden Fällen bot das Terrain den Fußsoldaten große Vorteile.

 EMPFEHLUNGEN

Lesenswert:
Friedrich von Schiller: *Wilhelm Tell*. Kommentiert von Wilhelm Grosse. Frankfurt/M 2002.

Hörenswert:
Guillaume Tell. (Wilhelm Tell.). Oper von Gioacchino Rossini, uraufgeführt 1829 in Paris.

Sehenswert:
Wilhelm Tell. Regie: Rudolf Dworsky, Rudolf Walther-Fein; mit Hans Marr, Conrad Veidt, Erna Morena. D 1923.

Wilhelm Tell. Regie: Michel Dickoff; mit Robert Freitag, Wolfgang Rottspieper. CH 1960.

Besuchenswert:
Die Schlachtkapelle in Sempach.

 AUF DEN PUNKT GEBRACHT

Sempach läutete das Ende der Ritterschaft ein. Die Erfolge der Schweizer gaben anderen Fußsoldaten neues Selbstvertrauen, das sie in den Jahrhunderten vorher verloren hatten. Nach ihrem Sieg wurden die »Schweizer« auf vielen europäischen Schlachtfeldern eingesetzt. Aber vor allem hatten sie bei Sempach ihre Unabhängigkeit verteidigt und den Grundstein für die heutige Schweiz gelegt.

Identifikation mit dem Verlierer
Amselfeld
1389

Zum 600. Jahrestag der Schlacht auf dem Amselfeld versammelten sich dort Zehntausende von Serben.

Während der Balkankrise der 1990er Jahre geisterte durch Berichte und Analysen der Name des mittelalterlichen Schlachtfelds. Immer wieder bezogen sich die Serben, um ihre Lage und ihr Verhalten zu erklären, auf die Schlacht gegen die Türken. Warum, rätselten viele Beobachter, hat das Amselfeld für die Serben eine so große Bedeutung? Schließlich hatten die Türken gesiegt.

Im 14. Jahrhundert ging es mit Byzanz, der östlichen Hälfte des Römischen Reiches, bergab. Sein Staatsgebiet umfasste Makedonien, Thrakien und Teile des westlichen Kleinasiens; zum Schutz selbst dieses kleinen Gebietes aber reichten die militärischen Mittel nicht mehr aus. Im Osten näherten sich die osmanischen Türken schrittweise; die europäischen Besitzungen wurden nach und nach vom Königreich Serbien vereinnahmt. Nur das Zentrum erstrahlte im scheinbar ewigen Glanz: Konstantinopel.

In seiner Schwäche verbündete sich Byzanz zeitweise sogar mit den Türken. Als Preis dafür setzten die Osmanen 1353 ihren Fuß auf europäischen Boden; sie ließen dabei die Hauptstadt rechts liegen und wandten sich von den Dardanellen aus dem Balkan zu. Erst 1389 traf das türkische Heer unter Murad I. auf dem Amselfeld auf einen gefährlichen Gegner: die unter ihrem Fürsten Lazar zusammengeschlossenen Serben. Wahrscheinlich siegten die Türken – die Quellenlage ist sehr dürftig –, jedenfalls dominierten die Türken in den folgenden Jahren den südöstlichen Balkan.

Konstantinopel war zur christlichen Enklave geworden, zum Fels in der moslemischen Brandung. Mühsam ermannten sich einige westeuropäische Herrscher und zogen mit einem Ritterheer gegen die Türken. 1396 wurden sie bei Nikopolis, am Unterlauf der Donau, von den Moslems geschlagen. Die Tage von Konstantinopel waren gezählt.

> **KÖNIG LAZARS WUNDERSAMER KOPF**
> Als der Kopf des Königs Lazar vom Rumpf / getrennt worden war / auf den lieblichen Feldern der Amsel, / fand ihn kein Serbe, sondern ein türkischer Junge, / … Er nahm den Kopf des Königs, / wickelte ihn in seinen Mantel, / trug ihn zu einem Brunnen. / Da lag er vierzig warme Sommer lang, / und sein Körper blieb auf dem Amselfeld liegen, / … Drei junge Fuhrmänner kamen des Weges, / … / auf dem Amselfeld verbrachten sie eine Nacht, / und nach dem Essen wurden sie durstig. / Sie entzündeten eine Laterne, / entzündeten sie mit ihren Kerzen, / und suchten Wasser auf den Feldern der Amsel. / Der Zufall führte sie zu einem frostigen Brunnen, / und einer der Fuhrmänner sprach: / »Sieh das Mondlicht auf dem Wasser.« / »Das ist kein Mondlicht«, sagte der zweite. / Der andere schwieg, drehte sich Richtung Osten. / … / Er stieg in den frostigen Brunnen / und hob den Kopf aus dem Wasser, / nahm den Kopf des heiligen Königs Lazar. / Er setzte ihn aufs saftige Gras, / … / Als sie wieder zur Erde blickten, / lag der Kopf nicht mehr im Gras, / er rollte über die Felder der Amsel, / ein heiliger Kopf auf einem heiligen Leib, / und beide wuchsen wieder zusammen.
> *Aus: Die Kosovo-Schlacht,*
> *Epische Gedichte*

1453 fiel die Stadt in die Hände der Türken. Über 2000 Jahre nach der Gründung Roms und 900 Jahre nach dem Fall der westlichen Reichshälfte verschwand der letzte Rest des Römischen Reiches, das Mittelalter war zu Ende. Und plötzlich, etwa beim Lesen der Berichte über die letzten Tage und Stunden der byzantinischen Hauptstadt, fühlen und denken wir mit den Verlierern, wünschen ein rettendes Heer oder eine Wunderwaffe herbei, vergessen sogar die Verbrechen Roms und seiner Soldaten. Kurz: Wir ergreifen Partei für die Verlierer.

Warum? Zum einen, weil wir Mitleid empfinden. Zum anderen: Weil die Verliererseite die interessantere ist, sie fordert Kritik heraus, hat etwas offen gelassen, an dem der Ohrensesselgeneral seine vielen »hätte er doch« und »wieso haben sie nicht« anbringen kann. Ähnlich ist es den Serben ergangen. Auch sie erlagen dem Reiz der Niederlage, obwohl es ihr eigene war. Sie begannen nach

■ Das türkische Heerlager vor Konstantinopel. Buchmalerei, 1455, aus der Werkstatt des Jean Mielot, Paris Bibliothèque Nationale

der Zerstörung ihres Großreiches auf dem Amselfeld zu dichten, epische Werke enstanden, die das eigene Leid mit großen Worten beklagten: So konnte das Amselfeld zum religiösen und nationalen Heiligtum Serbiens werden.

Fraglos haben die Serben auch nach 1389 unter den Türken und auch später wieder und wieder gelitten, zuletzt unter den Bomben der NATO. Aber die Erinnerung an das »Kosovo« ruft bei ihnen ein tiefes Mitgefühl und vollkommene Identifikation mit den Verlierern von damals, vor über 600 Jahren, hervor. Der Kampf gegen die türkischen Eindringlinge, der so berechtigt wie jede Vaterlandsverteidigung war, wurde schließlich zum verzweifelten und selbstlosen Opfer der Serben für die Christen Europas stilisiert. Vergessen waren die Serben, die auf der Seite der Türken bei Nikopolis die christlichen Ritter besiegten; die im Namen Großserbiens getöteten Bulgaren und Byzantiner; vergessen schließlich auch die Berichte, in denen die Schlacht auf dem Amselfeld unentschieden, ja sogar siegreich für die Serben ausging.

Leid, Mitleid, Selbstmitleid – ein letzter Schritt fehlte noch zu einem explosiven nationalistischen Gebräu. Aus den Literaten, die die Geschichte des eigenen Volkes beklagten, mussten militärische Führer werden, die es nicht mehr beim theoretischen »hätte er doch« und »wieso haben sie nicht« beließen. Aus Dichtern wurden Männer der Tat; deshalb die vielen Literaten in der serbischen Führung. Unter Tränen über sich selbst versuchten sie im Kosovo, die Schlacht von 1389 noch einmal und besser zu schlagen.

Der jüngste Balkankrieg konnte beginnen. Und wieder haben die Serben auf dem Amselfeld, dem Kosovo Polje, verloren.

AMSELFELD – IDENTIFIKATION MIT DEM VERLIERER

 DATEN UND FAKTEN

Historischer Rahmen: Eroberung des Balkans durch die Türken

Zeit: 15. Juni 1389

Ort: Serbien; Kosovo, Ebene nordöstlich von Pristina, am Zusammenfluss von Lab und Sitnica

Ziele
Türken: weiteres Vordringen Richtung Norden und Ausschaltung des letzten gefährlichen Gegners auf dem Balkan

Serben: Verteidigung des Serbischen Reiches gegen die Türken

Gegner, Kommandos, Waffen
Türken unter Murad I.: 27 000–30 000 Mann. Die Quellen geben bis zu 60 000 Mann an. Mit großer Wahrscheinlichkeit wurden Kamele eingesetzt.

Serben unter Lazar: 15 000–25 000 Mann. Die Quellen schwanken zwischen 100 000 und 500 000 Mann; diese Zahlen gelten als überhöht.

Verluste: unbekannt

Sieger: unklar. Frühe Quellen sprechen von einem serbischen Sieg; später wird die Schlacht zur großen Niederlage der Serben. Wahrscheinlich ist ein Ausgang mit schweren Verlusten auf beiden Seiten. In der Folge zogen sich die Türken zurück und drangen erst deutlich später weiter nach Norden vor.

Verlauf
Der serbische Anführer Lazar fällt; sein Sohn tritt unter der Aufsicht seiner Mutter die Nachfolge an.

Der türkische Anführer Murad I. fällt; sein Sohn tritt die Nachfolge an und führt das türkische Heer zurück.

Besonderheiten
Praktisch alle Informationen über die Schlacht sind in verschiedensten Varianten überliefert: welche Volksgruppe auf welcher Seite gekämpft hat, wie die Anführer getötet wurden, wer gewonnen, wer verloren hat.

 AUF DEN PUNKT GEBRACHT

Infolge der Schlacht büßten beide Seiten, Türken und Serben, an Stärke ein. Als die Türken ab 1400 den Angriff der Mongolen unter Timur Lenk auf ihre östlichen Provinzen abwehren mussten und dabei geschlagen wurden, waren die geschwächten Serben nicht fähig, die europäischen Eroberungen der Türken zu bedrohen, geschweige denn zurückzuerobern.

»Wahrhaft siegt, wer nicht kämpft«
Azincourt
1415

■ *Die Schlacht bei Azincourt.*
Französische Buchmalerei,
15. Jh., aus der *Chronique
d'Angleterre*. London, British
Library

»Oh, diese englischen Feiglinge! Was für Feiglinge die Engländer
doch sind!«, rief ein Narr, der im Jahr 1340 dem französischen
König die Nachricht über die erste Schlacht des Hundertjährigen
Krieges zwischen England und Frankreich überbrachte. Doch was
zunächst wie eine Beleidigung der Geschlagenen klingt, meinte
tatsächlich den Sieger. Die englische Flotte hatte die französische
im Hafen von Sluis, nördlich von Brügge an der Kanalküste gelegen, vernichtet. Anschließend sprangen die Besiegten ins Wasser.
»Und die Engländer?« – »Die waren feige – sie sprangen nicht
hinterher.«

Vielleicht erzählte der Narr dem König auch noch, warum die
Engländer siegten. Es hatte an ihrer neuen Waffe gelegen: dem
Bogen. Selbstverständlich waren Pfeil und Bogen nichts Neues;

aber die Engländer hatten bei den Walisern einen Bogen kennen gelernt, den man wegen seiner Größe Langbogen nannte. Zuerst in Kämpfen mit den Schotten wurde er gründlich erprobt und dann gleichsam zur nationalen Waffe entwickelt. An Durchschlagskraft übertraf er den Kurzbogen und an Geschwindigkeit der Schussfolge die Armbrust bei weitem.

Mit ihren Langbogen im Gepäck zogen die Engländer 1342 aufs Festland, um den Anspruch ihres Königs auf den französischen Thron mit Waffengewalt durchzusetzten. Es folgte eine endlose Kette von Gefechten, Schlachten und Waffenstillständen. Obgleich die Engländer in den großen Schlachten insbesondere wegen ihrer tödlichen Pfeile als Sieger vom Feld gingen, eroberten die Franzosen den verlorenen Boden immer wieder zurück. 1396 standen sie sogar besser da als zu Kriegsbeginn.

Nach einer längeren Unterbrechung des Krieges wagte der englische König Heinrich V. im Spätsommer 1415 eine weitere Invasion. Am 14. August landete er an der normannischen Küste bei Le Havre, verzettelte sich jedoch mit der Belagerung von Harfleur. Beim Fall der Stadt war das englische Heer durch Tod, Verletzung und Krankheit auf zwei Drittel seiner ursprünglichen Stärke geschrumpft. Eigentlich hätte es nach England zurück segeln müssen; aber die Ehre gebot einen Feldzug, wenigstens bis nach Calais.

Am 8. Oktober begann der Marsch Richtung Nordosten. An der Somme verlegten die Franzosen den Engländern den Flussübergang. Heinrich zog ins Landesinnere und fand am 19. Oktober eine unverteidigte Furt, setzte über den Fluss und ließ seine völlig erschöpften Soldaten pausieren. Die Rast war jedoch von kurzer Dauer. Zwei Tage später erschien eine französische Vorhut. Noch einmal rückten die Engländer weiter nach Norden vor. Kurz darauf holten die Franzosen den Gegner endgültig ein und stellten sich ihm bei Azincourt in den Weg.

Wie in allen bisherigen Schlachten des Hundertjährigen Kriegs sind die Franzosen zahlenmäßig deutlich im Vorteil; und wie in allen bisherigen Schlachten nutzt ihnen das wenig. Nach einer

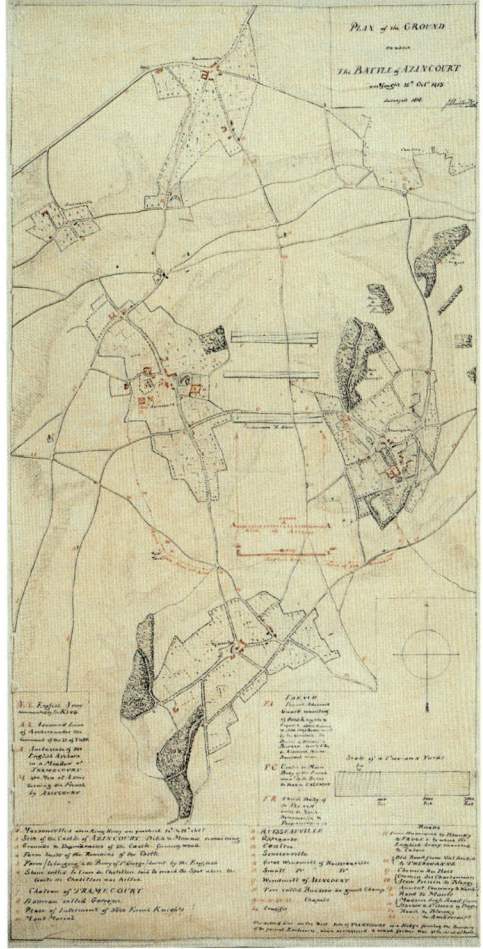

■ Landkarte des Schlachtfeldes mit Positionen der englischen und französischen Truppen. Zeichnung, 1818, von J. Woodford. London, British Library

Dass die Ritter [den Bogen nicht übernahmen], kann nur mit der Hypothese erklärt werden, dass Geschosse für das westliche militärische Ideal so abstoßend waren wie heute der Gaskrieg.

J. F. C. Fuller

■ *Die Schlacht bei Azincourt.* Französische Buchmalerei, um 1484. Aus *Les Vigiles de Charles VII.* von Martial d'Auvergne. Paris, Bibliothèque Nationale

mehrstündigen Wartezeit verleitet Heinrich die französischen Ritter mit Hilfe seiner an den Flanken aufgestellten Bogenschützen zum Angriff. In dem durch den Herbstregen aufgeweichten Boden sinken Rösser und abgesessene Reiter knöcheltief ein, sie kommen in ihren Rüstungen nur schleppend voran, werden zum leicht zu treffenden Ziel für die Schützen. Der französische Ritterstand verendet im Schlamm.

Im Sinne des Narren waren die Engländer abermals feige gewesen. Sie trauten sich mit ihren Langbögen nicht näher an die Fanzosen heran und erlegten ihre Gegner wie bei der Jagd aus großer Distanz. So hatten früher die Perser mit ihren »feigen Pfeilen« gekämpft, so kämpfen heute die Besatzungen von Bombenflugzeugen. Nur die Ritter haben nicht so gekämpft. Sie hingen einer mittelalterlichen Vorstellung von Kriegsführung an und forderten im Namen der Tapferkeit das Gefecht Mann gegen Mann. Deshalb wurde der Langbogen, diese Waffe des einfachen Mannes, von ihnen verachtet.

Doch die Waffentechnik, das mussten die Ritter noch lernen, kennt kein »mutig« und »feige«; bei ihr zählt allein der Erfolg. 250 Meter weit flogen die Pfeile, auf bis zu 160 Meter konnte ein geübter Schütze noch treffen; kamen die Ritter näher heran, bohrten sich die ein Meter langen Geschosse durch ihre Rüstung. Der Ritter wurde also aus sicherem Abstand erledigt. Und die englischen Bogenschützen wären Narren gewesen, hätten sie diesen Vorteil im Namen der Ehre verschenkt.

Allerdings sind die Franzosen keine Narren geblieben. Nach Azincourt haben sie ihre Ritterrüstungen durch Pulver und Kanonen ersetzt und den Hundertjährigen Krieg nicht zuletzt deshalb für sich entschieden.

> Es ist müßig zu spekulieren, was die Bogenschützen in diesem Augenblick empfunden haben mögen. Sie waren erfahrene Soldaten in einer verzweifelten Lage, und außerdem hatten sie insofern indirekt zu feuern, als ihre Pfeile nicht unmittelbar gegen den Feind, sondern in ziemlich steilem Flugwinkel abgeschossen wurden. Darum braucht ihnen nicht unbedingt bewusst geworden zu sein, dass sie einen Tötungsakt auslösten; wahrscheinlich war ihr fachliches Können bei dieser Tätigkeit am aktivsten angesprochen, die noch zu den Präliminarien des zu erwartenden echten Kampfes gehörte.
>
> John Keegan, *Das Antlitz der Schlacht. Azincourt 1415*

AZINCOURT – »WAHRHAFT SIEGT, WER NICHT KÄMPFT«

 DATEN UND FAKTEN

Historischer Rahmen: Hundertjähriger Krieg zwischen Frankreich und England

Zeit: 25. Oktober 1415

Ort: Frankreich; südlich von Calais zwischen Azincourt und Tramecourt

Ziele

Engländer: Durchbruch nach Calais

Franzosen: Verhinderung des Durchbruchs der Engländer

Gegner, Kommandos, Waffen

Engländer unter Heinrich V.: 5000–6000 Bogenschützen, 1000 Reiter

Franzosen unter Charles d'Albret; die Herzöge von Orléans, Bourbon, Alençon und Bar, Marschall Jean Boucicaut: 25 000 Mann, größtenteils Reiter; nach einigen Quellen 10 000, nach anderen bis zu 200 000 Mann

Verluste

Engländer: weniger als 100 Mann

Franzosen: 1500 Mann

Sieger: Engländer

Verlauf

Am frühen Vormittag Die Heere stehen sich auf einem Acker, der durch Gehölz eingegrenzt ist, im Abstand von 800 bis 900 Metern gegenüber. Die Engländer bilden ein Zentrum und eine rechte und linke Flanke. Die Franzosen stehen in drei Reihen. Bei den Franzosen kommt es zu Rangeleien, wer in der vordersten Reihe stehen darf; dies sind Anzeichen für das Fehlen eines einheitlichen Kommandos.

Ab dem späten Vormittag 1. Phase: Die Engländer rücken langsam 600 Meter über den aufgeweichten Boden vor, um die Franzosen zum Angriff zu provozieren. Nach Anzeichen für einen Vormarsch der Franzosen stoppen die Engländer und stecken Pfähle zur Abwehr von Pferden in den Boden.

2. Phase: Französische Reiter greifen an. Sie werden von den englischen Bogenschützen auf eine Entfernung von ca. 250 Metern mit Pfeilen beschossen. Die Beschießung dauert an, bis die Franzosen die englischen Linien erreicht haben. Der tiefe Boden verlangsamt den Vormarsch und erhöht die Wahrscheinlichkeit für die Franzosen, getroffen zu werden. Die verletzten Reiter strömen zu den französischen Linien zurück.

3. Phase: Angriff der schwer bewaffneten französischen Ritter. Der Vormarsch der Fußsoldaten wird durch die zurückkehrenden Reiter stark behindert. Es kommt zum Kampf zwischen den Fußsoldaten. Die englischen Bogenschützen greifen in die Kämpfe zwischen die Fußsoldaten ein. Die Franzosen sind geschlagen und ziehen sich zurück. Viele französische Ritter geraten in Gefangenschaft.

4. Phase: Neuerliches Warten; die französische dritte Linie rückt langsam vor. Das englische Gepäcklager wird überfallen. Die Engländer deuten den Überfall als Angriff und beginnen damit, die Gefangenen zu töten. Das Massaker wird abgebrochen, als der Irrtum offenbar wird. Beide Heere verlassen das Schlachtfeld.

 EMPFEHLUNGEN

Lesenswert:
William Shakespeare: *King Henry V,* *König Heinrich V.* Englisch/Deutsch. Hg.: Dieter Hamblock. Erweiterte Ausgabe. Stuttgart 1996.

Sehenswert:
Heinrich V. (Henry V.). Regie: Laurence Olivier; mit Laurence Olivier, Renée Asherson. GB 1943/44.

Henry V. Regie: Kenneth Branagh; mit Kenneth Branagh, Emma Thompson. GB 1989.

Besuchenswert:
British Museum, London Louvre, Paris

 AUF DEN PUNKT GEBRACHT

Azincourt hat für den weiteren Verlauf des Hundertjährigen Krieges keine große Bedeutung; England kann seine Ambitionen in Frankreich schließlich nicht durchsetzen. Die Niederlage hat vor allem militärgeschichtliche Bedeutung: Sie kündigt das Ende der Ritterzeit an. Die schweren Rüstungen erweisen sich mehr und mehr als Hemmnis, man ist im Kampf gegen Bogenschützen unterlegen.

Der Wind, der Wind …

Spanische Armada
1588

■ Bildnis Philipps II. Gemme, um 1557, Jacopo da Trezzo d. Ä. (1519–1589) zugeschrieben. Florenz, Museo degli Argenti

Es ist alles im Kriege sehr einfach, aber das Einfachste ist schwierig. Diese Schwierigkeiten häufen sich und bringen eine Friktion hervor, die sich niemand richtig vorstellt, der den Krieg nicht gesehen hat. … Diese entsetzliche Friktion … bringt dann Entscheidungen hervor, die sich gar nicht berechnen lassen, weil sie zum großen Teil dem Zufall angehören. Ein solcher Zufall ist zum Beispiel das Wetter. Hier verhindert der Nebel, dass der Feind zu gehöriger Zeit entdeckt wird, dass ein Geschütz zur rechten Zeit schießt, dass eine Meldung den kommandierenden Offizier findet; dort der Regen, dass ein Bataillon ankommt, dass ein anderes zur rechten Zeit kommt, weil es statt drei vielleicht acht Stunden marschieren musste, dass die Kavallerie wirksam einhauen kann, weil sie im Boden stecken bleibt, und so weiter. Carl von Clausewitz, Vom Kriege

Das Wetter, so weiß jeder, ist unberechenbar. Ein verantwortungsvoller Kommandant wird daher versuchen, sich dem Einfluss des Wetters zu entziehen; es sei denn, er hat es mit einem Waffenträger zu tun, der von Wind und Wetter abhängig ist – so wie das Segelschiff.

Ab dem 15. Jahrhundert wagten sich die Europäer mit ihren Segelschiffen hinaus auf die See. Sie erreichten Amerika, umsegelten 1521 die Welt und begannen kurz darauf, die Neuentdeckungen unter sich zu verteilen. Europa erlebte den Aufstieg der Staaten mit günstigen Häfen und einer ozeantauglichen Flotte. Ab 1580 waren das vor allem Spanien und England. Zunächst schwankten der spanische König Philipp II. und die englische Königin Elisabeth I. in ihrer Einschätzung der jeweils anderen Seite, denn auf dem europäischen Festland lagen ihre Interessen nicht so weit auseinander; doch auf den Seewegen nach Amerika und Fernost steuerten beide einen Konfrontationskurs.

Konflikte häuften sich und wurden auch bei unruhiger See ausgetragen. Kriegsflotten brauchten keine völlige Windstille mehr; im Gegenteil, das Segelschiff war das Kampfschiff der Zeit. Spaniens Armada bezeugte den Wechsel am besten: Etliche ihrer Schiffe fuhren sowohl mit Rudern als auch unter Segel. England verzichtete dagegen auf Ruder und ersetzte sie durch Kanonen.

Anfang 1587 plante Philipp, die englische Konkurrenz mit einer Invasion auszuschalten. Die Armada sollte von Spanien aus zur Südküste Englands und von da aus an der Küste entlang nach Calais weiter segeln. Dort wartete das spanische Heer, um im Schutz der Flotte den Kanal überqueren und anschließend die Insel erobern zu können. Gefechte mit der englischen Flotte wollte man, wenn irgend möglich, vermeiden, Philipp kannte die Schwächen der spanischen

Schiffe: ihre Schwerfälligkeit und die geringere Reichweite ihrer Kanonen.

Elisabeth dagegen verfolgte keinen derart ausgeklügelten Plan und erregte durch ihre Unentschlossenheit sogar den Unmut ihrer Marineberater, denn anfänglich lief vieles im Sinne des spanischen Königs. Ab dem 30. Juli 1588 fährt die Armada die Küste entlang; die Engländer stören zwar ihren Kurs – doch die Verluste bleiben gering, die Formationen gewahrt. Am 6. August erreichen die Schiffe Calais. Hier gerät

Philipps Plan allerdings durcheinander. Die wartenden Truppen können den Hafen wegen widriger Winde nicht verlassen; an eine Überfahrt nach England wagt keiner zu denken. Nachts treiben plötzlich Brandschiffe auf die vor der Küste ankernde Flotte zu und versetzen die Spanier in Panik. Sie kappen die Taue und flüchten Richtung Nordsee.

Am Morgen des 8. August scheint das Schicksal der Armada besiegelt. Ihre Schiffe liegen verstreut vor der niederländischen Küste und sind überdies wehrlos; ihnen ist mittlerweile die Munition ausgegangen. Am Abend treiben sie auf Sandbänke zu; noch wenige Meter – da dreht der Wind, die Armada rettet sich in die Nordsee und kommt vom Regen in die Traufe. Viele ihrer Schiffe zerschellen in schwerer See, an den Klippen von Schottland, Irland und England, und mit ihnen laufen Philipps Pläne auf Grund.

Wäre es nach den Plänen von »El Draque«, dem berühmten englischen Piraten und Helden, gegangen, dann wäre die Armada gar nicht erst bis nach England gekommen. Sir Francis Drake wä-

■ Das »Armada-Porträt« Elisabeths I. von Marcus Geeraerts d. J., Bedfordshire, Woburn Abbey. Es entstand 1588, in dem Jahr, als Philipp II. von Spanien seine »unüberwindliche« Armada gegen England aussandte.

■ *Die spanische Flotte unterliegt den Engländern.* Gemälde, um 1600, von Hendrik Cornelisz Vroom (1566–1640). Innsbruck, Tiroler Landesmuseum Ferdinandeum

re ihr mit den Schiffen seiner Majestät entgegengesegelt und hätte sie bereits vor der spanischen Küste, wenn möglich in ihren eigenen Häfen, erledigt. Aber es ging nicht nach ihm. Einmal weil Elisabeth seine Angriffslust bremste; zum anderen machte ihm das Wetter einen Strich durch die Rechnung. Am 6. Juni hatte er versucht, nach Süden zu segeln, kehrte aber wegen eines Sturms auf halbem Wege um.

Der Wind war der große Unbekannte in sämtlichen Plänen und konnte sich im Guten wie im Schlechten auswirken. Ein Sturm beutelte die Armada auf ihrem Weg nach England; bei der Fahrt entlang der Küste blies der Wind Richtung Calais; kurz vor den tödlichen Sandbänken drehte der Wind und trieb die spanischen Schiffe in die Nordsee; ein Sturm jagte sie zuletzt auf die Klippen. Was kann ein Kommandant dann aber tun? Wie kann er das unkalkulierbare Wetter einkalkulieren? Denn dass er auf alle Pläne verzichtet, wird niemand erwarten.

■ *Die Kapitulation.* Admiral Don Pedro de Valdes übergibt seinen Degen an Sir Francis Drake. Nach einem Gemälde, 1889, von John Seymour Lucas (1849–1923)

Er kann es machen wie Sir Francis Drake und trotz des Wetters etwas riskieren. Dabei kann er allerdings sehr viel verlieren. Ein Jahr vor der Niederlage der Armada war Drake mit seinen Schiffen in der Bucht von Cádiz aufgekreuzt, hatte Terror unter Stadtbewohnern und Schiffsbesitzern verbreitet –, und wurde plötzlich auf der Reede vor der Stadt von einer Flaute erwischt.

Er kann es machen wie Philipp und in der Hoffnung auf gutes Wetter etwas riskieren. Dabei kann er sehr viel gewinnen. Eine Flaute während der Konfrontation mit der englischen Flotte, und der einzige Vorteil, über den die spanischen Schiffe verfügten – die Ruder –, hätte die Schlacht zu ihren Gunsten entschieden.

Oder er macht es wie Elisabeth und wird selbst wie das Wetter. Sie passte sich dem Wind an, blieb wendig und standhaft. Im schlimmsten Fall hätte sie alles verloren, und im günstigsten Fall wäre ohnehin alles zu ihren Gunsten verlaufen. Aber meistens gehörte ihren Schiffen der Sieg, weil sie see- und kriegstüchtiger waren und weil es um die Britischen Inseln herum häufiger stürmt.

SPANISCHE ARMADA – DER WIND, DER WIND ...

 DATEN UND FAKTEN

Historischer Rahmen: Kampf zwischen England und Spanien um die Vorherrschaft zur See

Zeit: 29. Juli – 8. August 1588

Ort: Südküste Englands, Kanal und Nordsee

Ziele
Spanier: die Landung spanischer Truppen in England unter dem Schutz der Flotte

Engländer: Abwehr und möglichst Vernichtung der spanischen Flotte

Gegner, Kommandos, Waffen
Spanier unter dem Herzog von Medina-Sidonia: 130 Schiffe

Engländer unter Lord Howard von Effingham: 197 Schiffe

Verluste
Spanier: 63 Schiffe

Engländer: keine Schiffe

Sieger: Engländer

Verlauf
29. Juli (nach alter Rechnung 19. Juli) Die spanische Armada erreicht die englische Südküste bei Lizard und wird von den Engländern im Laufe des Nachmittags entdeckt.

30. / 31. Juli Beide Flotten sichten sich im Mondlicht. Die Spanier haben zunächst die günstigere Position zum Wind.

31. Juli In den ersten Morgenstunden dreht der Wind von West-Süd-West auf West-Nord-West; die Spanier verlieren die günstige Windposition. Das erste Gefecht bleibt ergebnislos.

1. August Die durch eine Explosion am Vortag beschädigte *San Salvador* sinkt.

2. August Schwere Gefechte südlich von Portland Bill. Die Spanier kommen wieder in die günstige Windposition, die ihnen aber gegen die wendigen und besser gerüsteten Engländer nichts nutzt.

3. August Die Engländer attackieren Nachzügler.

4. August Die Armada erreicht das Seegebiet südlich der Isle of Wight. Entgegen englischen Befürchtungen landen die Spanier keine Truppen, sondern fahren weiter Richtung Calais.

6. August Die Armada erreicht Calais und ankert vor dem Hafen. Die Spanier bilden eine Postenkette gegen mögliche Brandschiffe. Den meisten Schiffen ist insbesondere die schwere, gegen Schiffe einsetzbare Munition ausgegangen.

7. / 8. August Englische Brandschiffe nähern sich, beschleunigt durch voll gesetzte Segel und Flut, den dicht gedrängten spanischen Schiffen. In der durch Gerüchte über besondere englische Brandwaffen gespannten Atmosphäre geraten einige Kapitäne in Panik

und kappen die Ankertaue. Von Wind werden sie Richtung Nordsee getrieben. Kein Schiff wird unmittelbar durch die Brandschiffe beschädigt.

8. August Die Engländer greifen die unkoordiniert und einzeln fahrenden Spanier an, denen die Munition ausgegangen ist. Die Engländer können sich leicht von ihren nahen Basen aus versorgen. Die spanischen Schiffe treiben auf die Sandbänke vor dem holländischen Zeeland. Kurz bevor sie auflaufen, ändert der Wind seine Richtung, und die Spanier nehmen Kurs in die Nordsee.

9. August–Oktober Die restlichen Schiffe der Armada laufen in der Nordsee ein, fahren an Schottland und Irland entlang und kehren wieder vor die französische Küste zurück. Hier entstehen die größten Verluste durch Schiffbruch. Die gestrandeten Seeleute werden zum großen Teil von Soldaten und Einwohnern getötet.

 EMPFEHLUNGEN

Sehenswert:
Sea Hawk (Der Herr der sieben Meere). Regie: Michael Curtiz; mit Errol Flynn, Claude Rains, Brenda Marshall, USA 1940.

Elisabeth (Elizabeth). Regie: Shekhar Kapur; mit Cate Blanchett, Richard Attenborough. GB 1998.

Besuchenswert:
National Maritime Museum, Greenwich, London
http://www.nmm.ac.uk/

 AUF DEN PUNKT GEBRACHT

Der Sieg über die spanische Armada begründet den allmählichen Aufstieg Englands zur See- und Weltmacht und zugleich den beginnenden Niedergang Spaniens. Militärisch geht die seit der Antike vorherrschende Taktik des Seekriegs, das Entern oder Rammen des Gegners, ihrem Ende entgegen. Von nun an dominiert die Kanone bis zum Zweiten Weltkrieg das Gefecht auf See.

Die Ehre der Samurai
Sekigahara
1600

■ Rüstung der Samurai im 16. und 17. Jahrhundert. Kyoto, Sammlung Kozu

Japans Militär gelangte in unruhiger Zeit an die Macht. Von 1467 bis 1560 hatte das »Zeitalter der streitenden Reiche« gedauert. Am Ende war Japan in eine Vielzahl von Fürstentümern zerfallen, die sich untereinander bekriegten, bis sich einer der vielen Fürsten gegen die anderen durchsetzen konnte. Nobunaga Oda schlug einen seiner gefährlichsten Gegner und besetzte die kaiserliche Hauptstadt Kyoto. Damit beherrschte er die zentralen Provinzen. Sein nächstes Ziel waren Gebiete auf der westlichen Insel Honshu. Nobunaga führte seine Truppen nicht selbst, sondern überließ das Kommando Hideyoshi Toyotomi, seinem fähigsten Feldherrn. Nach anfänglichen Erfolgen stockte der Vormarsch. Nobunaga machte sich 1582 mit Truppen und Nachschub auf den Weg, wurde aber von einem der eigenen Generäle ermordet.

Die durch den Tod des politischen und militärischen Kopfes Japans zu erwartende Krise blieb aus. Hideyoshi übernahm die führende Rolle, unterwarf die verbliebenen Fürsten oder integrierte sie in ein kompliziertes Geflecht aus gegenseitigen Abhängigkeiten. Als er die neu gewonnene militärische Macht gegen das asiatische Festland wenden und in Korea Fuß fassen wollte, stieß er jedoch an seine Grenzen. Sein Invasionsheer wurde von den Chinesen besiegt und zog sich nach Japan zurück. Eine Krankheit beendete Hideyoshis weitere Eroberungspläne. Er musste sich um die Nachfolge kümmern. Weil sein Sohn erst fünf Jahre alt war, beauftragte er zwei Gremien mit der Regierung: Zehn Männer wurden auf Hideyoshi vereidigt; einer wachte in der Burg von Osaka über das Kind. Nach Hideyoshis Tod im Jahre 1598 zerbrach das Gleichgewicht der Kräfte. Der mächtigste Mann aus den Gremien, Ieyasu Tokugawa, besetzte im Oktober 1599 die gut befestigte Burg von Osaka und brachte das Kind in seine Gewalt. Der Machtkampf war im Grunde entschieden, und Ieyasu begann, sein Herrschaftsgebiet zu konsolidieren. Anfang Mai 1600 kündigte jedoch eine Provinz nördlich von Edo (Tokio) Widerstand an. Ieyasu verließ Osaka mit seinen Truppen und erreichte Edo am 10. August.

■ Mitsunari Ishida greift die Burg Fushimi an.

Ieyasus Feinde ergriffen die Chance. Sie besetzten das unverteidigte Osaka und nahmen Hideyoshi Toyotomis Sohn in ihre Obhut. Anschließend klagten sie Ieyasu an, mit der Besetzung Osakas seinen Treueeid gebrochen zu haben. Formal war das korrekt; trotzdem mussten die Loyalisten ihren Anspruch auf dem Schlachtfeld durchsetzen. Und dafür bot Osaka eine günstige Basis. Von hier aus zogen sie im Rücken Ieyasus nach Osten. Ihr Vormarsch wurde jedoch dadurch verlangsamt, dass sie zunächst die auf ihrer Route gelegenen Burgen Fushimi, Sawajama und Ogaki einnehmen mussten. In der ersten Oktoberhälfte klärte sich die strategische Lage. Ieyasu Tokugawa hatte den Aufstand im Nordosten niedergerungen und kehrte mit seinen Truppen, der »Ostarmee«, auf zwei Wegen nach Westen zurück; die Loyalisten unter Mitsunari Ishida hatten ihren Machtbereich nach Osten verschoben und standen mit ihrer »Westarmee« in und bei der Burg von Ogaki.

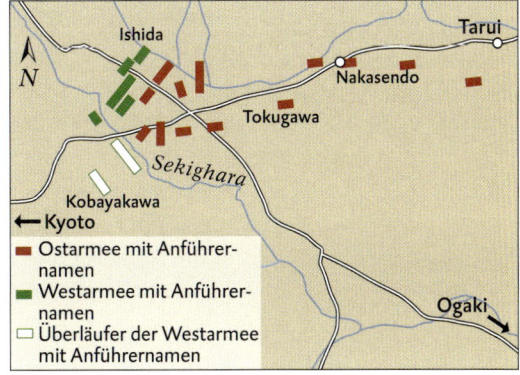

Oberflächlich betrachtet, befand sich die

■ Belagerung der Burg von Osaka. Ausschnitt aus einem Wandschirm, bemalt von Kuroda Nagamasa (1568–1623). Japan, Sammlung Kuroda

Ihr habt zwei Möglichkeiten: Entweder kommt ihr vom Schlachtfeld zurück und tragt einen blutigen Kopf in der Hand, oder ihr werdet ohne Kopf zurückgebracht. Ieyasu Tokugawa zu seinen Soldaten vor der Schlacht

Samurai Yoritsugu bat seinen Knappen Yuasa Goro: »Töte mich und verstecke meinen Kopf; sie sollen ihn nicht als Trophäe bekommen.« Goro weinte, führte den Befehl aber aus. Er tötete Yoritsugu und versteckte den Kopf vor den Siegern.

Westarmee in einer günstigen Stellung. Die Burg von Ogaki lag auf dem Weg nach Edo und deckte zugleich den Weg nach Osaka, war demnach sowohl für einen Vormarsch als auch für die Defensive geeignet. Bald stellte sich allerdings heraus, dass die Ostarmee die Burg problemlos umgehen und dann nach Osaka durchstoßen konnte. Und die Rückeroberung der wichtigen Burg von Osaka durch Ieyasu Tokugawas Truppen musste die Westallianz um jeden Preis unterbinden. Also verließ sie den Schutz der Burg und stellte sich bei Sekigahara der feindlichen Armee entgegen. Hier wurde Verstärkung erwartet.

In den ersten Stunden des 21. Oktober marschieren West- und Ostarmee bei Sekigahara auf. Ieyasus Truppen stehen unmittelbar westlich vom Ort, Ishidas weiter westlich und in den umliegenden Bergen. In der Nacht regnet es ununterbrochen; am Morgen sehen die Krieger im dichten Nebel wenig und geraten eher zufällig ins Gefecht. Als sich der Nebel lichtet, beginnt ein mehrstündiges Gemetzel. Zunächst gewinnt die Ostarmee an Boden. Dann wird sie von den Kriegern der Westarmee wieder zurückgedrängt. Um 11 Uhr fällt die Entscheidung. In den Bergen südlich von Sekigahara lauert die eingetroffene Verstärkung; sie soll gegen die linke Flanke der Ostarmee vorgehen. Der Befehl ist gegeben, wird aber vom Kommandanten unter einem dubiosen Vorwand verweigert. Die zusätzlichen Truppen rühren sich nicht. Bald wird der erste Verdacht grausam bestätigt: Die vermeintlichen Verbündeten haben die Seite gewechselt. Statt in die Flanke der Ostarmee stoßen sie in die Flanke und den Rücken der loyalistischen Allianz. Diese kann nun auch das Zentrum nicht halten. Bald haben die Loyalisten die Schlacht von Sekigahara und viele ihre Köpfe verloren: Die stecken als Trophäen auf den Spießen der Gegner.

Die Kämpfe hörten mit Sekigahara nicht auf. Zunächst musste Ieyasu die Anhänger des Sohns von Hideyoshi in der Burg von Osaka besiegen. Dann herrschte der »Große Frieden« in Japan, der über 200 Jahre andauern sollte. Die Macht lag in den Händen der Samurai und des Shogun, des ranghöchsten Ritters. Die Kriegerkaste und ihr Begriff von soldatischer Ehre bestimmen von nun an Japans Gesellschaft.

SEKIGAHARA – DIE EHRE DER SAMURAI

 DATEN UND FAKTEN

Historischer Rahmen: Momoyama-Zeit (1573–1615), Machtkampf um die Vorherrschaft in Japan

Zeit: 21. Oktober 1600

Ort: Japan; westlich von Sekigahara auf der Insel Honschu

Ziele
Westarmee: Abwehr und Einkreisung der Ostarmee

Ostarmee: Durchbruch nach Osaka

Gegner, Kommandos, Waffen
Westarmee unter Mitsunari Ishida: 80 000–120 000 Mann

Ostarmee unter Ieyasu Tokugawa: 74 000 Mann

Verluste
Westarmee: 40 000 Mann

Ostarmee: unbekannt

Sieger: Ostarmee

Verlauf
2–4.30 *Uhr* morgens Bei strömendem Regen beziehen die beiden Armeen Position westlich von Sekigahara.

4.30 *Uhr* Dichter Nebel verdeckt die Truppen.

8 *Uhr* Der Nebel lichtet sich plötzlich. Im Zentrum zieht ein Verband der Ostarmee aus der zweiten Linie nach vorne und greift die Westarmee an. Auch die anderen Verbände im Zentrum und auf den nördlichen Flügeln geraten aneinander.

10 *Uhr* Die beiden Armeen haben sich ineinander verkeilt. Vorstoß der Westarmee im Zentrum; die Angreifer geraten tief zwischen die feindlichen Verbände.

11 *Uhr* Tokugawa rückt mit der Ostarmee neuerlich vor. Ishida befiehlt Gegenangriffe; unter anderem soll die linke Flanke der Ostarmee zurückgedrängt werden. Einige Verbände des rechten Flügels dringen langsam vor; andere, wie die auf der südlich gelegenen Bergkette stationierten, führen den Befehl offenbar nicht aus.

12 *Uhr* Tokugawa lässt die Überläufer beschießen, um sie zur Entscheidung zu zwingen. Die in den südlich gelegenen Bergen positionierten Verbände, die eigentlich zur Westarmee gerechnet werden, stoßen in die nach den vorherigen Angriffen vorgerückte rechte Flanke der Westarmee. Der Angriff kann nicht abgewehrt werden. Nachdem der rechte Flügel durchstoßen ist, greifen die Verbände der Überläufer das ebenfalls vorgerückte Zentrum der Westarmee an.

13 *Uhr* Der Oberbefehlshaber der Westarmee, Mitsunari Ishida, flieht.

14 *Uhr* Tokugawa erklärt sich zum Sieger.

 EMPFEHLUNG

Sehenswert:
Kagemusha (Kagemusha – Der Schatten des Kriegers). Regie: Akira Kurosawa; mit Tatsuya Nakadai, Tsutomo Yamazaki, 1980.

Besuchenswert:
Die Homepage des Tokugawa Art Museum www.cjn.or.jp/tokugawa/index.html

 AUF DEN PUNKT GEBRACHT

Mit Sekigahara und der Einnahme der Burg von Osaka 1615 beginnt die Tokugawa- oder Edo-Zeit. Sie bringt Japan über 200 Jahre Frieden. Das Land wird gegen alle äußeren Einflüsse abgeschottet. Die Zeit endet 1853 mit der Ankunft US-amerikanischer Kriegsschiffe, die bald darauf unter der Androhung von militärischer Gewalt die Öffnung des Landes erzwingen.

Von Invasoren lernen, heißt siegen lernen
Poltawa
1709

Was einmal klappt, klappt auch zweimal; und wenn es zweimal geklappt hat, wird auch das dritte Mal klappen. Nach dieser Devise haben russische Militärs geplant und gehandelt, als ihr Land 1812 von Napoleon und 1941 von Hitler attackiert und teilweise besetzt worden ist. Da lag das erste Mal schon eine ganze Weile zurück: 1708 hatte der schwedische König Karl XII. Russland angegriffen.

Die schwedische Invasion war die Quittung für die gescheiterten Expansionspläne des russischen Zaren, Peters des Großen. Dieser hatte sich Ende des 17. Jahrhunderts gemeinsam mit den Dänen und Sachsen gegen die nordeuropäische Großmacht Schweden gestellt. Auf den ersten Blick schien der Zeitpunkt nach dem Regierungsantritt des erst 16-jährigen Karls XII. für die Angreifer günstig zu sein. Doch der junge König erwies sich als ebenbürtiger, ja überlegener Feldherr, drängte die Russen zurück und zwang anschließend Dänemark und Sachsen zu Friedensverträgen.

■ Peter I. hielt sich ab März 1697 als Zimmermann in Amsterdam und Zaandam auf, um sich im Schiffsbau unterrichten zu lassen. *Peter der Große als Zimmermann.* Stahlstich, koloriert, um 1850

Ab 1707 widmete sich der Schwede Karl erneut dem noch verbliebenen Gegner, den Russen. Peter der Große sah die Offensive voraus. Und da ihm die mangelhafte Kampfkraft seiner Truppen bewusst war, verteidigte er seinen Herrschaftsbereich auf eine Art, die später als geradezu typisch russisch in die Militärgeschichte einging: Er zog sich mit seinen Truppen ins Innere des Landes zurück und ließ die aufgegebenen Landesteile in großem Umfang verwüsten. Diese Taktik der »verbrannten Erde« verhinderte jedoch nicht den Einmarsch der Schweden. Am 17. Juni 1708 erreichte Karl den Fluss Beresina in Weißrussland, schlug die Russen am 4. Juli bei Holowczyn und plante vermutlich einen Vorstoß nach Moskau. Beim Anblick des bis zum Horizont brennenden Landes verzichtete er allerdings auf den Marsch und wandte sich stattdessen nach Süden. Die Ukrainer hatten ihm Truppen und, wichtiger noch, die Versorgung seiner Soldaten in Aussicht gestellt. Zwar war schon seit Mai aus dem Baltikum eine zweite Armee mit Nachschub für seine Truppen unterwegs, Karl wartete ihre Ankunft jedoch nicht ab, sondern rückte nach kurzem Halt in Mogilew weiter Richtung Süden. Und dies erwies sich als Fehler. Die Russen erkannten ihre Chance. Sie stellten die schwächeren Versorgungstruppen im Oktober zur Schlacht und siegten. Die Schweden erlitten hohe Verluste an Menschen und Material.

Im folgenden Winter kam es nur zu Scharmützeln. Aber die ungewöhnliche Kälte dezimierte die schwedischen Truppen. Bis zum Frühjahr war ihre Einsatzstärke auf die Hälfte gesunken, ein Rückzug nach Polen dringend geboten. Karl beging jedoch einen weiteren Fehler und blieb. In der Hoffnung auf Beistand durch Kosaken und Türken zog er weiter nach Süden, bis ins ukrainische Poltawa. Zur Überraschung Karls verteidigte sich die befestigte Stadt.

Die Russen folgten den Schweden und postierten ihre Truppen nördlich von Poltawa. Die Schweden waren somit an zwei Stellen gebunden. Zu diesem Zeitpunkt wusste Karl bereits, dass die Türken nicht auf seiner Seite eingreifen würden. Zu allem Überfluss hatte er sich bei einem Einsatz ernsthaft verletzt, eine missliche Lage, von der auch Peter der Große erfuhr. Also ließ der Zar ein befestigtes Lager errichten. Beim nächsten schwedischen Angriff würden die Russen nicht mehr zurückweichen.

Am 28. Juli greifen die Schweden im ersten Tageslicht an. Die Russen haben rechtzeitig ihr Lager durch eine Kette von Verteidungsnestern im Vorfeld verstärkt. An diesen Schanzen reiben sich die Angreifer auf. Schon nach zwei Stunden ist ein Drittel ihrer Infanteristen gefallen oder vom Schlachtfeld verdrängt. Der schwedische Hauptangriff endet wenig später im dichten russischen Feuer. Dann gehen die Russen zum Gegenangriff über. Nur mit Mühe kann sich Karl mit wenigen seiner Soldaten der Gefangennahme entziehen. Der Großteil seiner Armee fällt oder ergibt sich.

Wie bei den späten Invasionen durch Franzosen und Deutsche war auch der erste Rückzug der Russen in die Tiefe des Landes von einem militärischen Erfolg gekrönt worden. Man drückte auf die überdehnten Nachschublinien der Invasoren und zählte auf »General Winter«. Weil der Sieg die Mittel rechtfertigte, trat die Kehrseite der Strategie im Rückblick weniger deutlich hervor: Sie ging auf Kosten des Landes. Denn zum Rückzug hat immer die Taktik der »verbrannten Erde« gehört. Erbarmungslos wurden Städte und Dörfer ge-

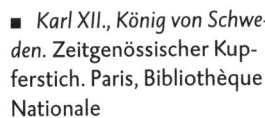

■ *Karl XII., König von Schweden.* Zeitgenössischer Kupferstich. Paris, Bibliothèque Nationale

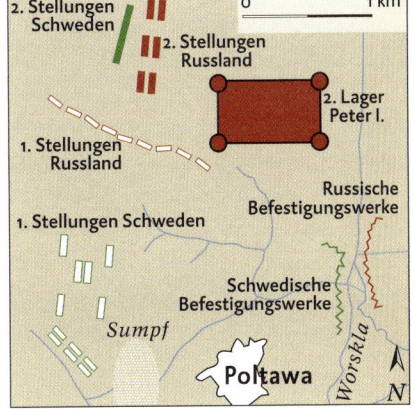

■ *Die Schlacht bei Poltawa.* Gemälde, 1717, von Jean Marc Nattier (1685–1766). Moskau, Staatliches Puschkin-Museum für Bildende Künste

räumt; das Wetter, die Versorgung und der Zustand der Evakuierten waren ohne Interesse; man opferte alles, was nicht abtransportiert werden konnte, den Flammen.

Die russische Generalität begründete ihre Kriegführung stets mit der jeweiligen militärischen Lage. Ihre Truppen waren den Invasoren anfänglich qualitativ unterlegen und mieden deshalb die offene Feldschlacht und die Verteidigung an den Grenzen. Erst im Laufe des Krieges wuchsen die Russen zu militärisch ebenbürtigen Gegnern heran – wie bei Poltawa: die Kette von vorgeschobenen Schanzen, die gut und dicht gestaffelte Infanterie, der rechtzeitige Angriff auf die ermüdeten Schweden.

»Auf meine Lehrmeister!«, mit diesem Toast hob Peter der Große beim Bankett im Anschluss an die Schlacht von Poltawa sein Glas, und die besiegten schwedischen Generäle lobten die Leistung des »Schülers«. Die russischen Generäle hatten von den Schweden gelernt. Sie haben auch später von Napoleon und Hitler gelernt. Und die berüchtigte Tiefe des Landes bemisst ihre Lehrzeit. Sie bemisst aber auch die Kaltblütigkeit der russischen militärischen Führung. Statt vor einem Angriff eine effektive Strategie zu entwickeln, die den Gegener in Grenznähe abwehrt, hat sie die Zerstörung des eigenen Landes und den Tod vieler Bewohner in ihre Siegesstrategie einkalkuliert.

Wenn unsere Nachbarn hören, was geschehen ist, werden sie sagen, die schwedische Armee und die schwedische Macht hätten sich nicht in ein fremdes Land, sondern in einen mächtigen See gewagt. Sie sind hineingefallen und verschwunden wie ein Stein im Wasser.

Ein Zeitzeuge

POLTAWA – VON INVASOREN LERNEN, HEISST SIEGEN LERNEN

 DATEN UND FAKTEN

Historischer Rahmen: Zweiter Nordischer Krieg

Zeit: 8. Juli 1709

Ort: Ukraine; nördlich von Poltawa

Ziele
Russen: Vernichtung der schwedischen Invasionsarmee

Schweden: Sieg über die Russen und anschließender Marsch auf Moskau

Gegner, Kommandos, Waffen
Russen unter Peter dem Großen: 44 000 Mann; 100 Kanonen

Schweden unter Karl XII.: 17 000 Mann; 4 Kanonen. Die Belagerung von Poltawa wird während der Schlacht aufrecht erhalten und bindet etwa 5600 Mann, sodass die faktische Einsatzstärke cirka 11 000 Mann beträgt.

Verluste
Russen: unbekannt

Schweden: 5800 Mann unmittelbar bei der Schlacht. Bei der anschließenden Verfolgung wurde der Rest der schwedischen Truppen bis auf 1000 Mann gefangen genommen.

Sieger: Russen

Verlauf
3.45 Uhr Schwedischer Angriff auf die Schanzen vor dem russischen Lager. Er wird mit zwei Stoßkeilen an den Schanzen der Russen vorbei und zugleich gegen die Schanzen geführt.

4 Uhr Die ersten beiden Schanzen werden von den Schweden genommen, die anderen werden vom linken Angriffskeil passiert. Der rechte Keil bleibt liegen.

4.40 Uhr Russische Kavallerie zieht sich nach Norden zurück.

5 Uhr Der rechte Flügel greift die dritte russische Schanze an. Auf dem linken Flügel beginnt der Angriff gegen das russische Lager.

6 Uhr Der linke Angriffsflügel sammelt sich östlich der Schanzen und wird eine Viertelstunde später von den Russen, die das Lager verlassen haben, attackiert. Die Truppen des geschlagenen rechten Flügels gehen Richtung Poltawa zurück.

8.30 Uhr Die schwedische Armee rückt nach Norden vor.

9 Uhr Ein Teil der Russen sammelt sich vor den Schweden und geht in Verteidigungsstellung.

9.30 Uhr Die Truppen des geflohenen rechten Flügels kapitulieren.

9.45 Uhr Die Schweden massieren ihre Truppen vor der russischen Verteidigungslinie. Angriff schwedischer Infanterie gegen die gut gestaffelten Russen. Schwere Verluste bei den Schweden. Die Linie der Russen hält.

10.10 Uhr Die Front der Schweden ist durch die Massierung schmaler geworden und wird daher von der russischen Kavallerie im Norden überflügelt. Angriff der russischen Kavallerie beginnt.

10.30–11 Uhr Der linke Flügel der Schweden bricht unter dem Angriff zusammen; Angriff auf den rechten Flügel der Schweden. Die schwedische Infanterie wird überrannt.

11 Uhr Karl XII. verlässt das Schlachtfeld.

 AUF DEN PUNKT GEBRACHT

Die Schlacht bei Poltawa entscheidet den Zweiten Nordischen Krieg zugunsten Russlands. Mit seinem Sieg löst Russland Schweden als führende Macht in Nordosteuropa ab und tritt zugleich wahlweise als Verbündeter oder als Bedrohung auf die europäische Bühne.

Sieg der Rebellen
Yorktown
1781

■ *Washington gibt den Befehl zum Stum auf Yorktown. Gemälde, 1836, von Auguste Couder. Versailles, Musée du Château*

»Oh Gott, es ist alles vorbei!« Der englische Kriegsminister, als er von der Niederlage bei Yorktown hörte.

Staaten überheben sich manchmal an militärischen Siegen: England etwa, das 1763 im Anschluss an den Siebenjährigen Krieg gegen Frankreich große Gebiete Nordamerikas eingeheimst hatte. Jetzt musste es die nordamerikanischen Siedler beschützen, und das kostete Geld. Und um die Einnahmen schnell zu erhöhen, griff London zum geläufigsten Mittel: In den Kolonien wurden Steuern erhoben, außerdem sollten die Einwohner Unterkünfte für die Truppen bereitstellen.

In Nordamerika wurde es daraufhin unruhig. London nahm die Steuererhöhung wieder zurück, um es nun mit Einfuhrzöllen zu probieren, was wiederum den Zorn der Siedler erregte. Steuern und Zölle wurden ad acta gelegt. Einzig beim Teeimport blieben die Engländer hart. Also boykottierten die Kolonisten den Tee; ja, in Boston kippten sie am 16. Dezember 1773 eine ganze Schiffsladung in die See. Die englische Reaktion auf die »Boston tea party« folgte prompt und deutlich. Im folgenden März schloss man den Hafen. Da waren die Siedler sämtlicher Kolonien aber schon lange bereit, für die Bestraften notfalls zur Waffe zu greifen. Um Boston kam es zu Kämpfen zwischen englischen Soldaten und amerikanischen Siedlern. Der amerikanische Unabhängigkeitskrieg hatte begonnen.

Am 2. April 1776 räumten die Engländer den Bostoner Raum; doch schon am 4. Juli 1776, also am Tag der amerikanischen Unabhängigkeitserklärung, landeten sie bei New York. Das Hauptgewicht ihrer militärischen Operationen richtete sich gegen das Zentrum der Revolution, den Nordosten der späteren Vereinigten Staaten. Mit gleichzeitigen Vorstößen von Kanada und New York aus wollten die Engländer dieses Gebiet vom Rest des Landes isolieren. Ihre Niederlage bei Saratoga am Hudson River setzte diesem Plan am 17. Oktober 1777 jedoch ein schmähliches Ende.

Trotz des Sieges blieb die Lage der Amerikaner zunächst schwierig, denn England war eine Großmacht und fühlte sich provoziert. Zugleich riefen die Ereignisse um Saratoga eine andere Großmacht in die nordamerikanischen Kolonien zurück. Frankreich beschloss, die Siedler mit Truppen und Material zu unterstützen; ab dem 11. März 1778 befand es sich als Verbündeter der Amerikaner mit England im Krieg.

In der zweiten Phase des Krieges kehrten die Engländer ihre Strategie um. Im Norden wollten sie nun lediglich New York halten und zuerst die schwächeren südlichen Kolonien besetzen. Im zweiten Schritt sollten dann die mittleren und erst zuletzt die nördlichen Kolonien erobert werden. Der Anfang gelang. Ende 1778 landeten die Engländer Truppen im Süden bei Savannah und beherrschten kurz darauf Georgia. Im folgenden Jahr waren sie in South Carolina erfolgreich; zeitweise schien die amerikanische Revolution am Ende. Doch ab 1780 entwickelten sich die Dinge ganz anders. General Charles Cornwallis, der Kommandant der im Süden operierenden englischen Truppen, zog durch South Carolina; aber die Verbündeten wichen ihm aus. Also änderten die Engländer ihre Strategie im Mai noch einmal; die zweite Stufe wurde noch vor Abschluss der ersten in Angriff genommen. Aber die Kämpfe in Virginia und der Vormarsch nach Norden führten gleichfalls zu keinem Ergebnis. Ende Juni marschierte Cornwallis zurück Richtung Portsmouth.

Dann wendete sich die Lage schlagartig zugunsten der verbündeten Amerikaner und Franzosen. Seit Mitte Juli lag eine französische Flotte in der Chesapeake Bay zum Schutz des Hinterlandes von Virginia. Damit war Cornwallis' Verbindung nach Norden gekappt. Er führte seine Truppen nun nach Yorktown, einen kleinen, mäßig befestigten Ort am südlichen Ufer des York. Hier woll-

Die Bedeutung der Kapitulation von Yorktown kann man nicht bestreiten. Britannien hatte ein Reich verloren, und eine neue Nation war entstanden … Die Vereinigten Staaten hatten einen Krieg für ihre Unabhängigkeit geführt, aber ihre Gründungsväter suchten eine Zukunft Amerikas ohne Krieg. Washingtons unabhängige Vereinigte Staaten würden bald kaum mehr eine Armee oder Flotte haben und seine Bewohner sich zu ihrer Verteidigung auf die Abgelegenheit und die enorme Größe ihres Landes verlassen.

John Keegan, britischer Militärhistoriker

■ Szene aus dem US-Film *Der Patriot* von Roland Emmerich, 2000. Hintergrund des Film ist der amerikanische Unabhängigkeitskrieg.

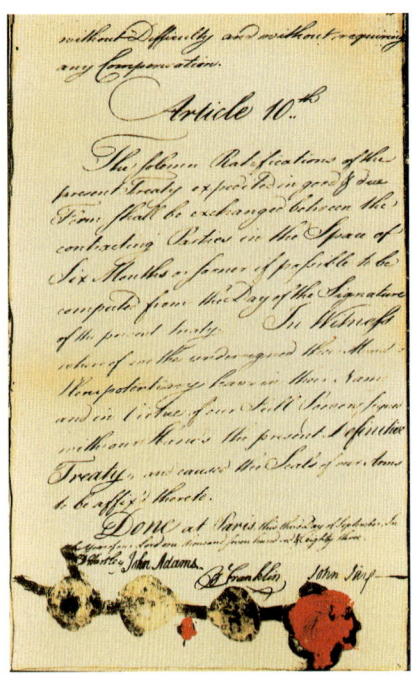

■ Die Anerkennung der Souveränität der Vereinigten Staaten von Amerika wurde am 3. September 1783 im Frieden von Paris besiegelt. Hier die Urkunde mit den Unterschriften von John Adams, Benjamin Franklin und John Jay

te er einen Stützpunkt für Operationen im folgenden Winter und Sommer errichten.

Die Engländer waren zwar in der Defensive, doch anscheinend nicht wirklich gefährdet, denn den Verbündeten fehlten vor Yorktown Belagerungstruppen. Ein Gutteil ihrer Verbände lag vor New York, und ihr Kommandant George Washington ließ die Engländer im Glauben, er würde dort bald einen Angriff durchführen. Tatsächlich legten seine Truppen den Weg von New York bis nach Yorktown in einem legendären Eilmarsch zurück. Die Engländer waren ausmanövriert, ein beachtlicher Teil ihrer Soldaten wartete in New York auf einen amerikanischen Angriff.

Am 29. September 1781 ist Yorktown umzingelt. Auf See liegen französische Schiffe. Von Land her geht die Artillerie der Verbündeten systematisch gegen die ungenügenden Verteidigungsanlagen der Engländer vor. Am 17. Oktober, genau vier Jahre nach der Niederlage von Saratoga, geben die Belagerten auf. Der englische Kommandeur versucht noch, bei der Übergabe zu tricksen, und will sich nur den Franzosen ergeben. Eine reguläre Kapitulation vor den Aufständischen hätte die militärische Anerkennung der Vereinigten Staaten bedeutet. Doch Washington und seine Verbündeten akzeptieren nur eine bedingungslose Kapitulation vor den Siegern, und das waren, wenn auch nicht alleine, die rebellischen Siedler.

Nach dem Sieg der Revolution in Amerika hat man oft spekuliert, wie die Weltgeschichte weitergegangen wäre, wenn die Engländer gesiegt hätten. Vielleicht hätten sich die USA nicht so erfolgreich entwickelt; wahrscheinlich wäre das anglo-amerikanische Bündnis nicht so intensiv und stabil geworden, weil Ungleiche sich weniger achten. Ganz sicher aber wäre die Geschichte Frankreichs und damit die Europas anders verlaufen, denn Paris hatte sich am Sieg überhoben. Frankreich litt unter den Kriegsfolgen, am Ende war der Staat bankrott, und die Reaktion der Bevölkerung wurde politisch. Zu viele Soldaten hatten in den Vereinigten Staaten nicht nur gegen England, sondern auch für die amerikanische Verfassung und ihren ersten Grundsatz gefochten. Und für die »Gleichheit der Menschen« kämpft man nicht ohne Folgen. Meistens fordert man sie dann irgendwann auch für sich selbst.

YORKTOWN – SIEG DER REBELLEN

 DATEN UND FAKTEN

Historischer Rahmen: Amerikanischer Unabhängigkeitskrieg

Zeit: 29. September – 19. Oktober 1781

Ort: Vereinigte Staaten von Amerika; Ostküste, Yorktown (Virginia), am Südufer des York

Ziele
Verbündete: Ausschaltung der englischen Armee

Engländer: Bildung eines Brückenkopfes zur Durchführung weiterer Operationen

Gegner, Kommandos, Waffen
Verbündete unter General George Washington: 8800 Amerikaner, 7000 Franzosen

Engländer unter General Lord Cornwallis: 6000 Mann, Briten und vor allem Söldner aus Hessen

Verluste
Verbündete: 75 Tote und 199 Verwundete

Engländer: 156 Tote und 326 Verwundete

Sieger: Verbündete

Verlauf
29. September Die Verbündeten schließen den Verteidigungsring um Yorktown. In der Nacht räumen die Engländer einige Schanzen im Vorfeld von Yorktown.

30. September Die Verbündeten besetzen die verlassenen Schanzen. Washington bittet die französische Flotte, den Übergang von Yorktown nach Gloucester zu blockieren, da er ein Entweichen der Engländer über den York fürchtet. Die Bitte wird abgelehnt. Verstärkung wird zu den Blockadetruppen vor Gloucester entsendet.

3. Oktober Vor Gloucester kommt es zu einem Kavalleriegefecht.

6. Oktober Die Verbündeten legen vor dem linken Flügel der Engländer Artilleriestellungen an.

9. Oktober Die Amerikaner eröffnen das Feuer.

10. Oktober In der Nacht werden die Positionen noch einmal nach vorne verlegt. Am Morgen eröffnen auch die Franzosen das Feuer. Die Engländer erwägen den Übergang über den York; die Idee wird von Cornwallis am folgenden Tag zunächst verworfen.

14. und 15. Oktober Die Verbündeten erobern auf dem äußersten linken Flügel der Engländer weitere Positionen. Cornwallis lässt eine der Stellungen im Gegenangriff nehmen.

16. Oktober Als sich Cornwallis' Lage dadurch nicht verbessert, entscheidet er sich zur Flucht über den York. Ein Sturm verhindert das Übersetzen der Boote.

17. Oktober Die Engländer bieten Unterhandlungen an.

19. Oktober Die Engländer kapitulieren, verlassen ihre Stellungen bei Yorktown und ergeben sich.

 EMPFEHLUNG

Sehenswert:
America. Regie: D.W. Griffith; mit Neil Hamilton, Carol Dempster, Lionel Barrymore. USA 1924

 AUF DEN PUNKT GEBRACHT

Yorktown bedeutet den Sieg der amerikanischen Revolution. Im Vertrag von Paris erkannten die Engländer 1783 die US-amerikanische Regierung an. Spanien erhielt für seine Unterstützung der Vereinigten Staaten Florida. Die Ausgaben für den Krieg zerrütteten Frankreichs Finanzen und führten so mehr oder weniger direkt zur Französischen Revolution.

Dabei sein ist alles

Valmy

1792

In Zeiten, da zu allem und jedem gesagt wird: »Dies ist ein historischer Augenblick«, vergisst man schnell, dass es große historische Augenblicke tatsächlich gibt. Der 14. Juli 1789 ist einer; mit ihm begann die Französische Revolution.

Vor jenem Tag im Juli war das von Ludwig XVI. regierte Frankreich in eine tiefe finanzielle Krise geraten. Reformversuche seitens Aristokratie und Klerus waren gescheitert, und schließlich erhielt das Volk einen Teil der staatlichen Macht. Doch über die faktische Machtverteilung kam es zum Streit und am 14. Juli zum Aufstand des dritten Standes. Am Ende mussten Kirche und Adel auf Privilegien verzichten. Ab Mitte August gingen viele Adelige daher ins benachbarte Ausland. Sie blieben in der Nähe der Grenze, intrigierten von dort aus und hofften auf eine baldige Rückkehr. Die Aussichten der Emigranten standen nicht schlecht, denn die Monarchien Preußen und Österreich waren bereit, in Frankreich militärisch zu intervenieren.

Frankreichs Nationalversammlung sah den revolutionären Staat bedroht, erklärte Österreich am 20. April 1792 den Krieg und rief das Volk zu den Waffen. Unter den Klängen der Marseillaise stürmten viele Franzosen nach Paris. Dass es nicht nur gegen die Österreicher, sondern zudem gegen die mit ihnen verbündeten Preußen ging, trübte ihre Begeisterung keineswegs, sondern steigerte sie womöglich: »Das Vaterland ist in Gefahr.«

Die ersten militärischen Operationen Preußens und Österreich versprachen für Frankreich nichts Gutes. Ende August rückten die alliierten Truppen über die Grenze und belagerten am 30. August die Festung Verdun, die nach drei Tagen fiel. In Panik geraten, massakrierten die Revolutionäre im ganzen Land ungefähr 14 000 politische Gegner.

Plötzlich verharrten die Invasoren. Erst am 11. September marschierten sie von Verdun aus weiter, behindert durch schwere Regenfälle und eine Vielzahl kranker Soldaten. Die Franzosen fanden Zeit, ihre Truppen zu sammeln, und bezogen eine günstige Verteidigungsstellung westlich von Verdun. Dass die Preußen versuchen würden, sie in den folgenden Tagen nördlich zu umgehen, nahmen sie in Kauf, denn die Revoluti-

■ Freiwilliger des französischen Revolutionsheeres. Farbdruck, nach einer Illustration von Georges Ripart. Paris, Privatsammlung

onstruppen wollten ihre Position auf jeden Fall halten – wussten sie doch so gut wie ihre Gegner, dass ein Vormarsch nach Paris mit dem Feind im Rücken für die Preußen äußerst riskant war.

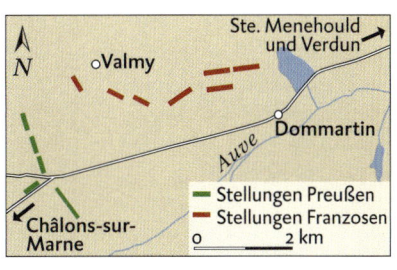

Bis zum 20. September haben die Preußen die französische Stellung umgangen. Morgens stehen sich die beiden Heere bei Valmy gegenüber. Man wartet, sondiert das Terrain, beobachtet mit Fernrohren die Stellungen der feindlichen Seite. Zunächst versuchen es die Preußen mit Kanonen. Vielleicht würde sich das revolutionäre Freiwilligenheer beim Anblick der preußischen Truppen ja auflösen. Die Franzosen halten jedoch stand und schießen stattdessen mit ihrer Artillerie zurück. Mit gutem Grund blasen die Preußen einen Infanterieangriff, kaum dass er begonnen hat, wieder ab. Eine weitere, wirkungslose Kanonade beginnt. Dann beschließt das preußische Oberkommando: »Hier schlagen wir nicht.«

Die Schlacht, die keine war, war beendet und ging als »Kanonade von Valmy« in die Geschichtsbücher ein. »Von hier und heute geht eine neue Epoche der Weltgeschichte aus, und ihr könnt sagen, ihr seid dabei gewesen«, sprach Goethe, der auf Seiten der geschlagenen Preußen dabei war. Er hatte die Bedeutung des Duells zwischen französischer und preußischer Artillerie erkannt, und die Geschichte hat ihn bestätigt.

Wie der 14. Juli 1789 markiert der 20. September 1792 einen Augenblick, der getrost »historisch« genannt werden darf. Revolution und Hauptstadt waren für Frankreich gerettet. Eine neue politische Ära mit den Forderungen nach Freiheit, Gleichheit und

■ *Schlacht zwischen dem französischen Revolutionsheer und dem Koalitionsheer.* Kopie von J. B. Mauzaisse nach dem Gemälde von Horace Vernet, 1831. Schloss Versailles, Musée Historique

Brüderlichkeit brach an. Zwei Tage nach Valmy wurde auch formell deutlich gemacht, dass eine neue Epoche begonnen hatte: Frankreich führte eine neue Zeitrechnung ein, die 1792 mit dem Jahr 1 begann. Allerdings gab sich das revolutionäre Frankreich damit auch sehr traditionell: Es verlegte seine Geburtsstunde auf den Zeitpunkt seines ersten bedeutenden militärischen Sieges.

Die Demokratie hatte das Schlachtfeld betreten und setzte ihr Programm in den folgenden Jahren mit einem modernen Militärapparat wirkungsvoll um. Die kleinen Heere der Monarchien waren den französischen Massenheeren weit unterlegen: Also wurde die Wehrpflicht auch in anderen Ländern obligatorisch. Millionen wurden mobilisiert, und kaum mehr einer konnte aus der Schusslinie bleiben. Der Krieg und sein Handwerk waren demokratisch geworden. Zwar wurde der Einzelne deshalb nicht wichtig; viele haben ihre Bedeutungslosigkeit gerade in Kriegszeiten deutlich gespürt. Doch sie haben sich gleichfalls mit Goethes berühmten Worten getröstet. Denn das sagen die Worte des Dichters ja auch: Ihr seid zwar nur Kanonenfutter, aber ihr dürft dabei sein.

Ich war nun vollkommen in die Region gelangt, wo die Kugeln herüberspielten; der Ton ist wundersam genug, als wäre er zusammengesetzt aus dem Brummen des Kreisels, dem Butteln des Wassers und dem Pfeifen eines Vogels. ... Es schien, als wäre man an einem sehr heißen Ort, und zugleich von derselben Hitze völlig durchdrungen, sodass man sich mit demselben Element, in welchem man sich befindet, vollkommen gleich fühlt. Die Augen verlieren nichts an ihrer Stärke noch Deutlichkeit; aber es ist doch, als wenn die Welt einen gewissen braunrötlichen Ton hätte, der den Zustand sowie die Gegenstände noch apprehensiver macht. Von Bewegung des Blutes habe ich nichts bemerken können, sondern mir schien vielmehr alles in jener Glut verschlungen zu sein. Hieraus erhellet nun, in welchem Sinne man diesen Zustand ein Fieber nennen könne.

Goethe auf dem Schlachtfeld von Valmy

VALMY – DABEI SEIN IST ALLES

 DATEN UND FAKTEN

Historischer Rahmen: Erster Koalitionskrieg

Zeit: 20. September 1792

Ort: Frankreich; Valmy, westlich von Verdun in der Champagne, zwischen den Flüssen Auve, Aisne und Bionne

Ziele
Verbündete: Vormarsch auf Paris und Wiedereinsetzung des französischen Königs

Franzosen: Abwehr der Invasion sowie Verteidigung Frankreichs und der Revolution

Gegner, Kommandos, Waffen
Verbündete unter dem Herzog von Braunschweig: 30 000–34 000 Mann; 54 Kanonen

Franzosen unter General Dumouriez und General Kellerman: 52 000 Mann, effektiv 36 000 Mann; 36 Kanonen

Verluste
Verbündete: 184 Mann

Franzosen: ca. 300 Mann

Sieger: Franzosen

Verlauf
19. September General Kellerman befiehlt seinen Truppen den Rückzug Richtung Süden über die Auve. Die Preußen rücken nach und haben Befehl, von

Somme Bionne aus die Straße nach Châlons-sur-Marne zu erreichen.

20. September, zwischen 6 und 7 Uhr morgens Die Franzosen beabsichtigen, die Auve zu überqueren. Die linke Flanke der nach Süden marschierenden preußischen Truppen wird bei ihrem Marsch nach Süden beschossen.

Gegen 7 Uhr Kellerman widerruft, als er den Vormarsch der Preußen bemerkt, den Befehl zum Rückzug.

Ab 7 Uhr Im dichten Morgennebel geraten die Franzosen durcheinander, was die Preußen aber nicht bemerken. Schließlich gehen Kellermans Truppen in einem Halbkreis westlich von Valmy in Stellung. Eine weitere französische Armee befindet sich östlich, doch an dieser Stelle steht Kellerman den Preußen allein gegenüber. Die Preußen erobern die wichtige Anhöhe mit der Taverne »La Lune« südlich von Valmy und rechnen mit einem Rückzug der Franzosen.

Am Mittag Zur Überraschung der Preußen bleiben die Franzosen in ihren Stellungen. In der Hoffnung, die ungeübten französischen Truppen würden zusammenbrechen, eröffnen die Preußen mit ihren Kanonen auf eine Entfernung von etwa 1300 Meter das Feuer. Die Franzosen halten Stand und schießen zurück; die »Kanonade von Valmy«

beginnt. Jede Seite verschießt ca. 20 000 Schuss. Kellerman feuert seine Soldaten mit dem Ruf: »Vive la nation! Vive la France!« an. Preußische Infanterie rückt vor. Sie gerät unter Beschuss; der Vormarsch wird daher vorzeitig abgebrochen. Nachdem ein Munitionswagen der Franzosen getroffen wird und in die Luft fliegt, geraten die Reihen der Franzosen kurzzeitig durcheinander. Die Preußen hoffen noch einmal auf einen Zusammenbruch der Franzosen.

14 Uhr Nachdem sich die Erwartungen der Preußen nicht erfüllen, beginnt erneut eine Kanonade. Als sie keinen Erfolg bringt, wird sie abgebrochen.

16 Uhr Die Preußen ziehen sich auf die Straße nach Châlons-sur-Marne zurück, um den Franzosen den Weg nach Paris zu versperren.

 EMPFEHLUNG

Lesenswert:
Johann Wolfgang von Goethe: *Campagne in Frankreich 1792.*

 AUF DEN PUNKT GEBRACHT

Mit ihrem Sieg bei Valmy wurde die französische Revolutionsregierung gerettet. Die Preußen zogen sich geordnet zurück und überließen Monarch und Monarchie ihrem Schicksal. Nach Valmy steigt das militärische Selbstvertrauen der französischen Soldaten und schafft damit eine wichtige Voraussetzung für die späteren Erfolge Napoleons.

Trafalgar sehen und sterben
Trafalgar
1805

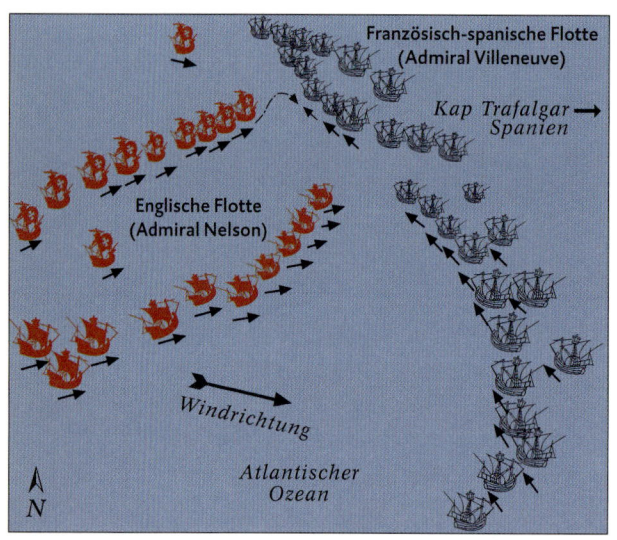

Französisch-spanische Flotte
(Admiral Villeneuve)

Kap Trafalgar →
Spanien

Englische Flotte
(Admiral Nelson)

Windrichtung

Atlantischer
Ozean

↑
N

■ Der Dreidecker »Victory«,
das Flaggschiff Admiral
Nelsons in der Schlacht bei
Trafalgar, im Hafen von
Portsmouth, England

»Guter Gott, was für ein Sieg!«,
schrieb eine englische Patriotin. »Vor
Freude fiel ich in Ohnmacht und tat
mir weh. Doch egal. Es sollte herrlich sein, dabei zu sterben. Aber
nein, bevor ich den Sieger vom Nil
nicht gesehen und umarmt habe,
will ich nicht sterben.«

Die Patriotin musste noch etwas
warten. Sie, Emma Hamilton, lebte
mit ihrem Mann, Sir William Hamilton, einem englischen Gesandten
und wohlhabenden Kunstliebhaber,
an der Bucht von Neapel. Und Se-
gelschiffe brauchten damals einige
Tage, um vom Nil nach Italien zu ge-
langen. Am 22. September 1798 traf der Sieger leibhaftig dort ein:
Admiral Horatio Nelson. Er hatte mit seinem Geschwader die in
Abukir vor Anker liegende französische Flotte versenkt und dem
seit 1792 andauernden Krieg Englands gegen Frankreich eine bedeutsame Wendung gegeben.

Die in Ägypten stationierten französischen Truppen erfuhren
jetzt, was es bedeutet, wenn der Gegner zur See überlegen ist.
Eigentlich hätten sie unter ihrem General Napoleon Bonaparte bis nach Indien vorstoßen sollen – aber daraus wurde nach der Niederlage ihrer Flotte nichts mehr. Napoleon
überließ die abgeschnittene Armee ihrem Schicksal und kehrte nach Frankreich zurück.

Sechs Jahre später, 1804, befand sich
Frankreich neuerlich mit England
im Krieg. Napoleon hatte aus dem
ägyptischen Desaster gelernt. Er
wollte den englischen Gegner im
eigenen Land angreifen,

doch er wusste, dass eine Invasion nur im Schutze einer überlegenen Flotte erfolgversprechend war. Auf dem Papier eine
durchaus realistische Angelegenheit. Doch die rein rechnerisch
beachtliche französische Flotte war auf mehrere Häfen verteilt. Sie
zusammenzuführen war schwierig, denn vor jedem Hafen pat-
rouillierte ein englischer Blockadeverband, dessen Schiffe in
Bezug auf Kommando, Besatzung und Ausrüstung klar überlegen
waren.

Im Dezember 1804 änderte sich die Lage. Spanien ergriff an der
Seite Frankreichs Partei. Napoleon befahl den Geschwadern in
Toulon und Rochefort, die englischen Blockaden zu durchbrechen. In einem Ablenkungsmanöver sollten sie sich anschließend
jenseits des Altlantiks bei den Westindischen Inseln vereinen und
nach sechzig Tagen über den Atlantik zurück an die französische
Westküste segeln. Und tatsächlich: Im Januar 1805 entschlüpften
die französischen Geschwader ihren Bewachern, und wie erwartet folgte ihnen der von Nelson kommandierte Teil der englischen
Flotte im Mai über den Atlantik. Anfang Juni befanden sich die
Engländer somit weit entfernt von den entscheidenden strategischen Punkten, den Zugangsrouten zum Ärmelkanal, während
die französische Flotte wieder nach Europa zurückgekehrt war.
Ein beherzter Kommandeur hätte jetzt rasch den Kanal angesteu-

■ *Der Tod Nelsons in der
Schlacht bei Trafalgar.
Gemälde, 1825, von Denis
Dighton (1792–1827). London,
National Maritime Museum*

Alles war bereit. ... Jeder war still und stand an seinem Platz. ... Kein Geräusch, kein Lachen, kein Zeichen von Heiterkeit; nur der ein oder andere Scherz eines Sträflings, wir grinsten grimmig, gelacht hat aber keiner. ... Ich konnte kaum schlucken. Wären wir auf einmal, ohne diesen schaurigen Vorspann hineingeraten, ich wüsste wenig über das, was wir Angst nennen.

Augenzeugenbericht

■ *Die Schlacht von Trafalgar,* kolorierter Stahlstich

ert; nicht so der Befehlshaber der verbündeten spanisch-französischen Flotte, Admiral Villeneuve. Er segelte, sobald es die Winde erlaubten, nach Spanien in den Hafen von Cadiz.

Napoleons Invasionspläne waren perdu. In seinem Rücken zogen Russen und Österreicher Truppen zusammen. Anfang September verließ der Kaiser daher seine Stellung bei Boulogne am Ärmelkanal, um den Verbündeten an der Donau entgegenzutreten. Seine in Cadiz liegende Flotte sollte aber nicht untätig bleiben. Sie war als Schutz der südlichen Flanke gedacht und wurde nach Italien beordert.

Villeneuve hingegen blieb so lange wie möglich im Hafen, denn hinter der Horizontlinie lauerte Nelson, der Sieger vom Nil, und wartete sehnlichst auf die Schlacht mit Franzosen und Spaniern. Ihr Verlauf stand ihm vor Augen, ihr Ausgang war ganz außer Zweifel; das Einzige, was ihm noch fehlte, war die feindliche Flotte.

Erst als Villeneuve Mitte Oktober von seiner baldigen Ablösung hörte, entschied er sich angesichts der drohenden unehrenhaften Entlassung zum Kampf. Am 19. und 20. Oktober verließ er den Hafen mit Westkurs. Dann drehte er auf Gibraltar und aufs Mittelmeer zu.

Am Morgen des 21. Oktober erspäht Nelson die verbündete Flotte vor den Klippen von Kap Trafalgar. Endlich ist der Wind

den englischen Schiffen wohlgesonnen. Er weht nicht besonders stark und von Westen. Reißaus kann Villeneuve nicht mehr nehmen. Er kann nur zur Seite ausweichen, seine Schiffe laufen also am Wind und daher weniger schnell.

Die Engländer erreichen die Franzosen nach wenigen Stunden. Gegen jede gute Taktik und Tradition stößt Nelson mit seinen Schiffen durch die feindliche Linie. Dann gehen die Briten längsseits. Ihrer höheren Schussfolge und ihrem größeren seemännischen Geschick haben Spanier und Franzosen wenig entgegenzusetzen – vor allem aber liegen Siegeswille und Siegesgewissheit auf englischer Seite.

Und Nelson ist für alle ein Vorbild. Seine *Victory* gehört zu den ersten Schiffen, die in die Feuer speiende gegnerische Schlachtlinie hineinstoßen; sie heftet sich als eins der ersten englischen Schiffe an ein französisches Schiff. Nelson bleibt im Kugelhagel an Deck; getroffen sinkt er neben dem Kapitän seines Schiffes nieder. »Sie haben mich erwischt. – Mein Rückgrat, es ist zerschossen.« Man trägt ihn unter Deck. Da liegt er zwischen den vielen Verletzten, erträgt die Schmerzen nicht mehr, wünscht sich das Ende herbei, »auch wenn man lieber noch ein wenig weiter leben möchte«. Dann stirbt er. Eines kann der Kapitän der *Victory* ihm aber noch melden: »Unser Sieg ist brillant.«

Glaubte Emma Hamilton, als sie vom Tod ihres Geliebten erfuhr, immer noch, es wäre herrlich, »dabei zu sterben«? Sie lebte mittlerweile wieder in England, und ihr Mann war seit zwei Jahren tot. Von Nelson hatte sie eine Tochter. Viermal war der Seeheld vor seiner letzten Ausfahrt in der Nacht zum Bett der Kleinen gegangen und hatte Lebewohl gesagt.

Trotz der Trauer, die Emma Hamilton über Nelsons Tod empfand, wird sie gewusst haben, dass ihm sein Ende auch manches

■ Das Nelson-Denkmal in London am Trafalgar Square. Sammelbildchen von Liebig Company's Fleisch-Extract, 1900

Trafalgar war nicht nur die letzte, sondern auch die größte Schlacht der Segelschiffära. ... Die weißen Segel, lackierten Spiere und hellen Seiten von sechzig Kriegsschiffen, die über eine Quadratmeile langsam im Atlantik aufeinander zugleiten, waren tatsächlich ein Anblick, den niemals jemand vorher gehabt hatte und den niemand jemals wieder haben sollte.   John Keegan, britischer Militärhistoriker

> *... die Toten lagen in der Mitte des Decks, gerade so wie sie gefallen waren, auf einem Haufen zusammen. Schüsse, die durch die Haufen hindurchgegangen waren, hatten die Körper auf schreckliche Weise vermengt. Mehr als vierhundert wurden getötet und verwundet, und eine Anzahl von ihnen hatte keinen Kopf mehr.* Augenzeugenbericht

erspart hatte. Er war schon dreimal verwundet worden: Ein Auge war blind, vor Teneriffa katte er einen Arm verloren, am Nil trug er eine schwere Kopfverletzung davon. Diesmal wäre er, da seine Selbstdiagnose an Bord der Victory stimmte, querschnittsgelähmt nach Hause gekommen.

Nach der Schlacht erhob sich ein schwerer Sturm, den Nelson nicht mehr erlebte. Er hatte die Vorboten bemerkt und seine Leute, kurz bevor er starb, noch gewarnt. Die blutgetränkten Decks begannen zu schwanken. Steuerlos trieben die hölzernen Riesenrümpfe auf die Klippen von Kap Trafalgar. Unter Deck rollten die Verletzten von einer Seite zur anderen. Ihre Schreie wurden nur noch vom Donner der Brecher übertönt.

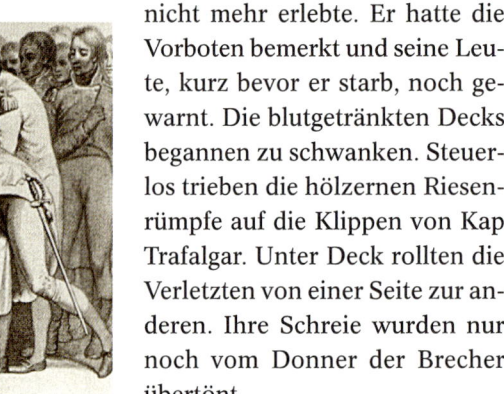

■ Lord Nelson erläutert seinen Offizieren den Schlachtplan. Radierung

Englands Flotte war nach Trafalgar die erste der Welt. Nelson hätte an Land bleiben und sich als Held feiern lassen können. Irgendwann wäre er wie Emma Hamiltons Mann an Altersschwäche gestorben. So aber fiel Nelson im Zenit seines Lebens als Sieger in einer der wichtigsten Schlachten der Seekriegsgeschichte.

TRAFALGAR – TRAFALGAR SEHEN UND STERBEN

 DATEN UND FAKTEN

Historischer Rahmen: Dritter Koalitionskrieg

Zeit: 21. Oktober 1805

Ort: Atlantik; vor Kap Trafalgar an der Küste Spaniens, nordwestlich von Gibraltar

Ziele
Engländer: Vernichtung der spanisch-französischen Flotte

Verbündete: Durchbruch ihrer Flotte ins Mittelmeer

Gegner, Kommandos, Waffen
Engländer unter Admiral Nelson: 27 Linienschiffe

Verbündete unter Admiral Villeneuve: 33 Linienschiffe

Verluste
Engländer: 1690 Mann, davon 449 Tote und 1241 Verwundete

Verbündete: ca. 14 000 Tote, Verwundete und Gefangene; 18 Schiffe, von denen alle bis auf 4 dem anschließenden Sturm zum Opfer fielen

Sieger: Engländer

Verlauf
6 Uhr Auf etwa 15 Kilometer Entfernung sichten sich die beiden Flotten. Villeneuve läuft am Wind Richtung Gibraltar, Nelson vor dem Wind auf Villeneuve zu.

Da Nelson den Wind im Rücken hat, ist er schneller.
Ab 8.30 Uhr Die Flotte der Verbündeten macht eine komplette Wende, die einhalb Stunden später durchgeführt ist. Villeneuve läuft, immer noch am Wind, Richtung Cadiz. Nelson ändert seinen Kurs entsprechend, läuft aber weiterhin vor dem Wind.
11.40 Uhr Nelson setzt auf der *Victory* das Signal: »England expects that every man will do his duty« (England erwartet, dass jedermann seine Pflicht tut). Die Engländer bilden zwei Kolonnen. Die Kolonne unter Nelsons Kommando zielt auf das Zentrum, die andere unter Lord C. Collingwood auf den hinteren Teil der verbündeten Linie. Dadurch wird das Eingreifen des vorderen Teils der verbündeten Flotte verhindert oder entscheidend verzögert; es ist das Prinzip der »schiefen Schlachtordnung« wie bei Leuktra.
12 Uhr Die Franzosen eröffnen das Feuer auf die *Royal Sovereign*.
12.04 Uhr Die *Royal Sovereign* stößt als erstes Schiff durch die feindliche Linie.
12.20 Uhr Die *Bucentaure* eröffnet das Feuer auf Nelsons Flaggschiff *Victory*.
13 Uhr Die *Victory* stößt durch die Linie der Verbündeten und geht zehn Minuten später längsseits der *Redoutable*.
13.25 Uhr Während des Schusswechsels

zwischen den Mannschaften wird Nelson von einem Scharfschützen getroffen.
13.35 Uhr Die nachfolgenden englischen Schiffe stoßen mehrfach durch die Linie der Verbündeten. Danach gehen weitere englische Schiffe hinter der französischen Linie auf Parallelkurs und anschließend längsseits.
14–17.45 Uhr Die Engländer entern und erobern diverse Schiffe der Verbündeten. Die Schiffe aus dem vorderen Teil der verbündeten Linie greifen nur vereinzelt in die Kämpfe ein, die Überlegenheit der Engländer bleibt während der ganzen Schlacht gewahrt.
16.30 Uhr Nelson stirbt. Zu diesem Zeitpunkt steht der englische Sieg bereits fest.

 EMPFEHLUNG

Sehenswert:
Lord Nelsons letzte Liebe (Lady Hamilton). Regie: Alexander Korda; mit Laurence Olivier, Vivien Leigh. GB 1941.

Besuchenswert:
London, Trafalgar Square mit dem Nelson-Standbild von Edward Hodges Baily, das 1843 aufgestellt wurde.

National Maritime Museum, Greenwich, London. Sonderabteilung mit Gemälden, Drucken und Objekten über Admiral Horatio Nelson (1758–1805) sowie Filmdokumentation über die Schlacht von Trafalgar.
http://www.nmm.ac.uk/

 AUF DEN PUNKT GEBRACHT

Die Schlacht von Trafalgar gab den Engländern die vollständige Seeherrschaft im Atlantik und im Mittelmeer. Auf den Ausgang des Dritten Koalitionskrieges hatte sie keine Auswirkungen, da Napoleon die Österreicher und Russen bei Ulm und Austerlitz schlug. Allerdings war England durch den Sieg für die folgenden Jahre vor einer Invasion sicher.

Tod dem Leben
Austerlitz
1805

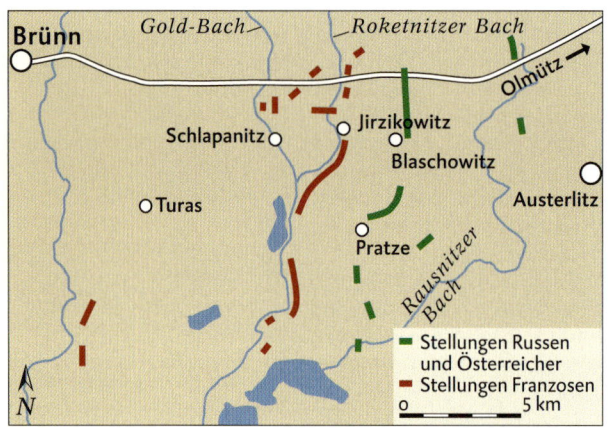

Brünn · Gold-Bach · Roketnitzer Bach · Olmütz · Schlapanitz · Jirzikowitz · Blaschowitz · Turas · Austerlitz · Pratze · Rausnitzer Bach

■ Stellungen Russen und Österreicher
■ Stellungen Franzosen
0 — 5 km
N

Als Beethoven hörte, Napoleon sei jetzt Kaiser geworden, rief er wütend: »Ist der auch nicht anders wie ein gewöhnlicher Mensch.« Dann nahm er das Manuskript seiner 3. Sinfonie und riss das Titelblatt mit der Widmung an Bonaparte heraus. In gewissem Sinne beurteilte Napoleon die Kaiserwürde ganz ähnlich. Nachdem er 1799 durch einen Putsch an die Macht gelangt, 1802 zum Konsul auf Lebenszeit gewählt und im Mai 1804 zum Kaiser erklärt worden war, hatte er sich am 2. Dezember selbst gekrönt. »Ich komme zu spät«, stellte er kurz darauf fest, »die Menschen sind zu aufgeklärt; es gibt nichts Großes mehr für mich zu tun.« Die Revolution hatte der Krone Glanz und Würde genommen. Also musste Napoleon Größe auf anderen Wegen erreichen.

Um die Zeit seiner Krönung zeichnete sich eine gute Gelegenheit ab, seinen Ruhm zu mehren: Frankreich befand sich im Krieg mit England. Offiziell herrschte der Kriegszustand bereits seit eineinhalb Jahren, doch nun fasste Napoleon konkrete Schritte gegen die Insel ins Auge. Am 3. August 1805 schlug er sein Feldlager an der Kanalküste bei Boulogne auf, während die Flotte vergeblich um die Seeherrschaft kämpfte. Derweil verschlechterten sich Napoleons militärische Aussichten. Die in der sogenannten »Dritten Koalition« seit dem Frühjahr mit England verbündeten Österreicher und Russen hatten im Spätsommer begonnen, Truppen für einen Angriff auf Frankreich zusammenzuziehen. Doch die französische Armee, die am Kanal Tag für Tag exerzierte, hatte sich zu einem Kriegsinstrument der Extraklasse entwickelt. Die »Grande Armée« stand hinter dem Kaiser und seiner Vorstellung, wie Krieg geführt werden müsse: offensiv, schnell, überaschend, und das bei äußerster Konzentration aller Kräfte.

Die Bündnistruppen operierten hingegen zerstreut und alles andere als einfallsreich; dafür rückten sie zu schnell und zu offensiv an den Gegner. Statt auf die sich nähernden drei Armeen der Russen zu warten, schickte Wien einen beträchtlichen Teil seiner Truppen im Oktober eilig durch Bayern nach Westen. Im Schwarzwald sollten sie den erwarteten Vormarsch der Franzosen blockieren. Napoleon manövrierte jedoch von Norden aus um sie herum und schlug sie am 20. Oktober bei Ulm. Die bereits nachgerückten Russen machten eilig kehrt und zogen sich unter schweren Gefechten die Donau entlang zunächst nach Osten und dann, etwas stromaufwärts von Wien, nördlich nach Mähren zurück. Mitte November fiel die österreichische Hauptstadt der »Grande Armée« in die Hände. Napoleon blieb den russischen Truppen auf den Fersen und lag ihnen wenige Tage später östlich von Brünn auf breiter Front gegenüber.

Jetzt wandelte sich die Lage zugunsten der Koalition. Denn hier, bei Austerlitz, wurden ihre Armeen durch frische russische Truppen verstärkt. Die Russen bildeten zusammen mit den Resten der Österreicher eine Streitmacht, die größer war als die des französischen Kaisers. Damit nicht genug. Zusätzliche Soldaten waren bereits auf dem Weg; stündlich konnte Preußen Partei für die Koalitionäre ergreifen. Vielleicht wäre alles anders gekommen, wenn der russische und der österreichische Kaiser

> »Sehen Sie die Franzosen, die da in scharfem und gezielten Schritt die Höhen erklimmen. Für wie groß schätzen Sie ihre Stärke? Zwei Bataillone? Drei? Vier?« – »Sicherlich einige Regimenter, Sire, wenn nicht sogar einige Divisionen. Es ist der Angriff eines Armeekorps.« – »Aber sie kommen aus heiterem Himmel! Wieso haben wir keine Warnung erhalten?« – »Seine Majestät sollte lieber sagen, sie kommen direkt aus der Hölle. Dieser verfluchte Nebel hatte ihre Truppen vor uns verborgen.«
> Gespräch zwischen Zar Alexander I. und dem russischen Außenminister

■ *Napoleons Biwak am Vorabend der Schlacht von Austerlitz. Gemälde, 1808, von Louis-François Lejeune (1775–1848). Versailles, Musée du Chateau*

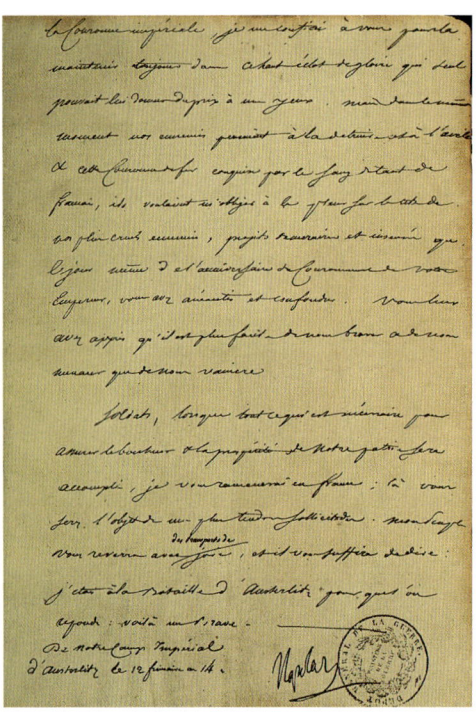

■ Das Bulletin des Sieges von Austerlitz, das am 3. Dezember 1805 von Napoleon unterschrieben wurde

mehr Geduld aufgebracht hätten, doch Zar Alexander I. wollte »eine Schlacht erleben und gewinnen«. Und da die Stärke der Koalitionsarmee ausreichend erschien, befahl er den Angriff. Genau darauf hatte Napoleon spekuliert. Durch gespielte Schwäche und verborgene Stärke motivierte er die feindlichen Truppen zu Operationen, die seinen Plänen entsprachen.

In den sternklaren frühen Stunden des 2. Dezember 1805 steht das Gros der verbündeten Truppen bereits südlich des Pratzen, einer Anhöhe im Zentrum der Front. Es dämmert. Weitere Soldaten überqueren unter den Augen des russischen Kaisers den Hügel, stolpern nach Süden und verschwinden im Dunst, der die umliegenden Täler verhüllt. Die Truppenverschiebung schwächt zwar das Zentrum, stärkt aber den linken Flügel, der über Napoleons rechten herfallen soll. Ohnehin sind, auch als es langsam heller wird, weit und breit keine Franzosen zu sehen, die ins Zentrum hineinstoßen könnten. Man sieht nur deutlich die Hügel, die sich im kalten Morgengrauen über den Nebelschwaden wie Inseln erheben.

Da füllt sich der Nebel an den westlichen Abhängen des Pratzen mit Schatten. Sie treten hervor und ins Licht der eben aufgegangenen Sonne. »Le beau soleil d'Austerlitz« – die herrliche Sonne von Austerlitz. Ihre Strahlen fallen auf Uniformen und Waffen französischer Truppen, die den Pratzen erklimmen; ein tödlicher Keil, der sich seitlich in den Angriffsflügel der verbündeten Truppen hineinfrisst. Die russische Kaisergarde bremst den Stoß zeitweilig ab. Doch bald nach Mittag ist die Schlacht im Zentrum entschieden, die Franzosen schwenken nach Süden, und »ein Orkan des Schreckens und des Todes« wirbelt über den linken Flügel der Österreicher und Russen hinweg und reibt ihn auf.

> Der Sieg von Austerlitz war zu gründlich. (…) Austerlitz brachte Napoleon zwar auf den Gipfel seines Erfolgs, aber zugleich verdrehte es ihm den Kopf und ließ ihn im Glauben, keine Macht und keine Kombination von Mächten könne ihn bei seinen Welteroberungsplänen stoppen. Auf dem Pratzen wurde die Grundlage für seine spätere totale Niederlage gelegt.   Alistair Horn, How far from Austerlitz

Austerlitz war ein glorioser Triumph des französischen Kaisers. Gleich zwei andere Kaiser hatte er in der »Dreikaiserschlacht« nahezu gänzlich besiegt. Nur am Ziel seiner Wünsche war Napoleon noch nicht. Am Vorabend der Schlacht hatte er sich seinen Kommandeuren und Stabsoffizieren offenbart. Man saß beim Abendessen zusammen, und das Gespräch kreiste um andere Themen als Krieg. Gerade war Mozarts *Don Giovanni* in Paris aufgeführt worden. Also sprach man über die Oper. Und übers Theater. Aber wahrscheinlich war die Spannung zu groß; jedenfalls kam man zurück zu militärischen Dingen und spekulierte über einen Marsch auf Konstantinopel; dann träumte Napoleon von einem »orientalischen Reich«. Bis einer unter den Anwesenden die Wünsche der Soldaten aussprach: »Sie wollen nach Hause!« Die entspannte Atmosphäre war augenblicklich dahin. Napoleon erhob sich und streifte durchs Lager. Im Dunkel der Nacht ritt er die eigenen Linien entlang, um sich ein Bild vom Stand der Dinge zu machen und sich seinen Männern zu zeigen. Natürlich erkannten sie ihn, ihren Kaiser. Und einer erinnerte sich an die Krönung und daran, dass heute, am 2. Dezember 1805, ihr Jahrestag

■ Einleitung des Waffenstillstandes am 4. Dezember 1805 nördlich von Tscheitsch: *Napoleon und Kaiser Franz nach der Schlacht bei Austerlitz.* Gemälde, um 1806/1812, von Antoine-Jean Gros (1771–1835). Versailles, Musée du Chateau

war. »Vive l'Empereur!«, erschallte es vielfach. Man schwenkte Fackeln, und die Verbündeten vermuteten schon einen nächtlichen Angriff. Napoleons Empörung über die Disziplinlosigkeit machte schnell tiefer Ergriffenheit Platz: »Dies ist der schönste Abend meines Lebens.« Vor der Schlacht und unter seinen Soldaten war Napoleon glücklich.

Wäre es dieser Sieg gewesen, der ihm die Kaiserwürde eingebracht hätte, er wäre zufrieden gewesen. Doch der Titel krönte keine siegreiche Schlacht; er wurde ihm vorher verliehen. Deshalb, und nicht nur, weil die Menschen aufgeklärt waren, hatte er seine Bedeutung verloren, galten Monarchie und Monarchen schon jetzt nicht mehr viel. Napoleons musste für etwas anderes kämpfen. Daher sein Wunsch, bis nach Konstantinopel zu marschieren. Aber wahrscheinlich hätte ihn die Eroberung so wenig befriedigt wie ein orientalisches Reich. Ihm lag vor allem am Moment des Erfolgs. Er wollte wieder und wieder ins Licht der Sonne von Austerlitz treten. Ziellos fraß sich seine »Grande Armée« kreuz und quer durch Europa und rasselte ihr unheilvolles Wortspiel herunter: Mähren, Moravie, »mort à vie« – Tod dem Leben.

AUSTERLITZ – TOD DEM LEBEN

 DATEN UND FAKTEN

Historischer Rahmen: Dritter Koalitionskrieg

Zeit: 2. Dezember 1805

Ort: Tschechien; Mähren, zwischen Brünn und Austerlitz

Ziele

Verbündete (Österreicher, Russen): Vernichtung der französischen Armee

Franzosen: Vernichtung der Armee der Verbündeten

Gegner, Kommandos, Waffen

Verbündete unter Alexander I. und Franz II., nomineller Oberbefehlshaber General Kutusow: 96 000–103 000 Mann; Infanterie und Kavallerie; 278 Geschütze

Franzosen unter Napoleon: 73 000–75 000 Mann; Infanterie und Kavallerie; 139 Geschütze

Verluste

Verbündete: 27 000 Tote und Verwundete

Franzosen: 8 000 Tote und Verwundete

Sieger: Franzosen

Verlauf

7 Uhr Die Verbündeten attackieren am linken Flügel bei Tellnitz die Franzosen.

7.30 Uhr Die Verbündeten haben die Pratzener Höhe verlassen, um ihre Aufmarschräume im Süden zu erreichen.

Gegen 7.45 Uhr Das Zentrum der Franzosen rückt gegen den Pratzen und »Staré Vinohrady« (Alter Weinberg) vor.

Gegen 8.30 Uhr Die gesamte Front der Verbündeten rückt im Norden und Süden langsam Richtung Westen vor.

Ab 9 Uhr Im Süden beginnen Kämpfe um Sokolnitz. Französischer Vorstoß gegen Tellnitz. Tellnitz wird zurückerobert. Sokolnitz wird von den Verbündeten erobert. Ein Durchbruch durch die französische Front gelingt nicht. Der Angriffskeil des französischen Zentrums tritt aus dem Nebel heraus auf den Pratzen und den Staré Vinohrady. Er stößt unerwartet auf die 4. Kolonne der Verbündeten, die ihren Marsch nach Süden noch nicht beendet hat. Ein Teil der nach Süden marschierenden Verbündeten wird Richtung Pratzen zurückgerufen. Die Franzosen, die auf den Pratzen und den Staré Vinohrady marschieren, werden von Osten und Süden aus angegriffen. Der Gegenangriff der Verbündeten auf dem Staré Vinohrady endet erfolgreich; die Franzosen flüchten. Ein Gegenangriff der Franzosen treibt die Verbündeten zurück. Das Dorf Pratzen fällt. Der Angriff von Süden wird von den Franzosen frühzeitig abgewehrt. Der Pratzen ist in französischer Hand. Die Verbündeten werden vom Staré Vinohrady vertrieben und verlieren damit ihren zentralen Kommandoposten. Im Norden rückt der rechte Flügel der Verbündeten östlich des Hügels Santon langsam nach Westen vor. Es kommt zu Gefechten zwischen Kavallerie und Infanterie, die keine Entscheidung bringen. Angriff gegen den Santon; die Verbündeten erobern Bosenitz. Bosenitz wird von den Franzosen zurückerobert. Der französische linke Flügel beginnt den Vormarsch. Der rechte Flügel der Verbündeten wird zeitweise nach Norden abgedrängt und von der Hauptarmee getrennt. Der Einsatz von Artillerie bereinigt die Lage für die Verbündeten. Die Verbündeten werden langsam nach Osten zurückgeschoben.

Ab 12 Uhr Die Zarengarde greift die Franzosen am Staré Vinohrady an. Die vorgerückten Franzosen flüchten. Es folgen Gegenangriff der Kavallerie der franz. Kaisergarde und schwere Kämpfe zwischen den Kavalleristen, aus denen die Franzosen als Sieger hervorgehen, nachdem sie weitere Unterstützung erhalten haben. Die Zarengarde wird zurückgeschlagen. Staré Vinohrady befindet sich endgültig in französischer Hand.

Ab 14 Uhr Die auf dem Pratzen und Staré Vinohrady stehenden französischen Verbände wenden sich in zwei Keilen nach Süden. Ein Teil der Verbündeten wird abgeschnitten, nachdem die Franzosen die Teiche im Süden erreichen.

 AUF DEN PUNKT GEBRACHT

Nach der Niederlage von Austerlitz ziehen sich die geschlagenen Russen zurück; Österreich tritt im Frieden von Pressburg große Gebiete ab. Damit wird Frankreich zur beherrschenden Macht in Mittel- und Südeuropa. Frieden mit England bringt der Sieg von Austerlitz nicht.

 EMPFEHLUNG

Hörenswert:
Ludwig van Beethoven: *Sinfonie Nr. 3. Eroica*, op. 55. und *Sinfonie Nr. 5. Schicksals-Symphonie*, op. 67.

Sokratisches Staunen
Beresina
1812

Die »Grande Armée« mochte aufrecht stehend sterben; aber niemals würden Winter, Hunger, Flüsse oder der überwältigende Nachteil an Zahl und Material sie aufhalten können. Sie trampelten sie einfach nieder und marschierten weiter. Und mit ihr, aus dem Desaster geboren, marschierte Napoleons Prestige und die Tradition der Französischen Revolution: »Du solltest niemals aufgeben, solange die Soldaten bei der Fahne bleiben.«
Esposito und Elting, amerikanische Militärhistoriker, 1964

■ Übergang der Großen Armee über die Beresina. Farbholzstich, um 1840

Von Sokrates wird erzählt, er habe während eines Feldzugs »tief in Nachdenken versunken vom frühen Morgen ab an derselben Stelle gestanden«. Platon hat das erzählt, damit wir über den Philosophen staunen. Und tatsächlich: Wenn man hört, der Philosoph »wagte sich bei grimmigster Kälte ins Freie, nur bekleidet mit seinem gewöhnlichen Mantel, und schritt ohne Schuhe leichter über das Eis als die anderen in ihrem Schuhwerk«, ist man beeindruckt. Doch wie hätte Platon erst über den winterlichen Rückzug Napoleons aus Rußland gestaunt.

1810 führten in Europa zwei Staaten Krieg: England und Frankreich – militärisch auf der Iberischen Halbinsel, ökonomisch durch die Blockade der europäischen Märkte für den englischen Handel. Doch die Kontinentalsperre traf nicht nur die englische, sondern auch die russische Wirtschaft. Ihr fehlten Güter aus Übersee, und der Ersatz aus Frankreich war teuer. Immer häufiger wurde die Blockade daher von den Russen gebrochen.

Bis zum Frühjahr 1812 wuchsen die Spannungen. Napoleon musste entscheiden, ob er zusehen sollte, wie Petersburg und London sich immer weiter verständigten, oder ob er militärisch eingreifen sollte. Er wählte den Angriff. Am 24. Juni 1812 überschritt die »Grande Armée« mit insgesamt 600 000 Mann die Memel. Die Russen zogen sich systematisch zurück bis nach Smolensk auf halbem Weg zwischen der polnischen Grenze und Moskau. Hier hielten sie inne, marschierten dann aber kurz vor einem französischen Zangenangriff weiter nach Osten.

Am 7. September kam es bei Borodino, 115 Kilometer westlich von Moskau, zu dem von Napoleon ersehnten Zusammenstoß mit dem russischen Haupteer. Allerdings brachte die verlustreichste Schlacht des 19. Jahrhunderts keine Entscheidung – wieder entwichen die Russen nach Osten. Eine Woche später stand Napoleon vor Moskau und wartete auf eine Reaktion des russischen Zaren Alexander I. »Unser Krieg hat gerade erst begonnen«, ließ Alexander verlauten. Denn sehr schnell wurde klar, dass Na-

poleon die russische Hauptstadt nicht halten könnte; unter anderem war die Versorgung seiner Armee nicht zu sichern. Am 18. Oktober verließen die Franzosen das durch große, von den Russen gelegte Brände zerstörte Moskau und machten sich auf den Rückweg. Zunächst Richtung Süden nach Kaluga; dann drängte der russische General Kutusow die Reste der »Grande Armée« auf die Route, auf der sie im vergangenen Sommer vorgedrungen war. Die Franzosen kamen wieder durch Borodino und sahen am Wegrand die halbverwesten Leichen der Gefallenen liegen. Am 9. November waren sie wieder in Smolensk.

■ Übergang über die Beresina. Gemälde, um 1859, von January Suchodolski (1797–1875). Posen, Nationalmuseum

Bis zu diesem Zeitpunkt hatte Napoleon noch an eine Verteidigung hinter der Beresina gedacht. Doch nachdem die Franzosen Witebsk und Minsk mit sämtlichen Nachschubgütern an die Russen verloren hatten, dachte er nur noch an Rückzug. Seine getrennt marschierenden Korps, die den Namen nicht mehr verdienten, so weit war ihre Stärke gesunken, strebten mit letzter Kraft nach der Stadt Borissow und der weit und breit einzigen Brücke über die Beresina. Hier, an den Ufern des zugefrorenen Flusses, zogen sich, schreibt der preußische Kriegstheoretiker Clausewitz, »die Fäden zu dem entscheidenden Knoten zusammen«.

Es beginnt schlecht für die »Grande Armée«. Die Russen haben die Brücke in Borissow erobert und während des Versuchs der Franzosen, sie zurückzuerobern, gründlich zerstört. Und gerade jetzt steigen die Temperaturen so weit an,

■ Napoleons Rückzug aus Russland. Kreidelithographie, 1832

dass das Eis auf der Beresina nicht mehr trägt. Als französische Reiter das Ufer erreichen, treiben Eisschollen auf dem siebzig bis achtzig Meter breiten Fluss. Noch ist er durch eine Furt bei Studianka passierbar. Einen Meter tief ist das Wasser gewöhnlich; kein Problem für Reiter und Wagen, und selbst die Infanteristen könnten ihn hier überschreiten.

Doch der Wasserstand steigt. Am Abend des 24. November hat er an vielen Stellen zwei Meter erreicht. Zu Fuß kommt man nur noch schwer zur anderen Seite; Brücken werden gebraucht. In aller Eile sammeln französische Pioniere Holz für eine Kastenbrücke zusammen. Zwei klapprige Übergänge entstehen so über Nacht: einer für die Infanterie, einer für Kavallerie, Kanonen und Wagen.

Am 28. November sind die Russen zur Stelle und nehmen die am östlichen Ufer versammelten Verbände der Franzosen unter Beschuss. Beim folgenden Gegenangriff erleiden die russischen Truppen jedoch schwere Verluste. Nein, die »Grande Armée« ist noch längst nicht geschlagen. Ihre Soldaten halten auch während des Rückzugs die Stellung. Die Pioniere reparieren die mehrmals unter der Last der Soldaten brechenden Brücken, sie steigen ins eiskalte Wasser, manch einer von ihnen ist nackt, und die meisten haben ihre Mühen in den folgenden Wochen mit dem Leben bezahlt.

Erst in den letzten Stunden des Übergangs über die Beresina bricht jede Ordnung zusammen, suchen Männer und Frauen mit Kindern ihr Heil im Sturm auf die beiden schwankenden Brücken. Schwer zu glauben – doch tatsächlich hatten auch Frauen und sogar Kinder die »Grande Armée« begleitet. Eine von ihnen hatte zu Anfang des Feldzugs ein Mädchen geboren und trug es, bis zum Hals durchs Wasser watend, auf ihrem Kopf über den Fluß. Eine zweite bringt ihren Sohn in der Nacht vor dem russischen Angriff auf dem östlichen Ufer zur Welt. Und das ist dann doch wirklich erstaunlich: Beide Kinder überstanden den russischen Feldzug. Das Mädchen sogar ohne Schnupfen.

Es sind so viele Beschreibungen von dem Elend der französischen Armee gemacht worden, dass der Verfasser es für überflüssig hält, diesen Bildern neue Pinselstriche hinzuzufügen. Es ist wahr, dass er geglaubt hat, nie in seinem Leben die gräuelvollen Vorstellungen wieder loszuwerden, an welche sich die Seele hier gewöhnen musste. Nur an eines wollen wir erinnern. Man übersehe nicht, welche Beschwerden auch der russische Soldat zu überstehen hatte. Carl von Clausewitz, Der Russische Feldzug von 1812

BERESINA – SOKRATISCHES STAUNEN

 DATEN UND FAKTEN

Historischer Rahmen: Invasion Napoleons nach Russland

Zeit: 23.–29. November 1812

Ort: Russland; Furt durch die Beresina bei Studianka, nördlich von Borissow

Ziele
Russen: Zerschlagung von Napoleons »Grande Armée« während des Rückzuges aus Russland

Franzosen: Rettung möglichst großer Teile ihrer »Grande Armée«

Gegner, Kommandos, Waffen
Russen unter General Kutusow: 75 000 Mann; Infanterie, Kavallerie und Artillerie

Franzosen unter Kaiser Napoleon: 49 000 Mann; Infanterie, Kavallerie und Artillerie

Verluste
Russen: unbekannt

Franzosen: 20 000–30 000 Mann

Sieger: Franzosen

Verlauf: 23. November Die Franzosen erreichen, von Osten anrückend, Borissow. Die Brücke über die Beresina ist von den Russen zerstört worden; am westlichen Ufer stehen russische Verbände. Die Franzosen entscheiden sich, weiter nördlich bei Studianka über die Beresina zu gehen. Zu einer anderen, südlich gelegenen Furt entsenden sie zur Täuschung einen kleinen Verband.

24. November Die am westlichen Ufer bei Studianka und Borissow stehenden russischen Truppen unter Admiral Tschitschakow marschieren südlich nach Beresino. General Wittgenstein nähert sich von Nordosten und marschiert Richtung Borissow.

25. November, morgens Tschitschakow bemerkt seinen Irrtum und wendet sich wieder nach Norden. Die Franzosen beginnen mit Bauarbeiten an den Brücken. Bereits fertig gestellte Brückenelemente werden wieder zerlegt, da sie zu schwach sind.

25./26. November, nachts Die Bauarbeiten werden fortgesetzt. Eisschollen behindern die Arbeit.

26. November, 11 Uhr Die nördliche, für Infanterie gedachte und daher leichter gebaute Brücke ist passierbar.

15 Uhr Die südliche Brücke für Artillerie und Wagen ist passierbar.

16 Uhr Erste Artillerie überquert die Beresina.

20 Uhr Teile der südlichen Brücke werden samt Fahrzeugen weggerissen.

27. November, 2 Uhr Teile der südlichen Brücke brechen erneut zusammen, diesmal in der Mitte.

Ab 6 Uhr Die südliche Brücke ist repariert. Mehrere Tausend Soldaten wechseln aufs westliche Ufer und gehen in Stellung. 250 Kanonen werden auf das westliche Ufer geschafft.

28. November, ab 9 Uhr Die Russen greifen am Westufer von Süden an. Der Angriff wird zurückgeschlagen. Die Russen umgehen die Stellungen der Franzosen und kommen in Schussweite der Kanonen an die Brücken heran. Weitere russische Angriffe werden erst durch das Eingreifen der Alten Garde endgültig und unter hohen russischen Verlusten zurückgeschlagen. Keine weiteren Angriffe auf dem Westufer. Wittgensteins Artillerie beginnt mit dem Beschuss des östlichen Brückenkopfes. Napoleon lässt russische Artillerie vom Westufer aus beschießen. Wiederholte Angriffe Wittgensteins, die aber keinen Durchbruch zu den Brücken erzielen.

Am Abend Bis auf einen haben alle französischen Verbände aufs Westufer übergesetzt. Die Nachzügler drängen zu den beiden Brücken; es kommt zu tumultartigen Szenen.

29. November, 5–6 Uhr Die letzten französischen Truppen setzen auf das Westufer über.

Gegen 8 Uhr Franzosen brennen die Brücken vor den anrückenden Russen ab. Die am Ostufer lagernden Menschen sind den Angriffen der Russen, insbesondere der Kosaken, wehrlos ausgeliefert.

 AUF DEN PUNKT GEBRACHT

Mit dem Übergang über die Beresina gelang es Napoleon, trotz der horrenden Verluste während des Feldzuges wenigstens den Kern seiner Armee zu retten. Die Nachricht von der Niederlage Napoleons versetzte Europa zwar in Aufruhr, aber Napoleons Name behielt seinen bedrohlichen Klang.

Ein Hit

Waterloo

1815

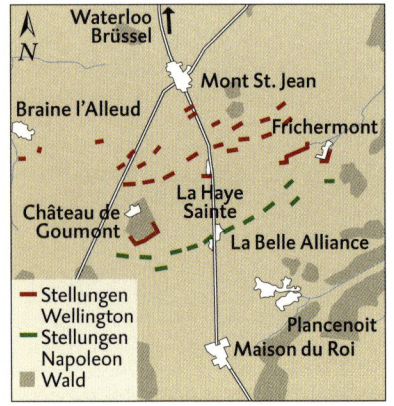

Waterloo
Brüssel

Mont St. Jean

Braine l'Alleud

Frichermont

La Haye
Sainte

Château de
Goumont

La Belle Alliance

— Stellungen
Wellington
— Stellungen
Napoleon
■ Wald

Plancenoit
Maison du Roi

■ Napoleon I. als Wachsfigur. Wachsfigurenkabinett am Hügel von Waterloo

Waterloo hieß der Song, der 1974 den Grand Prix d'Eurovision de la Chanson gewann. Er handelt weder von der Schlacht, noch erinnert er auch nur entfernt an die Opfer. Er spielt allein mit dem Bild, das wir von Waterloo haben: »Napoleon kapitulierte, oh yeah, und mich hat dasselbe Schicksal ereilt. Ich wurde besiegt …, und verspreche, dich immer zu lieben.« Ein Liebeslied also, zu dem man tanzt.

1814 riefen weite Teile Europas ebenfalls aus: »Napoleon hat kapituliert – oh yeah!« Nun saß er auf der Insel Elba, und man feierte das Ende der napoleonischen Kriege. Auf dem Wiener Kongress saßen Delegationen der fünf wichtigsten europäischen Mächte – Österreich, Russland, Preußen, England und Frankreich – beisammen, konferierten am Tage über die politische Zukunft Europas und tanzten nächtelang Walzer. Doch das Fest wurde jäh unterbrochen. Napoleon hatte Elba verlassen, war Anfang März 1815 im Süden Frankreichs gelandet und zog unter großem Jubel Richtung Paris. In der Hoffnung, seine Gegner würden uneinig handeln, erklärte er seine Friedensbereitschaft.

Er wurde enttäuscht. Umgehend taten sich die in Wien versammelten Mächte zusammen und entwarfen militärische Pläne. Vier Armeen sollten auf vier Wegen an die französische Hauptstadt herangeführt werden und das »Monster« ein für allemal unschädlich machen. Gelernt hatten die Verbündeten der »Siebten Koalition« aus den vorherigen Jahren aber offenbar wenig. Ihre Vorbereitungen kamen nur langsam in Gang. Die Österreicher erreichten den Rhein nicht vor Juli, und die Russen noch später; die englischen Soldaten mussten zum Teil aus Nordamerika herangeschifft werden.

So kam es wiederum zu einem zeitlich und räumlich zersplitterten Aufmarsch – und darin lag Napoleons Chance; er konnte die Koalitionäre der Reihe nach bekämpfen. Da preußische und englische Truppen als Erste in die Aufmarschräume im heutigen Belgien eingerückt waren, ging er mit seiner eilig auf-

gestellten Armee zunächst nach Nordfrankreich und formierte sich bereits am 15. Juni nördlich von Charleroi. Napoleon hatte den preußischen und den englischen Armeeführer überspielt. Blüchers Einheiten lagen zu weit verstreut, um noch rechtzeitig eine geschlossene Linie bilden zu können; Wellington, der englische Feldmarschall, erfuhr spätabends auf einem festlichen Ball vom plötzlichen Vormarsch des Gegners.

Am 16. Juni bewegten sich die drei Armeen auf Kollisionskurs.

■ So gingen die Kriegsparteien aufeinander los. Szene aus dem italienisch-russischen Film *Waterloo* aus dem Jahre 1970. Neben Rod Steiger und Christopher Plummer spielten auch Orson Welles, Jack Hawkins und Virginia McKenna mit.

Drei unserer Kompanien wurden fast in Stücke gerissen, eine Kugel tötete und verwundete fünfundzwanzig Mann der 4. Kompanie; eine andere tötete den armen Fisher, meinen Hauptmann, und achtzehn Mann unserer Kompanie ... und wieder eine schlug in die 8. ein und tötete oder verwundete dreiundzwanzig Mann ... Als es den armen Fisher traf, sprach ich gerade mit ihm; ich wurde über und über mit seinem Hirn bespritzt, sein Kopf war in Fetzen. **Augenzeugenbericht**

■ *Die Schlacht bei Waterloo.* Gemälde, um 1815, von Denis Digthon. London, Royal Collection

Nach einer ausgiebigen Lektüre zu Waterloo zucke ich zurück wie ein Rekrut, der seinen ersten Schuss abfeuert, wenn ich auf einen Satz stoße, der mit »falls« oder »hätte« beginnt.
Jac Weller, britischer Militärhistoriker

Napoleon kam von Süden, Wellington von Norden und Blücher aus Richtung Nordosten; der Engländer und der Preuße allerdings mit dem Ziel, sich möglichst bald zu vereinen. Und genau das war es, was Napoleon auf keinen Fall zulassen durfte. Er musste die beiden feindlichen Armeen isoliert voneinander bekämpfen. Zunächst gelang ihm das auch. Napoleon teilte seine Armee und schlug die Preußen am 16. Juni mit seiner Hauptstreitmacht bei Ligny; der andere Teil seiner Armee beschäftigte bei Quatre-Bras Wellingtons Truppen. Napoleons erstes Ziel war somit erreicht: Die besiegten Preußen waren vom Schlachtfeld verdrängt. Nach seinem Verständnis hätten sie sich nach Osten auf ihre Operationsbasis zurückziehen müssen, also weg von den Engländern. Am folgenden Tag schwenkte Napoleons Armee nach Norden, um die andere feindliche Armee gleichfalls zu schlagen. Ein beachtlicher Teil seiner Truppen blieb den Preußen zur Sicherheit auf den Fersen.

Den ganzen 17. Juni über zog Wellington seine Truppen nach Norden zurück, dicht gefolgt von den Franzosen. Es war kein panischer Rückzug, sondern ein wohlüberlegtes Manöver, um eine taktisch günstige Stellung zwischen Belle Alliance und Waterloo zu erreichen: eine quer zur Marschrichtung liegende Kette von Hügeln. Wellington postierte seine Infanterie auf der nördlichen Seite, dort war sie vor einem direktem Beschuss durch französische Kanonen geschützt. Auf Dauer, das wusste der Engländer, konnte er sich hier allerdings nur mit Unterstützung der Preußen behaupten.

Am 18. Juni liegen sich Wellingtons und Napoleons Armeen gegenüber. Aber nur der Franzose muss handeln; und da die feindliche Stellung auf den Flanken gedeckt ist, bleibt seinen Leuten nur ein frontaler Angriff im Zentrum. Viermal stürmten sie den aus englischen, niederländischen und deutschen Soldaten gebildeten Linien und Karrees entgegen. Beide Seite erleiden hohen Verluste.

Die Schlacht steht auf Messers Schneide. Schon sind am Horizont Wolken zu sehen – undeutlich erst, dann immer klarer, kein Zweifel: die Preußen. Blücher hatte seine Truppen keineswegs nach Osten, sondern parallel zu Napoleons Marschroute nach Norden bewegt. In einem letzten Versuch schickt Napoleon seinen schlagkräftigsten Verband ins Gefecht; die Garde tritt an – und zieht sich zurück. »La Garde recule!« Napoleon hat unwiderruflich verloren.

Binnen kurzem umgab das Schlachtfeld von Waterloo eine besondere Aura. Schließlich waren hier Wellington und Napoleon, die erfolgreichsten Feldherren der Zeit, aufeinandergestoßen. Wann hatte es das schon gegeben? Die meisten großen Feldherren haben immer nur gegen schwächere Gegner gesiegt. Bei Waterloo rangen dagegen zwei Meister ihres Fachs. Dazu »Alte Vorwärts« Blücher, der unter großem Druck Wort hielt und auf dem Höhepunkt der Schlacht abends als Retter im Osten erschien. Die Schlacht wurde in den folgenden Jahren geradezu populär. Es begann schon mit dem Namen.

»Oh Gott! Ich denke nicht, dass es stattgefunden hätte, wenn ich nicht da gewesen wäre«.

Wellington über Waterloo

■ Rod Steiger als Napoleon in dem Waterloo-Film des russischen Regisseurs Sergej Bondartschuk

■ *Blüchers Begegnung mit Wellington nach der Schlacht bei Waterloo. Gemälde, 1858, von Adolph Menzel (1815– 1905). München, Pinakothek*

Eigentlich hatte Napoleons letztes Gefecht bei Mont St. Jean stattgefunden; doch welcher Engländer hätte das aussprechen wollen? Waterloo klang dagegen geradezu britisch. Augenzeugenberichte wurden gesammelt und machten Waterloo für lange Zeit zur bestdokumentierten Schlacht der Geschichte. Ganze Romane beschrieben die Ereignisse. Historiker fragten nach Gründen für Sieg und Niederlage. Napoleons schlechter Gesundheitszustand diente als Erklärung für sein, verglichen mit anderen Schlachten, weniger resolutes Kommando. Wellingtons verspäteter Anmarsch und seine Feier in Brüssel kamen unter die Lupe, der Einfluss von Gewitter, Regen und Schlamm auf Soldaten wurde genau untersucht.

Mit dem Fundus an Berichten und Analysen begann das beliebte Spiel der Möglichkeiten und Varianten. Hätten Napoleons Generäle Blücher abfangen können? Was, wenn die französische Infanterie ihre Kavallerie unterstützt hätte? Was, wenn Napoleon gegen Wellington und anschließend über die Verbündeten gesiegt hätte? Berichte, Analysen, Varianten – sie alle blieben letztendlich vage. »Die Geschichte dieser Schlacht«, sagte schon Wellington, »ähnelt sehr der Geschichte eines Balls! Der ein oder andere mag all die kleinen Ereignisse behalten haben, deren großes Ereignis die gewonnene oder verlorene Schlacht war.«

Das große Ereignis war der kurze, heftige und entscheidende militärische Schlag. So setzte sich Waterloo in der Erinnerung fest. Die Berichte und Analysen stellten das Bild auf wissenschaftlichen Boden. Generationen meinten zu wissen, was Krieg ist. Beim nächsten Mal würde es wieder wie bei Waterloo werden – und kam doch im Ersten Weltkrieg ganz anders. Hätten die Napoleonischen Kriege nach dem Übergang über die Beresina geendet: womöglich wäre die Geschichte anders verlaufen. Sicher hätte sich kein Schlager auf die letzte Schlacht Napoleon Bonapartes bezogen; so wenig wie auf Stalingrad oder Verdun.

> *Solchermaßen aber war der Abschluss dieser auf immer erinnerungswürdigen Schlacht – einer Schlacht, bemerkenswert ob ihres Schauspiels, der Tapferkeit der Edelsten und Unerschrockensten zum einen, des tatenlosen, ruhigsten, würdevollsten und sublimsten Ausharrens, der Treue und der Vaterlandsliebe der Kühnsten und Unbeugsamsten …*
> William Siborne, Herausgeber von Waterloo-Briefen

WATERLOO – EIN HIT

DATEN UND FAKTEN

Historischer Rahmen: Siebter Koalitionskrieg
Zeit: 18. Juni 1815
Ort: Belgien; Mont St. Jean, zwischen Waterloo und Belle Alliance
Ziele
Verbündete (Engländer, Preußen): Niederwerfung des von Elba entkommenen Napoleon
Franzosen: Sieg über die Armee der Verbündeten, die sich im Siebten Koalitionskrieg gegen Napoleon zusammengeschlossen haben. Diese Armee nähert sich von Norden, um anschließend mit den verbleibenden Verbündeten Frieden zu schließen.
Gegner, Kommandos, Waffen
Verbündete: englisch-holländische Armee unter Feldmarschall Wellesley, dem Herzog von Wellington: 50 000 Mann Infanterie, 12 500 Mann Kavallerie; 297 Geschütze; Preußen unter Feldmarschall Blücher: 61 000 Mann; Infanterie und Kavallerie
Franzosen unter Kaiser Napoleon: 49 000 Mann Infanterie, 15 570 Mann Kavallerie; 246 Geschütze
Verluste
Verbündete: zusammen 22 000 Mann
Franzosen: 30 000 Mann
Sieger: Verbündete
Verlauf
1. Phase, ab 11 Uhr vormittags Angriff Napoleons auf dem linken Flügel gegen das

Anwesen Hougoumont. Der Angriff dient als Ablenkung, Wellington soll Truppen aus dem Zentrum nach Westen verlegen. In der Folge entwickelt sich eine Schlacht in der Schlacht, die den ganzen Tag anhält, ihr Ziel aber verfehlt. *13 Uhr* Napoleon bemerkt den Anmarsch der Preußen von Osten.
2. Phase, 13.30 Uhr Der Artilleriebeschuss des englischen Zentrums bleibt wirkungslos, da die Engländer in Deckung liegen.
Ab 13.45 Uhr Angriff von vier französischen Infanteriedivisionen gegen das linke Zentrum von Wellington. Einige Stellungen im Vorfeld der von Engländern und Holländern gehaltenen Hügel werden schnell erobert. Eine holländisch-belgische Brigade ergreift die Flucht. Durch Gegenangriffe der englischen Infanterie und Kavallerie wird der Angriff zurückgeschlagen. Der Gegenangriff wird weiter als notwendig vorgetragen und endet mit schweren Verlusten für die Engländer.
3. Phase, ab ca. 16 Uhr Eine Reihe von französischen Kavallerieangriffen gegen das rechte Zentrum der Verbündeten beginnt. Da die Angriffe ohne Infanterieunterstützung erfolgen, werden sie unter hohen Verlusten für die Angreifer durch englische Infanterie und Kavallerie abgewehrt.
4. Phase, gegen 18 Uhr Das Anwesen La

Haie Sainte, vor dem Zentrum der Briten gelegen, wird wegen Munitionsmangels geräumt. Es fällt in die Hand der Franzosen. Die dahinter stationierten englischen Verbände geraten in Gefahr. Beide Seiten schicken Verstärkungen zur Einbruchstelle. Napoleons Reserven sind jedoch knapp, da er sich auch gegen die angreifenden Preußen wehren muss. Der französische Angriff scheitert.
5. Phase, ab ca. 19 Uhr Die Kaiserliche Garde marschiert östlich des Anwesens Hougoumont auf, gerät sofort unter Feuer englischer Infanterie und zieht sich zurück. *20.10 Uhr* Die gesamte Linie Wellingtons rückt vor und vertreibt die Franzosen vom Schlachtfeld.

EMPFEHLUNG

Lesenswert:
Lord George Byron: *Childe Harolds Pilgerfahrt und andere Verserzählungen.* In: *Sämtliche Werke Bd. 1.* Düsseldorf o. J.

Victor Hugo: *Les Châtiments* (Die Züchtigungen). 1853.

Sehenswert:
Waterloo. Regie: Sergej Bondartschuk; mit Rod Steiger, Christopher Plummer, Orson Welles. I/UdSSR 1970.

Besuchenswert:
Waterloo. Auf dem Gelände des ehemaligen Schlachtfeldes befindet sich ein internationales Besucherzentrum, das unter anderem ein Modell der Schlacht zeigt.
http://www.waterloo1815.be

AUF DEN PUNKT GEBRACHT

Napoleon hatte 20 Jahre lang Kriege in Europa geführt. Den Schlusspunkt setzte Waterloo. Mit dem Sieg der Verbündeten beginnen hundert Jahre relativen Friedens in Europa, die erst mit dem Ersten Weltkrieg enden. Diplomatie und Interessenausgleich der Sieger England, Preußen, Russland, Österreich, aber auch des Verlierers Frankreich bestimmen das Feld.

Soldaten sind Helden
Balaklava
1854

Soldaten werden in den Himmel gehoben oder zum Teufel gewünscht, man erklärt sie zu Helden oder zu Mördern. Der extreme Beruf verlangt offenbar extreme Begriffe – zumindest hinter der Front. Die Gedanken der Soldaten selbst dagegen kreisen um Vorgesetzte, Unterkunft und Verpflegung. Die Arbeitsbedingungen sind es, die für sie zählen. Mal sind sie mehr, mal sind sie weniger gut. Und im Krimkrieg waren sie katastrophal.

Zu Beginn der 1850er Jahre waren Russland und England auf Konfrontationskurs geraten. Ihre Interessensphären kreuzten sich am Bosporus, dem Zentrum des Osmanischen Reichs. Petersburg zielte auf Konstantinopel, das den ungehinderten Zugang der russischen Flotte in die Ägäis blockierte; England sah in der Türkei einen Flankenschutz seiner Zugänge in den asiatischen Raum. Zar Nikolaus I. war deutlich geworden. Er warf das Wort vom »kranken Mann am Bosporus« in den Raum und sprach offen über eine Aufteilung der Türkei. Der bedrohte Sultan lavierte zunächst. Erst nachdem England Kriegsschiffe an die Dardanellen entsandte, verhärtete sich seine Haltung. Der Zar reagierte mit dem Einmarsch russischer Truppen in osmanische Gebiete nördlich der Donau; das folgende Ultimatum des Sultans ließ er verstreichen. Ab Oktober 1853 befand

■ Balaklava, die Hafenstadt südöstlich von Sewastopol. Farblithographie nach William Simpson

sich Russland daher zunächst mit den Türken und im Frühjahr auch mit England und dem mittlerweile involvierten Frankreich im Krieg.

Im Sommer 1854 verließen die russischen Truppen die besetzten Gebiete; doch um Petersburg auch für die Zukunft in die Schranken zu weisen, landeten alliierte Truppen am 14. September 1854 in der Bucht von Kalamita auf der Krim. Ihr Ziel: Sewastopol, der stark befestigte russische Stützpunkt im Südwesten der Halbinsel. Die Russen stellten sich ihnen an der Alma entgegen, wurden geschlagen und zogen sich nach Osten zurück.

Statt Sewastopol sofort zu stürmen, marschierten Alliierten östlich an der Festung entlang zu dem weiter südlich gelegenen Balaklava, einem als Nachschubbasis viel zu kleinen Hafen am Schwarzen Meer; von hier aus sollten die Belagerungstruppen für einige Wochen versorgt werden. Wie so oft, rechnete kaum jemand mit einem längeren Krieg.

■ Die Eroberung von Sewastopol am 10. Oktober 1855. Zeitgenössisches Titelblatt der *Allied Armies*

Bereits nach wenigen Tage wurden die Alliierten in die Defensive gedrängt. Die Russen bedrohten die Nachschublinien von Balaklava zur Belagerungsfront, speziell das am landseitigen nördlichen Zugang zum Hafen gelegene Kadikoi. Engländer und Türken postierten kleinere Verbände im nordöstlich von Kadikoi parallel zu Küste verlaufenden Tal. Sie verschanzten sich mit einer Handvoll Kanonen auf der Hügelkette, die dieses so genannte südliche Tal nach Norden zum nördlichen Tal hin begrenzte. Bald sahen Engländer und Türken sich numerisch deutlich überlegenen russischen Truppen gegenüber.

Am frühen Morgen des 25. Oktober erobert russische Infanterie die Schanzen zwischen nördlichem und südlichem Tal und öffnet damit den Weg für die Kavallerie. Die Reiter versammeln sich im nördlichen Tal, und ein Teil stößt über das westliche Ende der Hügelkette nach Süden. Ein einziges englisches Infanterieregiment und eine Handvoll Versprengte aus den eroberten Schanzen stehen ihrem Vormarsch nach Kadikoi noch im Weg. Doch die »Thin Red Line« hält ihre Stellung. Jetzt wendet sich die Brigade schwe-

■ Zeitgenössisches Porträt von Florence Nightingale. Die britische Krankenschwester organisierte im Krimkrieg die freiwillige Krankenpflege.

THE CHARGE OF
THE LIGHT BRIGADE,
1854
Half a league, half a league, / Half a league on-
ward, / All in the valley
of death / Rode the six
hundred. / »Forward,
the Light Brigade! /
Charge for the guns!«
he said: / Into the valley
of death / Rode the six
hundred. / »Forward,
the Light Brigade!«
Was there a man dis-
may'd? / Not tho' the
soldier knew / Some
one had blunder'd ...
Alfred Lord Tennyson

rer Kavallerie, über die die Engländer verfügen, gegen das Gros der russischen Reiterverbände. Obgleich an Zahl weit unterlegen, treibt sie die Angreifer wieder ins nördliche Tal. Dann sind ihre Kräfte erschöpft.

Die Brigade leichter Kavallerie wartet derweil auf einen Befehl; ihr Kommandant bläst nicht von sich aus zum Angriff; er prescht erst los, nachdem er die Order erhält, von Westen her ins nördliche Tal vorzudringen, direkt in die auf den umliegenden Hügeln postierte russische Artillerie. Von drei Seiten werden Ross und Reiter unter Feuer genommen – dennoch stürmt die Brigade. Nur wenige Reiter kehren zu ihren Linien zurück.

Von den vier Gefechten bei Balaklava haben die Engländer das erste verloren, und die beiden nächsten in jeweils schwierigen Lagen gewonnen – doch berühmt wurde das vierte Gefecht: »The Charge of the Light Brigade«. Ihr in jeder militärischen Hinsicht wertloser Opfergang, der zudem durch einen dummen Fehler bei der Befehlsweitergabe ausgelöst wurde, hat einen besonderen Platz in der Kriegsgeschichte erworben. Schon kurz nachdem London von dem Angriff erfuhr, meldeten sich die heimatlichen Bewunderer in der Presse zu Wort und feierten den »schneidigen« Todesritt der Kavalleristen.

Nicht dass man unkritisch war; die absolute Wertlosigkeit des Manövers wurde in der Heimat sehr schnell erkannt. Schließlich passte der »Todesritt« zu den Details, die man tagtäglich in Berichten und zum ersten Mal auch auf Photos vom Krimkrieg erfuhr. Schon auf dem Anmarsch hatte die Cholera unter den Soldaten gewütet und an manchen Tagen mehr Tote gefordert als der »Angriff der Leichten Brigade«.

London reagierte darauf und versorgte seine Armee medizinisch besser als in allen vorherigen Kriegen. Der Alltag der Soldaten war auf einmal von Interesse. Doch nach wie vor wurde ihr Heldentum gefeiert. Gerade weil man nur noch schwer das wirkliche Geschehen im Kampfgebiet ignorieren konnte, hob man die Soldaten und ihre Leiden in den Himmel, möglichst weit weg von sich selbst.

Später ist man auch den anderen Weg gegangen und hat Soldaten pauschal zu Mördern gestempelt. Auch dies war nur eine Weise, ihr konkretes Leiden möglichst weit von sich zu schieben.

BALAKLAVA – SOLDATEN SIND HELDEN

 DATEN UND FAKTEN

Historischer Rahmen: Krimkrieg

Zeit: 25. Oktober 1854

Ort: Ukraine; nördlich von Balaklava auf der Halbinsel Krim im Schwarzen Meer

Ziele
Alliierte (Engländer, Franzosen, Türken): Abwehr des russischen Angriffs

Russen: Durchbruch zur Nachschublinie der alliierten Truppen, die Sewastopol belagern

Gegner, Kommandos, Waffen
Alliierte unter Feldmarschall Raglan: zusammen 20 000 Mann; 41 Geschütze. Davon dienen nur ca. 4500 Mann unmittelbar zur Verteidigung von Balaklava.

Russen unter General Prinz Menschikow: 25 000 Mann; 78 Geschütze

Verluste
Alliierte: 623 Mann

Russen: 550 Mann

Sieger: keiner

Verlauf
5 *Uhr* Russische Kavallerie rückt nach vorne und macht sich fertig zum Angriff auf die von Türken gehaltenen Schanzen.

6 *Uhr* Russische Artillerie eröffnet das Feuer auf die Schanzen.

7.30 *Uhr* Die östlichste Schanze (Nr. 1) fällt.

7.45 *Uhr* Die Schanzen Nr.2–4 werden aufgegeben; die Besatzungen fliehen.

8.45 *Uhr* Vier Schwadronen russischer Kavallerie greifen die englischen Stellungen nordöstlich von Kadikoi an.

9 *Uhr* Der Angriff wird durch eine dünne Linie englischer Infanteristen (»Thin Red Line«) abgewiesen.

Ab ca. 9 *Uhr* Russische Kavallerie sammelt sich im nördlichen Tal und bereitet sich zum Angriff Richtung Süden vor. Die englische Brigade schwerer Kavallerie attackiert die unentschlossenen, aber numerisch deutlich überlegenen Russen (»Charge of the Heavy Brigade«).

9.30 *Uhr* Die russische Kavallerie zieht sich zurück.

10.45 *Uhr* Russen transportieren Geschütze aus den eroberten Schanzen ab. Feldmarschall Raglan gibt Befehl, den Abtransport zu unterbinden. Der Befehl wird an die Brigade leichter Kavallerie weitergeleitet; durch einen Fehler bei der Übermittlung wird er jedoch als Befehl zum Angriff gegen die russischen Artilleriestellungen am Ende des nördlichen Tals gedeutet.

11 *Uhr* Der Angriff der leichten Brigade (»Charge of the Light Brigade«) beginnt und dauert 20 Minuten. Nach schweren Verlusten ziehen sich die Reste zu ihrer Ausgangsstellung zurück.

 EMPFEHLUNG

Besuchenswert:
Florence Nightingale-Museum, 2 Lambeth Palace Road, London. Die Engländerin Florence Nightingale (1820–1910) kam am 4. Oktober 1854 als Krankenschwester auf die Krim und begründete mit ihrem Einsatz die moderne Verwundetenpflege.

 AUF DEN PUNKT GEBRACHT

Die Reihe von Gefechten um Balaklava bringt für keine Seite eine Entscheidung. Die eroberte Hügelkette zwischen dem nördlichen und südlichen Tal wird sechs Wochen später von den Russen wieder geräumt. Berühmt wurde Balaklava vor allem durch den völlig nutzlosen und zudem durch einen Fehler bei der Befehlsweitergabe ausgelösten Opfergang der leichten Brigade.

The American Way of War
Gettysburg
1863

»So wie Er für die Seligkeit der Menschheit starb, lasst uns sterben für die Freiheit der Menschheit.« Er, das ist Gottes Sohn, und wir, das sind die US-Amerikaner. Freiwillig zogen sie im April 1861 für die Freiheit anderer in den Krieg. Doch anders als in späteren Kriegen stammten die, die befreit werden sollten, aus dem eigenen Land: Es waren die schwarzen Sklaven. In mehr als der Hälfte der Vereinigten Staaten hatte sich ein Relikt aus dunkelster Vorzeit der Menschheit erhalten: In den südlichen Staaten der jungen Demokratie war das Halten von Sklaven legal.

■ Generalmajor George Gordon Meade im Amerikanischen Sezessionskrieg. Photo vom Juni 1864

Die Sklaverei spaltete das Land. Wirtschaftlich, weil nur der ländliche Süden Sklaven auf seinen Baumwollplantagen benötigte; sozial, weil die Verpflichtung, dauernd für die Sklaven zu sorgen, zur kapitalistischen Dynamik des Nordens schlecht passte; und natürlich war die Sklaverei eine zutiefst moralische Frage.

Anfänglich wogen die Südstaaten in der Union politisch geringfügig schwerer, weil sie über die parlamentarische Mehrheit verfügten. Das änderte sich mit der Aufnahme der neu entstandenen Staaten im Westen. 1860 gewann der Norden die Mehrheit und anschließend das wichtigste politische Amt. Abraham Lincoln, ein erklärter Gegner der Sklaverei, wurde zum Präsidenten gewählt. Die Staaten im äußersten Süden verließen daraufhin die Union und schlossen sich zu den Konföderierten Staaten von Amerika zusammen. Am 12. April 1861 brach der amerikanische Bürgerkrieg aus.

Das Ziel des Norden war die Wiederherstellung einer von ihm politisch dominierten Union. Der Süden dagegen wollte dagegen bleiben, wie er war. Heute würde er auf seine kulturelle Eigenart pochen.

Anfänglich kam der Krieg nur zaghaft in Gang. Denn der Norden hatte ein ernstes Problem: Er musste erobern, angreifen also. Und das war mit Opfern verbunden. Gegen Sklaverei und für die Einheit waren zwar viele; doch Sterben für die Union und die Freiheit

> Der Angriff der Infanterie gegen Cemetery Ridge »zeigte den Krieg der Konföderierten im Kleinen: unvergleichliche Tapferkeit, offenbarer anfänglicher Erfolg, und schließlich totales Desaster«.
>
> James McPherson, *Battle Cry of Freedom*

■ General Robert Edward (1807–1870). Photo aus dem Jahre 1865 von Mathew Brady

der »Nigger«, wie sie auch im Norden oft genug genannt wurden? Da kam man ins Grübeln. Und weil der Einsatz anfänglich freiwillig blieb, meldeten sich viele erst gar nicht zum Dienst an der Waffe.

Der Süden brauchte nicht anzugreifen. Und um die Kampfmoral seiner Leute machte er sich schon gar keine Sorgen: Sie waren durchweg hoch motiviert. Ein ums andere Mal trieben sie die Yankees in den ersten beiden Kriegsjahren geradezu vor sich her. Dafür plagte die Südstaatler ihr eigenes, nicht minder ernstes Problem: Der Norden hatte ihre Territorien mit einer Seeblockade vom Rest der Welt isoliert und drohte, sie wirtschaftlich zu erdrosseln.

Also traf der bis dahin erfolgreichste Kommandant des Südens, General Robert Lee, zu Beginn des dritten Kriegsjahres eine riskante Entscheidung: Er trug Anfang Juni 1863 den Krieg in die Nordstaaten. Plünderungen hatte er verboten. Trotzdem wurde das Land entlang der Marschroute von seinen Soldaten verwüstet. »Ja, gnädige Frau, das ist traurig – sehr traurig«, entschuldigte ein General seine Leute, »und so etwas passiert in Virginia seit über

■ Allegorische Darstellung Abraham Lincolns, des 16. Präsidenten der USA, als Befreier der Sklaven. *Lincoln in City Point*. Zeitgenössische Lithographie von F. Hartwich

■ Die Niederlage der Kon-
föderierten unter General
Robert Lee. *Die Schlacht von
Gettysburg.* Zeitgenössische
Lithographie

zwei Jahren.« Nun spürten die Nordstaatler den Krieg am eigenen
Leib. Endlich, sagten etliche Konföderierte.

Die Armee der Union reagierte auf den Einmarsch zunächst wie
gehabt und attackierte den Nachschub. Sie hoffte wohl, Lee werde
sich kampflos zurückziehen. Doch Lincoln forderte von seinen
Militärs offensive Operationen. Für ihn war die Zeit des Taktie-
rens vorbei. Am 28. Juni übernahm General George Meade das

> Wir sind hier auf einem großen Schlachtfeld dieses Krieges versam-
> melt. ... Jedoch sind es nicht wir, die diese Erde widmen, weihen und
> segnen. Es sind diese tapferen Männer selbst, die Überlebenden und
> die Gefallenen, die hier gekämpft und sie dadurch geweiht haben,
> ohne dass wir diesem ihrem Opfer das Geringste hinzufügen oder
> wegnehmen könnten. ... Uns, die wir noch leben, kommt vielmehr die
> Pflicht zu, ... uns der großen Aufgabe zu widmen, die noch ungelöst
> ist: ... der Aufgabe, ... nie zuzulassen, dass diese Toten vergeblich ge-
> fallen sind, um diese Nation mit Gottes Hilfe wieder zu einem Hort der
> Freiheit zu machen und zu verhindern, dass die Herrschaft des Volkes,
> durch das Volk und für das Volk von der Erde verschwindet.
>
> Abraham Lincoln bei der Einweihung des
> Nationalfriedhofs in Gettysburg, 1863

Kommando der Unionstruppen. Und plötzlich besserte sich die Kampfmoral der Yankees: »Unsere Leute sind dreimal so begeistert wie in Virginia«, zeigte sich ein Offizier des Nordens verwundert, »der Gedanke, dass der Feind in Pennsylvania einmarschiert ist und wir unser eigenes Land verteidigen müssen, hat sie berührt.«

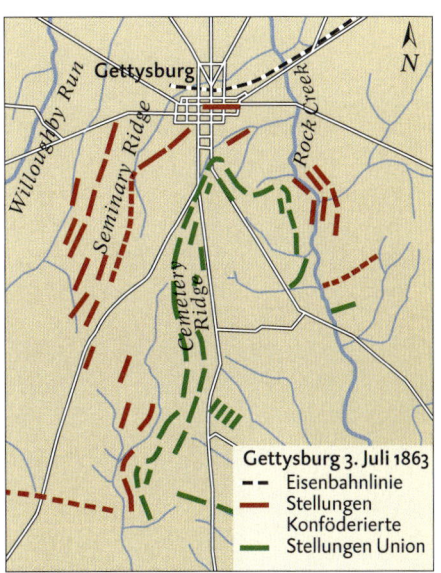

Gettysburg 3. Juli 1863
-- Eisenbahnlinie
— Stellungen Konföderierte
— Stellungen Union

Lee ist mitterweile an Meade vorbei nach Pennsylvania marschiert und bedroht die Städte im Norden. Am 1. Juli 1863 wird ein Teil seiner Truppen in Gettysburg, also in seinem Rücken, von den Yankees in Gefechte verwickelt. Die überlegenen Südstaatler drängen die Nordstaatler durch den Ort Richtung Süden, und am Nachmittag gerät die Rückzugsbewegung der Yankees beinahe zur Flucht.

Bis zum Morgen des 2. Juli sammeln sich die Gegner auf zwei Hügelketten, die einander gegenüber liegen: die Unionstruppen auf Cemetery Ridge und die Konföderierten auf Seminary Ridge westlich davon. Wer angreift, muss bergauf kämpfen, ist also im Nachteil. Im Glauben an die Überlegenheit der eigenen Männer befiehlt Lee trotzdem den Angriff im südlichen Abschnitt. Little Round Top, eine kleine Erhebung, und ihre Verteidigung werden zur Legende. Mit lautem Kriegsgeschrei rennen die Männer aus den Südstaaten den Hügel hinauf, wollen den Durchbruch erzwingen. Fast glückt es ihnen; den Nordstaatlern ist die Munition ausgegangen. Doch die Yankees stürzen sich in einem Gegenangriff mit leeren Gewehren und aufgepflanztem Bajonett den Hügel herunter. Die überrumpelten Südstaatler strecken die Waffen.

■ Medizinische Versorgung im Krieg: Amputation vor einem Lazarettzelt im Juli 1863

Der dritte Tag bringt die Entscheidung. Von neuem befiehl Lee eine Attacke gegen die vom Feind gehaltenen Höhen, diesmal im Zentrum. Er ignoriert den taktischen Nachteil, hält eisernen Willen und Kampfkraft für unwiderstehlich. 15 000 Mann ziehen wie zur Parade gegen den gut verschanzten Gegner ins Feld; der größte Infanterieangriff des Südens während des Bürgerkriegs hat begonnen und misslingt.

■ General George Gordon
Meade (1815–1882), zeitgenössische Farblithographie

Das Ergebnis war verheerend. Über die Hälfte der Angreifer fiel. Tags darauf, am 4. Juli, zog sich der geschlagene Lee nach Süden zurück. Zeitgleich kapitulierte das von der Union seit Monaten belagerte Vicksburg. Washington feierte. Unabhängigkeitstag! Von jetzt an konnte der Süden lediglich defensiv agieren. Trotzdem war der Krieg noch längst nicht entschieden. Bis zum 8. April 1865 dauerte er nach Gettysburg noch. In diesen zwei Jahren verschob sich das Kriegsziel des Nordens: Die Sklavenfrage rückte nach vorn. Der moralische verdrängte den politischen Kriegsgrund, und das Kriegsgeschrei der Freiheit erhob sich. Die Konföderierten hatten Schwarze aus dem Norden verschleppt und als Sklaven verkauft; mehrfach wurden gefangene schwarze Yankees auf der Stelle erschossen.

Im Nachhinein könnte so der Eindruck entstehen, im amerikanischen Bürgerkrieg sei es vorrangig um die Freiheit der Sklaven gegangen. Doch der Norden war erst ab Sommer 1863, also nach Gettysburg und nachdem er selbst bedroht worden war, zu den Opfern bereit, die ein militärischer Sieg von Soldaten verlangt, und später ging es den Yankees auch um die politische und wirtschaftliche Unterwerfung des Südens.

Nach Gettysburg ergab sich eine Kombination von moralischen und wirtschaftlichen Gründen für den Krieg, die für die USA von ihrem Eintritt in die beiden Weltkriege bis zur Intervention am Persischen Golf typisch genannt werden darf. Sie steht für den Zusammenhang zwischen dem Eigeninteresse, das man berechtigt vertritt, und einer besseren Welt, die man unter Opfern zu erreichen versucht.

GETTYSBURG – THE AMERICAN WAY OF WAR

DATEN UND FAKTEN

Historischer Rahmen: Amerikanischer Bürgerkrieg

Zeit: 1.–3. Juli 1863

Ort: Vereinigte Staaten von Amerika; Gettysburg im südlichen Pennsylvania

Ziele

Südstaaten: Gegenangriff zur Entlastung des zur selben Zeit von der Union der Nordstaaten belagerten Vicksburg, Mississippi. Bei einem Sieg versprechen sich die Südstaaten die diplomatische Anerkennung der europäischen Staaten.

Nordstaaten: Abwehr der Invasion durch die Truppen der Südstaaten

Gegner, Kommandos, Waffen

Südstaaten unter General Lee: 70 000–80 000 Mann; Infanterie und Kavallerie; 250 Geschütze

Nordstaaten unter General Meade: 93 000–115 000 Mann; Infanterie und Kavallerie; 320 Geschütze

Verluste

Südstaaten: 28 000 Mann

Nordstaaten: 23 000 Mann

Sieger: Nordstaaten

Verlauf

1. Juli, nachmittags Angriff der Südstaatler gegen nördlich von Gettysburg stationierte Unionstruppen. Beide Seiten werden eilig verstärkt. Rückzug der Unionstruppen durch Gettysburg auf die Hügelkette Cemetery Ridge südlich von Gettysburg. Ein sofortiger Angriff auf die Unionstruppen unterbleibt.

In der Nacht Im Laufe der Nacht bringen sich die Truppen auf den südlich von Gettysburg gelegenen, parallel nach Süden laufenden Hügelketten Cemetery Ridge und Seminary Ridge in Position. Nach und nach treffen sämtliche verfügbaren Truppen der Union ein.

2. Juli Beide Seiten erkennen, dass der Gegner in gut zu verteidigenden Stellungen liegt. Lee befiehlt im Glauben an die Überlegenheit seiner Soldaten einen Angriff auf beide Flanken der Union.

16 Uhr Der Angriff beginnt erst nach für die Südstaatler ungewöhnlich langer Vorbereitung. Durch eigenmächtige Verschiebung von Verbänden ist der linke Flügel der Union geschwächt. Mehrfach droht daher ein Durchbruch oder die Einnahme der wichtigen Höhe Little Round Top im äußersten Süden. Schließlich werden alle Angriffe abgewiesen. Der gleichzeitig durchgeführte Angriff gegen die Nordostflanke der Unionstruppen scheitert ebenfalls. Die Südstaaten machen bis zum Abend nur geringe Geländegewinne.

3. Juli, kurz nach 13 Uhr Beginn eines heftigen Duells zwischen der auf den gegenüberliegenden Hügelketten postierten Artillerie. Der Norden setzt nicht alle Kanonen ein und lässt den Süden im Glauben, die meisten Kanonen seien bereits ausgeschaltet.

15 Uhr Infanterieangriff der Südstaatler mit 15 000 Mann auf das Zentrum der Union. Der Angriff wird auf einer Breite von einer Meile über offenes Gelände geführt. An einer Stelle dringen die Angreifer bis zu den Verteidigungsstellungen der Unionstruppen, einer Mauer, vor.

15.30 Uhr Der Angriff bricht im dichten Abwehrfeuer unter schweren Verlusten zusammen.

4. Juli Die Südstaatler gehen zur Verteidigung über und erwarten einen Angriff der Union. Der Gegenangriff unterbleibt jedoch, da die Truppen der Nordstaaten zu erschöpft sind.

5.–6. Juli Lee zieht sich mit seinen Truppen zurück.

Besonderheiten

Zunehmende Bedeutung der Artillerie: Während der drei Tage werden mehr Artilleriegranaten verfeuert als in allen napoleonischen Schlachten zusammen.

AUF DEN PUNKT GEBRACHT

Die erfolgreiche Abwehr der Konföderierten der Südstaaten stärkt das Selbstvertrauen der Unionssoldaten und die Entschlossenheit der Nordstaaten, den Krieg bis zum Ende zu führen. Die Konföderierten bleiben für den Rest des Krieges in der Defensive. Zusammen mit dem zeitgleichen Fall von Vicksburg stellt Gettysburg den Wendepunkt des amerikanischen Bürgerkrieges dar.

EMPFEHLUNG

Sehenswert:
Gettysburg. Regie: Ronald F. Maxwell; mit Tom Berenger, Martin Sheen, USA 1993.

Besuchenswert:
Gettysburg. National Military Park mit Besucherzentrum, Dokumentation der Schlacht.

Jahrestage
Sedan
1870

■ Zusammenkunft von Napoleon III. und Kaiser Wilhelm I. im Schloss Bellevue bei Sedan

Jedes Land erinnert sich gern an seine großen militärischen Siege, England zum Beispiel: Am 8. Mai feiert es seinen Sieg über Deutschland im Zweiten Weltkrieg.

Doch auch die Deutschen hatten einst so einen Tag: Der 2. September stand als Sedantag in den Kalendern. Da hatten sie 1870 die Franzosen geschlagen, den französischen Kaiser gefangen genommen und kurz darauf das Deutsche Kaiserreich ausgerufen. Endlich, haben sich damals viele gesagt, denn die Einigung Deutschlands war überfällig gewesen. Nur die Konkurrenz zwischen den beiden größten Staaten des seit 1815 bestehenden »Deutschen Bundes«, Preußen und Österreich, hatte sie bisher verhindert. Erst im Preußisch-Österreichischen Krieg von 1866 gelang es Preußen, die Österreicher aus dem Projekt eines deutschen Nationalstaates hinauszudrängen, das mit der Gründung des »Norddeutschen Bundes« Gestalt anzunehmen begann. Die wachsende Bedeutung Berlins alarmierte jedoch den westlichen Nachbarn. Frankreich rüstete auf. Und da sich die preußische Führung ihrerseits stark genug fühlte, war ein Konflikt zwischen Frankreich und Preußen lediglich eine Frage der Zeit.

Den Kriegsgrund lieferte 1870 eine diplomatische Krise. Ein entfernter Verwandter des preußischen Königs Wilhelm I. zeigte Interesse an der spanischen Krone, die ihm auf Empfehlung des preußischen Ministerpräsidenten Otto von Bismarck hin offeriert worden war. Wilhelm hatte sich zunächst dagegen ausgesprochen, da er die Reaktion der Franzosen voraussahnte. Und tatsächlich: Als der französische Kaiser Napoleon III. von dem Angebot hörte, verlangte er von Wilhelm die Garantie, dass auch zukünftig kein Mitglied des preußischen Königshauses den spanischen Thron

> *Sollte der Feind Belgien betreten und nicht sofort entwaffnet werden, ist er unverzüglich zu verfolgen. Außer für diesen Fall ist die Verletzung der belgischen Grenze unbedingt zu vermeiden.*
> Befehl an die Truppen, die Sedan im Norden umschließen

besteigen würde. Das war zu viel für Berlin. Die Zusicherung wurde verweigert. Daraufhin erklärte Frankreich am 19. Juli 1870 Preußen den Krieg.

Paris setzte auf eine Allianz mit Wien und die Ressentiments gegen Preußen in den süddeutschen Staaten. Eine krasse Fehleinschätzung, wie sich bald zeigte. Österreich fühlte sich von Russland bedroht – den russischen Druck hatte Bismarck arrangiert – und erklärte einen Tag nach Kriegsausbruch seine Neutralität; die süddeutschen Staaten zogen bereitwillig an der Seite Preußens nach Westen. Schließlich hatte Frankreich zwischen 1675 und 1813 im Schnitt alle zehn Jahre seine östlichen Nachbarn überfallen. Die schlimmste Fehlkalkulation der Franzosen betraf allerdings die Geschwindigkeit des militärischen Aufmarsches. Preußen forcierte die Bereitstellung seiner Truppen mit der Eisenbahn, dem damals modernsten Transportmittel. In Windeseile wurden drei Armeen in der Pfalz und in Baden zusammengezogen, die auf die französische Grenze zu marschierten. Ihnen standen zwei französische Armeen, eine nördlich von Straßburg

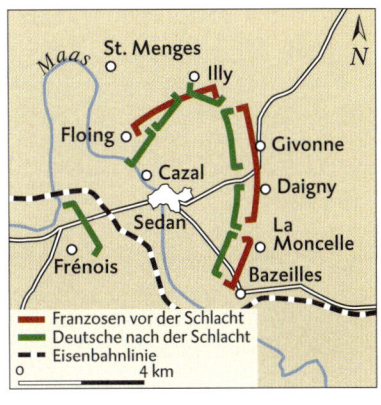

■ Angriff der Franzosen vor Sedan am 1. September 1870. Zeitgenössische Lithographie

und eine bei Saarbrücken, gegenüber. Am 6. August trafen Teile der preußischen Truppen bei Wörth in der Nähe der Grenze auf die Franzosen und schlugen sie.

Zu diesem Zeitpunkt waren weder Feldzug noch Krieg für Frankreich verloren. Zur Niederlage führte erst die Folge desolater Rückzugsmanöver im Anschluss an die verlorene Schlacht bei Wörth, der bei Spichern eine weitere Niederlage folgte. Die eine Armee zog sich von Saarbrücken aus bis nach Metz zurück. Weiter nach Westen gelangte sie nicht mehr, denn die Preußen stießen an ihr vorbei. Ein bedeutender Teil der französischen Truppen wurde in die Festung Metz gedrängt und umzingelt.

Der andere Heeresteil der Franzosen war derweil von Straßburg nach Westen gezogen und formierte sich um den 18. August im Raum Châlons-sur-Marne in der Champagne mit anderen Verbänden zu einer neuen Armee. Die hätte auf Paris zurückfallen können; doch das militärisch Sinnvolle war politisch nicht opportun. Die Öffentlichkeit rief nach einem Gegenangriff. Also zog die »Armee von Châlons« zuerst nach Reims und von dort am 24. August weiter nach Osten. Theoretisch hätte sie an der rechten Flanke der nach Châlons vorgedrungenen Preußen vorbeistoßen und in ihren Rücken einfallen können. Nur war die weitgehend improvisierte und ungenügend ausgerüstete Armee dafür

■ Der Place Turenne mit dem Turenne-Denkmal in Sedan um 1865

wenig geeignet. So wurde ihr stattdessen befohlen, das eingeschlossene Metz zu entsetzen. Aber dazu ließen es die Preußen nicht kommen. Sie hatten bereits Truppen über Verdun nach Norden verschoben und drückten die Franzosen samt ihrem Kaiser während der letzten Augusttage in das mäßig versorgte und äußerst ungünstig gelegene Sedan; knapp nördlich des Orts verlief die belgische Grenze und verhinderte einen weiteren Rückzug.

Am 31. nehmen die Preußen wichtige Höhen im Süden von Sedan. Tags

■ *Napoleon III. vor König Wilhelm I. bei Sedan am 2. September 1870.* Kreidelithographie von W. Loeillot

darauf, am 1. September, stürmt preußische Infanterie einen Teil der französischen Verteidigungslinie und dringt bis in die Vororte der Stadt ein. Dann ein vergeblicher Gegenangriff der Franzosen. Eine grandiose, aber selbstmörderische Kavallerieattacke folgt im Norden. Da hat die inzwischen rund um Sedan postierte preußische Artillerie schon für die Entscheidung gesorgt. Am nächsten Morgen strecken die Franzosen die Waffen.

Sedan war nicht die größte Schlacht im Deutsch-Französischen Krieg, sie hat ihn auch nicht beendet, aber die Deutschen hatten die ihrer militärischen Siege wegen allzu arroganten Franzosen geschlagen, und vor allem hatte ihr Kaiser dort persönlich kapituliert. Daher ließ das am 18. Januar 1871 im Spiegelsaal von Versailles gegründete deutsche Kaiserreich den 2. September zum Festtag erklären. Alljährlich erinnerten schmissige Marschmusik, feurige Reden und schwarz-weiß-rote Fahnen an diesen großen Moment.

Darüber vergaß das Kaiserreich die Begleitumstände des Sieges. Es vergaß den Anteil der politischen Diplomatie. Ohne Bismarcks

Der geschlagene Haufen galoppierte zum Festungsgraben von Sedan, der die Reste der unglücklichen Armee verschluckte. Von überall her kamen Granaten geflogen, die in die wütenden Massen vorne, an den Flanken und im Rücken einschlugen. Angstschreie, vermischt mit Stöhnen, rechts von uns ging ein Lazarett in Flammen auf und wurde zerschossen. ... Überall sah man die reiterlosen Pferde unserer heldenhaften Kavallerie, einzeln oder in kleinen Horden, erschöpft und blutend.
Augenzeugenbericht der letzten französischen Kavallerieattacke

■ *Die Bayern bei Bazeilles.*
Farblithographie nach einem
Aquarell von Richard Knötel
(1857–1914)

geschicktes Taktieren in den Wochen zuvor wäre Österreich womöglich doch zugunsten der Franzosen in Süddeutschland eingerückt; England sympathisierte mit Preußen, weil Bismarck zur rechten Zeit die Londoner Presse über Napoleons Geringschätzung der belgischen Neutralität informierte; Russland stand ohnehin auf preußischer Seite. Das deutsche Reich vergaß sogar die ausgeklügelten militärischen und technischen Aspekte des Sieges und betonte den äußeren, martialischen Eindruck. Die Eisenbahnen wurden nach komplexen Systemen geleitet – Photos und Postkarten zeigten nur stampfende Lokomotiven. Die Armeen sammelten sich nach gründlich aufeinander abgestimmten Plänen – das Volk hörte nur das Donnern der Kanonen von Krupp. Der Sieg der Deutschen bei Sedan war militärisch keineswegs eine Glanzleistung und letztlich das Resultat folgenschwerer Fehler im französischen Oberkommando – der brave Bürger sah nur die Kapitulation des französischen Kaisers. So wurde der Sedantag zum Symbol für den deutschen Militarismus und seine Folgen. Wo er doch ursprünglich auch für etwas stand, was alle Völker zu einem Feiertag machen: für einen militärischen Sieg über einen bedeutenden Gegner.

Bald kam ein kleiner, untersetzter Mann hinter dem einfachen Haus hervor; er trug eine rote, goldumrandete Kappe, einen schwarzen, rotgestreiften Umhang mit einer Kapuze und rote Hosen. Er sprach zunächst mit einigen Franzosen, die im Gemüsegarten saßen. Er trug weiße Handschuhe und rauchte eine Zigarette.
Augenzeugenbericht über Napoleon III. kurz vor der Kapitulation

SEDAN – JAHRESTAGE

DATEN UND FAKTEN

Historischer Rahmen: Deutsch-Französischer Krieg

Zeit: 1. September 1870

Ort: Frankreich; Gebiet um Sedan in der Champagne

Ziele
Franzosen: Das französische Oberkommando wurde von den Preußen nach Sedan hineingedrängt und beabsichtigte mal einen Ausbruch nach Westen, mal eine Offensive nach Süden und zuletzt nur noch das Halten der Position.

Deutsche: Einkesselung und Zerschlagung der »Armee von Châlons«

Gegner, Kommandos, Waffen
Franzosen unter Kaiser Napoleon III.: 120 000 Mann

Deutsche unter General-Feldmarschall Moltke »dem Älteren«: 200 000 Mann

Verluste
Franzosen: 124 000 Mann

Deutsche: 200 000 Mann

Sieger: Deutsche

Verlauf
28.–30. August Die »Armee von Châlons« zieht sich vor den Preußen nach Sedan zurück, wo sich Napoleon III. aufhält. Ein Halten der Stadt ist nicht geplant; die Franzosen wollen manövrieren.

31. August Bayerische Truppen überqueren die Maas bei Bazeilles. Die Franzosen wehren sie ab und können die am Morgen verlorene wichtige Eisenbahnbrücke zurückerobern.

17 Uhr Die Sprengung der Eisenbahnbrücke bei Bazeilles misslingt. Die Bayern gewinnen diesen und noch einen weiteren Übergang über die Maas bei Douzy und Donchéry.

31. August / 1. September Die Franzosen ziehen sich bei Bazeilles von der Maas zurück. Bei einem Gegenangriff werden die Bayern erneut zurückgeworfen.

1. September, 7 Uhr Der französische Kommandierende General McMahon wird schwer verwundet und übergibt sein Kommando an General Ducrot.

8 Uhr Die Artillerie der mittlerweile bis La Moncelle vorgerückten Sachsen greift die Verteidiger von Bazeilles in der Flanke an. Preußische Truppen erreichen Villers-Cernay. General Ducrot beschließt einen weiteren Rückzug auf das Plateau von Illy, um von dort aus nach Westen ausbrechen zu können. Zugleich erscheint der französische General von Wimpffen mit einem Schreiben des Kriegsministers, das ihn für den Fall, dass General McMahon ausfällt, zum Oberkommandierenden ernennt. Wimpffen stoppt den Rückzug.

Im Laufe des Vormittags Die Sachsen erreichen die Givonne. Die Preußen überqueren die Maas bei Donchéry und erobern St. Menges.

10 Uhr Die Preußen bilden eine Front gegen Illy. Die Franzosen können nicht mehr nach Westen ausweichen und geraten zunehmend unter Beschuss durch die im Westen von Illy postierte preußische Artillerie.

Gegen 11 Uhr Die Preußen und Sachsen, die von Westen und von Osten um Sedan marschiert sind, treffen bei Illy zusammen und schließen den Ring um die nördlich und westlich von Sedan zusammengedrängte »Armee von Châlons«. Fortlaufend trifft weitere Artillerie ein. Bazeilles fällt nach dem bereits begonnenen Rückzug der Franzosen zunächst schnell in die Hand der Bayern. Der weitere Vormarsch gelingt jedoch nicht vor 13 Uhr.

Gegen 14 Uhr Ein letzter verzweifelter Ausbruchsversuch französischer Kavallerie beginnt.

18.30 Uhr Den Preußen wird ein Brief von Napoleon III. mit der Kapitulation übergeben.

AUF DEN PUNKT GEBRACHT

Sedan beendete den Deutsch-Französischen Krieg noch nicht. In Paris wurde die Dritte Republik ausgerufen, es kam zur Belagerung und in Teilen Frankreichs zum Volkskrieg, der erst am 10. Mai 1871 durch den Frieden von Frankfurt beendet wurde. Aber Sedan ist trotzdem zum Symbol preußischer und später deutscher Kriegskunst geworden, da es den Weg zur Reichseinigung ebnete.

EMPFEHLUNG

Sehenswert:
Die Gans von Sedan. Regie: Helmut Käutner; mit Hardy Krüger, Jean Richard. BRD 1959.

»Indian Summer«

Little Bighorn

1876

Als »Indian summer« bezeichnen die Amerikaner die Zeit der letzten warmen Tage im Herbst. Bevor das Jahr zu Ende geht, kommt der Sommer noch einmal zurück. Auch für die Indianer Nordamerikas hatte Mitte des 19. Jahrhunderts das Ende begonnen. Vor über dreihundert Jahren waren Europäer an ihren Küsten gelandet und hatten sie Schritt für Schritt aus ihren angestammten Siedlungsgebieten vertrieben, mal mit Verträgen, an die sich die Siedler nicht hielten, mal mit Gewalt. Nur die Kriege der Weißen gewährten ihnen eine bescheidene Schonfrist, der amerikanische Unabhängigkeitskrieg und zuletzt, ab 1862, der Bürgerkrieg der Vereinigten Staaten.

Zu dieser Zeit hatte man die Indianer bereits im mittleren Westen konzentriert, in einem unwirtlichen, für Weiße vorläufig nutzlosen Land: den »Plains«. Dieses letzte Rückzugsgebiet der Indianer zwischen den Rocky Mountains und dem Mississippi ist eine nur hier und da von Hügeln und Flussläufen unterbrochene flache, offene Landschaft. Bis 1865 konnten die Indianer hier wie ihre Ahnen relativ ungestört Büffel jagen und von Ort zu Ort ziehen. Ende der 1860er Jahre war es damit vorbei. Ihre Siedlungsgebiete wurden noch einmal beschnitten, und es kam zu Unruhen mit den Stämmen, die ihren Lebensraum nicht stillschweigend räumten. Doch den angegriffenen Sioux und ihren Verbündeten gelang ein militärischer Sieg, und sie handelten mit der Regierung sogar ein günstiges Abkommen aus. Das westliche South Dakota gehörte nun ihnen. Die Freude währte nicht lange: 1875 wurde Gold in den Black Hills gefunden. Goldgräber überschwemmten das Land der Indianer, und niemand hielt sie zurück. Anfänglich gab sich der Staat noch neutral; dann bot er den Indianern Geld für ihr Land; schließlich schickte er seine Soldaten. Aus drei Richtungen, von Westen, Osten und Süden, näherte sich die US-Armee im Mai 1876 den mittlerweile außerhalb ihrer Reservate umherziehenden Kriegern verschiedenster Stämme. Über deren Stärke waren die

■ Sitting Bull (1831–1890), indianisch Tatanka Yotanka, der Häuptling der Teton-Dakota, trug 1876 zum Sieg der Sioux-Stämme über General G. A. Custer bei. Porträtaufnahme um 1885

siegessicheren amerikanischen Offiziere schlecht informiert. Sie wollten die Stämme verjagen und rechneten auch nur mit einer Jagd.

Dabei hätten schon die Eröffnungszüge als Warnung dienen können. Die von Süden heranrückende Brigade war am 17. Juni das Ziel heftiger indianischer Angriffe gewesen, musste sich angeschlagen zurückziehen und schied aus den folgenden Kampfhandlungen vorzeitig aus. Erst am 18. Juni entdeckten die beiden verbliebenen Brigaden das Lager der vereinigten Indianerstämme im Tal des von Süden nach Norden fließenden Little Bighorn.

Am 21. Juni vereinigten sich die von Westen und von Osten kommenden amerikanischen Truppen. Tags darauf zog das 7. Kavallerie-Regiment unter Lieutenant Colonel Custer Richtung Südwesten; es sollte weit nach Süden ausholen und ins Tal des Little Bighorn einrücken, um die Indianer zur Flucht Richtung Norden zu zwingen. Dort, am nördlichen Ausgang des Tals, würden die anderen Verbände der Weißen auf sie warten. Custer schwenkte allerdings schon früher nach Westen und befand

■ Das Crazy Horse Memorial in den Black Hills wurde von Korczak Ziolkowski (1908–1982) aus dem Fels modelliert.

■ General Custer (Mitte) und Colonel Ludlow mit einem erlegten Grizzly während der Black-Hills-Expedition 1874

sich am 25. Juni in einem Seitental des Little Bighorn. Er ignorierte auch die Warnung seines besten Scouts, Bloody Knife, dass mehr Indianer auf sie warteten, als sie Kugeln in den Patronenhülsen hätten.

Er teilte seine Truppen in drei getrennt marschierende Bataillone. Nachmittags fiel eines zurück. Die beiden anderen erreichten das Tal des Little Bighorn und ritten schließlich auf beiden Seiten des Flusses nach Norden; eines am flachen westlichen, das andere unter Custer am erhöhten östlichen Ufer. Dann stieß der linke Flügel frontal auf das Lager der verbündeten Stämme; die Schlacht am Little Bighorn hatte begonnen. Doch nicht die Indianer – die Soldaten ergriffen die Flucht. Custers Bataillon verlor plötzlich den Schutz zu seiner Linken, und von da kamen die Indianer herangaloppiert. Was folgte, endete mit »Custer's Last Stand« – der berühmtesten und zugleich geheimnisvollsten Phase der Schlacht. Denn von Custer und seinen Leuten hat man nur die skalpierten Leichen gefunden.

Über 2500 Krieger verteidigten ihr Dorf bei der Schlacht am Little Bighorn. Sie griffen an und nahmen die Waffen der toten Soldaten, um sie auf die Lebenden zu richten. Einige ritten in den Fluss und töteten die Fliehenden, andere direkt in die Truppen, um sie aus dem Sattel zu heben. »Es gab niemals einen besseren Tag zum Sterben«, rief Red Horse, ein Lakota, der später 41 Piktogramme von der Schlacht anfertigte.

Obwohl die Schlacht am Little Bighorn militärisch bedeutungslos war und den Untergang der Indianer nicht aufhalten konnte, wurde sie zu einem Mythos der weißen Amerikaner. Der Tod der zweihundertzehn Männer hatte der aufstrebenden Nation endlich eine historische Identität geboten: Schriftsteller und Historiker nannten Custers Männer in einem Atemzug mit den Verteidigern der Thermopylen und produzierten einen Schwall von Romanen und Arbeiten über die Schlacht.

Relativ ruhig blieb es nur um die Sieger. Es gab zwar Berichte aus ihrem Mund – doch man nahm sie nicht ernst. Und die meisten drangen ohnehin nicht bis an die Ohren der Weißen. Die roten Krieger haben sie sich untereinander erzählt: wie sie den linken Flügel Custers über den Little Bighorn zurückwerfen; wie Custer ihre Frauen und Kinder angreifen will. Sie wehren den Angriff ab und drängen die Soldaten zurück in die Hügel oberhalb des Little Bighorn. Vergeblich klammern sich die Soldaten an jede kleine Er-

■ So etwa muss auch das Indianerlager am Little Bighorn ausgesehen haben. Edward S. Curtis machte diese Aufnahme des Lagers der Piegan-Indianer im Reservat der Blackfoot in Montana um 1900.

■ Häuptlinge und Regierungs-
beamte im Pine Ridge Reservat
in South Dakota. In der Mitte
der legendäre Buffalo Bill. J. C.
Grabill schoss das Photo im
Januar 1891.

hebung, die Deckung vor Kugeln und Pfeilen verspricht. Dann
scheuchen die Krieger sie bis zu dem Hügel, der später nach Custer benannt worden ist; wie bei der Büffeljagd sei es gewesen,
berichten sie stolz; erzählen, wie sie die Weißen skalpierten. Nur
aufgeschrieben haben sie nichts. Die meisten nahmen ihre Erinnerungen, so wie Custer und seine Leute, mit in den Tod.

Und deshalb ist die Schlacht von Little Bighorn zum amerikanischen Mythos geworden: Das völlige Verschwinden von Custers
Bataillon mahnt die Weißen an die Möglichkeit, dass es ihnen einmal ähnlich ergehen könnte wie den
Indianern. Und die Indianer erinnert es
an ihren letzten militärischen Sieg.

■ Verleihplakat des Filmes
Sein letztes Kommando (They
Died with Their Boots on, 1941)
mit Errol Flynn als General
Custer

LITTLE BIGHORN – »INDIAN SUMMER«

 DATEN UND FAKTEN

Historischer Rahmen: Zweiter Sioux-Krieg

Zeit: 25. Juni 1876

Ort: Vereinigte Staaten von Amerika; Tal und östliche Hügel des Little Bighorn in Montana

Ziele
Indianer: Abwehr des 7. Kavallerie-Regiments

US-Kavallerie: Angriff auf mehrere, zeitweise vereinte Indianerstämme

Gegner, Kommandos, Waffen
Indianer unter Sitting Bull, Crazy Horse und anderen: 2500–7000 Krieger. Die Angaben über die Anzahl der Indianer und die Größe ihrer Lager weichen sehr stark voneinander ab.

US-Kavallerie unter Lieutenant Colonel Custer: 600 Mann Kavallerie

Verluste
Indianer: unbekannt

US-Kavallerie: ca. 200 Tote und Verwundete

Sieger: Indianer

Verlauf
8.45 Uhr Custer nimmt seinen Vormarsch gegen die Indianer wieder auf.

12.12 Uhr Das 7. Regiment der US-Kavallerie rückt getrennt in drei Bataillonen vor – rechts Custer, in der Mitte Reno, links Benteen.

14.10 Uhr Die US-Kavallerie beobachtet fliehende Indianer.

14.15 Uhr Das in der Mitte vorrückende Bataillon unter Reno erhält den Befehl, den Fliehenden nachzusetzen.

14.30 Uhr Das zunächst auf dem linken Flügel operierende Bataillon unter Benteen ist zurückgefallen und marschiert mittlerweile mit einigem Abstand hinter Custers Bataillon.

14.40 Uhr Benteens Bataillon macht Pause, um die Pferde zu versorgen.

14.55 Uhr Custer schwenkt weiter nach rechts und rückt auf dem höheren östlichen Gelände vor. Reno durchquert den Little Bighorn.

15.03 Uhr Benteen setzt seinen Marsch fort.

15.05 Uhr Reno greift das Lager der Indianer an.

15.15 Uhr Gegenangriffe der Indianer. Reno lässt absitzen und eine Abwehrlinie bilden. Custer beobachtet Renos Gefecht und lässt an Benteen befehlen, dass er schnell folgen soll.

15.30 Uhr Reno zieht sich zurück.

15.45 Uhr Custer erreicht das obere Ende des Medicine Tail Coulee.

15.55 Uhr Reno zieht sich bis zum Little Bighorn zurück. Der Rückzug entwickelt sich zur Flucht über den Fluss. Die ersten Flüchtenden erreichen Reno Hill.

Gegen 16.10 Uhr Custers linker Flügel rückt durch Medicine Tail Coulee vor, um den Little Bighorn zu überqueren.

ca. 16.15 Uhr Benteen erreicht Reno Hill.

16.20 Uhr Custers linker Flügel zieht sich wieder vom Little Bighorn zurück.

16.30 Uhr Der linke Flügel ist wieder bei Custer.

16.50 Uhr Benteen sendet Unterstützung in Richtung Custer.

17.15 Uhr Custers rechter Flügel bricht zusammen.

17.30 Uhr Custers Verband bricht zusammen.

Gegen 18 Uhr Reno und Benteen ziehen sich allmählich zurück.

 AUF DEN PUNKT GEBRACHT

Little Bighorn ändert nichts am Ausgang der Indianerkriege, die für die Ureinwohner verloren gehen. Als einziger großer Sieg der vereinigten Stämme hat Little Bighorn jedoch einen hohen Stellenwert für die Indianer.

Schwimmende Bügeleisen

Tsushima

1905

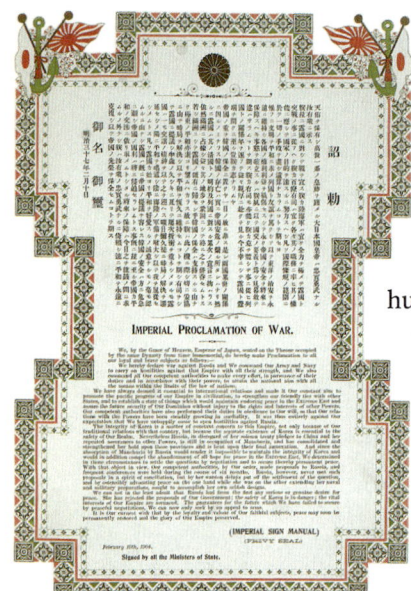

■ Die offizielle Kriegserklärung Japans an Russland vom 10. Februar 1904; als Musterdruck in zweisprachiger Ausführung

Die imposante Macht moderner Kriegsschiffe erfuhren die Japaner zum ersten Mal, als die Amerikaner am 8. Juli 1853 mit »schwarzen Schiffen« in der Bucht von Tokio erschienen und die Öffnung des Landes für ihre Waren verlangten. Mächtige, dampfgetriebene Kriegsschiffe waren dabei. Japan blieb keine Wahl. Abrupt modernisierte das Inselreich in den folgenden Jahren Staat und Gesellschaft und trat China bereits zur Jahrhundertwende militärisch entgegen. Es war eine Flotte aus dampfgetriebenen Kriegsschiffen, die 1895 den Japanisch-Chinesischen Krieg entschied. Unter anderem fiel die Halbinsel Liaodong in der südlichen Mandschurei mit dem Hafen Port Arthur an die aufstrebende Macht.

Damit aber geriet Nippon in Konkurrenz zum zaristischen Russland, das, unterstützt von Deutschland und Frankreich, Japan zur Aufgabe der eben eroberten Territorien zwang. Insbesondere Port Arthur ging wieder verloren. Schlimmer: 1898 pachtete Russland den strategisch bedeutsamen Stützpunkt von der kaiserlich-chinesischen Regierung und erhielt damit für sein »Pazifisches Geschwader« endlich einen eisfreien Hafen.

1904 schlug Japan zurück. Überraschend griff seine Flotte am 8. Februar die in Port Arthur ankernde russische Kriegsflotte an, landete mit Truppen an der koreanischen Küste und besetzte in den folgenden Monaten das Hinterland von Port Arthur. Die Stadt mit dem »Pazifischen Geschwader« wurde belagert.

Aber Russland verfügte über weitere Schiffe. Die waren allerdings mit veralteter militärischer Technik ausgerüstet; ihren Besatzungen mangelte es offensichtlich an Übung. Überdies lagen sie weit ab in der Ostsee, am anderen Ende der Welt. Für die kurzatmigen Dampfschiffe war diese Entfernung keine Kleinigkeit, schon gar nicht für die eines Landes wie Russland, das entlang der Route über keine Stützpunkte verfügte und auch auf keine hoffen konnte, weil England, die führende Seemacht der Zeit, Japans Verbündeter war. Russlands Marineführung setzte die Flotte im Oktober 1904 trotzdem in Marsch.

Entlang einer Kette von gecharterten Handelsschiffen, die Kohle geladen hatten, dampfte das »2. Pazifische Geschwader« in die Nordsee, durch den Ärmelkanal, die afrikanische Küste entlang den Atlantik hinunter, ums Kap der Guten Hoffnung herum und erreichte schließlich Madagaskar. Inzwischen war der Zustand der Schiffe kaum besser, und die Zustände in Russland waren besorgniserregend. Am 9. Januar 1905, Blutsonntag wird er später genannt, schossen Soldaten in St. Petersburg auf unbewaffnete Arbeiter, die nach politischen Rechten verlangten. Damit nicht genug: Wenige Tage zuvor hatte Port Arthur vor den Japanern kapituliert.

Eigentlich war das ganze Unternehmen inzwischen nutzlos geworden – aber die russischen Kriegsschiffe dampften mit stoischem Gleichmut weiter nach Osten; ihr neues Ziel war Wladiwostok, der andere russische Pazifikhafen. Sie übten sich in diversen Manövern und mussten ihre Schiffe in tropischer Hitze bekohlen. Endlich, am 14. April, ankerten sie vor der vietnamesischen Küste und warteten auf als Verstärkung durch das »3. Pazifische Geschwader« – ein Sammelsurium betagter Pötte. Wie »schwimmende Bügeleisen« sahen sie aus; »Selbstversenker« nannte man sie spöttisch, doch versenkt wurden sie von den Japanern. Am 14. Mai 1905 verlassen dreiundfünfzig russische Schiffe die vietnamesische Küste und laufen nach Norden durch die Straße von Tsushima zwischen Japan und Korea in Richtung auf ihr Ziel Wladiwostok. In der Meeresstraße warten die Japaner und machen am 27. Mai kurzen Prozess. Sie haben die schnelleren und

■ Die russische Flotte wird durch die Japaner unter Admiral Togo vernichtet. *Seeschlacht in der Koreastraße, zeitgenössischer Bilderbogen*

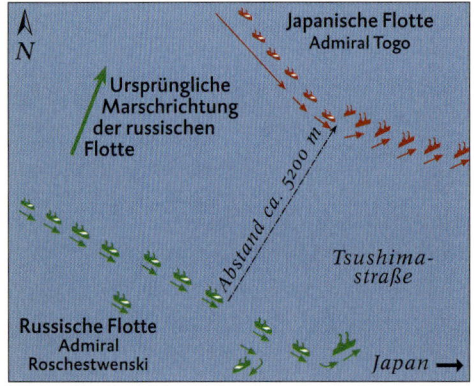

besser gepanzerten Schiffe; ihre Artillerie schießt genauer und effektiver; ihre Mannschaften sind siegessicher, ausgeruht und besser trainiert. Die Russen haben nicht den Hauch einer Chance.

Trotzdem hatte der militärische Aberwitz, in politisch brisanten Monaten ein Geschwader technisch überalterter Schiffe in den Pazifik zu entsenden, System. Denn die Kolosse machten, auch noch im Alter, was her. Schlachtschiffe waren der Stolz der Militärs – nicht nur in Russland. Wie elegant der japanische Kommandant, Admiral Togo, sie manövrierte! Die Zeiten des Rammens waren vorbei. Im modernen Seekrieg zählten neben Geschützen und Panzerung Geschwindigkeit und geschicktes Taktieren. »Crossing the T« – den Querstrich auf das T ziehen hieß das für die Russen tödliche Manöver: Die ganze Schlachtlinie fährt quer vor dem Spitzenschiff des Gegners entlang; erst dann kommt die Feuerkraft der Schiffe voll zur Wirkung.

Die Admirale aller Länder entwickelten eine seltsame Vorliebe für den gigantischen Schiffstyp, das Schlachtschiff. Obgleich jedes einzelne von ihnen Unsummen verschlang, ließ man immer neuere und verbesserte Modelle vom Stapel. Wofür? Russland streckte infolge der Niederlage von Tsushima zwar die Waffen, erreichte am Verhandlungstisch jedoch einen günstigen Frieden; Japan gewann durch seinen Sieg nicht allzu viel. Im Ersten Weltkrieg kam es zu keiner entscheidenden Seeschlacht; im Zweiten erwiesen sich Schlachtschiffe gegen die Luftwaffe als nahezu wehrlos. Später taugten sie vor Vietnam oder während des Golfkriegs lediglich zur Beschießung der Küsten. Tsushima blieb ihr einziges kriegsentscheidendes Treffen zur See. Getrost darf man sagen: Planer und Admirale hatten sich in die »schwimmenden Bügeleisen« verguckt.

»Sollen wir das Feuer einstellen?«, fragte ein Offizier. Togo schwieg, und die Geschütze feuerten weiter auf die russischen Schiffe, die sich ergeben hatten. »Sollen wir das Feuer nicht einstellen?« Schweigen. Dann sagte ein Offizier: »Verlangt der Geist des Bushido nicht, dass wir das Feuer einstellen?« Admiral Togo erinnerte sich an seine Vergangenheit [und] befahl der Flotte das Feuer einzustellen.
Edwin Hoyt in Three Military Leaders – Togo, Yamamoto, Yamashita

■ Kämpfe um den russischen Flottenstützpunkt Port Arthur. Photo der Beschießung der russischen Kriegsschiffe *Pallada* und *Pobieda*

TSUSHIMA – SCHWIMMENDE BÜGELEISEN

 DATEN UND FAKTEN

Historischer Rahmen: Japanisch-Russischer Krieg

Zeit: 27. Mai 1905

Ort: Pazifik; Straße von Tsushima zwischen Japan und Korea

Ziele
Russen: Durchbruch mit möglichst vielen Schiffen nach Wladiwostok
Japaner: Abfangen des russischen Geschwaders aus Schlachtschiffen

Gegner, Kommandos, Waffen
Russen unter Admiral Roschestwenski: 8 Schlachtschiffe, 8 Kreuzer, 9 Zerstörer

Japaner unter Admiral Togo: 4 Schlachtschiffe, 8 Kreuzer, 20 Zerstörer, 60 Torpedoboote

Verluste
Russen: 8 Schlachtschiffe, davon 2 geentert, 4 Kreuzer, 9 Zerstörer, davon 2 geentert

Japaner: 3 Torpedoboote und ca. 1000 Mann Besatzung an Bord der Schiffe

Sieger: Japaner

Verlauf
27. Mai, 4.45 Uhr Der japanische Hilfskreuzer *Shinano Maru* entdeckt und meldet russische Geschwader. Zunächst läuft das russische Geschwader in drei Divisionen und Kiellinie Richtung Norden.

Am Vormittag Admiral Roschestwenski versucht seine Schiffe in Dwarslinie, d. h. nebeneinander, zu manövrieren.

10 Uhr Die Russen sichten die Japaner im Nordwesten. Als Roschestwenski bemerkt, dass die Japaner ihn bei seinem Manöver beobachten, bricht er das Manöver ab. Dadurch steht die russische 1. Division teilweise rechts neben der 2. Division. Die Russen versuchen, in die alte Formation, d. h. in Kiellinie, zurückzukehren.

Ab ca. 12 Uhr Togo führt seine Schlachtlinie Richtung Osten über den Vormarschkurs der Russen, dann nach Südwesten, später Nordwesten und noch einmal über den Vormarschkurs der Russen. Dann dreht er nach Südwesten.

Gegen 14 Uhr Togo geht mit seiner japanischen Flotte auf Passierkurs zu den Russen. Die drei Divisionen der Russen laufen nahezu in Kiellinie. Allerdings steht die 1. Division zum Teil immer noch rechts neben der 2. Division; ihr ist das Schussfeld zu den Japanern somit verdeckt. Togo lässt alle Schiffe wenden, sie laufen jetzt über einen fixen Punkt hinter dem Führungsschiff hinterher. Das Manöver ist äußerst riskant, da alle Schiffe über einen Punkt laufen und ein gutes Ziel bieten. Die Russen eröffnen das Feuer. Nach 16 Minuten hat Togo seine Schlachtlinie gewendet; mit über-

legener Geschwindigkeit überholt er die Russen und zieht Richtung Osten drehend den Querstrich auf das T. Roschestwenski muss entweder ausweichen und damit seinen Nordkurs verlassen oder in der katastrophalen taktischen Lage verharren. Er weicht nach Osten aus, und sein schwer angeschlagenes Flaggschiff verlässt wenig später die Schlachtlinie.

Ab 15 Uhr Die Japaner wiederholen die angewandte Taktik mehrfach mit den verbleibenden russischen Schiffen und zerrütten deren Ordnung. Weitere Schiffe werden versenkt.

28. Mai, 9.30 Uhr Übergabe eines Teiles der russischen Flotte an die Japaner. Ein anderer Teil versucht, allein Richtung Norden durchzubrechen. Dies gelingt jedoch nur wenigen, die meisten sinken oder werden in neutralen Häfen interniert.

 EMPFEHLUNG

Lesenswert:
Frank Thiess: *Tsushima. Der Roman eines Seekrieges*, 1936.

 AUF DEN PUNKT GEBRACHT

Die Seeschlacht von Tsushima entschied den Ausgang des Japanisch-Russischen Krieges. Nach dem Verlust eines Großteiles seiner Schiffe konnte Russland nicht mehr verhindern, dass Japan seine auf dem asiatischen Festland stationierten Soldaten in Korea problemlos versorgte. Als unmittelbare Folge der Niederlage kam es in der Hauptstadt St. Petersburg zu Streiks.

Blindes Vertrauen
Tannenberg
1914

■ *Die beiden Getreuen beim Kriegsplan* (Hindenburg, links, mit General Erich Ludendorff während des Ersten Weltkriegs). Farbdruck, 1922, nach einem Gemälde von Hugo Vogel (1855–1934)

Zweimal führte Deutschland im 20. Jahrhundert Krieg gegen weit überlegene Koalitionen. Und in beiden, im Ersten und im Zweiten Weltkrieg, wäre ein Sieg der Deutschen möglich gewesen. Sie haben gezeigt, wie man aus einer militärisch, geographisch und wirtschaftlich ungünstigen Situation das Beste herausholt. Und die erste große Schlacht des Ersten Weltkriegs an der Ostfront verrät ihr Geheimnis.

Im August 1914 sind Deutschlands Armeen gerade dabei, Frankreich im Rücken zu fassen; ein Angriff, den Deutschland nur führen konnte, weil es an seiner Grenze zu Russland lediglich schwache Truppen beließ. Frühestens vierzig Tage nach Kriegsausbruch würden russische Truppen dort bereitstehen; Zeit genug, im Westen zu siegen.

Doch die russische Mobilmachung ging schneller vonstatten. Aufgrund flehender Bitten aus Paris überschritten die Russen zwei Wochen nach Kriegsausbruch die Grenze zu Deutschland. Am 15. August 1914 drang die russische 1. Armee von Osten her in Ostpreußen ein; von Süden folgte fünf Tage später die russische 2. Armee. Die beiden Armeen wollten die in Ostpreußen stationierte, zahlenmäßig weit unterlegene deutsche 8. Armee zur Schlacht oder zum Rückzug hinter die Weichsel bewegen. Dann würde Ostpreußen besetzt; sogar ein anschließender Vormarsch auf Berlin schien möglich zu sein.

Für die deutsche Seite trat die neue Lage zwar schneller ein als erwartet – aber im Prinzip kam sie keineswegs überraschend. Ihre Militärs hatten vor dem Krieg ein einfaches Abwehrschema entwickelt: Sie wollten erst die eine und dann die andere Armee der Russen mit der Mehrzahl der verfügbaren Truppen bekämpfen. Der Schwächere greift nacheinander jeweils unterlegene Formationen des Stärkeren an; ein in der Kriegsgeschichte mehrfach erfolgreich angewandtes Verfahren. Zur ersten Konfrontation kam es in der Schlacht von Gumbinnen mit der früher einmarschierten russischen 1. Armee unter General Paul von Rennenkampf.

Nach zwei Tagen zogen sich die Deutschen, ohne ihr Ziel erreicht zu haben, angeschlagen zurück.

Für die Deutschen war eine äußerst gefährliche Lage entstanden. Denn der von Süden anmarschierende weitere Gegner, General Alexander Samsonows 2. Armee, drohte den Deutschen den Rückzugsweg zu verlegen. Der deutsche Kommandant General Maximilian von Prittwitz verlor anscheinend die Nerven: Am 21. August teilte er der Heeresleitung sein Vorhaben mit, Ostpreußen kampflos zu räumen. Bei Lichte betrachtet, handelte Prittwitz ganz im Sinne des vereinbarten Plans, der die Möglichkeit einer Räumung aller Gebiete östlich der Weichsel ausdrücklich vorsah.

Nur sind Kriegsplanung und Realität ganz und gar nicht dasselbe. Flüchtende Frauen und Kinder verwirren das Bild, dazu die Nachrichten von brennenden und geplünderten Dörfern. Und da viele höhere preußische Offiziere aus eben von den Russen besetzten Gebieten stammten, schob die Heeresleitung ihre frühere Planung beiseite und löste Prittwitz ab. General Paul von Hindenburg wurde Kommandant der 8. Armee. Mit General Erich Lu-

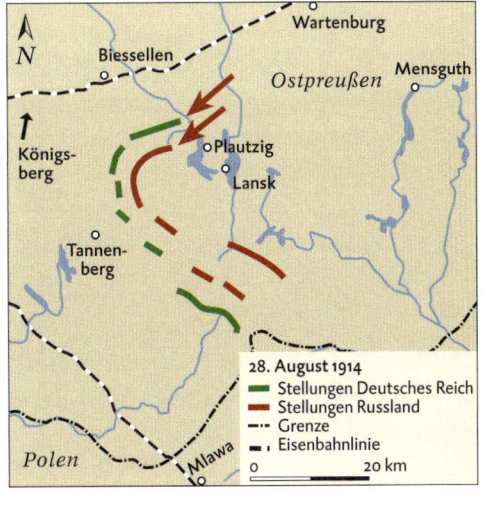

■ Ein Teil der nach der Schlacht bei Tannenberg eingebrachten Kriegsbeute

Samsonow fand ein besseres Ende als die meisten seiner Soldaten, die namenlos im Unterholz preußischer Wälder verreckten; in ihren letzten Stunden allein gelassen, niemals wiedergefundene Tote. Ihre Gebeine liegen heute noch dort, und für ihre Familien ersetzte das Schwinden der Hoffnung die Nachricht von ihrem Tod.

John Keegan, *Der Erste Weltkrieg*

dendorff als Stabschef an seiner Seite eilte er am 22. August 1914 zur Front. Schon auf der Fahrt wurden die ersten Befehle gegeben; vom Rückzug hinter die Weichsel war nicht mehr die Rede.

Auch Prittwitz hatte seine Pläne in der Zwischenzeit revidiert und, von seiner Absetzung nichts ahnend, dem Inhalt nach die gleichen Befehle gegeben. Mit der Ankunft Hindenburgs in Ostpreußen wechselte also nur das Kommando. Die unmittelbaren Operationsziele blieben dieselben: Nachdem der Versuch, zunächst die russische 1. Armee zu besiegen, am militärischen Widerstand des Gegners gescheitert war, drehten Hindenburg und Ludendorff die Reihenfolge kurzerhand um. Ihr erstes Ziel war jetzt Samsonows 2. Armee. Sie dirigieren Verbände, die eben noch nach Osten vorrücken sollten, in Gewaltmärschen nach Südwesten an die östliche Flanke der russischen 2. Armee. Das ebenfalls zunächst im Norden gegen die Russen eingesetzte I. Korps ziehen sie hinter der Mittelfront herum an die westliche Flanke. Das ostpreußische Eisenbahnnetz macht diese Verlegung möglich. Dem Angriff von zwei Seiten halten die Russen nicht lange stand. Die Deutschen sind Sieger.

■ Stellung einer deutschen Patrouille in der Ruine eines Hauses, während eines Gefechts nach der Schlacht an den Masurischen Seen vom 6.–15. September 1914. Wohlfahrtspostkarte von 1914

Ostpreussische Flüchtlinge vor ihrem völlig zerstörten Haus.

Später hat man nach Gründen für die russische Niederlage gesucht. Angeblich waren die Russen mit zwei überhastet mobil gemachten Armeen in Ostpreußen eingerückt – was allenfalls teilweise stimmt. Schließlich wehrte die russische 1. Armee den ersten und wenig später noch einen weiteren Angriff ab. Nicht einmal die technischen Kommunikationsprobleme der russischen Truppen reichen als Grund. Das unwegsame Terrain, der Mangel an Telefonen und Kabel, die unverschlüsselt per Funk erteilten Befehle – all diese Bedingungen galten auch für die Deutschen.

Selbst zu den vorhandenen persönlichen Querelen zwischen den russischen Befehlshabern Rennenkampf und Samsonow gab es deutscherseits ein Pendant. Hier wurden sogar Befehle verweigert. Zunächst in der Schlacht von Gumbinnen wo General Hermann von François eigenmächtig vorging: Er griff erst an, als er die Zeit für richtig hielt, und ermöglichte dadurch den gesamten Umfang des Erfolgs.

Entscheidend war, dass man auf deutscher Seite auch ohne Rücksprache zum selben Ergebnis gelangte. Die Befehle der alten und neuen Armeeführung glichen sich nicht aus Zufall. Sie erfüllten ein Ideal der hohen Kriegsschule Preußens: Alle Schüler entwickeln zu einer Aufgabe ohne Absprache dieselbe Lösung. Das kann man belächeln. Aber es ist die Basis für eine wortlose

■ Ostpreussische Flüchtlinge im September 1914

Tannenberg zeigt nicht etwa die wirtschaftliche Rückständigkeit Russlands; es beweist lediglich, dass Armeen Schlachten verlieren, wenn sie schlecht genug angeführt werden.
Norman Stone,
The Eastern Front

■ Das Tannenberg-National-
denkmal in Tannenberg, ge-
staltet von den Architekten
Walter und Johannes Krüger,
wurde 1927 eingeweiht und
1945 von der sowjetischen
Armee gesprengt.

Kommunikation, die, falls eine direkte Verständigung unmöglich wird, schließlich entscheidet. Man wusste bei Tannenberg, was der andere tat. Zumindest in etwa. Hindenburg hat dafür treffende Worte gefunden: Er nannte sein Verhältnis zu Ludendorff eine »glückliche Ehe«.

Anders in der militärischen Führung der Russen. Für deren 1. Armee wäre es ein Leichtes gewesen, der 2. Armee zu Hilfe zu kommen. Sie rührte sich nicht. Die nächsthöhere Ebene hätte eingreifen können. Sie rührte sich ebenfalls nicht. Die Zusammenarbeit in der russischen Generalität war von Misstrauen bestimmt; Vorboten eines inneren Zerfalls des Zarenreichs, der bald darauf einsetzte.

Misstrauen spricht auch aus der Legende vom Opfergang russischer Soldaten für die Franzosen. Die Deutschen verlegten während der Schlacht von Tannenberg Truppen von West nach Ost, die ihnen im Westen anschließend fehlten. Russische Soldaten hatten also maßgeblich Anteil am französischen Sieg an der Marne. Aber geopfert? Das klingt, als hätte Frankreichs Sieg nicht auch im Interesse Russlands gelegen. Es verbirgt vor allem, dass Tannenberg für die Alliierten ein strategischer Sieg war.

TANNENBERG – BLINDES VERTRAUEN

 DATEN UND FAKTEN

Historischer Rahmen: Erster Welt-krieg

Zeit: 26.–31. August 1914

Ort: Deutschland; südliches Ostpreu-ßen

Ziele

Deutsche: Umfassung und Vernichtung der russischen 1. Armee und 2. Armee

Russen: Blockierung des Rückzugswe-ges der deutschen 8. Armee durch die russische 2. Armee. Um die Franzosen zu unterstützen, sollen gleichzeitig die Deutschen dazu bewegt werden, Trup-pen aus dem Westen abzuziehen.

Gegner, Kommandos, Waffen

Deutsche: 8. Armee unter Feldmarschall Hindenburg, zusammen 160 000 Mann; Infanterie, Kavallerie und Artillerie; Luft-schiffe und Flugzeuge zur Aufklärung

Russen: 2. Armee unter General Samso-now, zusammen 250 000 Mann, Infante-rie, Kavallerie und Artillerie; 1. Armee unter General Rennenkampf, zusam-men 200 000 Mann, Infanterie, Kavalle-rie und Artillerie

Verluste

Deutsche: 13 000 Mann

Russen: 30 000–50 000 Mann Tote und Verwundete, dazu ca. 100 000 Gefangene

Sieger: taktisch die Deutschen; strate-gisch die Russen. Sie haben das Ziel, die Franzosen zu unterstützen, erreicht.

Verlauf

20.– 25. August Die russische 2. Armee dringt auf einer west-östlich verlaufen-den Frontlinie von Süden her in Ost-preußen ein. Dabei ändert sie ihre ur-sprünglich nördliche Marschrichtung allmählich nach Westen, weg von der russischen 1. Armee. Nach ihrem erfolg-losen Angriff gegen die 1. Armee grup-pieren die Deutschen ihre 8. Armee um. Per Eisenbahn wird das deutsche I. Korps von Norden hinter der Front an den westlichen Flügel der russischen 2. Armee gezogen. Das deutsche XXIV. Korps marschiert von Norden an den östlichen Flügel der russischen 2. Armee.

26. August Angriff der Deutschen aus Richtung Norden gegen das russische VI. Korps, d. h. den rechten Flügel der russischen 2. Armee. Rückzug des rech-ten Flügels auf das Zentrum. Im Zen-trum greifen die Russen das deutsche XX. Korps an und gewinnen an Boden. Der befohlene Angriff des deutschen I. Korps und zweier Kavalleriedivisionen gegen den linken Flügel der Russen un-terbleibt.

27. August Die von Norden kom-menden Deutschen ändern ihre Richtung und stoßen südwestlich in den Rücken der Russen. Das deutsche Zentrum gibt weiter nach. Durch den Erfolg geraten die Russen tiefer in den Kessel, der mittlerweile hinter ihnen ge-schlossen wird. Der deutsche An-griff von Westen dringt zunächst langsam durch. Am Nachmittag werden sie von Süden angegriffen und können nicht weiter vor-rücken.

28. August Das russische Zentrum steht kurz vor dem Durchbruch zur Weichsel. Der von Westen angreifende deutsche Flügel wird aufgefordert, Verbände an das be-drohte Zentrum abzugeben. Der Befehl wird ignoriert; stattdessen Angriff Richtung Osten. Der west-liche und der östliche deutsche Keil vereinen sich abends im Rü-cken der Russen.

30. August Die russische 2. Armee ist eingekreist und damit trotz al-ler Erfolge im Zentrum verloren.

30.–31. August Diverse Ausbruchs-versuche der Russen sind teilwei-se erfolgreich. Die eingekesselten Verbände werden entweder auf-gerieben oder gefangen genom-men.

 AUF DEN PUNKT GEBRACHT

Nach ihrer Niederlage bei Tannenberg räumen die Russen Ostpreußen vollständig. Hindenburg und sein Stabschef Ludendorff gelten als Retter Ostpreußens. Da sie mit zahlenmäßig deutlich unterlegenen Truppen operierten, begründet die Schlacht bei den deutschen Offi-zieren das Gefühl, den Russen überlegen zu sein. Tannenberg hat als eine der wenigen reinen Bewegungsschlachten des Ersten Weltkrieges keinen so schlechten Namen wie Verdun oder die Kaiserschlacht.

Das Wunder an der Marne
Marne
1914

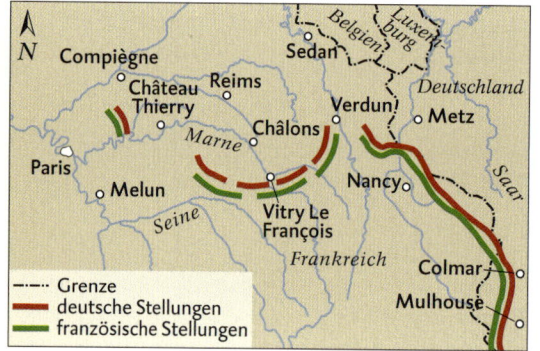

■ Der preußische Feldmarschall Alfred von Schlieffen um 1910. Er entwickelte den nach ihm benannten Schlieffenplan.

Ende des 19. Jahrhunderts sah sich das wirtschaftlich aufstrebende, geographisch aufgrund seiner Mittellage jedoch beengte und bedrängte deutsche Kaiserreich mehr und mehr isoliert. Seine militärische Führung ging deshalb davon aus, im Konfliktfall einen Zweifrontenkrieg gegen Russland und Frankreich zu führen – eine schwierige militärische Situation, die nach einem riskanten Lösungsweg verlangte.

Im Vertrauen auf die logistischen Fähigkeiten des Kaiserreichs wurde unter Generalstabschef Alfred von Schlieffen ein als Befreiungsschlag gedachter Angriff gegen Frankreich entworfen. Auf dem dichten Eisenbahnnetz sollte der Großteil des Heeres in wenigen Tagen die belgische Grenze erreichen, von dort aus quer durch Belgien nach Nordfrankreich marschieren, Paris auf beiden Seiten umfassen und dann in weitem Bogen Richtung Osten eindrehen. Wie eine riesige, bei Verdun verankerte Tür würden die sogenannten Flügelarmeen durch Frankreich schwingen und die französischen Armeen an der deutsch-französischen Grenze zerquetschen: gleichsam ein riesenhaftes Cannae.

Der nach Schlieffen benannte Plan ist ein echtes Kind des 19. Jahrhunderts mit seiner Begeisterung für antike Helden, Dampfrösser und technische Spielereien gewesen; er forderte Mut, Größe und Berechenbarkeit. Jahre verbrachten Generalstabsoffiziere mit akribischen Studien über das maximale Marschtempo ihrer Soldaten und die Kapazitäten von Schienennetzen und Straßen. In ihren Köpfen verwandelten sich die Ebenen, Hügel und Flussläufe Westeuropas zum überdimensionalen Schachbrett, umstellt von Gruppen älterer Herren, die ihre Figuren setzen, mit ihnen ziehen und schlagen.

In der europäischen Krise des Sommers 1914, die zum Ersten Weltkriegs geführt hat, bestimmte der Schlieffenplan das politische und militärische Handeln in Deutschland. Die deutsche Führung wurde zum funktionierenden Organ einer gigantischen Kriegsmaschine, die sich Anfang August 1914 nach Belgien bewegte. Der neutrale westliche Nachbar geriet unter die Stiefel der feldgrauen Soldaten. Umgehend erklärte England Deutschland wegen der Verletzung der belgischen Neutralität den Krieg.

Bis zum 28. August verlief alles im Sinne des ausgetüftelten Plans. Eine Phalanx aus vier deutschen Armeen rückte unter der glutheißen Sommersonne durch Belgien nach Nordfrankreich ein. Dann reichten die Truppen nicht mehr für eine geschlosse Linie aus, und vor

dem rechten Flügel erschien das verteidigungsbereite Paris. Da die beidseitige Umgehung der Stadt für die deutschen Armeen unmöglich wurde, schwenkten sie Richtung Süden und ließen die französische Hauptstadt rechts liegen. Der Schlieffenplan war Makulatur.

■ Gefallene deutsche Soldaten nach einem französischen Granattreffer, vermutlich in der Champagne, undatierte Aufnahme

Auch die Franzosen hatten Pläne geschmiedet und versucht, sie im August 1914 in die Tat umzusetzen. Mit hohen Verlusten und ohne Erfolg! Erst im letzten Moment erkannte ihr Oberkommando die Angriffsbewegung der Deutschen. Doch dann reagierte es bemerkenswert ruhig und überlegt. Die französischen Truppen zogen sich geordnet aus Belgien zurück und die deutschen Ar-

Der Grund, der bedeutsamer ist als alle anderen, ist die außerordentlich und einzigartige Fähigkeit der französischen Soldaten, sich rasch zu erholen. Dass Männer sich töten lassen, wo sie stehen, ist eine wohlbekannte Tatsache – damit wird in jedem Schlachtplan gerechnet. Doch dass Männer, die zehn Tage lang zurückgegangen sind, auf der Erde geschlafen haben und halb tot sind vor Müdigkeit, noch in der Lage sein würden, ihre Gewehre aufzunehmen und anzugreifen, wenn das Signal erklingt, damit haben wir niemals gerechnet. Diese Möglichkeit stand in unseren Kriegsschulen nicht auf dem Stundenplan.
General von Kluck, Befehlshaber der deutschen 1. Armee

■ *links* Tote deutsche Soldaten im Schützengraben nach der Einnahme durch die Franzosen

■ *rechts* Gesprengter deutscher Schützengraben, nahe Souain an der Aisne, im so genannten Minierkrieg, bei dem Stollen unter die deutschen Linien gegraben und mit Sprengstoff gefüllt wurden.

meen hinter sich her – zuerst nach Süden, dann an Paris entlang, Richtung Südosten. Erstaunt registrierten die Franzosen, dass die Deutschen auf die mögliche Bedrohung aus dem Raum Paris nicht reagierten.

Ende August werden auf dem dichten französischen Eisenbahnnetz Truppen quer vor der sich von Norden nahenden Front von Osten nach Westen gefahren – ohne vorherigen Plan, aber erfolgreich. An der rechten, westlichen Flanke der Deutschen, nordöstlich von Paris, entsteht eine neue Armee aus zusammengewürfelten Truppenteilen. Am 5. September verwickelte sie die westliche der deutschen Flügelarmeen in erste Gefechte. Aus der möglichen ist eine tatsächliche Bedrohung geworden. Die Schlacht an der Marne ist eröffnet.

Die Deutschen reagieren wie so häufig in diesen Jahren schnell und erfolgreich: Sie verlegen Truppen und beginnen eine Gegenattacke; der französische Angriff erhält Verstärkung durch Soldaten, die mit 5000 eilig requirierten Pariser Taxis herangeschafft werden; zwangsläufig rücken weitere deutsche Truppen zum Schutz an die westliche Flanke vor. Bald steht jedoch der Ausgang auch dieser Schlacht nicht mehr in Zweifel: Die Deutschen werden gewinnen – da erschallt aus heiterem Himmel das Rückzugssignal. Die Flügelarmeen der Deutschen lösen sich vom Feind und gehen zurück. Das »Wunder an der Marne« werden die Franzosen und Engländer diesen plötzlichen Rückzug nennen. Sie hatten mit einem weiteren Vormarsch der Deutschen gerechnet, und nicht wenigen stand der eigene Untergang schon deutlich vor Augen. Für die Deutschen endete mit dem Abbruch der Schlacht der Traum vom Riesen-Cannae. Stattdessen fanden sie sich im Grabenkrieg wieder, mit wenig Aussicht auf Sieg. Nach vier sommerlich-siegreichen Wochen hatte der wirkliche Erste Weltkrieg begonnen.

Die deutschen Politiker und Militärs, die an der Marne vom Kriegsglück verlassen worden waren, fanden schnell einen Schuldigen: Generalstabschef Helmuth von Moltke. Er hatte die Vorkriegspläne verwässert, indem er die Flügelarmeen ausdünnen ließ. Dann hatte er den Schwenk an Paris vorbei nicht unterbunden. Und als hätte das noch nicht gereicht, hatte er zuletzt die schlimmste aller militärischen Sünden begangen: Er hatte mit seinem Rückzugsbefehl den Sieg an den Gegner verschenkt.

Eigenartig war aber nicht der Befehl zum Rückzug selbst, sondern wie er zustande kam und wer ihn erteilt hatte. Moltke hatte einen Untergebenen für sich entscheiden lassen. Als der Angriff der Franzosen auf die deutsche Flanke immer bedrohlicher wurde, schickte er am 8. September einen bevollmächtigten Oberstleutnant zur Front. Hier vorn war die Lage relativ klar: Die vier deutschen Armeen wurden mittlerweile von Paris und zudem von Verdun aus attackiert. Und der Abzug der Truppen für den Gegenangriff an der Marne hatte eine riesige Lücke in die deutschen Linien gerissen, in die ein energisches britisches Expeditionskorps hineinstoßen könnte. Ein Aufklärer hatte bereits seinen Vormarsch gemeldet. In Kürze hätten alle Flügelarmeen der Deutschen eingekreist sein können.

Der Rückzugsbefehl war also kein Fehler – er rettete die Flügelarmeen möglicherweise vor der Einkreisung und einem Fiasko. Dass die Briten nur behäbig vorstoßen würden, davon konnten der Oberstleutnant und sein Vorgesetzter nichts wissen.

Nein, die Fehler wurden nicht erst von Moltke, dem nach der Marneschlacht entlassenen Generalstabschef der Deutschen, sondern viel früher gemacht, und zwar mit dem Schlieffenplan als Grundlage der deutschen Operation. Da war die Verletzung der belgischen Neutralität, die mit

■ Titelblatt der Pariser Zeitschrift *Le Petit Journal* vom 5. September 1915

> *Ich bin froh, für mich zu sein und nicht am Hofe. Ich werde ganz krank, wenn ich dort das Gerede höre; es ist herzzerreißend, wie ahnungslos der hohe Herr über den Ernst der Lage ist. Schon kommt eine gewisse Hurrastimmung auf, die mir bis in den Tod verhasst ist.*
>
> Graf Helmuth von Moltke am 29. August 1914
> in einem Brief an seine Frau

■ Der preußische General Graf Helmuth von Moltke in einer zeitgenössischen Aufnahme

England eine weitere, und wie sich zeigte, kriegsentscheidende Großmacht ins Lager der Gegner drängte. Da war der Verlust politischer und militärischer Handlungsfreiheit in den letzten Tagen des Friedens. Alles wurde einer Kriegsmaschinerie geopfert, für die der Schlieffenplan die Blaupause war. Doch das eigentliche Problem der Deutschen lag tiefer, und Schlieffen hatte es erkannt: die französische Hauptstadt. Die deutschen Mittel erlaubten es eigentlich nicht, Paris zu nehmen und Frankreich dadurch in die Knie zu zwingen. Schlieffen hatte richtig geschlossen: »Wir sind zu schwach, die Operationen in dieser Richtung weiterzuführen.« Dass Deutschlands Militärs es trotzdem versuchten, das war ihr, jenseits aller berechtigten moralischen Fragen, unverzeihlicher fachlicher, sprich militärischer Fehler. Um beim Bild vom Schachspiel zu bleiben: Sie haben wissentlich eine fehlerhafte Eröffnung gespielt und gehofft, das »Problem Paris« würde sich schon irgendwie lösen. Sie hofften bei ihrem Spiel mit dem Schicksal Europas auf etwas, das für sie im September 1914 nicht eintrat: ein Wunder an der Marne.

MARNE – DAS WUNDER AN DER MARNE

 DATEN UND FAKTEN

Historischer Rahmen: Erster Weltkrieg

Zeit: 5.–9. September 1914

Ort: Frankreich; Raum zwischen Paris und Verdun, nördlich und südlich der Marne

Ziele

Deutsche: Durchbruch in den Rücken der französischen, in Ostfrankreich stehenden Armeen

Alliierte (Engländer, Franzosen): Abwehr der Deutschen, anschließend Gegenangriff mit möglicher Umfassung und Vernichtung der deutschen Armeen im Raum zwischen Paris und Verdun

Gegner, Kommandos, Waffen

Deutsche unter Feldmarschall von Moltke: 1.–4. Armee, zusammen ca. 940 000 Mann; Infanterie, Kavallerie und Artillerie; Flugzeuge zur Aufklärung

Alliierte: 6., 5. und 9. Armee unter Marschall Joffre; britisches Expeditionskorps unter General Sir John French; zusammen ca. 1 082 000 Mann; Infanterie, Kavallerie und Artillerie; Flugzeuge zur Aufklärung

Verluste:

Deutsche: ca. 5 Prozent der eingesetzten Truppen, circa 47 000 Mann

Alliierte: ca. 5 Prozent der eingesetzten Truppen, circa 54 100 Mann

Sieger: Alliierte

Verlauf

Anfang September Vier über Belgien und Luxemburg nach Nordfrankreich einmarschierte deutsche Armeen erreichen die Marne. Sie stoßen weiter nach Südsüdost an Paris vorbei vor.

5. September Die am äußersten rechten Flügel stehende deutsche 1. Armee wird von Nordwesten von französischen Truppen in der rückwärtigen Flanke angegriffen. Das Reservekorps der 1. Armee wehrt den Angriff erfolgreich ab.

6. September Weitere französische Angriffe gegen die rückwärtige Flanke der 1. Armee werden abgewehrt. Das II. Korps der 1. Armee wird an den rechten Flügel beordert.

7. September Das IV. Korps der 1. Armee wird an den rechten Flügel beordert. Die 1. Armee schwenkt langsam nach rechts und öffnet eine Lücke zur 2. Armee. Der Kommandant der 2. Armee zieht einen Teil seiner Truppen zum Schutz seiner rechten Flanke zurück. Der Vormarsch der 2. und 3. Armee wird in den Sümpfen von St. Gond von der französischen 9. Armee gestoppt. Die drei westlichen deutschen Armee operieren de facto getrennt voneinander.

8. September Das III. Korps der 1. Armee wird an den rechten Flügel beordert. Die

Oberste Heeresleitung sendet Oberstleutnant Hentsch aus, um die Lage zu klären und gegebenenfalls den Rückzug zu befehlen. Es folgen Angriff der 3. Armee in den Sümpfen von St. Gond. Die französische 9. Armee wird zurückgeworfen.

9. September Das IX. Korps der 1. Armee wird an den rechten Flügel beordert. Der französische Angriff auf die Flanke ist praktisch gescheitert; die deutsche 1. Armee plant die Wiederaufnahme des Vormarsches nach Süden. Gleichzeitig wird die Lücke zur 2. Armee immer breiter.

9 Uhr Aufklärer melden den Vorstoß von alliierten Truppen in die Lücke zwischen den beiden deutschen Armeen.

11 Uhr Befehl zum Rückzug der 2. Armee. Die 1. Armee wird benachrichtigt. Oberstleutnant Hentsch trifft bei der 1. Armee ein; der Befehl zum Rückzug ist hier bereits erteilt.

13 Uhr Die 1. Armee beginnt mit dem Rückzug.

14 Uhr Die 2. Armee beginnt mit dem Rückzug. Die französische 9. Armee kann den deutschen Vorstoß durch die Sümpfe von St. Gond abwehren.

11. September, nachmittags Die 3. und 4. Armee erhalten von Moltke den Befehl zum Rückzug.

 AUF DEN PUNKT GEBRACHT

Durch den Rückzug der vier deutschen Armeen wird die Umfassung der französischen Armee und damit ein frühzeitiger Sieg der Deutschen vereitelt. Es wurde viel darüber gestritten, ob der Rückzug militärisch notwendig und damit letztlich richtig war. In jedem Fall begann anschließend an der Westfront der so genannte Wettlauf zum Meer; es folgten vier Jahre Stellungskrieg.

Erziehung nach Verdun
Verdun
1916

Paris ist das Herz Frankreichs. Und wer Frankreich besiegen will, muss versuchen, auf einem der Zugangswege nach Paris vorzustoßen und es zu erobern. An diesen Wegen liegen die Orte, wo die Verteidigung der Hauptstadt und damit Frankreichs beginnt. Hier lagen traditionell auch die wichtigsten Festungsbauwerke Frankreichs. Eine solche Festung war Verdun an der Maas. Bereits im 18. Jahrhundert war die Stadt befestigt worden, sie kapitulierte allerdings 1792 nach nur zwei Tagen Belagerung vor den Preußen. Im Deutsch-Französischen Krieg 1870/71 hielt Verdun der Belagerung hingegen sechs Wochen stand.

Zu Beginn des 20. Jahrhunderts bereitete sich Frankreich auf einen erneuten Angriff von Osten her vor und ließ den Raum um Verdun mit Festungsanlagen versehen. Nördlich und östlich der

■ Ein Bild der absoluten Trostlosigkeit: Die durch Granatfeuer verwüstete Straße bei Fort Souville südlich des Forts Douaumont am 26. Juli 1916

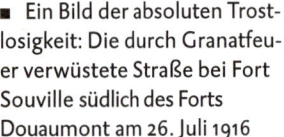

Stadt entstanden die Panzerforts Vaux und Douaumont, in Berge eingelassene und anschließend zugeschüttete Burgen. Lediglich die Türme der Geschütze ragten heraus.

Im August 1914 rückten die Deutschen durch Belgien nach Nordfrankreich vor und von dort Richtung Paris. Unter großkalibrigen Geschossen brachen die belgischen Festungsanlagen schnell zusammen, und wenige Wochen später standen mehrere deutsche Armeen kurz vor der französischen Hauptstadt. Belgien und der Norden Frankreichs waren besetzt. Darauf stufte der französische Generalstab die Bedeutung der Festungen herab. Die Truppen erhielten Order, in den eigens ausgehobenen Gräben und Bunkern auf die Deutschen zu warten.

Anfang September 1914 standen die Deutschen auf einer Linie von Paris nach Verdun – doch noch war Frankreich nicht verloren. Die Festung Verdun blieb dank einer beweglichen und kampfbereiten Armee in französischer Hand und bildete von nun an den Dreh- und Angelpunkt der Westfront. Von hier aus konnte Frankreich jederzeit einen gefährlichen Angriff starten, der Fall von Verdun hingegen hätte die Verteidigung Frankreichs beinahe unmöglich gemacht.

Die Bedeutung Verduns war auch dem deutschen Generalstab bekannt. General Falkenhayn, der Chef des Generalstabs, befahl daher Ende 1915 eine Offensive gegen die Festung. Seine Rechnung war einfach: Entweder verliert Frankreich Verdun und anschließend womöglich den Krieg, oder es verteidigt sich mit allen ihm verfügbaren Mitteln und erleidet damit hohe Verluste. »Den Gegner weißbluten lassen«, nannte er das.

Im Nachhinein haben Militärs und Historiker Falkenhayn für seine Entscheidung scharf kritisiert, denn er ließ nicht auf beiden Seiten der Maas, sondern nur auf dem Ostufer angreifen, auch waren seine Reserven nicht groß genug; er ging also absichtlich in eine Abnützungsschlacht, die sich vor allem Deutschland nicht leisten konnte. Und schließlich war die Entente, das heißt die Franzosen und die verbündeten bri-

PENDANT LA BATAILLE DE LA MEUSE
Une charge à la baïonnette

■ *oben* Bajonettkampf an der Maas, 1916

■ *unten* Deutsche Gefallene im Schützengraben, 1916

■ *oben* Französische Soldaten der Reserve versuchen am 15. Juni 1916 in einem Schützengraben beim Bourrus-Wald Schlaf zu finden.

■ *unten* Blick auf das Fort Douaumont im Januar 1916, kurz vor der Erstürmung durch die 6. deutsche Infanteriedivision am 25. Februar 1916

tischen Truppen, an keiner Stelle der Westfront so stark wie in Verdun. Dabei wäre Falkenhayns Vorhaben beinahe gelungen. Der deutsche General hatte den Termin für den Angriff ursprünglich auf den 12. Februar 1916 festgelegt. Und hätte der Angriff tatsächlich am 12. begonnen, dann hätten die Deutschen die französischen Verteidiger völlig überrascht und aller Wahrscheinlichkeit nach überrannt. Nur machte das Wetter nicht mit. Regen und Schnee versperrten die Sicht. Erst am 20. klarte es auf, und eine warme Wintersonne trocknete den Boden für die Schlacht, die am nächsten Morgen begann.

Durch den Frühnebel heult eine deutsche Granate nach Süden, Richtung Verdun. Artillerievorbereitung. Am späten Nachmittag kommen die Deutschen aus ihren Gräben heraus und liegen drei Tage später am Fuß des ersten Forts, des Douaumont. Es ist unterbelegt, die Gewehre an den Schießscharten sind nur scheinbar besetzt. Am 25. fällt das Fort Douaumont den Deutschen praktisch kampflos in die Hände. Um das Dorf gleichen Namens wird dagegen erbittert gerungen.

Die Einnahme des Forts entfaltet eine magische Wirkung – auf beiden Seiten der Front. Im Kommuniqué der deutschen Generalität wird sein Fall zum Vorboten des endgültigen Sieges stilisiert. Die französischen Verteidiger werden aufgerüttelt und sammeln die ihre angeschlagenen Verbände unter einem neuen Kommando, dem von General Pétain. Reserven werden eilig über die »rue sacrée«, die heilige Straße, in Bewegung gesetzt und nach vorne geschafft. Und weil das Überraschungsmoment vorüber ist, bricht der erste Angriff der Deutschen nach einer Woche zusammen. Im März wird ein zweiter beginnen. Die Deutschen glauben auch das andere Fort erobert zu haben: Fort Vaux. Ein Irrtum, wie sich erst nach der Erfolgsmeldung zeigt. Bald haben sich die Gegner ineinander verkeilt: »deadlock«, wie es im Englischen heißt, toter

Punkt, Totpunkt. Unter den rußschwarzen Betonblöcken der Panzerforts Douaumont und Vaux wird mit Hilfe moderner Technik ein Kampfplatz geschaffen, den niemand unbeschadet verlässt. Es gibt kein Pardon. Gelegentlich werden Offiziere, die zuviel verlangen, von den eigenen Leuten erledigt. Es gibt keinen Schutz. Nicht einmal hinter den Mauern des eroberten Forts. Die dicken Mauern zittern unter den Treffern, die Luft ist kaum zu atmen, im Dämmerlicht tritt man auf Schwerverletzte. Schließlich reißt eine Explosion im Inneren des Forts Douaumont Hunderte in den Tod.

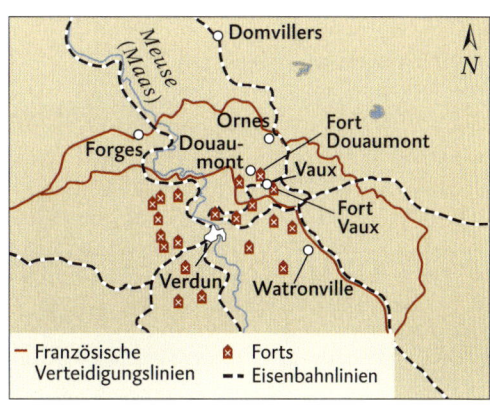

Am 7. Juni wird Fort Vaux von den Deutschen dann doch genommen. Noch einmal wird man euphorisch, setzt auf die neueste Errungenschaft der chemischen Kriegsindustrie: »Grünkreuz« – ein Giftgas mit verheerender Wirkung. Beinahe hätte Pétain Ende Juni den Befehl zur Räumung Verduns und seiner Festungsanlagen gegeben. Aber auch die Reserven der Deutschen gehen zur Neige. Zudem haben die Briten an der Somme mit einem Angriff begonnen, und alle verfügbaren deutschen Soldaten werden dort dringend gebraucht. Die »Hölle von Verdun«, wie es die Überlebenden einmütig nennen, ist, wie es scheint, endlich vorüber. Wirklich vorüber ist sie jedoch erst im Dezember, nachdem die Franzosen in zwei kurzen Stößen Vaux und Douaumont zurückholen werden. Anfang 1917 ist bei Verdun, militärisch gesehen, wieder alles beim Alten.

Verdun gilt als Sieg der Franzosen. Sie hatten unter den Mauern ihrer Festungsanlagen einen Durchbruch der Deutschen verhindert. Nicht einmal die Blutrechnung des deutschen Generalstabs ging auf. Also zog man nach dem Ende des Ersten Weltkriegs beim französischen Generalstab eine neue alte Lehre: Festungsbauwerke eignen sich gut, einen Angriff, ja vielleicht die Absicht zum Angriff im Keim zu ersticken. Wiederum

> Bertin sah sie in dem Fort herumwimmeln wie in Bewegung geratene Bestandteile der grauen Trümmer dieser von Aussatz zerfressenen Oberwerke, die wirkten, als wären sie längst am Ende ihrer Widerstandskraft ... – erstaunlich, wenn man sie mit der unterirdischen Burg verglich, ihrer unerschütterlichen Festigkeit. Genauso wie die Infanteristen hier. Sie sahen aus wie die abgetriebenen Herden des Todes, Fabrikarbeiter der Zerstörung; die hatten alle die Gleichgültigkeit, die Industrie und Maschine dem Menschen aufpressen. Aber im Innern waren sie ungebrochen; ohne Begeisterung und ohne Täuschungen gingen sie nach vorn, getragen einzig von der Hoffnung, nach zehn Tagen wieder heil zurückzukommen. Und wieder vor und wieder zurück, bis eine Wunde sie ins Lazarett erlöste oder der Tod.
>
> Arnold Zweig, *Erziehung vor Verdun*

■ Das völlig zerstörte Stadtzentrum von Verdun im Jahre
1916

In den ersten fünf Wo-
chen der Schlacht um
Verdun war die Verlust-
rate ungemein hoch:
Alle fünfundvierzig Se-
kunden wurde ein deut-
scher Soldat getötet.
Die Todesrate der Fran-
zosen war noch höher.

wurden die östlichen Zugangswege zur Hauptstadt verbarrika-
diert: Eine Kette aus Forts, die Maginot-Linie, wurde gebaut. Die
Bevölkerung Frankreichs hatte aus der Schlacht um Verdun
eine andere, gleichfalls neue alte Lehre gezogen: nie wieder
Krieg – und ging mit dem Generalstab d'accord. Die Maginot-Linie brachte den militärischen und psychologischen Zustand
Frankreichs zum Ausdruck.

Im Mai 1940 wählten die Deutschen wieder den nördlichen Weg
nach Paris. Und da Frankreich diesmal praktisch nicht kämpfte,
war es verloren. Schon bald nach Beginn des Frankreichfeldzugs
standen die Deutschen auf der rückwärtigen Seite, am Eingang,
oder wie man sagt, an der Kehle der Festung. Die Verteidiger
waren nicht etwa geflohen – sie suchten Schutz in den betonier-
ten Gewölben. Dann ergaben sie sich. Widerstandslos.

»Man hat die Wahl zwischen Verdun und Dachau«, hieß es
wenig später in Frankreich. Aber nur eine Minderheit der Franzosen war tatsächlich bedroht. Die Mehrheit sagte auch weiterhin: Nie wieder Verdun.

VERDUN – ERZIEHUNG NACH VERDUN

 DATEN UND FAKTEN

Historischer Rahmen: Erster Weltkrieg

Zeit: 21. Februar –18. Dezember 1916

Ort: Frankreich; zunächst das Gebiet auf dem rechten, östlichen Maasufer, nördlich von Verdun in der Champagne. Später greifen die Kämpfe auch auf das linke Maasufer über.

Ziele

Deutsche: Durchbruch durch die Front bei Verdun und Eroberung von Verdun. Später wird Verdun zur reinen Abnutzungsschlacht.

Franzosen: Verhinderung eines Durchbruchs der Deutschen

Gegner, Kommandos, Waffen

Deutsche: 5. Armee unter Kronprinz Wilhelm, Oberkommando General Falkenhayn, zusammen 1 000 000 Mann, davon 140 000 Mann Kampftruppen; Infanterie und Artillerie; 542 schwere Geschütze

Franzosen unter General Pétain, Oberkommando General Joffre: 500 000 Mann, Infanterie und Artillerie

Verluste

Deutsche: 337 000 Mann, davon 100 000 Tote und Vermisste

Franzosen: 377 231 Mann, davon 162 308 Tote und Vermisste

Sieger: Franzosen

Verlauf

21. Februar, 8.15 Uhr Feuereröffnung durch die Deutschen.

15 Uhr Angriff der deutschen Infanterie auf dem rechten Ufer der Maas.

25. Februar Praktisch kampflose Einnahme des Forts Douaumont. General Pétain übernimmt das Kommando der Franzosen. Im Anschluss wird der Nachschub nach Verdun besser organisiert.

2. März Die Deutschen erobern das Dorf Douaumont.

6. März Deutscher Angriff auf dem Westufer der Maas. Das Ziel ist die doppelte Anhöhe »Mort Homme« – »Toter Mann«.

7. März »Mort Homme« fällt in die Hand der Deutschen.

8. März Die Franzosen erobern »Mort Homme« wieder zurück. Der deutsche Angriff am Westufer wird durch einen weiteren Angriff auf dem Ostufer Richtung Fort Vaux unterstützt. Der Angriff schlägt fehl. Anschließend Stellungskrieg ohne nennenswerte Änderungen der Front.

8. Mai Interne Explosion in Fort Douaumont.

7. Juni Eroberung von Fort Vaux durch die Deutschen.

11. Juni Pétain bittet um den baldigen Beginn des Entlastungsangriffs an der Somme.

22. Juni Die Deutschen setzen die neuartige Gasmunition »Grünkreuz« ein.

23. Juni Die Deutschen erreichen die äußerste Grenze ihrer Vorstöße.

24. Juni Ab diesem Zeitpunkt trifft kaum mehr zusätzliche Munition bei den Deutschen ein. Die Offensive wird de facto eingestellt.

bis Dezember Rückeroberung des verlorenen Gebietes und der beiden Forts Douaumont und Vaux durch die Franzosen.

Besonderheiten

Die Deutschen setzen eine neue Waffe ein: den Flammenwerfer.

 EMPFEHLUNGEN

Lesenswert:

Arnold Zweig: *Erziehung vor Verdun*, Berlin 2001.

Erich Maria Remarque: *Im Westen nichts Neues*, Köln 1993.

Sehenswert:

All quiet on the western front. (Im Westen nichts Neues). Regie: Lewis Milestone; mit Lew Ayres, Louis Wolheim, John Wray. USA 1930.

Besuchenswert:

In Fleury-devant-Douaumont wurde 1967 anstelle des alten Bahnhofes ein Gedenkmuseum und Mahnmal ereichtet. Außerdem sind die beiden Forts Vaux und Douaumont zu besichtigen.

 AUF DEN PUNKT GEBRACHT

Die Franzosen verhindern den Durchbruch der Deutschen. Strategisch ändert sich ansonsten praktisch nichts. Es bleiben allein die hohen Verluste. Nicht zuletzt deshalb wird Verdun in den folgenden Jahrzehnten zum Ausdruck für die so genannte Sinnlosigkeit des Krieges.

Siege ohne Verlierer
Die Kaiserschlacht
1918

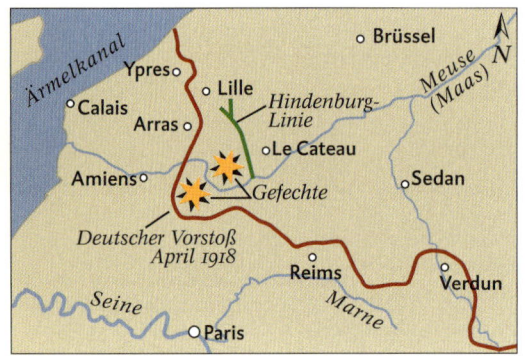

1917, im dritten Jahr des Ersten Weltkrieges, war die Kriegsbegeisterung in allen beteiligten Ländern verraucht. Meutereien in Frankreichs Armee; das Zarenreich löst sich im Bürgerkrieg auf; die Regierung in Wien signalisiert Kompromissbereitschaft. Nicht wenige hätten dem bolschewistischen Slogan »Schluß mit dem Krieg!« zugestimmt. Und als deutsche Arbeiter Anfang 1918 in den Streik treten, scheint ein Frieden in greifbare Nähe gerückt zu sein.

Wenn da nicht auch die Aussicht gewesen wäre, am Ende doch noch zu gewinnen. Die Ententemächte Frankreich und Großbritannien verloren gerade mit Russland einen ihrer wichtigsten Verbündeten; doch versprach der Kriegseintritt der USA im April 1917 einen Ausgleich. Deutschland wiederum konnte zwar auf seinen österreichischen Verbündeten nur noch eingeschränkt zählen; aber dafür war im Osten Rumänien besiegt, und Russland hatte um Waffenstillstand gebeten. Beide Seiten, Deutschland wie die Entente, fassten neuerlich Mut. Die Meutereien wurden mit Zuckerbrot und Peitsche beendet; die Streikwelle ebbte ab. Wien blieb bei der Stange; die im November 1917 an die Macht gelangte bolschewistische Regierung versuchte die befristete Waffenruhe an der Front im Osten in einen Friedensvertrag umzuwandeln.

■ Vormarsch englischer Panzer gegen die deutsche Verteidigungsfront, die so genannte Hindenburg-Linie, bei Bellicourt am 29. September 1918

Als die Bolschewiki von den harten Bedingungen der Deutschen erfuhren, brachen sie zunächst die Verhandlungen ab und änderten ihre Devise. »Weder Krieg noch Frieden«

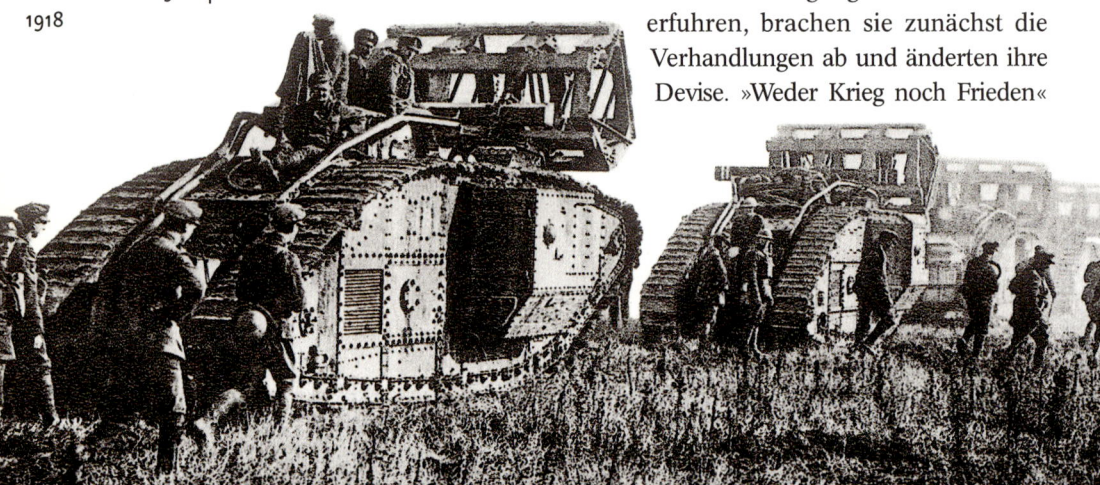

hieß sie jetzt; wirklich sehr schlau. In Friedenszeiten hätte sie jedem Diplomaten zur Ehre gereicht. Aber noch herrschte Krieg und in Deutschland eine militärische Führung, die einen Frieden nach ihren Vorstellungen verlangte. Den Abbruch der Verhandlungen quittierte sie mit dem Vormarsch ihrer Armeen bis an den Don. Am 3. März 1918 gab Russland klein bei.

Das Deutsche Reich hatte im Osten gewonnen. Seine Armeen hielten nach wie vor Belgien und den Norden Frankreichs besetzt. Nach drei Jahren Zweifrontenkrieg und Blockade eine erstaunliche Leistung. Konnte das Kaiserreich da nicht auch den Krieg an der Westfront für sich entscheiden? Musste es nicht überhaupt alles gewinnen? Ohne den Gegner im Osten standen plötzlich zusätzliche, durch ihren Sieg hoch motivierte Truppen bereit.

Die Chancen für einen sehr akzeptablen Friedensschluss waren also nicht schlecht. Natürlich, die Truppen könnten auch den zu erwartenden Ansturm des Westens parieren, auf einer Friedenskonferenz hätten die Deutschen das besetzte Belgien als Faustpfand einsetzen können. Selbst ein Rückzug aus allen besetzten Gebieten war denkbar. Wie lange würden Franzosen und Briten dann wohl noch kämpfen? Wer von ihnen hätte sein Leben für die nationale Unabhängigkeit von Tschechen und Polen riskiert? Oder für das Zurückdrängen des deutschen Einflusses im Osten Europas? Wahrscheinlich nicht viele. Die Kriegsmüdigkeit der Westmächte hätte gesiegt. Dann einen moderaten Friedensvorschlag lanciert – nicht die schlechteste Aussicht für Deutschland. Nur hätte es sich dann nicht mehr als militärischer Sieger gefühlt. Sein Sieg wäre politisch gewesen und hätte auch mit diplomatischen Mitteln erkämpft werden müssen – aber dafür fehlte es im Kaiserreich an fähigen Köpfen, und die, die es gab, waren nicht an der Macht.

■ Die nach 1918 verbreitete Ansicht, der Erste Weltkrieg sei nicht durch die Niederlage des Heeres oder die wirtschaftliche Unterlegenheit Deutschlands, sondern durch Verrat der Heimat (Dolchstoß von hinten) verloren worden, wurde von der so genannten Dolchstoßlegende geschürt. »Wer hat im Weltkrieg dem deutschen Heere den Dolchstoß versetzt?« Illustration zu einem Wahlplakat der Deutschnationalen Partei für die Reichstagswahlen am 7. Dezember 1924

Heute kam unser Vormarsch in der Gegend von Albert plötzlich nicht weiter. Keiner wusste, warum. Der Weg war völlig frei. Mit einem Auto und dem Befehl, herauszubekommen, was los ist, fuhr ich nach Albert. Da sah ich seltsame Dinge. Merkwürdige Gestalten bewegten sich weg von der Front. Sie sahen nicht aus wie Soldaten. Einige trieben Kühe vor sich her, andere hatten ein Huhn unter einem und Notenpapier unter dem anderen Arm, wieder andere hielten eine Flasche Wein im Arm und hatten eine offene Flasche in der Hand. ... Vorläufig war der Vormarsch beendet, und es gab für Stunden kein Mittel, um ihn wieder in Gang zu bringen. Rudolf Binding, Augenzeuge

■ Das am 28. August 1914 von deutschen Truppen besetzte St. Quentin wurde bis zum 2. Oktober 1918 gehalten, aber durch französische Truppen fast völlig zerstört.

Noch bevor Deutschland Russland am 3. März in Brest-Litowsk seinen Frieden diktierte, hatte sich seine Oberste Heeresleitung gegen Verhandlungen und für einen Angriff im Westen entschieden. Sie setzte auf Sieg. Rasch wurden die im Osten frei gewordenen Divisionen nach Westen verlegt. Bald überstieg ihre Zahl die ihrer Gegner. Auch die Arithmetik sprach für einen Angriff. Die Frage war nur, wo er stattfinden und mit welchem Ziel er geführt werden sollte.

Bisher hatten alle militärischen Planer im Ersten Weltkrieg zuerst das Ziel und dann das Wo festgelegt; erst an dritter Stelle rangierte das Wie. Die Strategie bestimmte die Taktik. Und das Ergebnis war immer dasselbe gewesen: Die Attacke richtete sich gegen die wichtigsten und daher zumeist stärksten Frontabschnitte des Gegners und blieb unter hohen Verlusten irgendwo hängen.

Der Chef des deutschen Generalstabs, General Erich Ludendorff, kehrte das Verfahren um und schaute zuerst nach den taktischen Gegebenheiten des Schlachtfelds. Und so fiel seine Wahl auf einen Frontabschnitt zwischen St. Quentin und Arras in Nordfrankreich. Hier stand den Deutschen die schwächste der vier Armeen des britischen Expeditionskorps gegenüber. Außerdem – ohne Ziel plante Ludendorff trotz des Vorrangs, den er der Taktik gab, nicht – bestünde die Chance, die Briten in die Kanalhäfen und zurück auf ihre Insel zu treiben.

Und noch etwas sollte sich ändern: das Wie, die Methode, mit der die Front gesprengt wurde. Drei Jahre Stellungskrieg hatten ein stereotypes Angriffsschema geprägt: zuerst ein möglichst langer Beschuss durch die Artillerie, dann rückt die Infanterie breitgefächert mit der größtmöglichen Zahl von Männern durchs Niemandsland vor. Das Bombardement konnte tagelang dauern, war imposant und militärisch nicht besonders ergiebig. Der Gegner

Die Artillerie machte alle gleich. Keiner hielt den Beschuss länger als drei Stunden durch. Dann wurde man müde und wie gelähmt. Du wirst drei Stunden beschossen, und dann brauchen sie nur noch kommen und dich einsammeln. Es ist wie unter Betäubung. Du kannst nicht länger Widerstand leisten. Erst fingen die Jüngeren an. Sie gingen zu denen, die schon länger dabei waren; suchten ihren Beistand und weinten.

Schütze Atkinson,
1. West York Battalion

kannte den Ort des Angriffs; außerdem über-
lebten genügend Verteidiger in ihren ausgebauten Verstecken.

Am ersten Frühlingsmorgen des Jahres 1918
wird die Angriffszone nur wenige Stunden,
aber dafür äußerst heftig beschossen; dazu
kommt ein ausgetüfteltes Gemisch verschiedener giftiger Gase zum Einsatz. Dann springt
die Infanterie in kleinen Gruppen, so genannten Stoßtrupps, aus ihren Gräben. Ausgewählte Soldaten – Ludendorffs Trumpf. Sie

laufen los und umgehen die Stellung des Geg-
ners, statt sie zu bekämpfen; sie sickern ein. Dichter Nebel er-
leichtert ihr Vorgehen erheblich. Und bis zum Nachmittag haben
sie etwas an der Westfront Neues erreicht: den tiefen Durchbruch
durchs Stellungssystem. Der Kaiser verkündet einen Sieg deutscher Waffen. Die Heimat schreit wieder Hurra.

■ Eine Gruppe deutscher
Soldaten, die während der
großen Offensive im April 1918
an der Westfront in britische
Gefangenschaft gerieten

Fünfzehn Tage später bricht Ludendorff die »Kaiserschlacht«
vorzeitig ab. Die Offensive hat ihr Ziel, die alliierten Armeen zu
trennen, nicht erreicht. So scheitern auch die nächsten vier Angriffe, die in den folgenden Monaten nach demselben Schema erfolgen. Die Stoßtrupps siegen und siegen – doch ein Durchbruch
zum Kriegsgewinn gelingt ihnen nicht. Denn zu einem wirklichen
Sieg gehört ein geschlagener Gegner. Doch Franzosen und Briten
haben sich vom ersten Schock nicht nur wieder erholt; nach der
ersten Panik installieren sie ein gemeinsames Oberkommando

■ Von Tränengas geblendete
britische Soldaten auf einem
Verbandsplatz bei Estalres am
10. April 1918

und richten sich geschickt auf weitere Angriffe ein. Die letzte von Ludendorffs fünf Offensiven bricht bereits am ersten Tag im Abwehrfeuer zusammen.

Mitte Juli 1918 hat sich die Lage Deutschlands sichtlich verschlechtert. In einer taktisch brillanten, im Ganzen gesehen aber überspannten Operation hat die deutsche Führung zahllose ihrer besten Soldaten geopfert und zu

■ Auf der Schlusssitzung der Mittelmächte wurde am 9. Februar 1918 in Brest-Litowsk ein Separatfriede mit der Ukraine vereinbart. Der österreichische Delegationsleiter Graf Czernin, Staatssekretär von Kühlmann und der ukrainische Staatssekretär Radeslavow am Verhandlungstisch

allem Überfluss weit vorgeschobene, schwer zu haltende Linien erreicht. Am 8. August erobern die Alliierten, unterstützt von 456 Panzern – auch Engländer und Franzosen haben neue Methoden entwickelt –, große Teile des in der Kaiserschlacht verlorenen Terrains zurück. Die Deutschen werden besiegt, und der Tag geht als »schwarzer Tag der deutschen Armee« (Ludendorff) in die Geschichte ein; Kaiser Wilhelm II. fordert jetzt das Ende des Krieges.

Auf der taktischen Ebene war die Kaiserschlacht ein voller Erfolg; strategisch und politisch gesehen hat das Kaiserreich mit ihr den Weltkrieg verloren. Allerdings kam dieser Zusammenhang bei den Soldaten der ersten Linie nicht an. Die »Frontschweine« hatten nur ihren Vormarsch vor Augen und machten für die spätere Niederlage die Politiker verantwortlich. Verweichlichte Zivilisten hätten sie um die verdienten Früchte ihres Könnens und ihres Mutes gebracht. Als enttäuschte Stoßtrupps hielten sie in Freikorps, beim Saalschutz oder in der Avantgarde der Arbeiterklasse den Kriegszustand aufrecht. Ihren eigenen, reichlich zivilen Anteil am Scheitern von Ludendorffs Plan haben diese Soldaten übrigens gern übersehen: Am 23. und 24. März, als ihrem weiteren Vormarsch nichts mehr entgegenstand, hatten sie zuerst einmal die britischen Vorratslager geplündert.

DIE KAISERSCHLACHT – SIEGE OHNE VERLIERER

 DATEN UND FAKTEN

Historischer Rahmen: Erster Weltkrieg

Zeit: 21. März–5. April 1918

Ort: Frankreich; Gebiet etwa im Dreieck von La Fère, Amiens und Arras im Norden Frankreichs

Ziele
Deutsche: Durchbruch durch die Westfront bei Amiens, Spaltung von Franzosen und Briten sowie Rückzug der Briten in die Häfen. Damit soll der Krieg im Westen siegreich beendet werden.

Alliierte (Briten, Franzosen): Verhinderung eines Durchbruchs der Deutschen

Gegner, Kommandos, Waffen
Deutsche unter dem Oberkommando von General Ludendorff: 17. Armee unter General von Below, 2. Armee unter General von der Marwitz, 18. Armee unter General von Hutier, zusammen 76 Divisionen; Infanterie und Kavallerie; 6473 Geschütze, davon 2435 schwere und 73 überschwere; Flugzeuge

Alliierte zunächst unter dem Oberkommando von General Haig, später de facto Alliiertes Oberkommando unter General Foch: 3. Armee unter General Byng, 5. Armee unter General Gough, zusammen 28 Divisionen; Infanterie, Kavallerie und Artillerie (u. a. 456 Panzer); Flugzeuge

Verluste
Deutsche: 250 000 Mann; ca. 39 000 Mann, davon 10 000 Tote allein am 21. März

Alliierte: 250 000 Mann, ca. 38 000 Mann, davon 7000 Tote allein am 21. März

Sieger: Alliierte

Verlauf
21. März, 4.30–5.05 Uhr Beginn der Artillerievorbereitung. Zunächst werden die britische Artillerie, dann die vorderen Gräben mit Spreng- und Gasgranaten beschossen.

9.30 Uhr Die Infanterie der deutschen 17., 2. und 18. Armee greift im ungewöhnlich dichten Nebel an. Die vorderen Gräben, insbesondere die der vor dem linken Flügel der Deutschen stationierten britischen 5. Armee, werden fast überall überrannt. Am rechten Flügel bleiben die Geländegewinne der deutschen 17. Armee relativ gering.

22. März Der Befehlshaber der britischen 5. Armee, General Gough, befiehlt den Rückzug hinter die Somme.

23. März Der deutsche Angriff stockt im Norden. Auf dem linken Flügel kommen die Deutschen weiterhin zügig voran. Damit verläuft der Angriff entgegen Ludendorffs Intention, den Schwerpunkt auf den Nordflügel zu legen. Der deutsche Nordflügel wird weiter verstärkt.

24./25. März Der Angriff auf dem linken deutschen Flügel droht, französische und britische Truppen zu trennen. Der deutsche Vormarsch beträgt bisher 27–30 Kilometer.

26. März General Foch erhält de facto das Oberkommando über die Streitkräfte des Westalliierten. Nach mehreren vergeblichen Durchbruchversuchen im Norden verschiebt Ludendorff den Angriffsschwerpunkt teilweise ins Zentrum.

28. März Der Angriff der deutschen 17. Armee auf dem Nordflügel mit dem Ziel Arras wird abgewehrt.

30. März Die deutsche 18. Armee steht nach einem Vormarsch von 60 Kilometern kurz vor dem wichtigen Verkehrszentrum Amiens. Durch den schnellen Vormarsch geht der Kontakt zwischen Artillerie und Infanterie verloren. Die Angreifer brechen erschöpft zusammen.

4. April Der letzte Versuch der Deutschen, nach Amiens vorzustoßen, scheitert.

5. April Abbruch der Angriffsoperation.

 AUF DEN PUNKT GEBRACHT

In der Kaiserschlacht und den folgenden Offensiven setzen die Deutschen ihre letzten Reserven ein und verfehlen trotz beeindruckender taktischer Erfolge vor Ort ihr strategisches Ziel, die Armeen der Alliierten zu spalten und England aus dem Krieg zu drängen. Damit hat das Kaiserreich den Ersten Weltkrieg verloren und die Früchte seines Sieges im Osten verspielt.

Die Moral der Zivilisten
Luftschlacht um England
1940

Kartenbeschriftung:
Glasgow
N
Newcastle — Sunderland
Middles-
borough — Nordsee
Belfast
Manchester — Hull
Liverpool — Sheffield
Birming- — Nottingham
ham — Coventry — Norwich
Swansea — Ipswich
London — Canterbury
Exeter — Ports- — Calais
mouth
Plymouth — Ärmelkanal
Le Havre — Amiens
Paris

0 ———— 150 km

● bombardierte Städte
● Stützpunkte der
   deutschen Luftwaffe
– – Radarschirm Tiefflug
– – Radarschirm Höhenflug

■ Lächelnd und mit dem charakteristischen V-(für Victory) Zeichen, verbreitet der britische Premierminister Winston Churchill im Kriegsjahr 1943 in London Optimismus.

Der Zweite Weltkrieg begann in Europa am 1. September 1939 mit dem Angriff der Deutschen auf Polen. Zwei Tage später erklärten England und Frankreich Deutschland den Krieg. Und nach sechs Wochen hätte das Ganze vorbei sein können. Hitler und Stalin hatten sich Polen geteilt, und an der deutsch-französischen Grenze passierte nichts, was den Namen Krieg verdiente. Später sprach man deshalb vom »Sitzkrieg«.

Im Frühjahr 1940 setzte sich die deutsche Kriegsmaschine erneut in Bewegung; zunächst in nördlicher und dann in westlicher Richtung. Frankreich wurde noch schneller als Polen besiegt. Das britische Expeditionsheer konnte mit knapper Not nach England entkommen. Hitler stand als Sieger über Frankreich in Deutschland auf der Höhe seiner Beliebtheit.

Ende Juli 1940 hätte das Ganze noch immer vorbei sein können. Zumindest für England. Hitler hatte der Regierung in London seine Friedensbereitschaft signalisiert. Nicht weil er Frieden wollte – er wollte sich den Rücken freihalten, etwa für einen Angriff auf Russland. Sein Angebot klang daher nicht einmal schlecht und spekulierte auf eine zivile politische Klasse, die einen offenbar verlorenen Krieg garantiert nicht fortsetzen wollte.

Doch seit dem 10. Mai 1940 gab es im Zweiten Weltkrieg ein neues Gesicht: Winston Churchill wurde in London zum Premierminister ernannt. Seine Faszination für alles Militärische wurde nur noch von seinem Hass auf Hitlers Regime übertroffen. Entsprechend gering war seine Friedensbereitschaft. Und Churchill wusste, dass allein der 35 Kilometer breite Ärmelkanal die Insel und ihre Bewohner vor deutschen Panzern und Gestapo bewahrte. Weil die Royal Navy die See dominierte, würde jedes mit deutschen Panzern und Soldaten beladene Schiff innerhalb weniger Minuten versenkt. Es sei denn, den Deutschen gelänge es, das Seegebiet für Kriegsschiffe zu sperren, was nur mit Flugzeugen möglich war. Die Deutschen brauchten, wollten sie

England erobern, die Luftüberlegenheit über dem Ärmelkanal und über Südengland.

Nur langsam wuchs in Berlin die Einsicht, dass England kompromisslos blieb und niedergekämpft werden müsse. Entsprechend zögerlich begann der militärische Aufbau für eine anstehende Luftschlacht um England. Und geradezu zaghaft traf Deutschland Vorbereitungen für eine Landung, die man, »wenn nötig«, so Hitlers Worte, auch durchführen wollte. »Wenn es denn sein muss«; so redet kein zu allem bereiter Diktator.

Die Briten und ihre Regierung waren dagegen bereit; um ihre Moral stand es trotz der schwierigen Situation recht gut. Sie sahen es sportlich: »Okay, die Lage ist nicht gut; aber wir sind im Finale; und wir spielen zu Hause.« Selbst den Ausfall aller Verbündeten werteten sie zu ihren Gunsten: »Ich fühle mich glücklicher, seit wir keine Alliierten mehr haben, die wir tätscheln, zu denen wir höflich sein müssen«, schrieb König Georg VI.

Allerdings – sie spielen zu Hause. Die Luftschlacht um England tobt im August 1940 am Himmel über den Hügeln und Küstenstreifen im äußersten Süden der Insel. Und bis zum 24. August ist es ein Kampf zwischen Rittern: Fliegerasse, die letzten namhaften Helden in einem Krieg der namenlosen Millionen. Auf der einen Seite britische Piloten in ihren Jagdmaschinen; auf der anderen Seite die Besatzungen der deutschen Jäger und Bomber, die mit

■ Eine deutsche Messerschmitt verfolgt eine englische Spitfire. Dieses Propagandaphoto von 1940 erschien in der französischen Ausgabe der Zeitschrift *Signal*.

allen Kräften Bodeneinrichtungen wie Flugplätze, Hangars und Radaranlagen ihrer Gegner ausschalten wollen. Sie werden hüben wie drüben von den Zivilisten bewundert.

Doch am Abend des 24. August 1940 fallen Bomben auf Wohngebiete in London. Höchstwahrscheinlich ein Fehlwurf. Oder ein Irrtum, wie er in jeder Schlacht beinahe zwangsläufig vorkommt. Auf Anweisung Churchills schlägt England noch in der folgenden Nacht mit seinen Bombern zurück. Sie steuern die Reichshauptstadt an. In Berlin halten sich die materiellen Schäden in Grenzen; aber das Image der Naziführer bekommt einen Kratzer. Ein Befehl, der »Terrorangriffe« aus Angst vor Vergeltung verbietet, wird widerrufen, und Bomberverbände starten Richtung London.

Ab August 1940 führt Deutschland den ersten strategischen Luftkrieg der Geschichte, das heißt, es versucht, allein mit seiner Luftwaffe England in die Knie zu zwingen. Zunächst wird am helllichten Tag auf Industrieanlagen gezielt. Nachdem die Flugzeugverluste in die Höhe geschnellt sind, fliegen die Deutschen im Schutz der Dunkelheit an. Exakte Bombenabwürfe sind damit unmöglich. Aber die Kommandierenden haben bereits ein anderes lohnendes Objekt ausgemacht: die Moral der Zivilisten. Und da die Luftwaffe zu diesem Zeitpunkt über eine ungleich größere Bomberflotte verfügt, sieht sie sich als baldigen Sieger. Man ist vom Luftkrieg geradezu begeistert. Die Volksgenossen lesen fasziniert, wie brennende Städte nachts von oben aussehen, und grölen zur Deutschen Wochenschau das Lied von den »Bomben auf Engelland«.

Doch der Zielwechsel auf die Industrieanlagen und den Durchhaltewillen der Zivilisten ist für Deutschland fatal: militärisch, weil er die Offensive gegen die Bodeneinrichtungen der britischen Jäger vor ihrem möglicherweise erfolgreichen Abschluss beendet; moralisch, weil er jede bis dato auf beiden Seiten vorhandene Hemmung, zum totalen Bombenkrieg überzugehen, beseitigt. Überdies verfehlen die Angriffe ihren Zweck, die Moral der englischen Zivilisten zu brechen. Im Gegenteil: »Give 'em

■ Die Balham High Road in London nach der Bombardierung durch die deutsche Luftwaffe.

back«, fordern diese wütend von Churchill. Und wieder werden Piloten zu Helden. Diesmal gehören sie jedoch nicht zu den Jägern, sondern zu einem anderen Teil der Royal Air Force: dem Bomberkommando. Seine Mannschaften tragen den Krieg nach Deutschland zurück. Eigene Opfer erdulden Zivilisten leichter, wenn sie wissen, dass es die anderen gleichfalls erwischt.

■ Londoner suchen während eines nächtlichen Luftangriffes am 7. Oktober 1940 Schutz in der Untergrundbahn.

Mitte September 1940 hat England die Luftschlacht gewonnen. Für Englands Bevölkerung und seine Soldaten ist es der bedeutendste Sieg, den sie alleine gegen Deutschland und für Europa erkämpften; es ist, in den Worten Churchills, »ihre größte Stunde« gewesen. Nur ist der Krieg noch längst nicht zu Ende. Die Bombardierungen englischer Städte dauern über den Winter bis ins

Die große Amoralität, die uns 1940 und 1941 zur Wahl stand, war, den Krieg gegen Hitlerdeutschland zu verlieren. Und es wäre ein großer Schritt in diese Richtung gewesen, das einzige Mittel, das wir zu jener Zeit gegen Hitler in der Hand hatten, nicht zu nutzen: die Bomber.
Noble Frankland, Herausgeber des offiziellen Berichtes
The Strategic Air Offensive against Germany 1939–1945

■ Alliierte Bomber über
Deutschland

nächste Frühjahr hinein. Trauriger Höhepunkt: der schwere Schlag im November gegen Coventry in Mittelengland. Dann braucht Hitler seine Bomber in Russland.

Britische Bomber flogen dagegen in wachsender Stärke nachts gegen Deutschland. Zunächst zielten sie, wie anfangs die Luftwaffe, genau; dann, nachdem man festgestellt hatte, dass die Maschinen kaum etwas trafen, auf Städte. Wohngebiete wurden wahllos mit Bomben belegt. Erneut geriet die Moral der Zivilisten ins Bombervisier. Und wieder brach die Moral der Zivilisten in den Bombennächten nicht ein – nicht in Hamburg, nicht in Kassel, nicht in Darmstadt und auch nicht am 13. Februar 1945 in Dresden.

Drei Monate nach Dresden war der Zweite Weltkrieg in Europa zu Ende. Und plötzlich mieden die Zivilisten die Krieger, die sie eben noch bewundert und gebraucht hatten. Churchill verlor die erste Wahl nach dem unter seiner Regie gewonnenen Krieg.

Dem Chef der britischen Bomberflotte, Arthur Harris, auch Bomber-Harris genannt, und seinen Soldaten wurden eigentlich selbstverständliche Auszeichnungen verweigert. Nicht zu Unrecht war Arthur Harris verbittert. Schließlich hatten seine Männer ihr Leben riskiert und oftmals verloren. Aber das ist der Spagat jeder zivilen Gesellschaft, die sich verteidigen will: Sie muss den Angriff auf ihre Kampfmoral mit Hilfe der eigenen Militärs ebenso abwehren können wie den Angriff der eigenen Militärs auf ihre moralischen Grundsätze. Der englischen Gesellschaft ist das eine im Sommer 1940 und das andere im Frühjahr 1945 gelungen. Und vielleicht wird man irgendwann sagen, dass auch der zweite Sieg zu ihren größten Stunden zählte.

BOMBEN AUF ENGELLAND!
Wir fühlen in Horsten und Höhen / Des Adlers verwegenes Glück! / Wir steigen zum Tor / Der Sonne empor, / Wir lassen die Erde zurück. Kamerad! Kamerad! Alle Mädels müssen warten! / Kamerad! Kamerad! Der Befehl ist da, wir starten! / Kamerad! Kamerad! Die Losung ist bekannt: / Ran an den Feind! Ran an den Feind! / Bomben auf Engelland! / Hört ihr die Motoren singen: / Ran an den Feind! / Hört ihr's in den Ohren klingen: / Ran an den Feind! / Bomben! Bomben! Bomben auf Engelland! Wir stellen den britischen Löwen / Zum letzten entscheidenden Schlag. / Wir halten Gericht. / Ein Weltreich zerbricht. / Das wird unser stolzester Tag! Liedtext von Wilhelm Stöppler für den Propagandafilm »Feuertaufe« der deutschen Luftwaffe von Hans Bertram.

LUFTSCHLACHT UM ENGLAND – DIE MORAL DER ZIVILISTEN

 DATEN UND FAKTEN

Historischer Rahmen: Zweiter Weltkrieg

Zeit: 10. Juli 1940–11. Mai 1941

Ort: England; Süden und Südosten Englands bis zur Themse

Ziele
Deutsche: Erringung der Luftüberlegenheit durch Zerstörung der englischen Jagdflieger (»Fighter-Command«), um anschließend in England landen zu können (Operation »Seelöwe«)

Briten: Erhalt der Luftherrschaft über dem südlichen Küstengebiet

Gegner, Kommandos, Waffen
Deutsche unter Reichsmarschall Hermann Göring: 2. und 3. Luftflotte; 1365 Bomber, 1305 Jäger

Briten: Fighter-Command (Jagdflieger) unter Luftmarschall Hugh Dowding, Bomber-Command (Bomberflotte) unter General Portal; ca. 600 Jäger. Die Piloten stammen aus verschiedenen Ländern, u. a. auch Polen und der Tschechoslowakei.

Verluste
Deutsche: 1733 Jäger und Bomber

Briten: 915 Jäger

Sieger: Briten

Verlauf
1. Phase: 10. Juli 1940 Erste verstärkte Angriffe der Deutschen gegen Ziele in Südengland und gegen Kanalschifffahrt.

16. Juli Hitlers Weisung Nr. 16 »Über die Vorbereitungen einer Landungsoperation gegen England« (Operation »Seelöwe«).

2. Phase: 8. August Göring befiehlt die Vernichtung der Britischen Luftwaffe (Operation »Adler«). Der Befehl wird von den Briten entschlüsselt.

13. August »Adlertag«, Beginn der Operation »Adler«.

15. August Die Luftwaffe fliegt 1786 Einsätze; Verluste: 35 britische Jäger, 76 deutsche Jäger und Bomber. In den folgenden Tagen übersteigen die Verluste auf britischer Seite erstmals den Nachschub an neuen Flugzeugen.

3. Phase: ab 24. August Forcierte Angriffe gegen Bodeneinrichtungen des Fighter-Command. Trotz der Vorwarnungen durch Radarstationen und der Entschlüsselung des deutschen Geheimcodes erleidet die britische Kampfflugzeugflotte bedrohliche Verluste.

24./25. August Deutsche Luftangriffe, wahrscheinlich versehentlich, gegen London.

25./26. August In der Nacht greifen 81 britische Bomber zum ersten Mal Berlin an.

Bis 7. September Die deutschen Verluste,

bezogen auf die Menge eingesetzter Flugzeuge, sinken.

4. Phase: ab 7. September Erster und letzter großer Tagesangriff auf London. 57 Tage und Nächte in Folge Luftangriffe auf London mit durchschnittlich jeweils 200 Maschinen. Die Angriffe gegen die Bodeneinrichtungen des Fighter-Command werden praktisch eingestellt.

17. September Hitler verschiebt die Operation »Seelöwe« bis auf weiteres.

5. Phase: 27. September Letzte größere Luftkämpfe über Südengland.

12. Oktober Hitler verschiebt die Operation »Seelöwe« endgültig ins Frühjahr 1941.

5. Phase: 14./15. November Luftangriff auf Coventry in der Grafschaft Warwickshire. 449 Bomber werfen 503 Tonnen Sprengbomben und 881 Brandsätze ab; Verluste: 554 Tote, 865 Schwerverletzte.

Bis Mai 1941 Luftangriffe auf diverse Großstädte in Großbritannien. Diese letzte Phase wird in England als »Blitz« bezeichnet und in der Literatur häufig nicht mehr zur Luftschlacht gerechnet.

10./11. Mai 1941 Letzter Großangriff auf London; Verluste: 1212 Tote, 1769 Schwerverletzte.

Besonderheiten
Erster strategischer Luftkrieg: Es werden lediglich Flugzeuge eingesetzt, um den Gegner in die Knie zu zwingen.

 AUF DEN PUNKT GEBRACHT

Die Niederlage in der Luftschlacht um England bedeutet das Ende einer Kette deutscher Siege. Ein abschließender deutscher Sieg im Westen wird vorerst unmöglich gemacht, und langfristig droht ein Zweifrontenkrieg. England wird zum Absprungplatz für eine Luftoffensive gegen Deutschland und eine potenzielle Landung an der französischen Küste.

Mit unfairen Mitteln
Atlantik
1941–1943

Zu Beginn des Zweiten Weltkriegs knüpften Deutschland und England im Atlantik dort an, wo sie 1918 aufgehört hatten, denn ihre strategische Lage hatte sich nur wenig verändert. Beide Staaten hingen in großem Umfang von Importen ab. Und beide mussten versuchen, die Zugangswege des anderen zu blockieren. Allerdings hatte es England in diesem Punkt leichter. Die Insel liegt strategisch günstig vor der Einfahrt zu den Häfen von Hamburg und Bremen. Die Deutschen hatten es schwer: Sie konnten die Versorgung der Britischen Inseln nur im Atlantik gefährden. Dort allerdings beherrschte die Royal Navy die See.

Also griff die deutsche Marine auf ein bereits im Ersten Weltkrieg erprobtes Mittel zurück: das Unterseeboot, das Boot für den Schwachen, für den, der sich im Atlantik besser nicht blicken lässt. Es hat einen besonderen Vorteil: Man kann es auf dem Wasser nicht sehen. Aufgetaucht ist es dafür beinahe wehrlos. Es wirkt allein aus seinem Versteck, indem es Torpedos gegen Kriegs- und Handelsschiffe verschießt.

Und noch aus einem anderen Grund ist das U-Boot eine problematische Waffe. Denn was beim Versenken von Schlachtschiffen noch als kühn erscheint, zählt gegenüber Frachtern und Tan-

■ Britische Seestreitkräfte versenken das deutsche Schlachtschiff *Bismarck* im Atlantik, 400 Seemeilen westlich von Brest, 1941. Aufgenommen vom Deck der Prinz Eugen

kern als hinterhältige Tat. Aus der militärischen wird eine moralische Frage, und aus der moralischen, falls sie von einem Neutralen wie den Vereinigten Staaten gestellt wird, wieder eine militärische Frage. Gleich am ersten Kriegsabend stand sie für die Deutschen im Raum: U 30 hatte ohne Wenn und Aber einen Dampfer versenkt, und unter den Opfern befanden sich 28 US-Amerikaner. Berlin wies sofort jede Mitschuld weit von sich, sprach sogar von einem Komplott; eilig wurden alle Kommandanten an die Prisenordnung erinnert. Der U-Boot-Krieg sollte den USA nicht, wie im Ersten Weltkrieg, einen Grund zum Kriegseintritt liefern.

Im Juni 1940 verschob sich die geostrategische Lage beträchtlich zugunsten der Deutschen. Sie hatten mit Frankreich zugleich die Häfen an der atlantischen Küste erobert. Von hier aus griffen sie nunmehr die westlichen Zugänge Englands mit U-Booten, ja sogar mit Flugzeugen und Kampfschiffen an. Für England wurde die deutsche U-Boot-Waffe zur existenziellen Bedrohung. Die Ausweitung des Seekriegsgebiets durch die Deutschen machte da die Sache nicht wesentlich schlimmer.

■ Die Karte zeigt aus deutscher Sicht das Kräfteverhältnis der britischen und deutschen Seestreitkräfte im Jahr 1941. Farbdruck aus der Zeitschrift *Signal*, französische Ausgabe, Heft 22, 1941

Auf dem Atlantik begann im Herbst 1940 ein mörderisches Versteckspiel. Hier die U-Boote; dort die unter britischer Flagge fahrenden Frachter und ihr Begleitschutz. Die Dampfer mussten sich genauso verstecken wie ihre Jäger. Und das beste Versteck boten seltsamerweise die Konvois; vierzig bis fünfzig unter einem Kommando fahrende Schiffe. Aber sieht der Gegner eine so große Ansammlung von Schiffen nicht eher? Die Intuition sagt ja; und ihr waren im Ersten Weltkrieg viele Kapitäne erlegen, mit tödlichen Folgen. Die mathematische Analyse liefert ein anderes Bild. In den Weiten des Atlantik sind Konvois de facto ebenso klein wie einzelne Schiffe. Viele Einzelfahrer, also nicht im Konvoi fahrende Schiffe, steigern somit die Chancen des U-Boots, irgendwo ein Opfer zu treffen. Ende 1940 bewegten sich die meisten Dampfer im Konvoi.

■ Die Enigma-Chiffriermaschine der deutschen Abwehr und der Wehrmacht während des Zweiten Weltkriegs

Der Führer der deutschen U-Boot-Flotte, Admiral Karl Dönitz, legte seine Boote quer zu den Konvoirouten und dichter gestaffelt auf Lauer; die immer größere Zahl einsatzbereiter

■ Zeitgenössische Aufnahme der »Colussus«. Sie wurde im ehemals streng geheimen britischen Dechiffrierzentrum in Bletchley Park nahe Milton Keynes ab 1943 unter strengster Geheimhaltung gebaut. Die Maschine besaß an die 2500 Röhren, bis zu 5000 Zeichen konnten pro Sekunde verarbeitet werden.

Boote erlaubte ihm das. Und tatsächlich: 1941 nahmen die Verluste der Engländer gefährliche Ausmaße an. Bis in den Juni hinein. Ab Juli, von einem Monat auf den anderen, bekamen die Ausgucke der U-Boote fast keinen Konvoi mehr zu Gesicht. Zufall? Verrat? Jedenfalls ein deutlicher Rückschlag. Erst im Dezember begann eine weitere, wie die U-Boot-Kapitäne sie nannten, »glückliche Zeit« – nach der Kriegserklärung an die USA jagten die Deutschen vor der amerikanischen Küste nach schutzloser Beute. Horrende Verluste überzeugten auch Washington schließlich vom Nutzen des Konvoisystems.

Im Herbst und Winter des folgenden Jahres kehrten die U-Boote wieder in den Nordatlantik zurück. Jetzt griffen sie nicht mehr einzeln oder in kleinen Gruppen, sondern koordiniert und in großer Stückzahl, in »Wolfsrudeln« an. Auf dem Kurs einiger georteter Konvois entwickelten sich regelrecht Schlachten – Schlachten in der Schlacht um den Atlantik. Wieder stiegen die Schiffsverluste.

Allerdings stand zur Verteidigung gegen die U-Boote ein immer besser funktionierender komplexer Apparat zur Verfügung. Die Zahl der Zerstörer und Fregatten als Begleiter der Dampfer nahm zu, und ihre Waffensysteme wurden entscheidend verbessert; Flugzeuge suchten mit Hilfe von Radar Tag und Nacht die Wasseroberfläche nach aufgetauchten U-Booten ab; der Funkverkehr der U-Boote wurde abgehört und analysiert; zuletzt hatten die Operationszentralen der Alliierten ein klares Bild von ihrem Gegner. Im Frühjahr 1943 führten sie den tödlichen Schlag: Im April gingen den Deutschen 13, im Mai sogar 38 Boote verloren. Nirgends, weder im Hafen noch auf der Anfahrt, nicht einmal in den entferntesten Seegebieten waren die U-Boote vor ihren Angreifern

Langsam sank das Schiff vor uns, während wir uns mächtig ins Zeug legten, um uns aus dem brennenden Wasser herauszuhalten. Wir hörten Hilfeschreie, ruderten hin und zogen einen Heizer aus dem Wasser, der schreckliche Verbrennungen erlitten hatte, und zwar so schwere, dass die Haut von seinem Rumpf und seinen Armen abging wie ein Handschuh, als wir ihn ins Boot zogen.

T. D. Finch, Erster Offizier der *San Emiliano*

sicher. Am 24. Mai zog Dönitz sämtliche Boote aus dem Nord-atlantik zurück.

Es sah so aus, als sei die Schlacht im Atlantik für die Deutschen im Mai 1943 verloren gegangen. Aber der Schein trügt. Im Mai er-lebte die deutsche U-Boot-Flotte zwar ihr »Trafalgar« – doch ver-loren hatte sie die Schlacht schon zwei Jahre zuvor: als die Ton-nageverluste der Briten Mitte 1941 von einem Monat zum anderen rapide gesunken waren. Zu diesem Zeitpunkt hatten die Englän-der den Geheimcode der deutschen Kriegsmarine geknackt. Ein großer Erfolg für eine Handvoll mathematisch geschulter Spezia-listen. Die Regierung hatte sie in Bletchley Park außerhalb von London einquartiert. Dort hatten sie so genannte »Bomben« ent-wickelt: Maschinen, die verschlüsselte Funksprüche drehten und wendeten, bis man ihren deutschen Inhalt verstand, das »Orakel von Bletchley«. Die Deutschen ahnten zwar etwas; sie führten sogar Untersuchungen durch – doch die »Enigma«, ihre Schlüs-selmaschine, machte einen absolut sicheren Eindruck. Noch heute, sechzig Jahre später, wird ihre Ar-beitsweise gelegentlich auf Compu-tern genutzt.

■ Eine Einheit der britischen Royal Navy auf der Jagd nach U-Booten im Südatlantik: Detonation einer Wasser-bombe, 1941

Von Juli 1941 an schleusten die Engländer ihre Konvois weitgehend unbeschadet durch die Postenketten der deutschen Marine. Auch wenn die »Enigma« später wieder sicherer wurde und ihre Entschlüsselung zeit-weise nicht mehr gelang – schon da-mals hatten die Deutschen im Atlan-tik verloren. Denn nicht die Zahl der versenkten U-Boote – allein die Ton-nage, die Zahl sicher in den Zielha-fen geleiteter Schiffe entscheidet im Zufuhrkrieg über Sieg und Niederla-ge. »Sinking submarines is a bonus, not a necessity.« – »Versenkte U-Boote sind eine Belohnung, keine Notwendigkeit«, ein Ratschlag, den Kommandanten britischer Kriegs-schiffe gern ignorierten, weil sie lie-ber eingepeilten U-Booten nachja-gen, als den Konvoi zu schützen.

■ Sinkender britischer Tanker im Atlantik, nach Beschuss durch ein deutsches U-Boot, 1942

Besonders gerecht war die Schlacht im Atlantik sicherlich nicht: U-Boote, die von ihrer Position unter Wasser wehrlose Schiffe versenkten; ein Gegner, der womöglich nur wegen eines geknackten Geheimcodes gewann. Selbst bei der britischen Regierung hinterließ die eigene Tücke ein flaues Gefühl. Bis 1974 hielt sie die Entschlüsselung der »Enigma« geheim. Typisch englisch: Das Mittel war einfach nicht fair. Großadmiral Dönitz saß nach Kriegsende in Nürnberg unter anderem für seine Methoden im U-Boot-Krieg auf der Anklagebank; er wurde sogar für schuldig erklärt. Nur – verurteilt wurde er dafür nicht, denn die alliierte Marine hatte ihren U-Boot-Krieg mit denselben Methoden geführt. Und das war durchaus gerecht.

Als wir zwölf Meter Tiefe erreicht hatten, streifte eine Mine den Rumpf des U-Boots, und hinten gab es eine heftige Explosion. … Wasser lief ins Boot, und aus den Batterien strömte Chlor aus. Der Luftdruck wurde immer größer; einige Männer brachten sich um, indem sie Nase und Mund mit Watte verstopften und ihren Kopf unter Wasser hielten. Andere wollten sich erschießen, doch die feuchten Patronen ließen sich nicht abfeuern. Zuletzt schafften es einige bis zum Turm und andere bis zum vorderen Torpedoschacht. Der Wasserdruck tötete die meisten von ihnen.

Ein Überlebender von U 55

ATLANTIK – MIT UNFAIREN MITTELN

 DATEN UND FAKTEN

Historischer Rahmen: Zweiter Weltkrieg

Zeit: 6. Mai 1941–24. Mai 1943

Ort: Nordatlantik; Seewege von Großbritannien nach Kanada, USA, Süd- und
Mittelamerika, Südafrika und Australi-
en, hauptsächlich das Gebiet westlich
der Britischen Inseln, um Island und die
Südküste Grönlands; Golf von Biskaya;
später die amerikanische Küste

Ziele
Deutsche: Unterbindung des Schiffsver-
kehrs von und nach den Britischen Inseln mit Hilfe von U-Booten und, in ge-
ringem Umfang, Überwasserkriegsschif-
fen und Flugzeugen

Briten, später auch US-Amerikaner: Sicherung der britischen Handelswege

Gegner, Kommandos, Waffen
Deutsche: Deutsche Marine unter
Großadmiral Raeder, später Großadmi-
ral Dönitz; Verbände der Luftwaffe

Briten: Royal Navy unter First Sea Lord
Sir Dudley Pound; Verbände der Royal
Air Force

Die Einsatzstärke beider Marinen während der Zeitdauer der Kämpfe variierte
stark.

Verluste
Deutsche: 781 U-Boote

Briten: 23 500 000 Tonnen Handelsschiffe

Sieger: Briten

Verlauf
1. Phase: 3. September 1939 Der britische
Passagierdampfer *Athenia* wird versenkt. Unter den Opfern befinden sich
US-Amerikaner.
Januar bis Mai 1940 Schrittweise wird
der Waffeneinsatz gegen die gesamte
Schifffahrt um die Britischen Inseln und
in der Biskaya genehmigt.
2. Phase: ab Juni Die strategische Lage der
Deutschen verbessert sich durch Eroberung der französischen Atlantikküste.
17. August Einrichtung einer Sperrzone
im Seegebiet um Großbritannien.
September/Oktober Es kommt zu den
ersten größeren Konvoischlachten.
25. März 1941 Ausweitung der Sperrzone
auf Gewässer um Island.
6. Mai Churchill erklärt, die Schlacht um
den Atlantik habe begonnen.
27. Mai Erste durchgehende Konvoisi-
cherung. Versenkung des größten deutschen Schlachtschiffs *Bismarck* durch
überlegene britische Seestreitkräfte.
3. Phase: Juni Der deutsche Marinecode
wird von den Briten entschlüsselt (Operation »Ultra«). Drastischer Rückgang
der Versenkungsziffern.
Juni bis August Es werden nur vier Prozent aller Konvois gesichtet.
27. September Stapellauf des ersten »li-
berty ship«, einem amerikanischen Han-
delsschiff mit einer durchschnittlichen
Bauzeit von nur 42 Tagen.

4. Phase: 10. Dezember Kriegserklärung Deutschlands an die USA.
U-Boote werden vor die amerikanische Küste verlegt.
5. Phase: Juli Rückkehr der U-Boote
in den Nordatlantik.
Ab August Alliierte Schiffsneu-
bauten übersteigen Verluste.
10.–20. März 1943 Den Briten stehen keine entschlüsselten Ultra-
Nachrichten zur Verfügung.
16.–19. März Die beiden Konvois
HX229 und SC122 mit zusammen
90 Schiffen werden sukzessive
von 40 U-Booten angegriffen; 22
Schiffe versenkt.
April Versenkung von 13 U-Booten.
Mai Versenkung von 38 U-Booten.
24. Mai Großadmiral Dönitz ruft
die U-Boote aus dem Nordatlantik zurück.

 EMPFEHLUNG

Lesenswert: Lothar Buchheim:
Das Boot. Roman, München 1998.

Sehenswert: *Das Boot*. Regie:
Wolfgang Petersen; mit Jürgen
Prochnow, BRD 1982.

Besuchenswert: Das britische
Kriegsschiff *HMS Belfast* aus dem
Jahr 1938 im Hafen von London,
Teil des Imperial-War-Museums
(http://www.iwm.org.uk).

Das deutsche U-Boot *Wilhelm
Bauer* (U 2540) aus dem Jahr 1945
im Museumshafen von Bremen,
Teil des Deutschen Schifffahrts-
museums (http://www.dsm.de).

 AUF DEN PUNKT GEBRACHT

*Der Verlust der Schlacht im Atlantik war für Deutschland nicht von
unmittelbar entscheidender Bedeutung, während England im Atlantik den Zweiten Weltkrieg verlieren konnte. Nach ihrem Sieg schafften
die Alliierten relativ ungehindert Truppen und Material für die Landung in Frankreich nach England.*

Kartenstudien
Kreta
1941

Landung deutscher
Fallschirmtruppen
● griechische und
Commonwealth-Truppen

Kastelli · Chania · Maleme · Paläochora · Sfakia · Kreta · Rethimnon · Iraklion · Neapolis · Sitia · Kastellion · Pirgos · Moires · Ierapetra · Mittelmeer

0 · 160 km

Ein oberflächlicher Blick auf eine Karte Südosteuropas bestätigt die strategisch bedeutsame Lage Kretas Anfang Mai 1941. Italien und Deutschland halten an der nördlichen Küste des östlichen Mittelmeers das griechische Festland und die wichtigsten Inseln besetzt; an der südlichen, ägyptischen Küste stehen die Briten. Für den, der Kreta kontrolliert – Anfang Mai sind das griechische und britische Truppen –, scheint die Insel ein günstiges Sprungbrett in den Machtbereich der jeweiligen anderen Seite zu sein.

Ganz ähnlich sahen das auch die italienischen und deutschen Stellen. Von Kreta aus könnte Großbritannien Angriffe gegen die deutsche Südflanke starten oder mit seiner Luftwaffe die rumänischen Erdölfelder erreichen. Also entsandte Berlin seine Luftlandetruppen. Am 20. Mai 1941 fliegen deutsche Fallschirmjäger Richtung Kreta. Die meisten kennen die Insel nur von der Karte. Entfernt sehen sie im Süden die weißen Berge mit eigenen Augen. Bald können Soldaten und Piloten einen Küstenstreifen erkennen. Wie auf einer Reliefkarte liegen die Strände und kleinen Orte

■ Deutsche landen auf Kreta.

unter ihren dröhnenden Propellermaschinen. Dann springen die Kämpfer ab.

Was ihnen kein noch so genauer Blick auf die Karte verraten hätte, das ist die Art der Kämpfe, die sie erwartet. Das heißt, gekämpft wird in den ersten Minuten eigentlich gar nicht. Einige Fallschirmspringer werden von den Tragflächen und Propellern der Maschinen zerfetzt, bei anderen geht der Fallschirm gar nicht erst auf. Und jeder, der weiterschwebt, zappelt wehrlos an seinem weißen, von unten deutlich sichtbaren Fallschirm. Abgeknallt hat man sie; wie bei der Entenjagd, werden Australier und Neuseeländer später erzählen. Andere haben sich mit ihren Fallschirmen in Bäumen verheddert. Überlebt hat kaum einer. Und von denen, die im Röhricht herunterkommen, hört man nicht mal die Schreie. Die, die es schaffen, auf dem harten kretischen Boden zu landen und Deckung zu finden, liegen verstreut im Gelände. Keine Rede von einer übersichtlichen Front. Wer sich ergibt, wird meist sofort erschossen. Auf beiden Seiten gilt nur noch das gnadenlose und instinktive »er oder ich«.

■ Landung der deutschen Fallschirm- und Gebirgsjäger auf Kreta

In der Nacht zum Donnerstag nähern sich von Norden hölzerne Motorsegelschiffe der Insel. Sie sollen die Luftlandung von See her unterstützen. Die von kleinen italienischen Kriegsschiffen begleitete deutsche Flotte gerät an britische Zerstörer und Kreuzer. Die Italiener geben ihr Bestes. Dann sind sie niedergerungen und die Segler eine leichte wehrlose Beute. Angeblich werden Wasserbomben zwischen die schiffbrüchigen deutschen Soldaten geworfen; mit Sicherheit werden einige in ihren Schwimmwesten und Rettungsbooten beschossen. Im Morgengrauen kommen die Kampfflugzeuge der Deutschen, greifen die nach Süden ablaufenden britischen Kriegsschiffe an und versenken einige. Diesmal werden im Wasser treibende britische Matrosen mit Bordwaffen der deutschen Bomber beschossen. Sie, die Zerstörer und Kreuzer, wären besser zwischen den im Wasser treibenden überlebenden deutschen Soldaten geblieben, heißt es später von höherer Stelle, nirgends wären sie so sicher gewesen.

Durch mehrere militärische Fehlentscheidungen geht die Schlacht um Kreta für die Briten nach einer Woche verloren.

Artikel 23 des Haager Abkommens: Feindseligkeiten

... ist namentlich untersagt ... die Tötung oder Verwundung eines die Waffen streckenden oder wehrlosen Feindes, der sich auf Gnade oder Ungnade ergeben hat ...

■ Vierundzwanzig Zivilisten, Männer im Alter von fünfzehn bis fünfzig Jahren, Bewohner eines Dorfes auf Kreta, werden von deutschen Soldaten getötet; sie sollen auf deutsche Soldaten geschossen haben.

Die Bevölkerung eines nicht besetzten Gebietes, die beim Herannahen des Feindes aus eigenem Antriebe zu den Waffen greift, ... ohne Zeit gehabt zu haben, sich ... zu organisieren, wird als kriegführend betrachtet, wenn sie die Waffen offen führt und die Gesetze und Gebräuche des Kriegs beachtet. Artikel 2 des Haager Abkommens: Kriegführende

Neuseeländer und Australier ziehen sich durch die Berge nach Süden zurück. Die Royal Navy soll sie in Sicherheit bringen. Aber nicht alle dürfen an Bord. Zuerst die höheren Offiziere. Dann, sofern der Platz ausreicht, die Soldaten. Etliche Briten und fast alle griechischen Truppen bleiben zurück. Und natürlich die Bewohner der Insel. Eine ganze Reihe von ihnen wird im Partisanenkampf ihr Leben aufs Spiel setzen. Nicht aus strategischen Gründen – die Griechen fochten mit Flinten, Äxten und Messern, aber ohne Uniformen um ihre Insel und für ihre Freiheit.

Die Deutschen verstanden die Welt nicht mehr. Wie alle gebildeten Menschen sahen sie Griechenland als ihre geistige Heimat, fühlten sich als wahre Griechen; hatten erwartet, dass man sie herzlich empfängt. Wie ein Kinderschänder, der wütend wird, weil ihn die Kinder nicht lieben, rächten sie sich an den Bewohnern, zum Teil schon während der Kämpfe. Später wurden Dörfer zerstört und die männlichen Einwohner massakriert. Die Deutschen nannten das »Sonderaktionen«.

Bald wurde offenbar was ein genauer Blick auf die Karte schon vorher gezeigt haben würde: Die Insel hatte für die deutschen und die italienischen Besetzer keine große Bedeutung. Allerdings hätte sie auch den Briten wenig genützt, denn alle größeren Häfen lagen im Norden. Und für die britischen Schiffe führte die Fahrt zu den Häfen an den deutschen Bomberstaffeln vorbei. Die militärischen Planer beider Seiten haben das im Voraus gewusst. Doch Kreta räumen? Die Insel anschließend nicht mit eigenen Truppen besetzen? Ein Niemandsland dulden, mitten im Weltkrieg? Undenkbar!

KRETA – KARTENSTUDIEN

DATEN UND FAKTEN

Historischer Rahmen: Zweiter Weltkrieg
Zeit: 20. Mai–1. Juni 1941
Ort: Griechenland; Nordküste Kretas, insbesondere das Gebiet um die drei Flugplätze Maleme, Rethymnon und Heraklion, Weg zur Südküste nach Sfakion und Sfakion selbst, Seegebiete westlich, nördlich und östlich von Kreta
Ziele
Achsenmächte (Deutsche, Italiener): Eroberung von Kreta
Alliierte (Briten, Griechen): Halten der Insel
Gegner, Kommandos, Waffen
Achsenmächte: 4. Luftflotte unter dem Oberkommando von General Löhr, 22040 Mann mit XI. Luftkorps und den Luftlandetruppen unter General Student; VIII. Luftkorps unter General Richthofen mit 700 Maschinen; leichte italienische Marineeinheiten
Alliierte: 42460 Mann unter General Freyberg; Eastern Mediterranean Fleet unter Admiral Sir Cunningham; 4200 Bewohner der Insel
Verluste
Achsenmächte: 6600 Mann; 147 zerstörte und 64 beschädigte Flugzeuge. Die Zahl der beim Landungsversuch zur See getöteten Deutschen wird sehr unterschiedlich mit zwischen 324 und 2000 Mann angegeben.

Alliierte: 2000 Seeleute; 15600 Mann Bodentruppen, davon 1700 Tote und Vermisste; versenkt: 3 Kreuzer, 6 Zerstörer; beschädigt: 1 Flugzeugträger, 3 Schlachtschiffe, 6 Kreuzer, 7 Zerstörer
Sieger: Achsenmächte
Verlauf
20. Mai, ab 6 Uhr Schwere deutsche Luftangriffe gegen Ziele zwischen der Bucht von Souda und Maleme.
8.15–8.45 Uhr Lastensegler landen im Gebiet des Flugplatzes von Maleme und westlich von Galatas im »Prison Valley«. Die Fallschirmspringer folgen.
Im Laufe des Vormittags Die Lastensegler gelangen bis ans westliche Ende des Flugplatzes und halten ihre Positionen erfolgreich. Es gelingt ihnen jedoch nicht, die britischen Stellungen oder das Flugfeld zu nehmen.
16–17.30 Uhr Weitere Landungen erfolgen in Rethymnon und Heraklion, die aber schnell eingedämmt werden.
20./21. Mai, nachts Engländer räumen in Verkennung der Lage das Gebiet östlich des Flugfeldes von Maleme.
21. Mai, morgens Deutsche setzen weitere Fallschirmjäger ab und landen eine erste Transportmaschine auf dem Flugplatz Maleme. Die von den Briten geräumten Stellungen werden besetzt. Die 1. Staffel Motorsegler läuft von Melos aus und soll Kreta vor Einbruch der Dun-

kelheit erreichen. Sie erreicht unter Begleitung italienischer Zerstörer das Seegebiet nördlich von Kreta jedoch erst am Abend.
Am Abend Angriffe britischer Zerstörer; Rückzug der 1. Staffel Motorsegler.
22. Mai Die 2. Staffel Motorsegler zieht sich nach Angriffen britischer Marine zurück. Angriffe der deutschen Luftwaffe gegen britische Schiffe; zwei Kreuzer und ein Zerstörer werden versenkt. Erfolgloser Angriff britischer Truppen gegen die deutschen Positionen östlich von Maleme.
23.–25. Mai In der Schlacht von Galatas werden die Briten auf Chania und die Bucht von Souda zurückgedrängt. Die Überlegenheit der deutschen Luftwaffe erweist sich als entscheidend.
26. Mai Der britische Kommandant Freyberg teilt dem Hauptquartier in Kairo mit, dass seine Truppen die Front nicht mehr halten können.
27.–31. Mai Rückzug der Briten zur Südküste nach Sfakion. Den nachstoßenden Deutschen entgeht die Rückzugsrichtung.
Bis 1. Juni Die Royal Navy evakuiert insgesamt 18000 Mann.

Besonderheiten
Erste reine Luftlandung der Kriegsgeschichte. Die Verteidiger sind vor und während der Operation über die Absichten der Deutschen informiert.

EMPFEHLUNG

Besuchenswert: Der deutsche Soldatenfriedhof in Maleme mit 4465 eingetragenen Namen.

AUF DEN PUNKT GEBRACHT

Aufwand und Nutzen stehen auf beiden Seiten in krassem Missverhältnis. Die deutschen Elitetruppen erleiden hohe Verluste; sie werden nicht noch einmal, insbesondere nicht gegen Malta, eingesetzt. Die britische Mittelmeerflotte ist nach ihren Schiffsverlusten an der Grenze ihrer Einsatzfähigkeit. Über das eroberte Kreta werden anschließend nur geringe Mengen Treibstoff nach Nordafrika transportiert.

Der Tod und das Mädchen
Pearl Harbor
1941

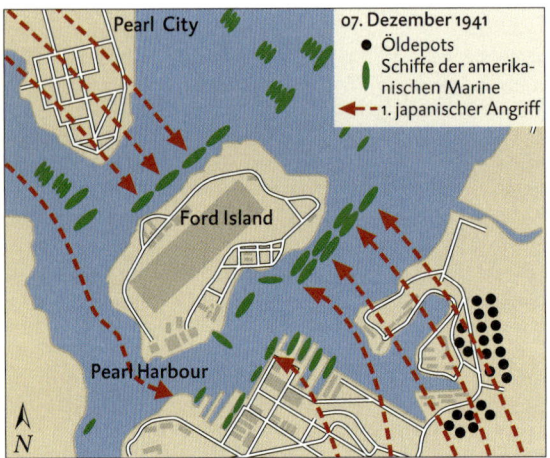

07. Dezember 1941
● Öldepots
❙ Schiffe der amerikanischen Marine
◄─ ─ 1. japanischer Angriff

Pearl City

Ford Island

Pearl Harbour

N

■ Japanische Flugzeuge erreichen die Insel Oahu und feuern ab sieben Uhr fünfundfünfzig auf den US-amerikanischen Militärhafen Pearl Harbour.

■ Soh Yamamura in dem Film *Tora! Tora! Tora!* Das US-japanische Kriegsepos unter der Regie von Richard Fleischer entstand im Jahre 1969.

»Ich hatte so viel zu tun, nicht einmal eine Nacht konnte ich bei dir sein; bitte verzeih mir. Sind die Rosen ganz aufgeblüht? Was wird passieren, wenn die Blätter ihrer Blüten abfallen?« Diese Zeilen stammen von Isoroku Yamamoto, Admiral der Kaiserlich Japanischen Marine und Architekt des Überfalls auf Pearl Harbor. Er schickte sie am 5. Dezember 1941, kurz vor dem Angriff, an seine Geliebte Chiyoko Kawai. Zu diesem Zeitpunkt kannte sich das Paar bereits seit einigen Jahren. 1933 waren sie sich begegnet und 1934 näher gekommen; kurz bevor Yamamoto Japan Richtung London verließ, um eine Konferenz zur Begrenzung weiterer Flottenrüstungen vorzubereiten. Bald bemerkte Yamamoto, dass seine Delegation mit den Briten und Amerikanern nicht wirklich verhandeln, sondern lediglich japanische Ansprüche gegen sie durchsetzen sollte. »Ich hatte das Gefühl, nur ein Werkzeug zu sein – das war ziemlich unangenehm … jetzt

fühle ich mich total ausgelaugt«, schrieb er seiner Geliebten resigniert: »Eigentlich wollte ich dich in deiner Einsamkeit trösten, und nun schäme ich mich als Mann, weil ich mich in deinen Armen ausweinen möchte.« Die Westmächte wiesen die japanischen Forderungen zurück. Die Konferenz war geplatzt.

Die japanischen Militärs vergrößerten in den folgenden Jahren beständig ihren Macht- und Einflussbereich. Über die von Japan besetzte Mandschurei drangen ihre Truppen ab 1937 in das von Kolonialismus und Bürgerkrieg zerfressene China ein. So gerieten wichtige Teile des asiatischen Festlands unter ihre Herrschaft. Unberührt ließen sie lediglich den Kolonialbesitz der europäischen Mächte. Noch scheuten die japanischen Machthaber einen Krieg mit Großbritannien und womöglich den Amerikanern.

Als im Herbst 1939 in Europa der Zweite Weltkrieg begann, änderte sich die Lage in Ostasien gravierend. Großbritannien brauchte seine Soldaten und Schiffe im Kampf gegen Deutschland. Jetzt standen nur noch die Vereinigten Staaten den japanischen Großmachtträumen im Weg. Yamamoto kannte die USA gut; insbesondere wusste er um ihre verglichen mit Japan nahezu unbegrenzten Ressourcen. Nur ein wirksamer und unter geringen Verlusten ausgeführter Erstschlag gegen die amerikanische Flotte würde Japans Ausgangslage verbessern.

■ Brennendes amerikanisches Schiff im Hafenbecken von Pearl Harbor am 7. Dezember 1941 nach dem japanischen Angriff

Gestern, am 7. Dezember 1941 – ein Tag, der als Schande in Erinnerung bleibt –, wurden die Vereinigten Staaten von Amerika plötzlich und absichtlich von den Luft- und Seestreitkräften Japans überfallen.
Franklin D. Roosevelt

Meine augenblickliche Lage ist seltsam. Weil ich die Mission, ganz gegen meine eigene Meinung, initiiert habe und weil man von mir das Beste erwartet. Ach, vielleicht ist das mein Schicksal.

Admiral Yamamoto in einem Brief vom 11. Oktober 1941 über den Angriff auf Pearl Harbor

■ US-Präsident Roosevelt unterzeichnet am 8. Dezember 1941, nach dem Angriff auf Pearl Harbor, die Kriegserklärung gegen Japan.

Die Idee für einen Überfall auf Pearl Harbor war geboren, und Yamamoto hat für ihre Realisierung gekämpft. Ein Risiko, sicher; aber Yamamoto war auch ein leidenschaftlicher Spieler. Wenn Japan schon Krieg mit den USA führen wollte, dann, bitte schön, richtig. Mit einer Mischung aus kalter Einsicht und Draufgängertum setzte er alles auf eine Karte. Die Mittel zur Durchführung des gewagten Plans hatte Yamamoto zur Hand; seit August 1939 kommandierte er die japanische Flotte. Jetzt bereitete er sie auf den Angriff vor. Gleichzeitig wurden Verhandlungen mit den Amerikanern geführt in der Hoffnung, Tokio könne seine Ziele in China auch mit ihrem Einverständnis erreichen. Ein Irrtum: Washington erhöhte seinen ökonomischen Druck und ließ Japan zuletzt die Wahl zwischen Rückzug oder militärischer Konfrontation.

Ende November 1941 lichtet der Kern der japanischen Flotte die Anker und nimmt Kurs auf Hawaii. Yamamoto bleibt als Oberkommandierender der gesamten Flotte zurück; Admiral Chiuchi Nagumo führt das Kommando zur See. Sechs Flugzeugträger steuern durch den eisigen Nordpazifik, bis zuletzt mit der Option, beizudrehen, falls die Verhandlungen im Sinne Japans verlaufen. Am 1. Dezember erhält Nagumo aus Japan den Funkspruch: »Niitaka yama nobore ichi-ni-rei-ya.« – »Besteige den Berg Niitaka.«, die Chiffre für den Angriffsbefehl.

Die amerikanische Schlachtflotte wird am Morgen des 7. Dezember 1941 von den japanischen Flugzeugen vollkommen überrascht. Nach zwei Angriffswellen liegt der Großteil der US-Schlachtschiffe mehr oder weniger schwer beschädigt auf Grund, 2403 Matrosen haben ihr Leben verloren. Da waren die Rosen, die Yamamoto seiner Geliebten geschenkt hatte, verblüht.

Der amerikanische Präsident Franklin D. Roosevelt verwies empört auf den Bruch des Völkerrechts. Juristisch befand sich Washington fraglos im Recht, denn die japanische Kriegserklärung traf erst nach den Torpedos und Sprengbomben ein. Doch die militärischen Fakten waren

ebenso deutlich. *At Dawn We Slept* titelt ein zentrales Werk über den Angriff. Zu deutsch: Wir haben geschlafen.

Langfristig bedeutsamer als Pearl Harbor waren die Entwicklungen der nachfolgenden Monate in Asien. Die Flotte, die den Überraschungsschlag gegen Pearl Harbor durchführen konnte, erwies sich als ebenso erfolgreich im Kampf gegen kriegsbereite Gegner. Im Februar 1942 bombardierten die Maschinen der japanischen Flugzeugträger den australischen Hafen Port Darwin. En passant vernichtete die Kaiserlich-Japanische Marine die Kreuzer und Zerstörer eines eilig zusammengekratzten alliierten Geschwaders. Im April erreichten die Träger die indische Küste, versenkten fünf Tage lang nahezu ungehindert Schiffe und scheuchten schließlich den Rest der britischen Ostasienflotte zur afrikanischen Küste.

Der Siegeszug der japanischen Flotte war einmalig; allenfalls lässt er sich mit Alexanders Marsch durch Persien vergleichen. Und wieder brachen Weltreiche zusammen: Die Briten, Franzo-

■ Soh Yamamura in einer Szene des Filmes *Tora! Tora! Tora!* Der Film versucht sowohl aus japanischer als auch aus amerikanischer Sicht zu schildern, wie es zu dem Angriff auf Pearl Harbor kam.

BEN AFFLECK

PEARL HARBOR

■ Verleihplakat des Filmes *Pearl Harbor* aus dem Jahr 2001, mit Ben Affleck in der Hauptrolle

Eines Tages wird man den japanischen Triumph in einem anderen Licht sehen ... die Erinnerung an das Verräterische wird schwinden; er wird als Waffentat dastehen, die es wert ist, dass man sich ihrer erinnert.

Peter Calvocoressi, britischer Historiker

sen und Niederländer verloren ihre Kolonialbesitzungen im Fernen Osten. Nur ging alles noch schneller als bei Alexander: Knapp sechs Monate haben die Japaner gebraucht.

Die Flugzeugträger begründeten ihren Erfolg und das Tempo. Alles an ihnen war schnell: die Schiffe, die Bereitstellung der Maschinen. Keine halbe Stunde brauchten die geübten Mannschaften, dann waren sämtliche Flugzeuge von Deck. Und natürlich waren die Angriffswellen aus bis zu 70 Maschinen pro Schiff ungemein schnell. Die Piloten bildeten eine moderne Kaste von buchstäblich angehimmelten Kriegern. Wenn die Motoren ansprangen, standen Teile der Besatzung am Rande des Flugdecks und winkten den Startenden zu. Der Kommandant grüßte sie von seiner Brücke. Sie waren die Meister.

Nur ein einziger ernsthafter Gegner war noch geblieben: die amerikanischen Träger. Die hatten am Morgen des 7. Dezember, sehr zum Leidwesen Yamamotos, nicht in Pearl Harbor gelegen. Anfang Mai 1942 stießen die Japaner im westpazifischen Korallenmeer mit ihnen zusammen und konnten einen versenken.

Im Juni 1942 kehrten die japanischen Träger in den Nordpazifik zurück und nahmen neuerlich Kurs auf Pearl Harbor. Midway hieß das Ziel der Japaner, ein kleines Atoll nordwestlich der Hawaii-Inseln. Auf die volle Flottenstärke hatten die Japaner verzichtet; so überlegen fühlten sie sich in ihrem Siegesrausch. Sie merkten nicht, dass die Amerikaner den Angriffsplan genau genug kannten. Die japanischen Träger wurden erwartet. »Es wird kein Spaß«, schrieb Yamamoto in einer düsteren Vorahnung seiner Chiyoko Kawai; dieses Mal begleitete er persönlich die Träger auf einem Schlachtschiff.

Am 4. Juni bombardieren die Japaner das gut verteidigte Midway. Noch immer rechnen sie nicht mit amerikanischen Trägern. Und als sie die feindlichen Schiffe entdecken, treffen sie überhastete Gegenmaßnahmen. Startbereit stehen alle Maschinen an Deck. Zu spät – aus großer Höhe stürzen US-Piloten mit ihren Maschinen herab und bombardieren die vier stolzen japanischen Schiffe. Drei verwandeln sich in ein Inferno aus explodierenden

Bomben, brennendem Flugbenzin und rotglühendem Stahl. Das vierte wird wenige Stunden später versenkt.

Obwohl Japans Marine bis zum Ende des Zweiten Weltkrieges noch eine Reihe beachtlicher Siege errang – bei Midway hatte sie binnen fünf Minuten den Krieg im Pazifik verloren. Das wusste auch der Kommandeur des bei Midway zuletzt versenkten Trägers, der *Hiryu*. In der Nacht vom 4. auf den 5. Juni lag das ausgeglühte Wrack des Schiffes mit Schlagseite auf dem leicht bewegten Pazifik. Die Besatzung der unteren Decks versuchte nach oben zu kommen, von den oberen Decks aus stieg man bereits in die Boote. Nur der Kommandeur weilte ruhig auf der Brücke und betrachtete mit einem seiner Offiziere den nächtlichen Himmel: »Sieh nur, der Mond; wie schön er ist.« – »Er ist so hell. Er steht im 21. Tag.«

Die Befehlshaber der japanischen Marine waren romantische und gefühlvolle Krieger. Nagumo weinte beim Gedanken an das Schicksal des Admirals Husband Kimmel, des Kommandanten von Pearl Harbor. Yamamoto schrieb nach dem Angriff an Chiyoko: »Bekomme viele Briefe von allen möglichen Leuten, aber ich

■ Luftaufnahme eines brennenden Schiffes im Hafenbecken von Pearl Harbor, veröffentlicht in der französischen Ausgabe der Zeitschrift *Signal* im Jahre 1942

■ Der Angriff der Japaner auf Pearl Harbor

sehne mich nur nach Briefen von dir. Hast du mir schon dein Foto geschickt?« In einen Brief vom 2. April 1943 legte er ein Büschel seiner Haare. Absender: *Yamato*. Das größte Schlachtschiff der Welt.

Am 18. April 1943 wurde Yamamoto bei einer Inspektionsreise im Südpazifik getötet. Die Marine riet Chiyoko Kawai zum Selbstmord. Sie entschied sich, weiterzuleben, und veröffentlichte die Briefe ihres Geliebten elf Jahre später in einer japanischen Zeitung.

PEARL HARBOR – DER TOD UND DAS MÄDCHEN

DATEN UND FAKTEN

Historischer Rahmen: Zweiter Weltkrieg

Zeit: 7. Dezember 1941

Ort: Pazifik; Marinestützpunkt der US-Marine auf Oahu, Hawaii

Ziele
Japan: Vernichtung der amerikanischen Pazifikflotte

Amerikaner: Verteidigung

Gegner, Kommandos, Waffen
Japan unter Admiral Nagumo und dem Oberkommando von Admiral Yamamoto: 6 Flugzeugträger mit ca. 400 Maschinen, 2 Schlachtschiffe, 3 Kreuzer und 9 Zerstörer

Amerikaner unter Admiral Kimmel: 8 Schlachtschiffe, 6 Kreuzer, diverse Marineeinrichtungen auf Oahu

Verluste
Japan: 28 Flugzeuge, einige Kleinst-U-Boote

US-Amerikaner: 2403 Tote und 1178 Verwundete; 8 Schlachtschiffe, davon 2 Totalverluste. 3 Schiffe sind Ende Dezember 1941 wieder einsatzfähig, der Rest wird in den nächsten Monaten repariert.

Sieger: Japaner

Verlauf
5.50 Uhr Die japanischen Flugzeugträger drehen in den Wind, um die 183 Flugzeuge der 1. Angriffswelle starten zu können. Der Start von allen sechs Trägern dauert 15 Minuten.

6.20 Uhr Die 1. Angriffswelle nimmt von einer Position ca. 300 km nördlich von Hawaii Kurs auf Oahu.

6.40 Uhr U-Boot-Alarm in der Einfahrt zum Hafen von Oahu; amerikanischer Angriff gegen das U-Boot.

7 Uhr Admiral Kimmel erfährt von dem Alarm.

7.02 Uhr Der Angriffsverband wird von einer Radarstation im Norden Oahus erfasst; die Radarmeldung wird allerdings falsch gedeutet.

7.15 Uhr 167 Maschinen der 2. Angriffswelle starten von den Flugzeugträgern.

7.40 Uhr Japaner in Sichtweite der Nordspitze von Oahu.

7.49 Uhr Das Angriffssignal »To, To, To« wird gegeben. Die japanischen Flugzeuge schwenken aus dem Verband aus und gehen auf Angriffskurs.

7.53 Uhr Das Signal »Tora, Tora, Tora« wird an die japanische Marineleitung gesendet. Die Überraschung der US-Flotte ist gelungen.

7.55 Uhr Das erste amerikanische Schiff wird getroffen.

7.58 Uhr Amerikaner geben Alarm: »Pearl Harbor, feindlicher Luftangriff. Das ist keine Übung.« Durch ein Missverständnis greifen nicht zuerst die Torpedobomber, sondern alle Maschinen gleichzeitig an. Das Abwehrfeuer der überraschten Amerikaner ist zunächst sehr schwach.

8.10 Uhr Das US-Schlachtschiff Arizona explodiert nach einem Bombentreffer in die Munitionskammern. Die Japaner attackieren neben den Schlachtschiffen auch die Installationen der amerikanischen Luftwaffe; Öltanks und andere Einrichtungen werden jedoch nicht angeflogen.

8.30 Uhr Ende des ersten Angriffs.

8.35–8.55 Uhr Pause zwischen den beiden Angriffen.

8.55–9.55 Uhr Zweiter Angriff; er ist weniger erfolgreich und bringt höhere Verluste.

12.14 Uhr Die japanischen Flugzeuge sind zurück auf den Flugzeugträgern.

13 Uhr Die japanischen Flugzeugträger ziehen sich nach Norden zurück.

EMPFEHLUNG

Lesenswert:
Gordon W. Prange u. a.: At Dawn We Slept. The Untold Story of Pearl Harbor. New York 1981.

Sehenswert:
Pearl Harbor. Regie: Michael Bay; mit Ben Affleck, Josh Hartnett, Kate Beckinsale. USA 2001.

Besuchenswert:
USS Arizona Memorial in Pearl Harbor, für US-Bürger eine der touristischen Hauptattraktionen Hawaiis, mit Besucherzentrum und kleinem Museum.

AUF DEN PUNKT GEBRACHT

Mit dem Angriff der Japaner auf Pearl Harbor wird der bis dahin auf Europa begrenzte Krieg endgültig zum Weltkrieg. Japan gewinnt durch den Erfolg einige Monate Zeit, um große Gebiete Südostasiens relativ ungestört erobern zu können. Allerdings hat es die moralische Wirkung des Angriffs in den Vereinigten Staaten unterschätzt. Außerdem verfehlt der Angriff ein wichtiges Ziel: die amerikanischen Flugzeugträger, die zu diesem Zeitpunkt nicht in Pearl Harbor liegen.

Allianzen verschiedener Art
El Alamein
1942

»Donnerstag, den 2. Juli 1942. Die Wehrmacht gibt bekannt: In Ägypten haben deutsche und italienische Divisionen … nach erbittertem Kampf die El-Alamein-Stellung durchbrochen. Sie verfolgen die geschlagenen britischen Kräfte, die sich auf das Nildelta zurückziehen.« Das hörte sich gut an, verdammt gut sogar. Leser und Hörer konnten glauben, Italiener und Deutsche stünden in kurzer Zeit an den Ufern des Nils. Mussolini machte sich bereit, hoch zu Ross nach Kairo zu ziehen. Endlich ein italienischer Sieg, hatte sich der Duce wahrscheinlich gedacht – auch wenn es kein Sieg der Italiener allein war. Zumindest waren italienische Truppen am ersten Sieg über die Briten bei El Alamein beteiligt. Mussolini genügte schon der Anteil am Sieg, denn bisher hatte er in Afrika lediglich eine Kette von Niederlagen erlebt.

Rom war in den Zweiten Weltkrieg erst 1940 eingetreten, nach-

■ Propagandabild der Deutschen: Ein vom Afrikakorps aufgestellter Wegweiser an der Area Philaenorum, der Grenzpforte zwischen den italienischen Kolonien Tripolitanien und Cyrenaika

dem Frankreich so gut wie besiegt worden war. Vorher hätte es seine kostbarste afrikanische Besitzung riskiert: Libyen, eingekeilt zwischen den in Ägypten stationierten Briten und den Franzosen in Tunesien, wäre nicht zu halten gewesen. Italiens Versuch, mit einer zahlenmäßig weit überlegenen Armee die ab Juni 1940, nach der Kapitulation Frankreichs, in Nordafrika alleine kämpfenden Briten zu schlagen, war jedoch in einem veritablen Desaster geendet. Ende des Jahres drangen die Briten zum ersten Mal von Ägypten her schnell in Libyen ein. Eilig entsandte deutsche Hilfe wendete das Schlimmste gerade noch ab.

Ab Februar 1941 führten Deutschland und Italien an der afrikanischen Mittelmeerküste gemeinsam Krieg gegen die Briten. Zunächst waren die Deutschen an Afrika nicht interessiert; sie handelten lediglich aus Sorge um ihren Partner. Entsprechend beschränkt blieben Umfang und Ziel ihrer Hilfe: Zwei Divisionen, das deutsche Afrikakorps, sollten Libyen sichern. Erst als der kommandierende General Erwin Rommel in seinem ersten blitzartigen Panzervorstoß im Frühjahr 1941 einen Teil des verlorenen Terrains den Briten wieder entriss, fanden einige militärische Stellen der Achsenmächte und nicht zuletzt Hitler selbst am Krieg in der Wüste Geschmack.

Für einen Afrikafeldzug benötigten die Deutschen wiederum die Hilfe Italiens. Denn nennenswerter Nachschub kam allein per Schiff übers Meer, und die italienische Kriegsmarine sorgte für den Begleitschutz. Die Lage war schwierig, denn vor allem von Malta aus konnten die Briten die italienischen Schiffe effektiv bekämpfen. Rommel verfolgte trotzdem mehr oder weniger offen sein nächstes Ziel: »Sehen Sie, da ist Tobruk! Das nehme ich! … Da ist der Suez-Kanal, nehme ich auch! Und da ist Kairo, nehme ich auch!«

1941 nahm er Tobruk noch nicht. Stattdessen schlugen die Briten im November ein zweites Mal zu und trieben Rommel wieder in seine Ausgangsstellung zurück. Die Deutschen hatten bald einen Schuldigen für ihren Rückschlag gefunden: Italiens Marine. Indes, der britische Erfolg währte nur kurz. Schon bald darauf rückte Rom-

■ Deutsches Verleihplakat des amerikanischen Films *Rommel der Wüstenfuchs* aus dem Jahre 1951 mit James Mason in der Titelrolle und Luther Adler als Adolf Hitler; Regie führte Henry Hathaway.

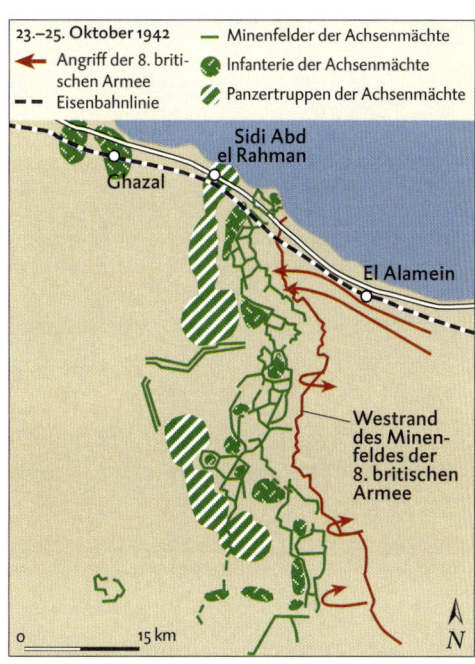

mel zum zweiten Mal vor. Und diesmal, im Juni 1942, fiel Tobruk innerhalb weniger Tage. Für kurze Zeit war das Verhältnis zwischen Italienern und Deutschen entspannt, geradezu freundlich. Gemeinsam zogen sie Richtung Ägypten. Nunmehr befand sich Großbritannien in einer mit Italien vergleichbaren Lage. Es bat die mittlerweile an seiner Seite in den Krieg eingetretenen Amerikaner um Unterstützung. Das heißt, bitten musste England eigentlich nicht: Als Tobruk am 21. Juni fiel, hielt sich Churchill gerade in Washington auf. Roosevelt überbrachte ihm die schlechte Nachricht – und fragte den sichtlich schockierten Premier: »Können wir irgendwie helfen?« Und ob sie das konnten. Bereits am 1. Juli waren mit Kriegsgerät randvoll beladene Frachter auf dem Weg nach Ägypten.

Am 23. Juni überschreiten Rommels Truppen die Grenze und tauchen am 30. Juni vor El Alamein auf, der letzten, leidlich befestigten Stellung der Engländer. Ein Durchbruch, und der Weg ins Nildelta, zum Suez-Kanal und nach Kairo steht offen. Nur sind Rommels Truppen mit ihren Kräfte am Ende. Bereits ihr erster Angriff schlägt fehl. Und vor einem Gegenangriff ziehen sich Italiener und Deutsche panikartig zurück. Nur die ebenfalls einsetzende Erschöpfung der Briten verhindert eine neuerliche Niederlage. Mit ihrem Marsch nach Ägypten haben sich die italienischen und deutschen Truppen unter Rommels Kommando in eine prekäre Lage gebracht: Sie bilden das Ende einer Hunderte Kilometer langen Nachschublinie – die britischen Soldaten können dagegen ihren Nachmittagstee gleich hinter der Front in Alexandria genießen; Versorgungsengpässe kennen sie nicht. Auch die Anfang Juli geschickten amerikanischen Panzer treffen rechtzeitig ein. Mit ihrer Hilfe wird Ende August der zweite Durchbruchversuch der Achsentruppen vereitelt. Deutsche und Italiener liegen jetzt fest. Vor ihnen die britische Artillerie; über ihnen tagsüber und in mondhellen Nächten die feindllichen Bomber. El Alamein wird zur Abnutzungsschlacht, zur, in Rommels eigenen Worten, »Schlacht ohne Hoffnung«.

Ein Rückzug wäre vielleicht die beste Lösung ge-

■ »Auf der Suche nach dem Feind.« Propagandabild der Deutschen: Kradschützengespann der Wehrmacht in der Wüste. Aus der französischen Ausgabe der Zeitschrift *Signal* von 1942

■ Winston Churchill zwischen seiner Frau und General Montgomery beim El-Alamein-Treffen in der Empress Hall in London. Im Oktober 1950

wesen. Doch da waren so klangvolle Namen wie Alexander, Cäsar, Napoleon. Und überhaupt: »Nach Ägypten!« Außerdem plant Deutschland im Sommer 1942 in Kontinenten: Durchbruch bei El Alamein und Vormarsch in den arabischen Raum; Vormarsch durch den Kaukasus – auf der Karte eine riesige, für das britische Weltreich tödliche Zange. Afrika ist jetzt für Hitler nicht mehr das »Kriegstheater zweiter Klasse«. Zu diesem Zeitpunkt verfügt das Afrikakorps noch über Sprit für einen Tag.

Auf der britischen Seite denkt man in ähnlichen Größenordnungen und malt die Gefahr eines Durchbruchs der Deutschen an die Wand. In der dritten, der eigentlichen Schlacht von El Alamein Ende Oktober wird sie von General Bernard Montgomery endgültig gebannt, ohne direkte amerikanische Hilfe. Anders als die Italiener bleiben die Briten tunlichst darauf bedacht, in Ägypten die Kontrolle zu behalten. Amerikanische Truppen werden in El Alamein nicht eingesetzt; vielmehr stammen die Soldaten aus allen Teilen des britischen Weltreichs.

Deshalb war der Sieg bei El Alamein und der anschließende dritte Vormarsch nach Libyen ein britischer Sieg. War es ein bedeutender Sieg? Zählt El Alamein zu den Entscheidungsschlachten des Zweiten Weltkrieges? Der materielle Aufwand der

Der so genannte gesunde, das heißt der zivile Menschenverstand verführt zu der Annahme, ein Heerführer gelange dadurch zu dauerhaftem, von der Geschichte zur Kenntnis genommenem Ansehen, dass er seinen Beruf erfolgreich ausgeübt habe. Das gilt beispielsweise für den älteren Moltke. Rommel hingegen ist ein Heerführer, der durch eigenes Verschulden von den Engländern durch Sonn' und Mond geschlagen werden konnte … Schwerlich wird sich ein zweites Beispiel dafür finden lassen, mit welcher besinnungslosen Verve das Falsche betrieben worden ist.

Erich Kuby, Verrat auf Deutsch

> *Eine kleine Bahnstation, hingestellt in Hunderte von Meilen absoluten Nichts: Das ist El Alamein. … Das Schlachtfeld von El Alamein macht den Eindruck einer ebenen Geröllwüste. … In der Bodenbedeckung wechselt Geröll mit losem Sand; der Boden der Höhenrücken besteht dagegen meist aus hartem Kalkstein, in den man sich nur schwer eingraben kann. Die Härte des Bodens und die fast absolute Deckungslosigkeit des Geländes … machten El Alamein insbesondere für den Infanteristen, der einer überwältigenden gegnerischen Übermacht an Panzern, Artillerie und Flugzeugen hilflos ausgeliefert war, zu einem der grausamsten Schlachtfelder beider Weltkriege.* Reinhard Stumpf in Das Deutsche Reich und der Zweite Weltkrieg, Bd. 10

deutschen Wehrmacht und ihre Verluste blieben, verglichen mit denen in Russland, gering. Die anschließende Eroberung der nordafrikanischen Küste durch die Alliierten, die hohen Menschenverluste im Kessel von, wie es im Volksmund hieß, »Tunisgrad«, ja selbst die Eroberung Süditaliens durch Amerikaner und Briten konnten den Krieg nicht entscheiden. Afrika und Italien blieben für die Deutschen bis zuletzt Nebenkriegsschauplätze.

■ Panzer des deutschen Afrikakorps paradieren durch Tripolis (Libyen).

Und nicht nur für sie. Auch die Amerikaner äußerten oft ihre Zweifel und fragten, ob die Mittel an anderer Stelle nicht sinnvoller einzusetzen seien. Sie wussten, dass die Wehrmacht nur in Russland und Frankreich besiegen werden könnte.

Aber die Amerikaner erkannten auch die symbolische Bedeutung von El Alamein. Und deshalb nahmen sie Rücksicht auf ihre Verbündeten. Deshalb schickten sie nur Waffen und keine Soldaten. In diesem Sinn standen sich in El Alamein Allianzen völlig verschiedener Art gegenüber. Einerseits Italien, das vom römischen Vorgestern träumte, und Deutschland mit seinem Verlangen nach Weltmacht; andererseits England mit seinem verschwindenden Weltreich und Amerika, die Weltmacht von morgen.

EL ALAMEIN – ALLIANZEN VERSCHIEDENER ART

 DATEN UND FAKTEN

Historischer Rahmen: Zweiter Weltkrieg

Zeit: 1.–27. Juli 1942 (1. Schlacht)

30. August–6. September 1942 (Schlacht von Alam Halfa, im folgenden 2. Schlacht)

23. Oktober–4. November 1942 (3. Schlacht; in der Literatur ist, wenn von El Alamein gesprochen wird, häufig nur diese Schlacht gemeint)

Ort: Ägypten; 100 km westlich von Alexandria auf einem etwa 65 km weit landeinwärts reichenden Streifen zwischen der Mittelmeerküste im Norden und der Kattara-Senke im Süden.

Ziele
Achsenmächte (Deutsche, Italiener): in der 1. und 2. Schlacht Durchbruch ins Nildelta; in der 3. Verhinderung des britischen Durchbruchs nach Westen

Briten: in der 1. und 2. Schlacht Verhinderung des Durchbruchs der Achsenmächte; in der 3. Schlacht Durchbruch nach Westen

Gegner, Kommandos, Waffen
Achsenmächte: Deutsches Afrikakorps (DAK) unter Feldmarschall Rommel, italienische Divisionen; 1. Schlacht: 6500 Mann, Infanterie und Artillerie, 90 Panzer (DAK); 2. Schlacht: 440 Panzer; 3. Schlacht: 96 000 Mann, 500 Panzer.

Dazu kommen Verbände der Luftwaffe; Truppen- und Panzerstärke variieren über die Wochen sehr stark.

Briten: 8. Armee; 1. und 2. Schlacht unter General Auchinleck später General Montgomery: 700 Panzer; 3. Schlacht unter General Montgomery: 200 000 Mann, 1100 Panzer. Dazu Verbände der Royal Air Force.

Verluste
Achsenmächte: 1. Schlacht: 7000 Mann; 3. Schlacht: 26 000 Mann, 300 Panzer

Briten: 1. Schlacht: 13 000 Mann; 2. Schlacht: 1750 Mann; 3. Schlacht: 13 500 Mann, 600 Panzer.

Sieger: Briten

Verlauf *30. Juni* Die Truppen der Achsenmächte rücken bis nahe an El Alamein vor. Die Briten haben sich in den ausgebauten Stellungen verschanzt.

1.–3. Juli Der erste Durchbruchversuch des DAK und Rommels Angriff scheitern. Zeitweilig verfügt das DAK nur noch über 26 einsatzfähige Panzer.

Ab 4. Juli Britische Gegenangriffe, die aber alle abgewiesen werden. In den folgenden Wochen wechselhafte Kämpfe mit diversen Versuchen, die Front der anderen Seite zu durchbrechen.

30. August, 22 Uhr Zweiter Durchbruchversuch des DAK scheitert nach mäßigen Geländegewinnen. Die britische 8. Armee ist den Achsenmächten zahlenmäßig überlegen. Außerdem liest ihr Befehlshaber dank »Ultra« entschlüsselten Funksprüche der Deutschen mit. Die Nachschublage der Deutschen wird zunehmend kritisch.

3.–6. September Nachdem ihr Angriff gescheitert ist, ziehen sich die Deutschen in ihre Ausgangsstellung zurück.

23. Oktober, 22 Uhr Beginn der 3. Schlacht von El Alamein. Die britische 8. Armee greift nach einem Trommelfeuer aus etwa 800 Geschützen mit deutlicher Überlegenheit (Panzer 6:1, Flugzeuge 4:1) an. Durchbruchversuche scheitern.

30.–31. Oktober Zweiter großer Durchbruchversuch der Briten scheitert ebenfalls (Kräfteverhältnis Panzer mittlerweile 11:1).

2. November Nach weiteren Angriffen drohen die Briten durchzubrechen.

3. November Hitler verbietet jeden Rückzug (Kräfteverhältnis Panzer mittlerweile 20:1).

4. November, um die Mittagszeit Den Briten gelingt im Norden der Durchbruch.

15 Uhr Rommel befiehlt den Rückzug. In der folgenden Nacht setzen sich Deutsche und Italiener erfolgreich nach Westen ab. Die britische 8. Armee folgt ihnen langsam, aber sicher.

 AUF DEN PUNKT GEBRACHT

Mit den Niederlagen in den Schlachten von El Alamein beginnt die schrittweise Eroberung Nordafrikas durch die Briten. Die Bedeutung von El Alamein für den Zweiten Weltkrieg wird gelegentlich überschätzt. Ein Vergleich der auf deutscher Seite in El Alamein und beispielsweise in Kursk eingesetzten Mittel zeigt die Zweitrangigkeit Nordafrikas für die deutschen Militärs.

Hochmut kommt vor dem Fall
Stalingrad
1942/43

■ Generalfeldmarschall Friedrich Paulus (1890–1957), der Oberbefehlshaber der 6. Armee, in russischer Kriegsgefangenschaft. Paulus ergab sich während der Schlacht um Stalingrad Anfang Februar 1943 mit dem Rest seiner Soldaten, kam in sowjetische Kriegsgefangenschaft (bis 1953) und schloss sich dort dem Nationalkomitee Freies Deutschland an.

Ende Januar 1943. Die Reste der deutschen 6. Armee signalisieren: Wir strecken die Waffen. Gleich werden sie da sein, die Russen. Bislang sind die Rotarmisten den deutschen Soldaten vor allem bei der Gefangennahme näher gekommen. Zu Hunderttausenden waren sie im Sommer und Herbst 1941 an den vorrückenden Deutschen vorbei in die Kriegsgefangenenlager gezogen, die jeder Zweite nicht überlebte. Mancher Landser hat die Russen als Untermenschen betrachtet, mancher hat Mitleid mit ihnen empfunden. Und jetzt, nach dem zweiten Sommerfeldzug in Russland, waren aus Siegern Besiegte, aus Besiegten Sieger geworden. Sicher, auch andernorts zogen sich die deutschen Truppen zurück. Aber bisher war lediglich Boden verloren gegangen. Jetzt aber streckte eine ganze deutsche Armee ihre Waffen. Noch dazu vor den Russen.

Dabei hatte der Sommer 1942 so vielversprechend für die Deutschen begonnen. Die Wehrmacht stand nach ihren Erfolgen im Vorjahr tief im westlichen Russland. Ihre neue Offensive, die mangels verfügbarer Kräfte zwar auf den Süden der Ostfront beschränkt blieb, kam beachtlich voran. Sewastopol auf der Halbinsel Krim war Anfang Juli, Rostow am Don Ende Juli gefallen; kurze Zeit später wurden weiter südlich in Maikop die ersten Ausläufer des diesjährigen Operationsziels erreicht: die Erdölfelder

Ich wollte zur Wolga kommen, und zwar an einer bestimmten Stelle, an einer bestimmten Stadt. Zufälligerweise trägt sie den Namen von Stalin selber. Also denken Sie nur nicht, dass ich aus diesen Gründen dorthin marschiert bin – sie könnte auch ganz anders heißen –, sondern weil dort ein ganz wichtiger Punkt ist. Den wollte ich nehmen, und – wissen Sie – wir sind bescheiden, wir haben ihn nämlich. Es sind nur noch ein paar ganz kleine Plätzchen da.

Adolf Hitler am 8. November 1942

des Kaukasusgebiets. Sie sollten Deutschlands strategische Lage entscheidend verbessern. Denn das hatten die Planer der Wehrmacht kapiert: Ohne Sprit fährt kein deutscher Panzer zum Sieg.

Doch in einem Punkt lief es nicht so wie im vorherigen Sommer. Überall zogen sich die Russen vor den Deutschen geordnet zurück. Deutlichstes Zeichen: Die Zahl der Gefangenen hielt sich in Grenzen. Dafür nahm das eroberte Gebiet ungeahnte Ausmaße an. Ein kurzer Blick auf die Karte: Die Gefahr an der langen nördlichen Flanke des durch den Vormarsch eroberten Gebiets springt förmlich ins Auge. Hitler und sein Generalstab hatten sie erkannt. Starke Verbände wurden deshalb, während die anderen Truppen zu den Erdölfeldern vorstießen, zur Flankensicherung abkommandiert und eroberten den nördlich des Kaukasus gelegenen Raum, der im Osten von der Wolga und Stalingrad begrenzt wurde. Doch da lag das Problem: Bei der Planung war niemals von einem zeitgleichen Vorstoß nach Stalingrad und in den Kaukasus die Rede gewesen. Zuerst die Wolga, im zweiten Schritt Baku erreichen, hieß die Weisung. Die Mittel der

■ Deutsche Kriegsgefangene auf dem langen Marsch durch die Kälte von Stalingrad in die russischen Kriegsgefangenenlager. Februar 1943

■ Soldaten der Roten Armee beim Kampf Haus um Haus in Stalingrad

Wehrmacht waren begrenzt. Deshalb wurde zunächst keine Eroberung der Stadt an der Wolga geplant. Als deutsche Verbände aber am 23. August 1942 nach einem blitzartigen Vorstoß das Wolgaufer im Norden der Stadt erreichen, kommt die Siegesstimmung des letzten Sommers wieder auf und verleitet die Deutschen zu dem Schluss, auch das restliche Stadtgebiet wäre bald in ihren Händen.

Als die Deutschen endlich erkannten, dass der Kampf um Fabriken und Häuser ihre ohnehin knappen Reserven verschlang, war aus der eher unbedeutenden Stadt eine prestigeträchtige Trophäe geworden. September, Oktober – noch am 21. November soll ein weiterer Angriff beginnen. Immerhin halten die Russen zu diesem Zeitpunkt am westlichen Wolgaufer nur noch wenige hunderte Meter besetzt.

Noch einmal ein Blick auf die Karte: Stalingrad liegt am Ende der nach Osten gebogenen Front; wieder eine offene Flanke. Und wieder war sich das Hauptquartier über die exponierte Lage seiner Truppen durchaus im Klaren. Anfänglich reichten die vorhandenen deutschen Verbände noch aus. Doch mit jedem Versuch, Stalingrad endlich zu nehmen, stieg der Bedarf an einsatzfähigen Männern. Sie wurden den Truppen der benachbarten Frontabschnitte entzogen. Rumänen und Italiener ersetzten sie, schlecht ausgerüstete und noch schlechter motivierte Soldaten. Aber selbst das war Hitler und seinem Generalstab bekannt. Warum sie nichts unternahmen? Weil sie den Russen das, was jetzt kam, nicht zugetraut haben.

Am 19. November 1942 stoßen die Russen nordwestlich, tags darauf südlich von Stalingrad mit schnellen Panzerverbänden durch die mangelhaft gesicherte Front. Drei Tage später treffen die beiden Flügel im Rücken der Deutschen zusammen. Die 6. Armee sitzt in der Falle. Den Russen ist eine militärische Meisterleistung geglückt. Im Spätsommer hatte das russische Oberkommando seine Planung begonnen, mit der es zwei Ziele zugleich verfolgte: Zum einen wollte es das verkehrstechnisch bedeutsame Stalingrad halten. Vor allem aber wollte es die Deutschen vor Stalingrad und möglichst im ganzen Kaukasusraum in einer großen Offensive vernichten. Während die russischen Verteidiger Stalingrads Haus um Haus Richtung Wolga zurückgehen mussten, wurden einzelne Verbände umsichtig aus verschiedenen Frontabschnitten gelöst und den Angriffszangen der Operation »Uranus« unterstellt. Nachts, damit die Deutschen nichts merkten, wurden in die Aufmarsch- und Angriffräume Truppen und Material transportiert.

Weil die Deutschen nichts merken und nichts merken wollen, kommt der naheliegende russische Angriff für Hitler und seinen Generalstab völlig überraschend. Sie reagieren ungewohnt schleppend. Hitler ist im Urlaub und schwer zu erreichen. General Friedrich Paulus, der die deutsche 6. Armee kommandiert, wartet ab. Was kann er tun? Drei Möglichkeiten stehen zur Auswahl. Das heißt, zunächst sind es lediglich zwei: halten oder Ausbruch nach Westen. Stunden verrinnen ohne Entscheidung. Schließlich diktiert Hitler Paulus den Haltebefehl. Zur Unterstützung und Befreiung werden auf Nachfragen Luftbrücke und Entsatzangriff zugesagt.

Als klar wird, dass der Entsatzangriff misslingt und die Luftbrücke weder das Versprochene noch das Notwendige leistet, ist es für die Eingeschlossenen schon zu spät. Die Soldaten sind in

■ Italienische Kriegsgefangene vor Stalingrad auf dem Weg in die russischen Lager; sie kämpften in Russland als Verbündete der Deutschen.

einem erbärmlichen Zustand. Doch ein Ausbruch nach Westen? Die abgekämpften Landser müssten durch die eisige Steppe. Da bieten die Mauern der fast eroberten Stadt besseren Schutz vor der Kälte. Krankheit und Hunger dezimieren die deutschen Reihen. Doch ihre Kampfkraft bleibt erhalten. Bis Anfang Februar wehren sie sich verbissen gegen den weit überlegenen Gegner, denn die dritte Option kommt für die meisten nicht in Betracht: Kapitulieren. Zum einen ist es verboten; zum anderen binden die deutschen Soldaten in Stalingrad beträchtliche Mengen russischer Truppen, die nur darauf warten, den gesamten kaukasischen Raum ab-

■ Nach Stalingrad versuchte Hitler selbst die Operationen an der Ostfront von der »Wolfsschanze« aus zu lenken. Hier fand auch das missglückte Attentat vom 20. Juli 1944 statt. Hitler mit Offizieren in einem Bunker des Führerhauptquartiers nach dem Attentat.

zuschneiden. Aber vor allem haben die Deutschen höllische Angst. Nicht vor den Russen, aber vor den russischen Gefangenenlagern. Erst als ihnen keine Alternative bleibt, signalisieren die Reste der deutschen 6. Armee, dass sie die Kampfhandlungen einstellen wollen. Kapitulieren? Nein. Die deutsche 6. Armee hat nur die Waffen gestreckt. Eine offizielle Kapitulation hat ihr zum Feldmarschall ernannter Kommandant Paulus nie unterschrieben.

Da standen sie nun, die Russen, aber diesmal als Sieger. Die gefangenen Deutschen wurden gefilzt. Nichts wurde ihnen gelassen. Sie wurden geschlagen. Manche mussten die Stiefel ausziehen. Barfuß zogen sie in den sicheren Tod durch Erfrieren. Nur einer von zwanzig kehrte in seine Heimat zurück. Von deutscher Kriegskunst konnten die »Stalingrader«, wie sie sich nannten, wenig berichten. Stattdessen erzählten sie von ihren Leiden. Vom Hunger und von der Kälte. Von schrecklicher Sinnlosigkeit. Und manche erzählten vom Mitleid mancher Russen mit ihnen.

Auf dem vereisten Weg nach Stalingrad, den wir mit den Resten der Einheit zurücklegten, lagen an der Straße überall und in grauenhaftem Umfang Verwundete, Erfrorene und Erfrierende, die unseren langsam fahrenden Wagen den Weg mit ihren Leibern versperrten, die sie mitten auf die Fahrbahn gewälzt hatten. Ihre Schreie, sie zu überfahren oder mitzunehmen (…) Viele hatten die Hände, verbunden mit durchfeuchteten Verbänden, flehend erhoben, manche schüttelten die Fäuste, manche rührten sich gar nicht.

Burkhart Angermann, Augenzeuge

STALINGRAD – HOCHMUT KOMMT VOR DEM FALL

 DATEN UND FAKTEN

Historischer Rahmen: Zweiter Weltkrieg

Zeit: 23. August 1942–2. Februar 1943

Ort: Russland; ca. 400 km nordwestlich des Kaspischen Meeres, am Unterlauf der Wolga

Ziele
Deutsche: Eroberung der Stadt und anschließende Sperrung der Wolga, Deckung der linken Flanke der in den Kaukasus vordringenden Verbände

Russen: Halten der Stadt, später Einschließung der deutschen Verbände im Stadtgebiet und deren Ausschaltung

Gegner, Kommandos, Waffen
Deutsche: 6. Armee unter General Paulus, mit den Verbündeten und Hilfstruppen befinden sich insgesamt 250 000–294 000 Mann im Kessel von Stalingrad; Infanterie, Artillerie, Panzerverbände und Luftwaffe

Russen: im Stadtgebiet von Stalingrad 62. Armee unter General Tschuikow; nördlicher Angriffsflügel »Don-Front« unter General Rokossowski bzw. »Südwest-Front« unter General Watutin; südlicher Angriffsflügel »Stalingrad-Front« unter General Jeremenko

Verluste
Deutsche: 180 000–330 000 Mann

Russen: keine offiziellen Angaben. Die Verluste waren aber sehr hoch, z. B. 36 bzw. 45 Prozent beim III. und VIII. Kavalleriekorps. Beim Angriff am 10. Januar 1943 werden 26 000 Mann und 135 Panzer als Verluste gemeldet.

Sieger: Russen

Verlauf
23. August 1942 Deutsche Panzerverbände erreichen nach einem schnellen Vorstoß nördlich von Stalingrad die Wolga.
bis 18. November Wiederholte Versuche der deutschen 6. Armee, die Stadt zu nehmen. Teile der 4. Panzerarmee stoßen hinzu. Zuletzt hält die russische 62. Armee noch einen schmalen, aber gut gegen Artilleriefeuer geschützten Streifen am Westufer der Wolga.
19. November Durchbruch der russischen »Südwest-Front« und der »Don-Front« nordwestlich von Stalingrad durch die von rumänischen Truppen gesicherte Front der Deutschen.
20. November Durchbruch der russischen »Stalingrad-Front« durch von Rumänen gehaltene Frontabschnitte südlich von Stalingrad.
23. November Die beiden russischen Angriffskeile treffen sich bei Kalatsch am Don zusammen. Die deutsche 6. Armee, Teile der 4. Panzerarmee und eine große Zahl von Hilfstruppen sind im bereits er-

oberten Stadtgebiet und westlich davon eingekesselt. Eine Luftbrücke, über die in den folgenden Wochen im Durchschnitt 100 t statt der benötigten 300 t Hilfsgüter in den Kessel eingeflogen und viele Verletzte ausgeflogen werden, wird eingerichtet.
12. Dezember Nach eiligen Vorbereitungen beginnt die 4. Panzerarmee unter General Hoth ihren Entsatzangriff (Operation »Wintergewitter«) von Südwesten aus Richtung Stalingrad. Sie stößt auf heftigen russischen Widerstand.
23. Dezember Der Entsatzangriff wird ohne Erfolg abgebrochen.
10. Januar 1943 Russischer Großangriff gegen die westliche Kesselfront von Stalingrad.
12. Januar Die Russen erobern den größeren der beiden Stalingrader Flugplätze, Pitomnik, zurück.
22. Januar Der verbliebene Flugplatz Gumrak fällt.
31. Januar General Paulus wird von Hitler zum Feldmarschall ernannt. Kurz darauf streckt der Südkessel die Waffen.
2. Februar Der Nordkessel stellt den Kampf ein.

 AUF DEN PUNKT GEBRACHT

Die Niederlage von Stalingrad brachte die Wende im Krieg zwischen Deutschland und Russland. Die deutsche Wehrmacht verlor ihren Nimbus der Unbesiegbarkeit. Auf russischer Seite wuchs das Selbstvertrauen. Obwohl die deutschen Verluste weder für den Krieg mit Russland noch für den Zweiten Weltkrieg entscheidend waren, wurden die Bilder der Winterschlacht um Stalingrad im Nachhinein zum Symbol für die deutsche Niederlage.

 EMPFEHLUNG

Lesenswert: Theodor Plievier: *Stalingrad*, Roman, Berlin 1946.

Hörenswert:
Dimitri Schostakowitsch, *Symphonie Nr. 8*, 1943, als »Stalingrad-Symphonie« bezeichnet; ebenso das Streichquartett Nr. 3, 1946.

Eine schöne Stadt

Warschau
1943/44

»Wer in bestimmten Augenblicken den Kopf nicht verliert«, heißt es, »der hat keinen.« Wie die Franzosen im Mai 1940, als die deutsche Wehrmacht blitzartig nach Westen vorstieß. Aus Sorge vor der Vergeltung hielten sie ihre Bomber vor Angriffen auf deutsche Panzerverbände zurück. Mit Rücksicht auf die Hauptstadt räumten sie Paris und zogen sich nach Süden zurück. Weil Widerstand zwecklos war, kapitulierten sie am 22. Juni.

Danach hatten die Deutschen im Westen vorerst wenig zu fürchten und konnten im Osten nach Gutdünken schalten und walten. Sie gingen daran, ihre Pläne von einem neuen Europa zunächst im okkupierten Polen zu realisieren. Das Land wurde zerstückelt; ein Teil wurde dem Reich angegegliedert und die Bevölkerung in die zentralen und östlichen Landesteile vertrieben, ins sogenannte »Generalgouvernement«. Hier fassten die Deutschen und ihre europäischen Helfer nicht nur die Polen, sondern auch die Juden aus dem besetzten Europa zusammen und konzentrierten sie in eigens dafür geschaffenen Ghettos. In Warschau befand sich ab Oktober 1940 das größte; über 400 000 Menschen wohnten in dem durch eine Mauer vom Rest der Stadt abgetrennten Bezirk.

Bis zum Sommer 1942 blieb es dort ruhig. Die Eingepferchten fürchteten Strafen. Es blieb auch noch ruhig, als die Deutschen am 23. Juli den Abtransport der Bewohner in KZs Richtung Osten befahlen. Höchstens 55 000 Juden lebten Ende September noch im deutlich verkleinerten Ghetto. Die verbliebenen Häuser und Straßen waren weitgehend entvölkert, ihr Betreten Nichtjuden ausdrücklich verboten.

Im Januar 1943 umstellen die Deutschen das Ghetto. Arglos betreten sie die engen Straßenzüge, um die letzten

Bahnstation

Weichsel (Wisła)

N

Katholischer Friedhof

Jüdischer Friedhof

Lutherischer Friedhof

Saski Park

Warschauer Ghetto
— Mauer
○ Tore
- - - Eisenbahnstrecke

Bewohner in die Vernichtungslager zu schaffen. Mit Widerstand rechnen sie nicht. Da werden sie plötzlich beschossen und von bewaffneten Juden über Dächer und durch verwinkelte Höfe gejagt. Die Deutschen ergreifen die Flucht und kommen erst im Morgengrauen des 19. April zurück. Nicht um zu kämpfen. Sie brennen das Ghetto Haus für Haus, Block für Block nieder. Am 16. Mai meldet der deutsche Kommandant: »Es gibt keinen jüdischen Wohnbezirk in Warschau mehr.« Was wörtlich gemeint war. Die Deutschen hatten die ausgebrannten Ruinen bis zu den Grundmauern niedergerissen. Die Straßen des Ghettos waren endgültig leer.

Etwa zeitgleich mit dem ersten Widerstand im Ghetto hatte die deutsche Wehrmacht in Stalingrad ihre schwere Niederlage erlebt; im Juli 1943 hatte sie bei Kursk die letzte Stoßkraft verloren;

■ Ein Soldat der polnischen Heimatarmee während der Straßenkämpfe in Warschau am 19. Juli 1944

Zumindest für mich war es so, weil wir uns den Deutschen zum ersten Mal entgegenstellten. ... Ich war glücklich. Zum ersten Mal töteten wir Deutsche, und wir dachten, das sei der Endkampf. Aber es war kein Drama, kein heroischer Ausbruch ... Danach fühlten wir uns nie wieder wie Leute, die in den Tod gehen. ... Die vergangenen Monate hatten uns reifer und ruhiger gemacht. Yitzhak Zuckerman, Mitbegründer der jüdischen Kampforganisation

und am 23. Juni 1944 wurden große Teile der deutschen Heeresgruppen Mitte von der russischen Sommeroffensive überrannt und zerschlagen. Erste Trecks flüchtender deutscher Zivilisten überquerten im Juli die Weichsel. Weit konnten die russischen Truppen jetzt nicht mehr sein. Schon hörte man in Warschau ihre Kanonen. Für die Polen ein Signal der Befreiung? Eigentlich nicht. Das Donnern weckte vielmehr Erinnerungen an vergangenes Leid: an den Angriff der Russen auf Polen zu Anfang des Krieges, an die 15 000 von den Russen ermordeten polnischen Offiziere. Am 13. April 1943, wenige Tage vor dem Ghettoaufstand, hatten die Deutschen gemeldet, sie hätten bei Katyn die sterblichen Überreste der Offiziere gefunden. Als hätten sie den Polen ihre Alternative aufzeigen wollen: Ghetto oder Katyn.

■ Jeden Tag wurden Tausende Juden aus dem Warschauer Ghetto in das Vernichtungslager Treblinka abtransportiert.

Aus diesem Dilemma suchte die vom Londoner Exil aus operierende politische und militärische Führung Polens im August

■ Nach der Niederschlagung des Warschauer Aufstandes der Armia Krajowa verhandeln Abgesandte von General Graf Tadeusz Komorowski, genannt »Bor«, am 5. Oktober 1944 mit deutschen Offizieren über Kapitulationsbedingungen.

1944 einen Ausweg. Eigentlich bestand nur eine einzige Hoffnung: Man musste die Hauptstadt von den Deutschen und vor den Russen befreien.

Bis Ende Juli zögert man, weil das Risiko hoch ist. Endlich, am 1. August 1944, als die Russen vor den Toren Warschaus stehen, schlägt die polnische Armia Krajowa, die Heimatarmee – ein schlecht ausgerüsteter, jedoch hoch motivierter Partisanenverband –, los. Nun stoßen die russischen Panzer nicht weiter vor; sie gehen unter dem Druck der Deutschen sogar gerne etwas nach Osten zurück. Binnen Stunden ist der Aufstand zum aussichtslosen Unterfangen geworden.

Doch als die Deutschen polnische Zivilisten vor ihren Panzern hertreiben und in den ersten Tagen jeden erschießen, der sich ergibt, bleibt den Aufständischen keine andere Wahl. Sie verteidigen sich so gut und so lange es geht, und viele Einwohner Warschaus stehen ihnen zur Seite. Erst am 2. Oktober 1944 endet der Widerstand in den Kellern und im Kanalisationssystem Warschaus. Anschließend machen die Deutschen auch die verbleibenden Viertel der Stadt dem Erdboden gleich.

Was macht man mit einer völlig zerstörten Hauptstadt? – Man baut sie möglichst bald wieder auf. In den 1950er Jahren beteiligte sich ganz Polen am Wiederaufbau Warschaus, der vor allem ein Zeichen ungebrochenen polnischen Widerstands war.

Heute erhebt sich vor dem Besucher am westlichen Ufer der Weichsel eine bezaubernde Rekonstruktion des alten Zentrums. Doch nur einige Keller und die Kanäle sind wirklich von damals.

Einen Monat ist's her, seit der Aufstand ausbrach, / Dein Kanonendonner, er täuscht uns manchmal, / Obwohl wir schon ahnen die spätere Qual / Und die Gewissheit, uns bleibt nur die Schmach.
Wir warten auf dich – du aber zögerst in einem fort, / Du hast Angst vor uns – das ist bekannt. / Aufgereiht sollen wir liegen im Sand. / Unseren Untergang begaffst du von sicherem Ort.

Populäres polnisches Aufstandslied, angesprochen wird die Rote Armee

■ Angehörige eines Frauen-
batallions der polnischen Heimatarmee nach der Nieder-
schlagung des Warschauer
Aufstandes auf dem Weg in
die Kriegsgefangenschaft.
Photo vom 6. Oktober 1944

Und nicht jeder, sondern nur ein ausgewählter Teil Warschaus ist wiedererstanden: das Schloss und die historische Altstadt. Vom Ghetto findet der Besucher nicht mehr viel wieder. Lediglich ein winziger Rest der Mauer steht noch. Ganz anders in Paris. Als hätte es niemals einen Zweiten Weltkrieg gegeben, strahlt es in üppiger Pracht. Zum Glück hatte Frankreichs Armee im Juni 1940 die Hauptstadt vor den Deutschen verlassen; zum Glück zog sich die Wehrmacht im August 1944, während sie Warschau zerstörte, aus Frankreichs Zentrum kampflos zurück.

Bis heute wird in Frankreich darüber gestritten, ob die Franzosen den Deutschen nicht größeren Widerstand hätten leisten sollen. Und ebenso wurde und wird in Polen der Sinn des Aufstands in Frage gestellt. Denn der Preis, den die Bewohner Warschaus zahlten, war hoch. Doch dafür steht die polnische Hauptstadt heute für heroischen Widerstand. Verschwundenes Ghetto und aufgebaute Altstadt erinnen an Juden und Polen, die wider alle Vernunft ihren Kopf verloren und damit, trotz ihrer militärischen Niederlage, die jüdische und polnische Ehre bewahrten.

WARSCHAU – EINE SCHÖNE STADT

DATEN UND FAKTEN

Historischer Rahmen: Zweiter Weltkrieg
Zeit: 19. April–16. Mai 1943 Ghettoaufstand; 1. August–2. Oktober 1944 Aufstand der Heimatarmee
Ort: Polen; Stadtgebiet von Warschau
Ziele
Juden: möglichst langer Widerstand, allerdings ohne Aussicht auf Erfolg
Deutsche: Säuberung des Rest-Ghettos innerhalb von drei Tagen
Polen: Befreiung Warschaus von den Deutschen vor der Besetzung durch die Russen
Deutsche: Zerschlagung des polnischen Widerstands
Gegner, Kommandos, Waffen
Juden unter Mordechai Anielewicz: 750 Personen; leicht bewaffnet,
Deutsche unter Brigadeführer Stroop: 2000–3000 Mann aus Waffen-SS, Polizei, Wehrmacht; Panzerwagen, Geschütze
Polen unter General Graf-Komorowski: 40 000 Mann
Deutsche unter SS-Gruppenführer von dem Bach-Zelewski: SS- und Polizeieinheiten
Verluste
Juden: der Großteil der im Ghetto verbliebenen Juden und einige Polen, zusammen über 50 000 Tote
Deutsche: 16 Tote und 85 Verwundete
Polen: 15 000–22 000 Tote, dazu 50 000

–150 000 Tote unter den Zivilisten
Deutsche: 10 000 Tote und 9000 Verwundete
Sieger: Deutsche
Verlauf
19. April 1943, 3 Uhr Die Deutschen umstellen das Ghetto von Warschau.
6 Uhr Brigadeführer Stropp löst den bisherigen Kommandanten ab. Die Waffen-SS rückt ins Ghetto ein. Sie wird beim Vormarsch plötzlich von allen Seiten unter Feuer genommen und zieht sich unter Verlusten zurück.
10 Uhr Die Deutschen dringen systematisch ins Ghetto vor. Abends Aktionsabbruch wegen großen Widerstands.
20. und 21. April Geringe Fortschritte der Deutschen.
Ab 22. April Das Ghetto wird Block für Block abgebrannt, die Erdbunker zerstört. Die Operation zieht sich bis zum 16. Mai hin und zerfällt in zahllose Einzelaktionen. Dabei wechseln die Verteidiger ihren Ort und tauchen wiederholt im Rücken, in scheinbar schon gesicherten Blöcken auf. Die Kanäle werden als Fluchtweg genutzt. Der deutsche Flutungsversuch scheitert.
16. Mai, 20.15 Uhr Sprengung der Tlomacki-Synagoge. Auflösung des jüdischen Wohnbezirks.
1. August 1944, 17 Uhr An mehreren Punkten Warschaus beginnt die Armia Krajowa den Aufstand.

Bis 5. August Aufständische erobern Gebiete im Zentrum, der Altstadt, in Zoliborz u. in Mokotow. Angriffe auf den nördl. Flugplatz schlagen fehl. Hauptverkehrswege bleiben meist in deutscher Hand.
6. August Der deutsche Gegenangriff teilt das Aufstandsgebiet: Zoliborz und Altstadt im Norden, Stadtmitte und Mokotow.
13. August, 10 Uhr Deutscher Angriff gegen die Altstadt beginnt. Trennung der Aufständischen vom nördlich gelegenen Zoliborz.
20./21. und 21./22. August Zwei nächtliche Angriffe Richtung Norden scheitern. Zivilisten und Aufständische verlassen die Altstadt.
1. September Die Altstadt kapituliert. Anschließend greifen die Deutschen die Stadtviertel Zoliborz, Zentrum und Mokotow an. Die Lage bessert sich, als die Deutschen vor den vorrückenden Russen die östlichen Stadtviertel Warschaus verlassen müssen. Vom rechten Weichselufer erhalten die Aufständischen von polnischen Truppen, die den Russen unterstellt sind, bis zum 12. bzw. 19. September Unterstützung. Die Deutschen drängen die Aufständischen vom linken Weichselufer zurück.
24. September Deutscher Angriff auf Zoliborz.
27. September Mokotow kapituliert.
29. September Zoliborz kapituliert.
2. Oktober Das Stadtzentrum kapituliert.

Sehenswert: *Kanal.* Regie: Andrzej Wajda. Polen 1956.

AUF DEN PUNKT GEBRACHT

Die beiden Aufstände haben keine im engeren Sinne militärische Bedeutung; sie binden lediglich unbedeutende deutsche Verbände. Ihre Bedeutung liegt im Symbolischen. Der jüdische Aufstand bildet das moralische Fundament für die israelische Armee. Der polnische Aufstand hielt den Wunsch nach einem von Deutschen und Russen unabhängigen Polen aufrecht.

Masse statt Klasse
Kursk
1943

Am Morgen des 20. Novembers 1917 kündigt Geschützdonner eine weitere Abnützungsschlacht des Ersten Weltkrieges an: Die Deutschen Soldaten gehen wie gewöhnlich in Deckung. »Mitten in diesem Höllenlärm auffallende, surrende Geräusche, wie von Flugzeugen … dann erscheint hier ein dunkles Etwas, auch dort bewegt sich eine schwarze Masse. Das breite Drahthindernis knickt unter dem Druck von unbestimmbaren Kolossen zusammen wie Zündhölzer. Tanks! – Tanks!« Einige Deutsche geraten in Panik und rennen davon. Diese Kriegsgeräte kennen sie nicht. Für einige Stunden wird der menschenverschlingende Stellungskrieg durch den Krieg im Schutz von Maschinen ersetzt. Hier noch mit mäßiger, ab dem 8. August 1918 dagegen mit kriegsentscheidender Wirkung nähern sich britische Infanteristen im Schutz von Tanks dem Feind.

■ Die Schlacht am Kursker Bogen

Im Ersten Weltkrieg hatten die Deutschen nicht einmal einen Namen für die Streitwagen aus Stahl – im Zweiten Weltkrieg eroberten sie mit deren Hilfe binnen kurzem große Teile Europas.

Panzer nannte man sie jetzt. Kein anderer setzte sie so effektiv ein wie die Deutschen.

Im Sommer 1941 rollten die Deutschen mit ihren Panzern nach Russland – um ihren Meister zu finden. Zunächst einmal technisch: Der legendäre russische T-34 entwickelte sich zum Schrecken der Landser. Dann, mit der Zeit, auch taktisch beim Einsatz: Die Schlacht um Stalingrad wurde im Winter 1942/43 von russischen Panzern entschieden. Nach Stalingrad, Anfang Februar 1943, war die Lage der Deutschen im Süden Russlands ungemein kritisch geworden. Doch mit Geschick konnten sie ihre Truppen aus dem Kaukasus retten. Im März gelang ihren Panzerverbänden aus der Rückzugsbewegung heraus sogar noch einmal ein Sieg. Die Ostfront stabilisierte sich wieder.

■ Sowjetische Infanteristen greifen geschützt durch einen Panzer an, August 1943.

Gut konnte man die Lage der Wehrmacht im Frühjahr 1943 trotzdem nicht nennen. Die in Russland stationierten Truppen waren vom langen Rückzug erschöpft; täglich rechnete man mit der Landung der Westalliierten in Südeuropa. Aber noch hatten die Deutschen eine technische Wunderwaffe in petto: die gleichfalls legendären neuen deutschen Panzer »Tiger« und »Panther«. Ihnen war der nur mäßig verbesserte T-34 klar unterlegen.

Wie im Märchen sollte es werden. Da wird dem Helden mitunter ja auch aus schwieriger Lage mit Wunderwaffen geholfen: Zauberschwerter, Tarnkappen, eine undurchdringliche Rüstung. Also entschloss sich Deutschlands militärische Führung zu einem neuerlichen Angriff im Osten. Sie setzte auf die Wunder der Technik, auf Klasse statt Masse. Mit einem Zangenangriff unwiderstehlicher Panzerverbände wollte sie den Russen möglichst großen Schaden zufügen – von Sieg war auch offiziell nicht mehr die Rede. Für einen solchen Angriff kam der Kursker Bogen infra-

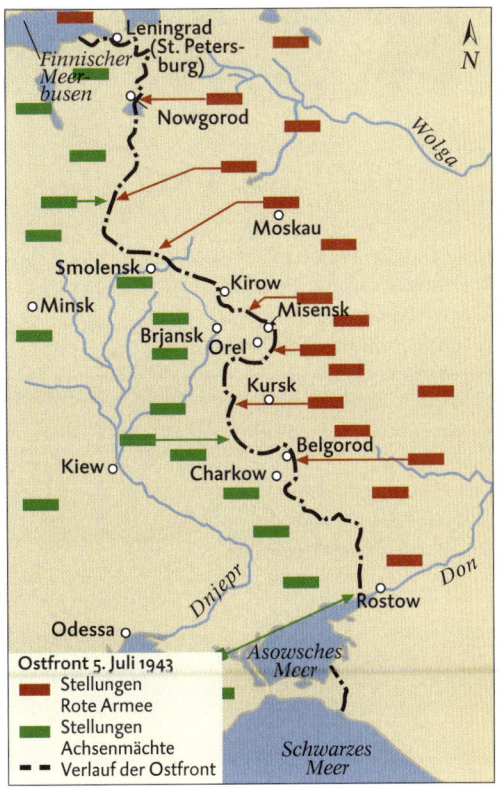

■ Beginn der Sommeroffensive der Wehrmacht aus dem Räumen Belograd und Orel gegen den sowjetischen Frontbogen um Kursk.
oben Eine Gruppe sowjetischer Panzer rollt an die Front im Raum Kursk.
unten Ein zerschossener Ferdinand-Panzer nach der Orel-Kursk-Schlacht, Juli 1943

ge. Hier waren die Russen im Frühjahr 1943 gefährlich weit nach Westen gestoßen. Allerdings war die exponierte Stellung der Russen sehr, beinahe zu offensichtlich.

Überdies ragten die Angriffszangen der Deutschen ihrerseits weit in von Russen gehaltene Gebiete hinein. Von Beginn an werden daher die deutschen Planer von Zweifeln gequält und verschieben den Angriffstermin mehrfach. Mal sind die Männer, mal die Waffen noch nicht einsatzbereit. Denn anders als im Märchen leiden die Wunderwaffen an dem, was man bei technischen Geräten »Kinderkrankheiten« nennt. Ein anderes Mal muss ihre Produktion unterbrochen werden. Und dann fällt vor Leningrad auch noch ein »Tiger« unversehrt den Russen in die Hand.

Mit einigen Kenntnissen über die neuesten Waffen der Deutschen und guten Kenntnissen über Angriffsart und Termin richten sich die Russen im Frühjahr 1943 im Kursker Bogen auf eine Abwehrschlacht ein. Denn was heißt schon Klasse statt Masse, wenn Russland in drei Monaten so viele Panzer herzustellen vermag wie Deutschland »Panther« in sechs Jahren Krieg? Das Frühjahr 1943 sah einen Wettlauf zwischen deutschem technischen Fortschritt und russischem Aufmarsch.

Spät, erst am 5. Juli, beginnt die deutsche Wehrmacht ihre letzte Offensive in Russland. Technisch dominieren die Deutschen das Schlachtfeld. Langsam, aber sicher bohren sich ihre Panzer von

> *Feindliche Panzer erschienen. Ich schaute mich wie gewöhnlich um und war sprachlos. Über eine kleine Anhöhe, 100, vielleicht 200 Meter vor uns, rollten 15, 30, dann 40 russische Panzer. Ich hörte auf, sie zu zählen. Es waren zu viele. Die T-34 fuhren mit hoher Geschwindigkeit auf uns zu; und auf ihnen drauf saß Infanterie.* Deutscher Augenzeuge

Norden und Süden in den russischen Verteidigungsriegel an den Flanken des Kursker Bogens hinein. Ihre Abschusszahlen lesen sich wie Propagandaberichte. Und stimmen. Für einen deutschen gehen acht russische Panzer verloren. Nur – die Russen können sich solche Verlustraten leisten.

Schließlich stehen die Divisionen des von Süden kommenden 2. SS-Panzerkorps mit ihren Verbrechen und Tod verkündenden Namen »Das Reich«, »Leibstandarte Adolf Hitler« und »Totenkopf« vor Prochorowka. Hier, in diesem unbedeutenden Nest, frisst sich am 12. Juli ihr Angriff endgültig fest. Da geht es noch ein wenig voran; dort wird ein Weiler genommen; Höhen mit Namen wie 226.6 oder 241.6 wechseln mehrfach ihren Besitzer. Kursk ist ein Stellungskrieg im trügerischen Schutz von Maschinen geworden. Dann bricht die Offensive im dichten russischen Abwehrfeuer zusammen.

Im Kursker Bogen wurde auf einer neuen technischen Stufe noch einmal eine Abnützungsschlacht wie im Ersten Weltkrieg geschlagen. Der Vorsprung der Deutschen reichte nicht aus, um eine Entscheidung zu erzwingen. Die Masse hielt die Klasse in Schach. Erst Anfang August kam die Front in Bewegung – nachdem die

■ Kolonne deutscher Tiger-Panzer; Propagandaphoto des deutschen Pressekorps in der französischen Ausgabe der Zeitschrift *Signal*, 1943

■ Sowjetische Panzertruppen im Kampfeinsatz bei Prochorowka. Die Sommeroffensive der deutschen Wehrmacht »Unternehmen Zitadelle« scheitert.

letzten deutschen Panzerreserven gegen die auf Sizilien gelandeten Westalliierten geschickt werden mussten und die russischen Reserven gegen die ausgebrannten Deutschen vorstoßen konnten.

Durch ihren nutzlosen Angriff gegen den Kursker Bogen und ihre hohen Panzerverluste war die Wehrmacht auf eine überwindbare technische Stufe, gleichsam in den vorherigen Weltkrieg gerutscht. Und ihre Soldaten zahlten den Preis. So wie die Russen zuvor. Die allerdings für den Sieg der Roten Armee.

> Die »Tiger« standen, wo sie abgeschossen worden waren; einige quer über russischen Schützengräben, andere in Feuerposition, die Mannschaften lagen um sie herum oder waren in diesen stählernen Särgen beerdigt; meistens Teile von Menschen in einem grauenhaften Durcheinander von Gliedern, Bratpfannen, Geschosshülsen, Spielkarten und trockenem Brot.　　　　　John Erickson, *The Road to Berlin*

KURSK – MASSE STATT KLASSE

 DATEN UND FAKTEN

Historischer Rahmen: Zweiter Weltkrieg
Zeit: 5.–ca. 15. Juli 1943
Ort: Russland; nördlich und südlich von Kursk
Ziele
Deutsche: Eroberung des Frontbogens von Kursk durch eine Zangenoperation
Russen: Abwehr des deutschen Angriffs. Dabei sollen den Deutschen möglichst hohe Verluste zugefügt werden; anschließend Gegenangriff.
Gegner, Kommandos, Waffen
Deutsche unter Feldmarschall Kluge und Feldmarschall Manstein: 9. Armee, 4. Panzerarmee, Armeeabteilung Kempf; zusammen 780 900 Mann; 2928 Panzerfahrzeuge, Luftwaffe
Russen: Zentralfront unter General Rokossowski, Woronesch-Front unter General Watutin, Steppenfront unter General Konjew; zusammen 1 910 361 Mann; 5128 Panzerfahrzeuge, Luftwaffe
Verluste
Deutsche: 49 822 Mann
Russen: 177 847 Mann, 1614 Panzerfahrzeuge
Sieger: Russen
Verlauf
5. Juli, gegen 4.30 Uhr Nach Artillerievorbereitung greift die deutsche 9. Armee am nördlichen Frontbogen von Kursk die russische Zentralfront an. Die erste und Teile der zweiten Verteidigungslinie werden durchbrochen. Im Süden greift die deutsche 4. Panzerarmee Richtung Norden an. Die erste Linie der Russen ist nach zwei Stunden durchbrochen. Der weitere Vormarsch der Deutschen wird durch starke russische Gegenwehr und dichte Minenfelder behindert. Die Russen ziehen sich überall in die zweite Linie zurück. Weiter im Süden greift die Armeeabteilung Kempf Richtung Osten an; sie kommt nur schleppend voran.
6. Juli Die 9. Armee dringt bis zum Abend ca. 19 km weit vor. Der rechte Flügel bleibt etwas zurück. Die Spitzen der 4. Armee dringen ca. 35 km weit vor. Die Armeeabteilung Kempf kommt wenig voran.
7. Juli Mehrere Durchbruchversuche der 9. Armee auf Ponyri scheitern. Die Deutschen verlieren partiell die Luftüberlegenheit. Ein Teil der 4. Armee wird durch Erfolge von der geplanten Vormarschrichtung abgelenkt. Durch das Nachhängen der Armeeabteilung Kempf müssen Verbände zum Schutz der rechten Flanke abgezweigt werden. Die Armeeabteilung Kempf kommt bei hohen eigenen Verlusten wenig voran.
8. Juli Ein Vorrücken der 9. Armee nördlich von Okowatka ist unmöglich. Der Angriff wird für einen Tag ausgesetzt. Russische Verbände attackieren die westliche Flanke der vorankommenden 4. Panzerarmee. Die östliche Flanke wird immer exponierter.
9. Juli Umgruppierung der 9. Armee für weitere Angriffe. Russische Angriffe gegen die Flanken der 4. Panzerarmee. Die Vormarschrichtung wird von Nord nach Nordost geändert, Ziel ist damit Prochorowka.
10. Juli Wieder vergebliche Durchbruchversuche der Deutschen nördlich von Okowatka. Umgruppierung der 4. Panzerarmee und der Armeeabteilung Kempf. Die Russen schicken den vorstoßenden deutschen Verbänden Reserven entgegen.
11. Juli Weitere vergebliche Durchbruchversuche nördlich von Okowatka. Teile der 4. Panzerarmee überschreiten den Psel. Die Armeeabteilung Kempf bricht nach Norden durch.
12. Juli Angriff der russischen Brianer und Westfront gegen den Nordabschnitt des Bogens von Orel. Auf der nordöstlichen Angriffsrichtung der Deutschen kommt es bei Prochorowka zur Panzerschlacht. Russische Gegenangriffe verhindern das Eingreifen der Armeeabteilung Kempf. Die von Westen angreifenden deutschen Panzerverbände werden endgültig gestoppt.
13. Juli Hitler bestellt Manstein und Kluge ins Führerhauptquartier und lässt die Operation »Zitadelle« einstellen.
14.–15. Juli Nach weiteren unbedeutenden Angriffen ziehen sich die Deutschen von dem seit dem 5. Juli eroberten Gelände zurück.

 AUF DEN PUNKT GEBRACHT

Mit der Niederlage von Kursk endet die letzte große Offensive der deutschen Wehrmacht an der Ostfront. Die Operation »Zitadelle« hat große Teile ihrer Panzerreserven in einem erfolglosen Angriff verbraucht. Das Kalkül der Russen geht auf; sie durchbrechen die von geschwächten deutschen Verbänden gehaltenen Frontabschnitte und beginnen mit der endgültigen Rückeroberung der verlorenen russischen Gebiete.

Glück im Unglück
Normandie
1944

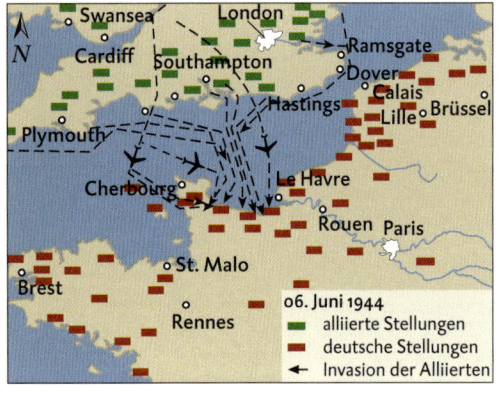

»Das Glück ist mächtig, vor allem im Krieg«, sagte schon Cäsar. Und als man Napoleon von den Qualitäten eines Generals fast überzeugt hatte, fragte er: »Aber hat er auch Glück?« Auch die westlichen Alliierten, Briten und Amerikaner, brauchten Glück bei der Landung auf dem europäischen Festland.

Im Frühjahr 1944 hatte sich das Kriegsglück zugunsten der Alliierten gewendet. In Russland gingen die Deutschen beständig zurück, den alliierten Bombern gehörte zumindest am Tage der Himmel, die deutsche Marine war praktisch nicht mehr existent. Allein im besetzten Westen war die Lage der Wehrmacht erträglich, denn nach wie vor hielt sie die Küstenlinie von der Biskaya an, den Ärmelkanal entlang bis an den Polarkreis.

Nicht, dass sich die Führungsstäbe der Westalliierten nicht mit der Idee einer Landung befasst hätten; aber sie kannten die beträchtlichen Schwierigkeiten einer solchen Operation, in Süditalien hatten sie sie kennen gelernt. Die Eroberung der vom Feind gehaltenen Küste verlangte absolute Luftüberlegenheit, schlagkräftige Marineverbände, ein großflächiges Aufmarschgebiet und umfangreichen Schiffsraum für den Material- und Truppentrans-

■ Beginn der alliierten Landung in der Normandie unter Oberbefehl von General Montgomery am 6. Juni 1944, »D-Day«: Landung von US-Truppen

port. Bliebe auch nur eine Bedingung unerfüllt, drohte den Westalliierten, neben hohen Verlusten, ein Desaster: Das Deutsche
Reich könnte sich anschließend ganz auf die Ostfront konzentrieren und den Krieg deutlich verlängern; oder eine siegreiche
Rote Armee würde bis zum Atlantik vorstoßen.

Wegen der militärischen und politischen Risiken hatten sich Briten und Amerikaner noch 1943 gegen eine Landung im Westen
entschieden. Erst im Frühjahr 1944 sprachen die Fakten für einen
Versuch. Im obersten Kommandostab der Alliierten hatte man
sich bald auf ein Zielgebiet geeinigt: die Normandie. Und auf den
ungefähren Zeitpunkt: Man wollte bei Vollmond und Ebbe landen. Ab Mitte Mai kamen daher nur der 4., 5. oder 6. Juni für den

■ US-Truppen beim Verlassen
eines Landungsbootes. Photo
von Robert F. Sargent vom
6. Juni 1944

»Für England und die Vereinigten Staaten war die Landung in
der Normandie das höchste
Wagnis.«   Liddell Hart,
britischer Militärhistoriker

*Der amerikanischen Soldat ist zu unvorsichtig, wenn er sich in Sicht-
weite des Feindes befindet. Jeder meint, es erwischt einen anderen
»Joe« und nicht er wird erschossen.*
Kompanieführer aus der 9. US-Division

Wenn Sie diesen Brief erhalten, werde ich nicht mehr sein. Ich kann den Vorwurf nicht ertragen, dass ich durch fehlerhafte Maßnahmen das Schicksal der Westfront besiegelt habe.
Generalfeldmarschall Günther von Kluge, der sich am 18. August 1944 das Leben nahm, in einem Brief an Adolf Hitler

Tag der Entscheidung, den »D-Day«, infrage. Tausende Soldaten warteten in England auf ihren Einsatzbefehl; sie wollten es hinter sich bringen. Die Insel war so mit Material überhäuft, dass sie, wie es damals hieß, unter der Last eigentlich hätte absaufen müssen.

Am 4. Juni spielte das Wetter nicht mit. Ein Sturm zwang die alliierte Armada, im Hafen zu bleiben. Am Morgen des 5. Juni musste General Dwight Eisenhower, der Oberbefehlshaber der alliierten Truppen, entscheiden, ob die Invasionsflotte in der folgenden Nacht auslaufen und am 6. Juni angreifen sollte. Nach einigem Hin und Her gab er grünes Licht. Er hatte das Risiko mit dem Überraschungsmoment verrechnet. Und lag richtig.

Die Landung beginnt in den ersten Stunden des 6. Juni mit dem

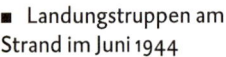
■ Landungstruppen am Strand im Juni 1944

Absprung von Luftlandetruppen. Im Laufe des Morgens setzen spezielle Schiffe an fünf Stränden Soldaten und Panzer zwischen Cherbourg und Caen an der normannischen Küste an Land. Manche treffen auf leichten, andere auf tödlichen Widerstand der überrumpelten Deutschen. In den folgenden Tagen stoßen sie allmählich ins Landesinnere vor; an keiner Stelle bleiben sie im Rahmen des Zeitplans. Erst Anfang August brechen die Amerikaner bei Avranches an der Bucht von Mont-Saint-Michel aus dem westlichen Teil des Landungskopfes aus, umfassen die deutschen Verteidigungslinien und drücken sie gegen die alliierten Verbände von Kanadiern, Briten und Polen im Norden.

Glück brauchte jeder Einzelne. Die Wahrscheinlichkeit für einen alliierten Soldaten, unverletzt nach Hause zu kommen, war gering. Glück hatten aber auch die Deutschen nötig. In Gräben, Bunkern und Panzern hing das Weiterleben am seidenen Faden.

A STEVEN SPIELBERG FILM
tom hanks
saving private ryan
edward burns   matt damon   tom sizemore
the mission is a man.

■ Verleihplakat des Steven-Spielberg-Films *Der Soldat James Ryan* aus dem Jahre 1998 mit Tom Hanks in der Hauptrolle

Ein militärischer Erfolg wäre für sie bei ihren beschränkten Mitteln und der allgegenwärtigen alliierten Luftwaffe allein durch die Konzentration ihrer Kräfte auf einen einzigen Abschnitt der Küste möglich gewesen. Wären die Alliierten dort oder in der Nähe gelandet, hätten die Deutschen sie zurück in die Schiffe drängen können. Also brauchten auch die Führungsstäbe der Wehrmacht Glück bei der Disposition über Verbände. Doch Hitler und seine Generäle scheuten sich, alles auf eine Karte zu setzen, denn setzten sie falsch, wäre der Krieg sofort und sicher verloren gewesen. Für sie kam jeder Abschnitt zwischen spanischer Grenze und Nordkap für eine mögliche Landung der Gegner in Frage; am 6. Juni waren daher Panzerdivisionen bei Toulouse im Süden, bei Poitiers und bei Tours an der Loire stationiert, also über ganz

Feldmarschall Kluge pochte wiederholt mit dem Finger auf den mit »Avranches« bezeichneten Punkt – wo Patton durchgebrochen war – und sagte mir: »Das ist der Ort, wo ich meinen Ruf als Soldat verloren habe.« **Liddll Hart in** *Jetzt dürfen sie reden*

■ Zum Schutz gegen Angriffe der Luftwaffe fliegen Sperrballons über dem Operationsgebiet, während die Schiffe den alliierten Brückenkopf in der Normandie versorgen. Photo vom 9. Juni 1944

Frankreich verteilt. Dank alliierter Lufthoheit brauchten sie elend lange bis zur Front in der Normandie. Und eine am Pas de Calais postierte Armee hielt sich wochenlang für den Fall einer weiteren Landung bereit. Zuletzt ging der Krieg im Westen bei dieser Truppenverteilung ebenso sicher verloren. Dabei hatte Hitler sogar richtig auf die normannischen Strände als Ort der Landung getippt.

Die deutschen Generäle vertrauten nicht auf ihr Glück. Ihre Angst, auf den falschen Küstenstreifen gesetzt zu haben, war zu groß. Statt den Ablauf der Schlacht im Falle einer Niederlage auch auf den Zufall zu schieben, hätten sie es persönlich genommen und das Einzige verloren, was sie noch besaßen: ihre Berufsehre.

Glück im militärischen Unglück hatten die deutschen Soldaten, und dies war vielen von ihnen bewusst; von nun an stieg ihre Chance, an der Westfront in die Hände der Alliierten statt an der Ostfront in die Hände der Russen zu fallen. Und das erhöhte ihre Überlebenschancen erheblich.

NORMANDIE – GLÜCK IM UNGLÜCK

DATEN UND FAKTEN

Historischer Rahmen: Zweiter Weltkrieg
Zeit: 6. Juni 1944
Ort: Frankreich; Küstenstreifen in der Normandie
Ziele
Alliierte (Briten, Amerikaner, Kanadier): Landung von Truppen an der Küste und Bildung eines breiten, tiefen Brückenkopfes zur Befreiung Westeuropas
Deutsche: Abwehr der Landung
Gegner, Kommandos, Waffen
Alliierte unter General Eisenhower: 5 Armeen, zusammen 175 000 Mann; Luftwaffe, 7774 Maschinen; Marine, 7 Schlachtschiffe, 23 Kreuzer, 93 Zerstörer
Deutsche: Heeresgruppe B unter Feldmarschall Rundstedt, zusammen 80 000 Mann; Luftwaffe, kleine Marineeinheiten
Verluste
Alliierte: 11 000 Mann, davon 2500 Tote
Deutsche: unbekannt
Sieger: Alliierte
Verlauf
5. Juni, 4.15 Uhr Eisenhower befiehlt die Landung für den 6. Juni (Operation »Neptun«). Die Armada aus Landungsschiffen, Schiffen zur Küstenbeschießung und Minenräumbooten sammelt sich vor der Südküste Englands. Auf zwei von Minen geräumten Wegen überquert die Flotte den Kanal.
6. Juni, 1.30 Uhr Landung von Fallschirmdivisionen und Gleitern zwischen Caen und Cherbourg. Sie sollen die Flanken des Landungsbereichs schützen. Nur wenige erreichen ihr Ziel. Die vielen Landungen verwirren die Deutschen.
3 Uhr Die deutsche Radarstation entdeckt die sich nähernde alliierte Flotte. Küstenbatterien werden in Alarmbereitschaft versetzt. Rundstedts Hauptquartier meldet Luftlandungen im großen Umfang an das Oberkommando der Wehrmacht (OKW).
Gegen 4 Uhr Die Ausschiffung der Landungstruppen für die fünf Abschnitte beginnt, von West nach Ost: »Utah«, »Omaha«, »Gold«, »Juno« und »Sword«. Die Soldaten verlassen bei Windstärke 5 bis 6 die Transporter und steigen in kleine Landungsboote.
5 Uhr Küstenbatterien eröffnen das Feuer auf die Schiffe.
5.50–6 Uhr Beschuss der Küste durch Schiffsartillerie. Das Feuer wird nach und nach landeinwärts verlegt.
6.30–7.45 Uhr Landung der Amerikaner am »Utah«-Abschnitt; die Truppen gehen etwas weiter südlich als geplant an Land, an einem nicht gut verteidigten Abschnitt. Landung der Amerikaner am »Omaha«-Abschnitt. Heftiger Widerstand der deutschen Verteidiger; nur 5 schwimmfähige Panzer erreichen die Küste. Die Infanterie stürmt die Strände daher ohne Panzerschutz. Die Landung der Briten am »Gold«-Abschnitt stößt auf heftigen deutschen Widerstand, da die Boote mit den Unterstützungspanzern zu spät eintreffen. Landung der Kanadier am »Juno«-Abschnitt; durch Verspätungen geraten die Boote in die aufkommende Flut. 20 von 24 Panzern gehen nach der Anlandung verloren. Die Landung der Briten am »Sword«-Abschnitt verläuft relativ problemlos. 34 der 40 Amphibienpanzer erreichen den Strand.
Gegen 8 Uhr Die Landung weiterer Infanteristen am »Omaha«-Abschnitt führt zu Materialüberfüllung am Strand. Zerstörer fahren zur Artillerieunterstützung nah an die Strände heran. Es wird überlegt, die Landung am »Omaha«-Abschnitt zu stoppen.
8.30 Uhr Am »Omaha«-Abschnitt erreichen die ersten alliierten Soldaten die Klippen.
9.30 Uhr Einziger Luftangriff der deutschen Luftwaffe.
Am Abend Die Amerikaner des »Utah«-Abschnittes sind 6 km, die Amerikaner des »Omaha«-Abschnittes 2 km, die Briten des »Gold«-Abschnittes 4 km, die Kanadier des »Juno«-Abschnittes 7 km und die Briten des »Sword«-Abschnittes 4 km landeinwärts vorgedrungen.

Sehenswert:
The Longest Day (Der längste Tag). Regie: Ken Annakin, Andrew Marton, Bernhard Wicki; mit John Wayne, Robert Mitchum, Henry Fonda, Curd Jürgens, Sean Connery, Richard Burton. USA 1962.
Saving Private Ryan (Der Soldat James Ryan). Regie: Steven Spielberg; mit Tom Hanks, Tom Sizemore, Edward Burns, Barry Pepper. USA 1998.

AUF DEN PUNKT GEBRACHT

Die erfolgreiche Landung der Alliierten in der Normandie markiert den Anfang vom Ende des Deutschen Reichs. Da die Kräfte der Wehrmacht nicht ausreichen, die einmal gelandeten Alliierten wieder ins Meer zurückzutreiben, kämpfen die Deutschen nunmehr an zwei Fronten. Sie können das Kriegsende nur noch hinauszögern.

Menschenopfer
Leyte
1944

»... wurden sinnlos geopfert«, heißt es gelegentlich in Kriegsberichten. Japan hat für den bewussten militärischen Selbstmord den gängigen Begriff geprägt: »Kamikaze« heißt Götterwind, so nannte man den Taifun, der im 13. Jahrhundert eine feindliche Flotte vor der Küste Japans zerstörte.

Im Oktober 1944 stand Japan mit dem Rücken zur Wand und hatte einen Götterwind nötiger als jemals zuvor. Zwar hatten die Amerikaner noch keinen Fußbreit Nippons betreten. Aber seine Luftwaffe war nur noch ein Schatten früherer Tage, die Armee saß nutzlos in China, die Treibstoffreserven der Flotte gingen zur Neige. Und da Japans europäischer Verbündeter Deutschland eher noch schlechter dastand, war der Zweite Weltkrieg für das fernöstliche Kaiserreich so gut wie verloren.

Trotzdem wollte sich Japan nicht tatenlos seinem Schicksal ergeben. Pläne wurden entworfen: »Sho-1« bis »Sho-4«. »Sho« bedeutet Sieg; auf dem Papier gab sich das japanische Marinehauptquartier optimistisch. Ein Schlag mit hohen Verlusten für die Amerikaner – unter Umständen würde Washington mit Tokio verhandeln. Auf seine bisherigen Eroberungen müsste Japan sicher verzichten; aber vielleicht blieben Teile seiner Armeen, womöglich Einheiten der Flotte erhalten. Und natürlich das Kaiserhaus und der Kaiser.

■ Landung von US-Truppen auf Leyte am 20. Oktober 1944. General Douglas MacArthur geht in Begleitung seines Stabes an Land.

Umgesetzt wurde »Sho-1«, nachdem die Amerikaner am 20. Oktober auf der Insel Leyte auf den Philippinen gelandet waren, einem Eckpfeiler im japanischen Verteidigungssystem. Zwei Tage später nahm die kaiserliche Flotte Kurs auf das Landungsgebiet, das über zwei Routen, die Surigao- und die San-Bernardino-Straße, zu errei-

chen war. Die beiden getrennt operierenden Flotten zielten gegen die amerikanischen Truppen mit ihren wehrlosen Versorgungseinheiten vor Leyte und bekamen nur schwache Luftunterstützung. Denn die in Japan verbliebenen Flugzeugträger sollten einen völlig anderen Auftrag erfüllen.

■ US-amerikanische Landungstruppen und -schiffe am Strand: Bau eines provisorischen Piers aus Sandsäcken, um eine schnellere Ausschiffung der Truppen zu ermöglichen

Die erste Überraschung war den Japanern damit geglückt. Denn mit einem solchen Angriff hatte die amerikanische Marineführung eigentlich gar nicht gerechnet. In ihren Augen wäre er blanker Selbstmord gewesen. Daher schickte sie nach der erfolgreichen Landung einige Schiffe zur Auffrischung in die Häfen zurück. Der vor Ort gebliebene Rest sollte zur Sicherung genügen. Er lag an den Enden der Straßen von Surigao und San Bernardino auf Wache.

Mit dem nächsten Teil des japanischen Plans rechneten die Amerikaner noch weniger. Und der hätte sein Ziel fast erreicht. Von Japan aus, also von Norden, näherte sich ein dritter japanischer Flottenverband den Philippinen: die besagten Flugzeugträger. An sich eine ernste Gefahr. Nur führten sie viel zu wenige Flugzeuge mit sich: Sie dienten allein als Köder.

Zunächst lief für die Amerikaner alles perfekt. Die japanische Flotte, die auf die nördliche San-Bernardino-Straße zusteuerte, wurde am 23. Oktober erfasst und wiederholt von amerikanischen U-Booten attackiert. Mehrere Kreuzer gingen auf Grund. Allerdings hielten die restlichen Schiffe weiterhin Kurs. Schließlich fuhren sie zusammen mit der *Yamato* – einer *Titanic* unter den Schlachtschiffen, vermeintlich unsinkbar. Das Kaliber ihrer Kanonen wurde auf keinem anderen Kriegsschiff erreicht. Einzige Ausnahme: das Schwesterschiff *Musashi*; aber das fuhr im selben Verband. Am 24. Oktober griffen amerikanische Flugzeuge an. Nach Bomben- und Torpedotreffern kenterte die *Musashi*. Vizeadmiral Takeo Kurita hielt einen weiteren Vormarsch für sinnlos und drehte ab.

Der auf dem südlichen Weg anlaufenden japanischen Flotte erging es nicht besser. Sie blieb zwar von heftigen Luftangriffen verschont, dafür wurde sie nachts in der Surigo-Straße von Zerstörern, Torpedobooten und einigen Schlachtschiffen – Veteranen des Angriffs auf Pearl Harbor, die die Amerikaner gehoben und modernisiert hatten – im bis heute letzen großen Überwassergefecht zwischen Schlachtschiffen fast völlig zerrieben.

Da tauchte im Norden, weit ab von Leyte, der Lockvogel auf: die Flugzeugträger des japanischen Flottenverbandes. Admiral »Bull« Halsey nahm alle Kampfschiffe, über die er verfügte, und lief ihnen entgegen. Er handelte damit durchaus im Sinne seines Einsatzbefehles: »Sollte sich die Gelegenheit zur Vernichtung eines größeren Teils der feindlichen Flotte bieten, dann wird das Ihre Hauptaufgabe sein!« Und Flugzeugträger stellten nach allen Erfahrungen des Krieges den wichtigsten Teil der feindlichen Flotte dar, wichtiger als das größte Schlachtschiff der Welt. Dass der nördliche Zugang zum Golf von Leyte ungedeckt blieb, nahm Halsey in Kauf; er wusste, dass Kurita seit einigen

■ Kamikaze-Piloten vor dem Start beim Gebet vor einem Schrein. Nachgestelltes Photo, November 1945

Stunden auf Gegenkurs lief. Was er nicht wusste: Kurita hatte nachts seinen Kurs auf Befehl von oben noch einmal geändert. Damit hatte Halsey, siegesgewiss wie er war, nicht gerechnet.

■ US-Flugzeuge greifen im Februar 1944 von einem Flugzeugträger aus einen japanischen Frachter an.

In den ersten Stunden des 25. Oktober kommt Kuritas Flotte aus der San-Bernardino-Straße und läuft im Morgengrauen Richtung Südosten seinem Ziel entgegen: den wehrlosen Versorgungsschiffen im Golf von Leyte. Zwischen Kurita und seinem Ziel steht vor der Insel Samar nur eine kleine Gruppe amerikanischer Schiffe: auf Tankerrümpfen gebaute Geleit-Flugzeugträger und eine Handvoll Zerstörer.

Die Reaktion des amerikanischen Kommandanten ist prompt: Er dreht in den Wind, um seine Flugzeuge starten zu können. Derweil werfen sich die Zerstörer den Japanern mit Torpedos entgegen. Die Flugzeuge kommen mit Bomben und Scheinangriffen zur Hilfe. Nach etwas mehr als zwei Stunden verschwindet der japanische Flottenverband so plötzlich, wie er aufgetaucht war. Er

Kamikaze waren Freiwillige (…) Die Rücksichtslosigkeit ihrer Einsätze, die Unlogik ihrer Selbstmordabsicht, sie waren für die Amerikaner ein besonderer Horror. Kamikaze kämpften mit einem besonderen Gefühl der Erhebung, schienen von einem Wahn erheitert zu sein und gingen in den Tod wie zu einer faszinierenden Zeremonie. Es war die Eschatologie des Krieges. Calvocoressi, Total War

> *In der plötzlichen Stille, die sich nach dem brüllenden Kanonendonner der 35,6-cm- und 40,6-cm-Geschütze der Schlachtschiffe nun auf die Surigao senkte, konnte man förmlich die Anwesenheit des Geistes der großen Admirale fühlen, von Raleigh und De Ruyter bis zu Togo und Jellicoe, die der nun dahinscheidenden Art der Seekriegsführung, wie sie sie verstanden hatten, einen letzten Gruß erwiesen. Während der ersten Morgenwache des 25. Oktober war die Gefechtstaktik voneinander in Kiellinie bekämpfenden Schlachtschiffen ebenso sehr zum Anachronismus geworden wie die Taktiken der Rudergaleeren-Befehlshaber von Salamis und Syrakus.*
>
> Eliot Morison, amerikanischer Marinehistoriker

wendet und fährt in die San-Bernardino-Straße zurück. Für die *Yamato* ist das einzige Gefecht, das sie während des Zweiten Weltkrieges geführt hat, beendet. Sie wurde von leichten Flugzeugträgern verjagt.

Jetzt ist das Opfer an Schlachtschiffen, Trägern und Kreuzern militärisch sinnlos geworden. Erst jetzt! Kurita hatte die Nerven verloren, war müde und wohl selbst überrascht. Anderenfalls hätten die Amerikaner im Landungskopf eine Niederlage erlebt wie die Japaner vor Midway. Auch die völlig neue Angriffsform der Japaner hätte womöglich Früchte getragen: Unmittelbar nach dem Gefecht von Samar hatte sich ein japanisches Flugzeug absichtlich auf einen der amerikanischen Träger geworfen; der erste »Kamikaze«-Angriff. Viele weitere sollten noch folgen; zum Selbstmord bereite Männer gab es in Japan genug. Wurden sie sinnlos geopfert? Offenbar nicht. Die Amerikaner haben ihre Forderung nach bedingungsloser Kapitulation schließlich revidiert und Japans Kaiser in Amt und Würde belassen.

■ US-Marineinfanterie landet auf Carlos Island während der Eroberung der Marshall-Inseln im Januar/Februar 1944.

LEYTE – MENSCHENOPFER

 DATEN UND FAKTEN

Historischer Rahmen: Zweiter Weltkrieg

Zeit: 23.–25. Oktober 1944

Ort: Philippinen; Sibuyan-See, Surigao-Straße, Seegebiet östlich der Insel Samar und vor Kap Engaño

Ziele
Japaner: Zerschlagung der auf Leyte gelandeten amerikanischen Streitkräfte und ihrer vor der Küste liegenden Versorgungseinheit

Amerikaner: Abwehr der japanischen Angriffe bei gleichzeitigen Gegenschlägen zur endgültigen Vernichtung der japanischen Flotte

Gegner, Kommandos, Waffen
Japaner ohne Oberkommando: 3 Flotten – nördliche unter Vizeadmiral Ozawa, zentrale unter Vizeadmiral Kurita und südliche unter Vizeadmiral Nishimura; zusammen 6 Flugzeugträger, 7 Schlachtschiffe, 19 Kreuzer

Amerikaner ohne Oberkommando: 2 Flotten – 3. Flotte unter Admiral Halsey, 7. Flotte unter Admiral Kincaid; zusammen 16 Flugzeugträger, 12 Schlachtschiffe, 22 Kreuzer

Verluste
Japaner: 4 Träger, 3 Schlachtschiffe, 10 Kreuzer, 9 Zerstörer

Amerikaner: 3 leichte Träger, 2 Zerstörer

Sieger: Amerikaner

Verlauf
23. Oktober, abends Die japanische zentrale Flotte (5 Schlachtschiffe, 11 Kreuzer) wird von amerikanischen U-Booten entdeckt.

24. Oktober, ab 5.24 Uhr Wiederholte Angriffe der amerikanischen U-Boote, drei japanische Kreuzer werden versenkt.

ab 8.30 Uhr Japanische Flugzeuge attackieren Teile der 3. US-Flotte und versenken einen leichten Träger.

ab 10.30 Uhr Die japanische zentrale Flotte wird von amerikanischen Flugzeugen in mehreren Wellen angegriffen. Das japanische Schlachtschiff *Musashi* wird schwer getroffen.

15 Uhr Nach weiteren Treffern auf anderen Schiffen wendet die zentrale Flotte und fährt Richtung Westen.

16.14 Uhr Die zentrale Flotte kehrt auf ihren östlichen Kurs zurück und läuft Richtung San-Bernardino-Straße. Etwa zur selben Zeit verlässt die amerikanische 3. Flotte, nachdem die nördliche Flotte der Japaner mit den Flugzeugträgern entdeckt worden ist, ihre Position vor der San-Bernardino-Straße und läuft Richtung Norden.

18.35 Uhr Die *Musashi* ist gesunken.

25. Oktober, ab ca. 0.15 Uhr Die japanische südliche Flotte läuft in die Surigao-Straße ein.

1.25–3.19 Uhr Überwassergefechte beginnen in der Surigao-Straße vor der Insel Samar. Die japanischen Schiffe werden von Torpedobooten, Zerstörern und anschließend von amerikanischen Schlachtschiffen angegriffen. Alle japanischen Schiffe bis auf einen Zerstörer werden versenkt.

5.40 Uhr Die zentrale Flotte unter Kurita kommt aus der San-Bernardino-Straße und dreht nach Südosten auf den Landungskopf von Leyte zu.

5.58 Uhr Die Schiffe der zentralen Flotte eröffnen das Feuer auf die vor ihnen stehenden amerikanischen Geleitträger und Zerstörer.

7.30–ca. 9 Uhr 1. und 2. Angriff der 3. US-Flotte gegen die nördliche Flotte der Japaner.

8.11 Uhr Der Kommandant der zentralen Flotte bricht das Gefecht zeitweise ab und läuft nach Norden.

9.55 Uhr Der Kommandant dreht noch einmal Richtung Südwesten.

11.36 Uhr Rückzug der zentralen Flotte nach Norden in die San-Bernardino-Straße.

12.05–ca. 14 Uhr 3. Angriff der Amerikaner gegen die nördliche Flotte der Japaner.

Ab 15.10 Uhr 4. und schwerster Angriff der Amerikaner gegen die nördliche Flotte der Japaner.

 AUF DEN PUNKT GEBRACHT

Wesentliche Teile der Kaiserlichen Japanischen Marine, darunter praktisch alle Flugzeugträger, werden versenkt. Japan ist nach Leyte zu keiner bedeutenden maritimen Kriegshandlung gegen die Amerikaner mehr fähig. Allerdings zeigt Leyte deutlich die Gefahr, die auch von einem scheinbar unterlegenen Gegner noch ausgeht.

Auf der Suche nach dem verlorenen Ruhm
Dien Bien Phu
1954

■ Verleihplakat des Filmes *Dien Bien Phu – Symphonie des Untergangs*. Als junger Kameramann war Regisseur Pierre Schoendoerffer Zeuge und einer der wenigen Überlebenden der Schlacht von Dien Bien Phu. 38 Jahre danach hat er die dramatischen Ereignisse in einem Film rekonstruiert.

Eigentlich hatte Frankreich seine Großmachtstellung schon zu Anfang des Zweiten Weltkrieges verloren. Im Sommer 1940 zerbrach die ruhmreichste Landstreitmacht Europas unter den Schlägen der deutschen Wehrmacht; und als Japan in den folgenden Monaten Ansprüche im von den Franzosen dominierten Indochina anmeldete, gab die neue, vom guten Willen der Deutschen abhängige französische Regierung umgehend nach. Japaner übernahmen schrittweise Stützpunkte in der Region, zunächst in Tongking im Norden, dann in Kotschinchina im Süden. Fürs Erste arrangierten sich die beiden Besatzer. Die Franzosen sorgten für Ruhe und Ordnung; die Japaner nutzten ihre südvietnamesischen Basen Ende 1941 für Angriffe gegen Amerikaner und Briten. Danach spielte Indochina auf dem ostasiatischen Kriegsschauplatz eine untergeordnete Rolle. Widerstand gegen japanische Truppen leisteten die Kämpfer der Viet Minh, der Vietnamesischen Unabhängigkeitsliga.

1945 änderte sich die Situation. Die neue französische Regierung unter de Gaulle hatte ins Lager der Alliierten gewechselt. Tokio übernahm deshalb im März die alleinige Macht in Vietnam und fasste die Regionen Tongking, Annam und Kotschinchina zu einem formell unabhängigen Staatsgebilde zusammen. Bei Kriegsende war daher eine Rückkehr zu den alten Verhältnissen nicht so ohne weiteres möglich. Im Norden Indochinas standen chinesische, im Süden vornehmlich britische und französische Truppen. Außerdem hatten die Viet Minh unter ihrem Präsidenten Ho Chi Minh am 2. September 1945 im Norden die Demokratische Republik Vietnam proklamiert. Der Übergang zur vollständigen Unabhängigkeit wäre wahrscheinlich ähnlich friedlich verlaufen wie auf dem indischen Subkontinent – wenn es Vietnam nicht mit einer europäischen

■ Viet Minh auf einer abgeschossenen französischen B26-Maschine

Macht zu tun gehabt hätte, die ihre verlorene militärische Reputation wiederherstellen wollte, mit Frankreich. Dessen militärischer Beitrag zum Sieg im Zweiten Weltkrieg war offensichtlich belanglos gewesen, und da Europa keinen Spielraum mehr bot, pochten die Franzosen in Asien auf überkommene Rechte.

In den Monaten nach Kriegsende fiel es der Pariser Regierung nicht leicht, die französische Herrschaft in Indochina wiederherzustellen. Die Tage der Kolonialreiche waren gezählt, und Washington, die wirkliche Macht in Südostasien, opponierte vorerst gegen jede allzu deutliche Präsenz der Westeuropäer. Also taktierten die Franzosen bis zum Frühjahr 1946 politisch. Dabei kam ihnen der Vorschlag Ho Chi Minhs, chinesische durch französische Besatzungstruppen zu ersetzen, entgegen. Paris willigte ein und erkannte dafür im März 1946 den neu gegründeten Staat im Norden Vietnams sogar als Teil einer Indochinaföderation an. Zugleich festigte Frankreich im Süden seinen Einfluss und seine militärische Stellung und isolierte den Norden allmählich vom restlichen Land.

Nordvietnam antwortete auf den Druck, indem es Guerillagruppen nach Süden schickte. Die Franzosen schlugen mit dem in Nordvietnam sta-

»Ihr werdet bis zum Ende kämpfen. Es kommt nicht infrage, dass ihr nach eurem heldenhaften Widerstand eine weiße Fahne hisst.« Befehl des französischen Kommandanten in Hanoi an den Kommandanten in Dien Bien Phu

tionierten Teil ihrer Truppen zurück. Am 23. November 1946 bombardierten und besetzten sie die Hafenstadt Haiphong, kurze Zeit später die Hauptstadt Hanoi. Der erste Indochinakrieg hatte begonnen.

Zunächst zogen sich die Nordvietnamesen unter General Vo Nguyen Giap aus den Städten zurück und operierten im Dschungel; die Franzosen verschanzten sich in den Städten und in einer Kette von Forts. Auf diese Weise erlangte keine Seite einen entscheidenden Vorteil. Der Krieg zog sich hin. Und während die Stimmung im fernen Frankreich mit jedem gefallenen Soldaten sank, erhielt das Militär immer größere materielle Unterstützung aus den Vereinigten Staaten von Amerika. Der Kalte Krieg hatte begonnen, und Vietnam zählte dank seiner Lage im Süden des kommunistischen Chinas auf einmal zu den strategisch bedeutsamen Regionen der Welt, der rechte Ort, um eitle Träume von einer neu erstandenen Großmacht Frankreich in die Tat umzusetzen.

Im Vertrauen auf seine materielle Überlegenheit forderte Frankreich die Nordvietnamesen heraus. Ende November 1953 besetzten Fallschirmjäger ein Tal an der Grenze zu Laos, Dien Bien Phu; auf der Karte eine ideale Absprungbasis, um Nachschubwege der nordvietnamesischen Guerilla zu unterbrechen und ihre Operationsbasen lahmzulegen. Bis Ende des Jahres kam es zu einigen Kommandounternehmen, die außer Verlusten allerdings kaum etwas brachten.

General Giap erkannte die Bedeutung der befestigten Stellung und reagierte mit einem in Art und Umfang gewaltigen Auf-

■ Verletzte Soldaten werden im Mai 1954 mit einem Hubschrauber aus dem Kampfgebiet geflogen.

marsch. Die Nordvietnamesen schafften die von China und Russland gelieferte schwere Artillerie mit bloßen Händen Geschütz für Geschütz durch den Dschungel bis zu den Hügeln um Dien Bien Phu. Dazu kamen große Truppenverbände. Ab Mitte Januar waren die Franzosen in dem abgelegenen Tal von nordvietnamesischen Truppen umzingelt. Die Schlacht von Dien Bien Phu konnte beginnen.

■ Anfang Mai 1954: Gefangene Soldaten der Viet Minh werden abgeführt.

Am späten Nachmittag des 13. März 1954 legen die Nordvietnamesen ein mörderisches Artilleriefeuer auf die teilweise nur mäßig befestigten Stellungen der Franzosen. Sie beschießen das Flugfeld, die einzige Verbindung nach außen. Und wenn sie den französischen Nachschub auch nicht ganz unterbrechen – selten gelangt über die eingerichtete Luftbrücke genügend Material in den Kessel. Die Bombardierung der vietnamesischen Stellungen erweist sich umgekehrt als ineffektiv.

In den ersten Wochen geht Giap systematisch vor und vermeidet Verluste; doch ab April steht die Genfer Konferenz über die Zukunft Indochinas vor der Tür. Die Nordvietnamesen suchen einen raschen Erfolg. Sie setzen ihre Soldaten rigoros ein und brechen den letzten Widerstand der Franzosen. Am 7. Mai, einen Tag vor Konferenzbeginn, gehen die Verteidiger auf. Der erste Indochinakrieg ist zu Ende.

Am 8. Mai begann in Genf die Vietnamkonferenz. Wie gern hätten die Franzosen sich auch in diesem Jahr an das Ende des Zwei-

Wir waren überrascht, und alle fragten sich, wie es die Vietnamesen geschafft hatten, so viele Geschütze für ein solches Feuer zusammenzubringen. Granaten hagelten bis zum Abend ohne Unterlass auf unseren Bunker nieder. Bunker nach Bunker, Graben auf Graben brachen zusammen und begruben Männer und Waffen.

Augenzeugenbericht vom Angriff am 13. März 1954

■ So sah das Rollfeld von Dien
Bien Phu im März 1954 aus.

*Im Abendlicht bot das
Tal von Dien Bien Phu ein
Bild aus menschlichem
Leid und archaischem
Luxus; denn hier und da
waren die siechenden Ver-
letzten, verwesenden
Toten und stinkenden
Gräben mit den weißen
Tüchern der zuletzt abge-
worfenen Fallschirme be-
deckt. ... Dien Bien Phu
war das erste Schlacht-
feld in der Geschichte, bei
dem nicht nur die Toten,
sondern der ganze Boden
in Leichentücher gehüllt
war.*

Berhard Fall, *Hell in
a Very Small Place*

ten Weltkriegs und ihren Sieg über Deutschland erinnert. Die Vietnamesen hatten ihnen das Feiern gründlich verdorben. Frankreich
hatte seine militärische Reputation ein weiteres Mal verloren. Nur
war diesmal alles noch schlimmer, denn die Geringschätzung der
vietnamesischen Kampfkraft hatte die französischen Militärs
nicht nur zu der schlecht vorbereiteten Operation im Nordwesten
Indochinas verleitet. Er hatte sie auch entsprechend ihren kolo-
nialistischen Maßstäben beschämt. Im Sommer 1940 hatten die
Nachfahren der »Grande Armée« vor den Soldaten der Kaiser-
lich-Japanischen Armee und der deutschen Wehrmacht die Waffen gestreckt. Aber jetzt? Wer in Europa kannte Ho Chi Minh und
Giap? Wer hätte die Länder Indochinas aufzählen können? »Ich
bin 78 Jahre alt geworden, ohne jemals von so verdammten Orten
wie Kambodscha gehört zu haben«, wird der englische Premier
Winston Churchill zitiert. Den Soldaten aus dem unbekannten
Land waren die französischen Legionäre unterlegen. Da half
ihnen all ihr vor Dien Bien Phu bewiesener Mut nichts – sie
waren blamiert. Hätte Frankreich seinen Gegner vorher höher geschätzt, es hätte in allen Ehren verloren. So übertraf die Schmach
von Dien Bien Phu die Niederlagen des Zweiten Weltkrieges.
Heute, nach Vietnams Sieg gegen die Vereinigten Staaten, denkt
man anders über das noch in den Augen des Präsidenten Johnson
»lumpige, viertklassige Ländchen«, und die Niederlage von Dien
Bien Phu wiegt vielleicht für Frankreich nicht mehr so schwer. Zur
Großmacht ist Frankreich aber trotzdem nicht wieder geworden.

DIEN BIEN PHU – AUF DER SUCHE NACH DEM VERLORENEN RUHM

 DATEN UND FAKTEN

Historischer Rahmen: Erster Indochinakrieg

Zeit: 13. März – 7. Mai 1954

Ort: Vietnam; Tal von Dien Bien Phu im Nordwesten Vietnams, an der Grenze zu Laos

Ziele

Nordvietnamesen: Eroberung des französischen Stützpunktes

Franzosen: Abwehr des vietnamesischen Angriffs

Gegner, Kommandos, Waffen

Nordvietnamesen unter General Giap: 50 000 Mann

Franzosen unter Brigade-General Oberst de Castries, später Oberstleutnant General Langlais: 16 000 Mann

Verluste

Nordvietnamesen: 22 900 Mann, darunter 7900 Tote

Franzosen: 12 900 Mann, darunter 2204 Tote. Von den ca. 10 000 Gefangenen kehrten 3000 aus den vietnamesischen Gefangenenlagern nach Frankreich zurück.

Sieger: Nordvietnamesen

Verlauf

13. März Die Nordvietnamesen beginnen ihren Artilleriebeschuss auf das eingeschlossene Tal Dien Bien Phu. Es folgen erbitterte Kämpfe um einzelne Stützpunkte der Franzosen.

14. März Endgültiger Ausfall der lokalen Luftwaffe.

15.–17. März Weitere Einzelkämpfe um französische Stützpunkte.

19. März Zivilisten werden evakuiert. Die Kämpfe um die Stützpunkte gehen weiter.

24. März Der französische Kommandant de Castries fällt de facto aus und wird durch Langlais ersetzt.

27. März Die letzte Transportmaschine startet vom Flugfeld in Dien Bien Phu. Danach wird Nachschub nur noch per Fallschirm abgeworfen.

30. März Die Schlacht um die fünf Hügel im Osten beginnt. Heftige Kämpfe um einzelne Stellungen.

1. April Die Monsunzeit beginnt.

4.–5. April Die Nordvietnamesen räumen eroberte Positionen. Schwere Angriffe werden unter hohen Verlusten abgewehrt.

10. April Französische Rationen werden gekürzt.

15. April Die Luftversorgung erreicht ihren Höhepunkt.

26. April Das letzte mittelschwere Geschütz der Franzosen wird zerstört.

27. April Die Versorgung der Nordvietnamesen per Lastwagen reicht bis Dien Bien Phu.

28. April Der Monsun erreicht seine volle Stärke.

29. April Der vorletzte französische Panzer »Douaumont« wird samt Besatzung zerstört.

1. Mai Nordvietnamesische Artillerievorbereitung für den Schlussangriff.

6. Mai Artillerieangriff der Nordvietnamesen; erster Einsatz von »Katjuschas« (Stalinorgeln). Unter dem Stützpunkt »Eliane-2« explodiert ein Schacht mit Sprengstoff.

7. Mai, 17 Uhr Nach anhaltenden Kämpfen stellen die französischen Truppen das Feuer ein.

 EMPFEHLUNG

Sehenswert:
Dien Bien Phu – Symphonie des Untergangs. Regie: Pierre Schoendoerffer; mit Donald Pleasence, Patrick Catalifo, Ludmila Mikael. F 1991.

 AUF DEN PUNKT GEBRACHT

Dien Bien Phu und die anschließende Genfer Konferenz brachten Nordvietnam die Unabhängigkeit und Frankreich das Ende seiner letzten bedeutenden Kolonie in Asien. Das Abkommen und damit die vereinbarte Abstimmung über eine Vereinigung Vietnams wurde jedoch von Südvietnam und den von nun an in den Konflikt eingreifenden Amerikanern nicht unterschrieben. Daher war Dien Bien Phu nur ein einzelner Schritt zur endgültigen Unabhängigkeit Vietnams.

»Sie haben etwas Besseres verdient«

Tet-Offensive

30./31. Januar 1968

■ Das Photo zeigt eine Frau, die nach dem Sieg der südvietnamesischen Truppen darum bittet, mit ihren Kindern die Brücke des Perfume-Flusses in Hué überqueren zu dürfen.

1954, nach der Niederlage der französischen Truppen in Dien Bien Phu und im Anschluss an die Genfer Indochinakonferenz, wurde Vietnam de facto geteilt – in den kommunistischen Norden mit der Hauptstadt Hanoi und den Süden mit der Hauptstadt Saigon. Wahlen und eine spätere Vereinigung waren zwar die ausdrücklichen Ziele der Konferenzteilnehmer gewesen – aber die Vereinigten Staaten verfolgten eigene Ziele. Sie forcierten die Teilung, und Washington begann, den Süden massiv zu unterstützen. Es brauchte in Asien ein Gegengewicht gegen den kommunistischen Block aus China und Russland, die ihrerseits Nordvietnam unterstützten. Die amerikanische Hilfe floss jedoch an ein korruptes Regime, das lediglich die Interessen einiger Cliquen verfolgte und

in der Bevölkerung allmählich jeden Rückhalt verlor. Widerstand flammte auf, blieb aber unkoordiniert und begrenzt.

Das änderte sich zu Beginn der 1960er Jahre, als Hanoi für die Gegner der Saigoner Regierung eine politische Plattform, die »Nationale Befreiungsfront«, organisierte. Deren militärischer Flügel, der Vietcong, wurde vom Norden mit Waffen versorgt. Bald kämpften auch reguläre nordvietnamesische Truppen an der Seite des Vietcong. Vereint drängten Hanoi und der Vietcong die mäßig motivierten Regierungstruppen aus den ländlichen Regionen des Südens in die Städte zurück. Ihr Sieg schien nur eine Frage der Zeit.

In dieser kritischen Situation intervenierten die USA direkt. Im Norden operierten sie aus der Luft und zur See, im Süden waren seit 1965 amerikanische Bodentruppen aktiv. Die Bombenangriffe, so die einfache Rechnung, brächten Hanoi schon zur Räson. Doch Nordvietnams Wirtschaft und Kriegspotenzial waren gegen Luftangriffe immun. Also wurden Bombenmenge und Truppenstärke erhöht, bis Mitte 1967 die kritische Marke von einer halben Million in Südvietnam stationierter amerikanischer Soldaten erreicht war. Die militärische Lage Saigons stabilisierte sich zwar, aber der Norden blieb im Süden aktiv.

■ Helme, Gewehre und Stiefel auf einem Schlachtfeld erinnern an gefallene US-Soldaten der Ersten Brigade der 101. Fallschirmspringer-Einheit. Dezember 1967

Eine Eskalation, etwa eine Landung in Nordvietnam, lehnte das politische Washington ab; dies hätte einen militärischen Konflikt mit China und womöglich Russland heraufbeschworen. »Vietnam« wurde so zum Krieg ohne Ende, der ziellose Einsatz bei den Soldaten zusehends unpopulär. In der amerikanischen Heimat begannen Proteste gegen Einberufungen und Bombardements. Selbst innerhalb der Regierung Johnson mehrten sich Zweifel.

Hanoi registrierte den Stimmungsumschwung in der amerikanischen Öffentlichkeit und glaubte, den Krieg mit seinen Mitteln gewinnen zu können. 1967 traf es Vorbereitungen für einen umfassenden Aufstand im Süden, den der Vietcong unter materieller und logistischer Leitung des Nordens organisieren sollte.

■ Das zerstörte Hué im März 1968

Derweil gaben sich die amerikanischen Militärs betont optimistisch. Sie hatten den feindlichen Aufmarsch registriert, erwarteten aber eher ein letztes Aufbäumen des Vietcong, eine Art Kamikaze-Angriff. Am 16. November ließ sich der Oberkommandierende William C. Westmoreland sogar eine definitive Zeitangabe für den Beginn des Rückzugs entlocken; zwei Jahre noch, versprach er, dann kehren unsere Jungs nach Hause zurück.

Anfang Januar 1968 häuften sich die militärischen Zusammenstöße dramatisch. Nordvietnamesische Divisionen wurden im Norden an der Grenzlinie zu Laos, in der Nähe des amerikanischen Stützpunktes Khe Sanh, ausgemacht. Am 20. Januar trafen Granaten den Stützpunkt, zwei Tage später war er umzingelt. Plante Hanoi etwa ein zweites Dien Bien Phu?

Der Hauptangriff der Nordvietnamesen beginnt indes erst an den letzten beiden Januartagen, am Neujahrsfest Tet. Im ganzen Süden beschießt der Vietcong Ziele mit Raketen und Mörsergranaten, erobert Provinzhauptstädte und die alte Kaiserstadt Hué, dringt sogar ins Saigoner Stadtgebiet vor. Es ist eine frontlose, höllische Schlacht. In Hué werden Hunderte Einwohner von den nordvietnamesischen Kämpfern ermordet; im Süden kommt es in My Lai zum Massaker amerikanischer Soldaten an südvietnamesischen Zivilisten.

An vier Punkten entscheidet sich die Schlacht, und an dreien siegen Amerikaner und Südvietnamesen: in Saigon, Hué und Khe Sanh. Zuerst wird der Vietcong aus der Hauptstadt vertrieben. Dann gelingt es, Hué zurückzuerobern. Schließlich bricht der Angriff auf Khe Sanh im Abwehrfeuer der amerikanischen Soldaten und unter den Bombenteppichen der Air Force zusammen. Nein, Khe Sanh wird kein Dien Bien Phu, Hué wird noch nicht kommunistisch, und Saigon ist ab Anfang März wieder die quirlige, übervölkerte Hauptstadt des Südens.

Nur ein einziger Abschnitt der Front, die keine ist, geht verloren – aber der ist entscheidend: Militärs und Politiker verlieren zu Hause in den Vereinigten Staaten ihre Glaubwürdigkeit. Denn offensichtlich ist der Vietcong noch längst nicht geschlagen. Er kommt nach Saigon und besetzt die amerikanische

> Als ich am Nachmittag auf einen Hügel stieg,
> Sang ich oben auf den Körpern,
> Sah ich, Sah ich, Sah ich an einer Hecke
> Eine Mutter, sie hielt ihr Kind umarmt.
> Mütter, klatscht vor Freude über die Körper der Kinder
> Mütter, klatscht und feiert den Frieden
> Jeder klatscht und schlägt noch einmal zu
> Jeder klatscht und begrüßt die harten Zeiten.
> Als ich zum Erdbeerfeld ging,
> Sang ich oben auf den Körpern,
> Sah ich, sah ich, sah ich auf der Straße
> Einen alten Vater, er hielt sein frostkaltes Kind umarmt.
> Als ich am Nachmittag zum Erdbeerfeld ging
> Sah ich, sah ich, sah ich Löcher und Gräben
> Voll mit Körpern meiner Brüder und Schwestern.
> Mütter, klatscht vor Freude über den Krieg
> Schwestern, klatscht und feiert den Frieden
> Jeder klatscht für die Rache
> Jeder klatscht statt zu bereuen.
>
> Trinh Cong Son, Ballade, Hué, März 1968

■ Zwei Vietcong-Kämpfer patrouillieren im Cu-Chi-Tunnelsystem am Rande von Saigon, wo die Guerillas ihren Stützpunkt hatten.

■ Der Polizeichef Saigons, Nguyen Ngoc Loan, erschoss am 1. Februar 1968 einen gefangenen Vietcong-Kämpfer auf offener Straße. Das Photo wurde das berühmteste seiner Zeit – und schockierte die Welt. Polizeichef Loan wurde für seine Tat nie vor Gericht gestellt.

Botschaft. Dass die Besetzer nach wenigen Stunden niedergemacht sind und der Vietcong überall schwere Verluste erleidet, spielt für die amerikanische Öffentlichkeit keine Rolle mehr. Am 22. März gibt Präsident Lyndon B. Johnson einen Wechsel im amerikanischen Oberkommando, Ende des Monats seinen Verzicht auf die erneute Kandidatur zur Präsidentschaft bekannt.

Die für den Vietcong, militärisch betrachtet, desaströse Tet-Offensive endet mit einem politischen Sieg, und zwar für Hanoi. Nicht für den Vietcong, denn nach den herben Verlusten während der Tet-Offensive hatten sich seine Reihen erheblich gelichtet. Hanoi übernahm die alleinige Führung.

Ich ging zu ihr und drehte sie um; und da lag ihr Baby; das habe ich auch getötet. Ich fing einfach nur an zu töten. Es kam einfach so. Nachdem ich das Kind getötet hatte, lief alles einfach weiter. Einfach weiter. Und wenn du einmal angefangen hast, geht es leicht weiter. An dem Tag in My Lai habe ich selber fünfundzwanzig Leute getötet. Selber. Wir haben den ganzen Ort ausgelöscht. Weißt du, wie das ist, in vier oder fünf Stunden fünfhundert Leute zu töten? Wie eine Gaskammer. Du stellst fünfzig Leute, Frauen, alte Männer und Kinder, zusammen und knallst sie einfach ab.
Zeugenaussage eines Teilnehmers am My-Lai-Massaker

Knapp fünf Jahre später beendeten die Amerikaner ihr Engagement. Der Norden hatte damit ein weiteres Etappenziel unter hohen Opfern erreicht und schaffte zwei Jahre darauf das nächste: Im April 1975 fiel Saigon. Die Nordvietnamesen waren die Sieger des Zweiten Indochinakriegs, aber sie zahlten für diesen Sieg einen hohen Preis. Ihr Land war von Bombentrichtern und Massengräbern zerfurcht.

TET-OFFENSIVE – »SIE HABEN ETWAS BESSERES VERDIENT«

 DATEN UND FAKTEN

Historischer Rahmen: Zweiter Indochinakrieg

Zeit: 30. Januar – 7. April 1968

Ort: Südvietnam

Ziele
Vietcong, Nordvietnamesen: Eroberung möglichst vieler größerer Städte. Anschließend war ein umfassender Aufstand gegen die Regierung in Saigon und die Amerikaner geplant.

Alliierte (Südvietnamesen, US-Amerikaner): Niederschlagung des Aufstands

Gegner, Kommandos, Waffen
Vietcong und Nordvietnamesen unter General Giap: Truppenstärke unbekannt; Infanterie und Artillerie; Panzer

Alliierte unter General Westmoreland: Truppenstärke unbekannt; Infanterie und Artillerie; Panzer, Luftwaffe, Marine

Verluste
Vietcong, Nordvietnamesen: im Zeitraum 29. Januar – 6. Februar: 22 748 Tote

Alliierte: im Zeitraum 29. Januar – 6. Februar: 1744 Tote, dazu ca. 3000 getötete Zivilisten

Sieger: militärisch die Alliierten, langfristig die Nordvietnamesen

Verlauf
30. Januar, ab 0.35 Uhr Angriff des Vietcong und der Nordvietnamesen gegen Städte, Flugplätze und militärische Einrichtungen in Südvietnam, u. a. die amerikanischen Stützpunkte Da Nang und Pleiku.

Ab 9.45 Uhr Die Alliierten verkünden das Ende der Tet-Waffenruhe.

31. Januar, ab 2.47 Uhr Vietcong dringen in die amerikanische Botschaft in Saigon ein. Saigon wird mit Granaten und Raketen beschossen. In verschiedenen Stadtteilen kommt es zu Kämpfen.

Ab 3.40 Uhr Der Angriff nordvietnamesischer Truppen gegen Hué beginnt mit Granatbeschuss. Bis Tagesanbruch ist die Zitadelle von Hué fast erobert. Nach Überschreitung des Flusses der Wohlgerüche fällt die Südstadt. Im Laufe des Morgens gerät praktisch ganz Hué unter die Kontrolle der Nordvietnamesen. Im Anschluss an die Eroberung kommt es zum Massaker an ca. 2800 Zivilisten.

9.15 Uhr Die amerikanische Botschaft in Saigon wird wieder freigegeben.

1. Februar Der Flugplatz von Hué wird zurückgewonnen.

4. Februar Rückeroberung der Nordweststrecke der Zitadelle in Hué durch die Alliierten.

5. Februar In Saigon normalisiert sich das Leben wieder. In Hué scheitern alliierte Angriffe auf das Südtor der Zitadelle.

6. Februar In Hué erobern Alliierte die Südwestmauer, die nach Gegenangriffen der Nordvietnamesen wieder geräumt wird.

7.–12. Februar In Hué anhaltende Kämpfe, bei denen keine Seite Boden gewinnt. In Khe Sanh erster Großangriff nordvietnamesischer Truppen gegen die eingeschlossenen Amerikaner.

18. Februar Zweite Großoffensive der Nordvietnamesen und des Vietcong.

22.–24. Februar In Hué Durchbruch der Alliierten von Norden zur Südwestseite der Zitadelle; anschließend Eroberung der Südostseite.

25. Februar, 5 Uhr Der Kampf um Hué ist beendet.

4. März Dritte Großoffensive der Nordvietnamesen und des Vietcong.

16. März Überfall amerikanischer Soldaten auf das südvietnamesische Dorf My Lai. Über 500 unbewaffnete Männer, Frauen und Kinder werden getötet.

22.–26. März Nach schwerem Artilleriebeschuss Angriffe auf Khe Sanh. Die Nordvietnamesen dringen dicht an die Gräben der Amerikaner vor. Der Einsatz der amerikanischen Luftwaffe wird problematisch.

3. April Amerikanischer Entsatzangriff auf Khe Sanh.

7. April Die Verbindung nach Khe Sanh ist wiederhergestellt.

 AUF DEN PUNKT GEBRACHT

Nach der Tet-Offensive kritisierte die amerikanische Öffentlichkeit die hohen Verluste in einem fragwürdigen Krieg, während Nordvietnamesen und Vietcong ihre Entschlossenheit zum Krieg dokumentiert hatten. Die militärische Niederlage wurde so für Nordvietnamesen und Vietcong zum politischen Sieg, Tet für die USA ein »psychologisches Dien Bien Phu«.

Siegfrieden
Jom Kippur
1973

Wäre es nach dem Willen der UNO gegangen, wäre am 15. Mai 1948 neben Israel noch ein zweiter neuer Staat im nahen Osten entstanden. Denn die Vollversammlung hatte Palästina zwischen jüdischen Siedlern und Palästinensern geteilt. Aber den Palästinensern reichte das nicht. Sie wollten alles.

Kaum waren die britischen Truppen, die Palästina bis dahin verwaltet hatten, abgezogen, begannen die Palästinenser in Verkennung der tatsächlichen Lage gemeinsam mit fünf arabischen Staaten Militäroperationen. Die von kurzen Waffenstillständen unterbrochenen drei Wellen schwerer Kämpfe endeten in einem Fiasko für die arabische Seite. Das nächste Mal, so nahmen die Araber sich vor, müsste man also besser gerüstet sein. Denn dass es ein nächstes Mal gäbe, war klar. Und die Ziele blieben dieselben: Israel sollte vom Boden vertilgt, seine Bevölkerung ins Meer gejagt werden. Nur den Zeitpunkt bestimmten die Araber nicht allein.

Acht Jahre später, 1956, führten Israelis und Ägypter zum zweiten Mal Krieg. Der Anlass hatte mit Israel eigentlich nichts zu tun. Es ging um die Hoheitsrechte über den Suezkanal. Ägypten nahm diese Rechte für sich in Anspruch und provozierte damit die alten Kolonialmächte Großbritannien und Frankreich. Diese besetzten die Kanalzone; im Schutz der Aktion eroberte Israel die Sinaihalbinsel, und unter dem Druck von Russen und Amerikanern zogen alle – Franzosen, Briten und Israelis – rasch wieder ab.

■ Israelische Truppen überqueren die Waffenstillstandslinie von 1967 und dringen auf syrisches Gebiet vor.

Bis 1967 hatte sich die geopolitische Lage deutlich verändert und mit ihr der Konflikt zwischen Arabern und Israelis. Der Nahostkonflikt war zum Element in der globalen Rivalität zwischen UdSSR und den USA geworden. Es war nur eine Frage der Zeit, wann es wieder zum Krieg kommen würde.

Und neuerlich wurden die arabischen Staaten von Israel überrascht. Die Ägypter hatten im Mai 1967 auf dem Sinai Streitkräfte zusammengezogen und die UN-Truppen zum Abzug aufgefordert; die hätten bei der geplanten ägyptischen Offensive gestört. Doch was als Beginn der Rückeroberung Palästinas gedacht war,

wurde zum Angriffssignal für die Kampfjets des jüdischen Staates.
Am Morgen des 5. Juni schalteten sie mit einem Präventivschlag
das Gros der ägyptischen Luftwaffe aus. Dennoch meldete Kairo
große Erfolge. Jordanier und Syrer wurden durch Siegesmeldun-
gen getäuscht und rechneten nicht mit dem nächsten israelischen
Angriff, der auch ihre Luftwaffe zerstörte. Sechs Tage später hatte
Israel seinen dritten Krieg gegen die Araber siegreich beendet.
Dabei vergrößerte Israel das von ihm kontrollierte Territorium bis
an den Jordan, Jerusalem befand sich in seiner Hand, die Golanhöhen und der Sinai waren besetzt. Sechs Jahre später, am 6.
Oktober 1973, dem »Jom Kippur« oder Versöhnungstag, werden
die Israelis vom Angriff der Araber überrascht.

■ Siebenundzwanzig israe-
lische Kriegsgefangene werden im Oktober 1973 bei
Damaskus ausländischen Jour-
nalisten vorgeführt. Auf Weisung ihrer syrischen Bewacher
müssen sie die Hände hinter
dem Kopf verschränken.

Auf den Golanhöhen rücken die Syrer mit numerisch weit überlegenen Panzerverbänden
gegen die israelischen Verteidiger vor und treiben sie drei Tage lang unter für beide Seiten
hohen Verlusten zurück. Nach einem heftigen
Artilleriebombardement überquert unterdessen
ägyptische Infanterie, unterstützt von Amphibi-
enpanzern, den Suezkanal. Ein Gegenangriff
israelischer Panzer scheitert im Feuer der Pan-
zerabwehrraketen russischer Bauart.

Am 10. Oktober bekommen die Israelis die Situation am Golan unter Kontrolle. Sie durchbrechen die Front der mittlerweile durch iraki-
sche und jordanische Panzer unterstützten Syrer

Naher Osten 6. Oktober 1973
▬ Israelische Stellungen
▬ Ägyptische und syrische
Stellungen
- - Grenzen

Libanon
Syrien
Beirut
Damaskus
Golan-
höhen
Haifa
Dera
El AR
Mittelmeer
Tel-Aviv
Jerusalem
Amman
Alexandria
Damietta
Port Said
Israel
El Mansura
Quantara
Jordanien
Kairo
Suez
Sinai
Saudi-
Arabien
Ägypten
Golf von Suez
Golf von Akaba
N

■ Israelische Soldaten nehmen an einem Artilleriegeschütz syrische Stellungen unter Feuer.

und drohen mit einem Vormarsch auf Damaskus. Die Russen beginnen, über eine Luftbrücke Material zu ihren Verbündeten zu transportieren. Sie drängen den ägyptischen Präsidenten Sadat zum Waffenstillstand an den gewonnenen Linien. Sadat lehnt ab – er will mehr. Nun fangen auch die Amerikaner an, Material nach Israel zu schaffen. Am 14. wendet sich das Blatt zugunsten der Israelis. Die Ägypter verlieren die nach Kursk größte Panzerschlacht der Geschichte. Dann, am frühen Morgen des 16., finden israelische Panzer auf dem Sinai einen Weg, den bis dahin geschickt operierenden Ägyptern gefährlich zu werden. Unter General Ariel Sharon setzen sie über den Suezkanal und schneiden die 3. ägyptische Armee vom Hinterland ab. Ein weiterer israelischer Sieg wird nur durch das Eingreifen der Supermächte verhindert.

Nun begannen die Ägypter neuerlich, sich und die Öffentlichkeit über die eigene Niederlage zu täuschen. Sie begründeten das Ende des Krieges und den Waffenstillstand mit dem Eingreifen der Amerikaner. »Ich bin gewillt, gegen Israel zu kämpfen, egal wie lange«, erklärte Sadat, »aber niemals gegen die USA.« Sollte wohl heißen: Nein, Ägypten war Israel nicht militärisch unterlegen gewesen, sondern allein der Vernunft gefolgt und hatte den Konflikt mit den Vereinigten Staaten vermieden. Allerdings brachte die Selbsttäuschung der Ägypter etwas Gutes: Der Jom-Kippur-Krieg hatte plötzlich zwei Sieger. Beide, Israel und Ägypten, beendeten in den folgenden Jahren den Kriegszustand und das Abkommen von Camp David brachte 1978 zwischen Jerusalem und Kairo endlich Frieden; schrittweise räumte Israel die Sinaihalbinsel. Die beiden großen Verlierer des Krieges, Palästinenser und Syrer, verweigern dagegen bis heute jede friedlichen Einigung mit den Israelis.

Es war ein guter Tag. unsere Truppen haben wieder zu sich gefunden und die Ägypter auch.
Funkspruch des israelischen Generals Bar-Lev nach dem Sieg der Israelis und den Propagandameldungen der Ägypter.

JOM KIPPUR – SIEGFRIEDEN

 DATEN UND FAKTEN

Historischer Rahmen: Nahost-Konflikt

Zeit: 6.–24. Oktober 1973

Ort: Ägypten, Israel, Syrien; westlicher Sinai, Golanhöhen

Ziele
Ägypter, Syrer: Rückeroberung zumindest einiger der im Sechs-Tage-Krieg von 1967 verlorenen Gebiete

Israelis: Abwehr des gemeinsamen Angriffs von Ägyptern und Syrern

Gegner, Kommandos, Waffen
Ägypter, Syrer: 800 000 Mann; 2200 Panzer, 150 Raketenbatterien, 550 Kampfflugzeuge von den Ägyptern, 1 500 Panzer von den Syrern

Israelis: unbekannt

Verluste
Ägypter, Syrer: 5000 Tote, 580 Panzer bei den Ägyptern; 3500–8000 Tote, 860–1150 Panzer bei den Syrern; dazu 278 Tote, 100–125 Panzer bei den Irakern; 23 Tote, 25–50 Panzer bei den Jordaniern

Israelis: 2000 Tote, 500 Panzer

Sieger: Israelis

Verlauf
6. Oktober, 14 Uhr Ägypten und Syrien beginnen schwere Luftangriffe gegen israelische Stellungen am Golan und im westlichen Sinai (»Bar-Lev-Linie«). Der Einsatz der israelischen Luftwaffe wird durch starke Raketenabwehr der Ägypter unterbunden.

14.15 Uhr Ägyptische Truppen überqueren den Suezkanal im nördlichen Abschnitt.

7. Oktober, 9.30 Uhr Israelis räumen Stellungen am Suezkanal.

ab 7. Oktober Ägypter überqueren mit Infanterie und Panzern den Suezkanal südlich des Bitter-Sees und rücken Richtung Mitla-Pass vor.

8. Oktober Ein israelischer Gegenangriff scheitert unter hohen Verlusten.

ab 9. Oktober Die Frontlinie am Suezkanal stabilisiert sich. Syrer durchbrechen die Verteidigungslinien der Israelis auf dem Golan und erreichen die vor dem Sechs-Tage-Krieg gültigen Waffenstillstandslinien.

11. Oktober Beginn der Gegenangriffe der Israelis gegen die syrischen Panzerverbände. Die Syrer werden zum Teil nach Syrien zurückgedrängt.

12. Oktober Von Süden beginnen schlecht koordinierte Angriffe irakischer und jordanischer Panzerverbände gegen israelische Panzer.

13. Oktober Die Panzerverbände erreichen die Hauptstraße nach Damaskus.

Es erfolgt kein weiteres Vorstoßen der Israelis. Die Ägypter beginnen Vorstöße Richtung Osten, um die Syrer zu entlasten.

14. Oktober Auf dem südlichen Frontabschnitt des Sinai kommt es zur zweitgrößten Panzerschlacht der Geschichte. Sie endet mit einer Niederlage der Ägypter.

15. Oktober Beginn des israelischen Gegenangriffs an der Nahtstelle zwischen dem ägyptischen II. und III. Korps.

16. Oktober, 1.35 Uhr Israelische Truppen überqueren den Suezkanal bei Déversoir.

17. Oktober, 16 Uhr Der Vorstoß wird nach der Errichtung von Pontonbrücken deutlich verstärkt. Die Ägypter beginnen mit Angriffen gegen den relativ schmalen Korridor. Alle Angriffe werden in den folgenden Tagen von den Israelis abgewiesen.

ab 18. Oktober Die am westlichen Ufer des Suezkanals operierenden israelischen Verbände stoßen nach Norden, Westen und Süden vor. Dabei werden die Raketenabschussplätze der Ägypter zerstört. Die israelische Luftwaffe kann anschließend erfolgreich in die Bodenkämpfe eingreifen.

21. Oktober Das ägyptische III. Korps ist auf dem Ostufer des Suezkanals abgeschnitten. Der Weltsicherheitsrat fordert den sofortigen Waffenstillstand.

24. Oktober Israel folgt den Forderungen des Weltsicherheitsrates. Zuvor sind seine Truppen bis Ismailia westlich des Suezkanals vorgestoßen.

 AUF DEN PUNKT GEBRACHT

Der Jom-Kippur-Krieg kam für Israel überraschend und beendete mit den Anfangserfolgen die Kette von demütigenden Niederlagen der Ägypter in den vorherigen Kriegen. Vor allem deshalb öffnete er trotz der späteren israelischen Siege den Weg zum Friedensvertrag von Camp David, in dessen Folge Israel den 1967 im Sechs-Tage-Krieg eroberten Sinai räumte.

KLEINES GLOSSAR WICHTIGER MILITÄRISCHER BEGRIFFE

Admiral
Befehlshaber eines größeren Flottenverbands; entspricht einem General beim Landheer

Angriff
Wer in einer militärischen Auseinandersetzung, sei es ein Krieg oder eine begrenzte Kampfhandlung, angreift, sucht sich durch das Überraschungsmoment einen Vorteil zu verschaffen. Der Nachteil des Angreifers ist, dass er auf das vom Gegner kontrollierte Gebiet vordringen muss. Dieser Nachteil beim Angriff ist bei der Verteidigung der oft entscheidende Vorteil.

Armee
Landstreitkräfte, auch ein besonders großer Verband dieser Streitkräfte

Artillerie
Von besonderen Verbänden in Stellung gebrachte und abgefeuerte großkalibrige Schusswaffen (Geschütze). Wichtige Artilleriewaffen sind Kanonen, Haubitzen und Mörser. Sie unterscheiden sich durch die unterschiedlich steilen ballistischen Kurven, die ihre Geschosse beschreiben, denen unterschiedliche Anwendungen entsprechen. Moderne Artilleriewaffen sind auch Panzer- und Flugabwehrkanonen (Pak und Flak). Auch hinsichtlich von Raketenwaffen spricht man von Artillerie. Eine Artilleriestellung heißt ▶ Batterie.

Aufklärung
Erkundung der feindlichen ▶ Linien und ▶ Stellungen durch einzelne Aufklärer und Aufklärungstrupps oder -schiffe, aber auch aus der Luft von Ballons oder Flugzeugen aus

Bataillon
Militärische Einheit aus mehreren Kompanien; mehrere Bataillone sind zu einer Brigade oder einem Regiment zusammengefasst.

Batterie
Eine Stellung aus mehreren Artilleriegeschützen; auch die diese betreuende Truppeneinheit

Befehl
Militärische Form der Entscheidungsübermittlung vom obersten Befehlshaber bis zum letzten Mann. Die einzelnen Einheiten müssen dem Willen des jeweiligen Befehlshabers gehorchen, damit dieser erfolgsversprechende, taktische und ▶ strategische Entscheidungen treffen kann; kein Soldat darf also einem Befehl widersprechen.

Belagerung
Militärische Aktion gegen eine ▶ Stellung oder ▶ Festung, die angesichts der vom Gegner errichteten Hindernisse besonders aufwändig und oft auch verlustreich ist. An die Stelle des direkten Angriffs tritt bei der Belagerung die Bemühung, den Gegner von seinem Nachschub abzuschneiden, und der Beschuss der Eingeschlossenen aus der Distanz. Der Sturm, der eine erfolgreiche Belagerung abschließt, findet erst statt, wenn die Belagerten schon deutlich geschwächt sind.

Bewegungskrieg
Kriegsführung, die durch schnelle Vorstöße geprägt ist. Ziel des Bewegungskriegs ist es, den militärischen Konflikt schnell zu Ende zu bringen und einen ▶ Stellungskrieg zu verhindern. Das Ideal einer Schlacht im Bewegungskrieg ist die ▶ Umfassungsschlacht.

Bogenschützen
In der Antike und im Mittelalter stellten die Bogenschützen zusammen mit Steinschleuderern und Speerwerfern die Leichtbewaffneten, die mit ihren Geschossen einen Angriff eröffneten. Indem sie den Feind schwächten, bevor es zwischen Schwerbewaffneten oder Rittern zum Kampf Mann gegen Mann kam, konnten die Bogenschützen auch Schlachten entscheiden.

Bombe
Gegen ein bestimmtes Ziel eingesetzter Explosivkörper; früher von ▶ Geschützen abgefeuert (Granate), heute von Flugzeugen abgeworfen

Bomber
Bombenflugzeuge sind wegen ihrer Nutzlast weniger beweglich als etwa ▶ Jagdflugzeuge und müssen von diesen gegen feindliche Jäger geschützt werden. Zum Schutz gegen die Fliegerabwehr des Gegners fliegen Bomber zumeist in großer Höhe.

Brigade
Truppeneinheit. In der Vergangenheit oft kleinere Verbände (Reiterbrigade); heute zumeist größere Einheit aus mehreren ▸ Bataillonen, ähnlich dem ▸ Regiment.

Bunker
Meist in die Erde eingelassener befestigter Unterstand, seit dem Ersten Weltkrieg oft mit Betonmauern versehen.

Division
Wörtlich »Abteilung«. In modernen ▸ Armeen große ▸ Einheit aus mehreren ▸ Brigaden oder ▸ Regimentern. Eine Division wird von einem ▸ General geführt.

Einheit
Jede Armee ist in Einheiten unterteilt, die wiederum aus Einheiten zusammengesetzt sind. Die wichtigsten Einheiten in einer modernen Armee sind in der Reihenfolge ihrer Größe: ▸ Division, ▸ Brigade oder ▸ Regiment, ▸ Bataillon und ▸ Kompanie.

Etappe ▸ Versorgungseinheiten

Feldmarschall
Oberster oder einer der obersten Generäle; auch Ehrentitel für einen verdienten General

Festung
Zunächst jeder stark befestigter und mit einer ▸ Garnison belegter Ort. In der Neuzeit bis zum Ersten Weltkrieg eine stark befestigte Stadt. Zur Festung gehören einzelne, oft weit auseinanderliegende Festungswerke oder ▸ Forts. Entlang einer Staatengrenze hat es in der Vergangenheit umfangreiche Festungssysteme gegeben.

Flotte
Im Sinne von »Marine« die Seestreitmacht eines Staates; ähnlich wie ▸ Armee wird der Begriff jedoch auch für eine besonders große Marineeinheit gebraucht. Kleinere

Flotten werden auch Flotillen genannt; diese setzen sich wieder aus ▸ Geschwadern zusammen.

Flugzeugträger
Seit dem Zweiten Weltkrieg, in dem die Luftüberlegenheit sich fast immer als kampfentscheidend erwiesen hat, wichtigster Schiffstyp der großen Kriegsflotten. Flugzeugträger stellen ihrerseits empfindliche Ziele dar und werden deshalb in der Regel von weiteren Kriegsschiffen begleitet.

Fort
Stark befestigte ▸ Stellung, für den Deutsch-Französischen Krieg von 1870 und den Ersten Weltkrieg sind die äußeren Anlagen einer ▸ Festung gemeint, wenn von Forts die Rede ist.

Front
Die ▸ Linie einer militärischen Einheit, die dem Gegner am nächsten ist

Galeere
Bis in die frühe Neuzeit ein von Ruderern bewegtes Kriegsschiff

Garnison
Die Besatzung eines Ortes, vor allem einer ▸ Festung

General
Hoher Offizier, Befehlshaber einer Armee oder einer Division, zumindest aber eines Regiments oder einer Brigade. Die höchsten Generäle nach einem (General-)Feldmarschall sind Generaloberst und Generalleutnant; es folgen der Generalmajor und in manchen Armeen der Brigadegeneral.

Generalstab ▸ Stab

Geschütz
Waffe der ▸ Artillerie

Geschwader
Einheit von Schiffen oder Flugzeugen, ▸ Flotte

Granate
Mit Explosivmaterial gefülltes Geschoss; Granaten werden heute in der Regel von ▸ Geschützen abgefeuert; man spricht aber auch von Handgranaten (die geworfen werden) und von (wie kleine Raketen funktionierenden) Gewehrgranaten. Siehe auch ▸ Bombe.

Hauptmann
Auch »Kapitän«: traditionell Anführer der kleinsten weitgehend selbstständig operierenden Einheit. Heute meist Führer einer ▸ Kompanie.

Heer ▸ Armee

Hoplit
Schwerbewaffneter im alten Griechenland. In einer eng geschlossenen Linie nebeneinander aufgestellt, bildeten die Hopliten die ▸ Phalanx.

Infanterie
Fußtrupppe; bis heute oft die am wenigsten geachteste, aber größte ▸ Waffengattung

Jagdflugzeuge / Jäger
Schnelle und leichte Flugzeuge, deren wichtigste Aufgabe die Bekämpfung der gegnerischen Flugzeuge ist

Kolonne
Marschsäule im Unterschied zu einer breit aufgefächerten Front. Schnelle ▸ Vorstöße werden von hintereinander gestaffelten Kolonnen vorgetragen. Panzer stoßen meist als Kolonnen vor. Auch ▸ Rückzüge geschehen meist in Form von Kolonnen.

Kompanie
Basis- ▸ Einheit moderner Armeen, meist von einem Hauptmann befehligt

Kapitän
Kommandant einer kleinen Marineeinheit, die in der Regel einer Schiffsbesatzung entspricht; oft

auch gleichbedeutend mit ▸ Hauptmann

Kavallerie
Reiterei. Kavallerie spielt militärisch seit dem späteren 19. Jahrhundert kaum noch eine Rolle; dennoch wurden Kavallerieeinheiten noch im Zweiten Weltkrieg eingesetzt. Es gab ganze Kavallerie- ▸ Divisionen und ▸ Regimenter; die Grundeinheit war meist die ▸ Schwadron.

Korps
Als Armeekorps eine Großeinheit aus mehreren ▸ Divisionen. Man spricht auch vom Offiziers- und Unteroffizierskorps im Sinne der festgefügten Gemeinschaft aller Offiziere oder Unteroffiziere. Der »Korpsgeist« schweißt sie zu einem einzigen »Körper« zusammen. Das Korpskommando wird durch einen kommandierenden General geführt.

Kreuzer
Mittelgroßes Kriegsschiff, schneller, aber leichter bewaffnet und weniger gepanzert als ein ▸ Schlachtschiff

Legion
Größte ▸ Einheit der römischen Armee. Eine Legion wurde von einem Militärtribunen befehligt. Auch in neuester Zeit wurden militärische Einheiten »Legion« benannt, etwa die französische Fremdenlegion. Als Legionäre werden auch die modernen Söldner bezeichnet.

Linie
Die Reihe, in der Soldaten und Einheiten nebeneinander aufgestellt sind, sodass sie sich an den Handlungen ihrer Nachbarn orientieren und Befehle, Nachschub etc. weitergeben können. Die vorderste Linie ist die ▸ Front; dahinter sichern Verbindungslinien den Kontakt möglichst aller Einheiten einer Armee.

Luftwaffe
Erstmals im Ersten Weltkrieg auftretende ▸ Waffengattung, im Zweiten Weltkrieg bereits kriegsentscheidend. Die Luftwaffe kann in einzelne Luftflotten, ▸ Geschwader und Staffeln gegliedert sein. Man unterscheidet bei den Flugzeugen zwischen Jagd- und Kampfflugzeugen, Bombern und Transportflugzeugen.

Major
Höherer ▸ Offizier, z. B. Bataillonskommandeur

Mannschaften
Soldaten oder Matrosen, die weder ▸ Offiziere noch ▸ Unteroffiziere sind, das Gros der Angehörigen der Streitkräfte. Bewährte Mannschaftsangehörige werden zu Gefreiten ernannt, von denen es wiederum mehrere Klassen geben kann.

Marine ▸ Flotte

Oberst
Höherer Offizier, z. B. Befehlshaber eines Regiments

Offizier
Meist aus der herrschenden Gesellschaftsschicht eines Landes (in Deutschland war das bis zum Ersten Weltkrieg der Adel) stammender militärischer Anführer, dem eine Karriere bis zum Generalsrang offensteht. Offiziere in der Ausbildungszeit heißen Kadetten oder Fähnriche; junge Offiziere im normalen Dienst sind Leutnants. Wenn sie zum Hauptmann befördert sind, führen sie in der Regel eine ▸ Kompanie. Eine besondere Ausbildung, die einer akademischen entspricht, ist die Voraussetzung für die Beförderung in den Rang der Stabsoffiziere: Major, Oberstleutnant und Oberst. Besonders befähigte Stabsoffiziere werden vom Oberst zum ▸ General befördert.

Panzer
In der Antike und im Mittelalter die meist eiserne Schutzrüstung eines Kriegers. Die modernen motorisierten Panzer (»Tanks«) werden zum ersten Male im Ersten Weltkrieg eingesetzt. Im Zweiten Weltkrieg ist die Panzerwaffe neben der Luftwaffe bereits kriegsentscheidend. Die Panzerwaffe wird seitdem häufig als eigene ▸ Waffengattung betrachtet. Panzer unterscheiden sich je nach Einsatzart, vor allem in der Stärke ihrer Geschütze und ihrer Panzerung. Schwere Panzer sind besser geschützt und bewaffnet, aber weniger beweglich als leichte.

Phalanx
Die festgefügte Schlachtreihe der Schwerbewaffneten (▸ Hopliten) in der Antike; im übertragenen Sinne jede besonders starke Kampfaufstellung

Prisenordnung / Prisenrecht
Im Völkerrecht verbindlich festgehaltene Ordung des Seekriegs: Schiffe des Gegners und ihre Ladung dürfen im Kriegsfall genommen werden. Küstenschiffahrt und Küstenfischerei sind davon ausgenommen. Für den Gegner bestimmte Waren aus neutralen Staaten stellen keine »Prise« dar, d. h., dürfen nicht genommen werden, es sei denn, es handelt sich um Kriegsmaterial oder von einem Embargo betroffene Waren. Neutrale Schiffe dürfen auf solche Güter untersucht werden. Seit dem U-Boot-Krieg des Ersten Weltkriegs, in dem die Deutschen den gesamten Nordatlantik zum Sperrgebiet für jeglichen Warenverkehr erklärten und damit die Prisenordnung ad absurdum führten, spielt diese praktisch kaum noch eine Rolle.

Rangordnung
Ohne eine strikte Rangordnung kommt anscheinend keine Streitmacht der Welt aus; sie spiegelt die Abfolge von Befehlsempfängern wider, mittels derer eine Armee von

einer zentralen Stelle aus gelenkt werden kann. In der modernen Armee steht an der Spitze der Rangordnung die Generalität, die sich auf das Offizierskorps stützt. Zwischen ► Offizieren und ► Mannschaften vermitteln die ► Unteroffiziere.

Regiment
Größere Einheit unterhalb der Division, umfasst mehrere Bataillone. In den deutschen Streitkräften wurden nach dem Zweiten Weltkrieg die Regimenter durch Brigaden ersetzt, entsprechend dem amerikanischen Vorbild.

Ritter
In der Antike war die Kavallerie meist den Reichen vorbehalten, die sich die Pferdehaltung leisten konnten. »Ritter« wurde dadurch auch zu so etwas wie einem Ehrentitel. Im Mittelalter waren Berittene, eben die Ritter, die Kerntruppen der Heere. Schlachten wurden lange Zeit durch mit schwerer Rüstung auf schweren Pferden sitzende Lanzenreiter entschieden. Die Ritter prägten die feudale Gesellschaft der Zeit. Auch in der Neuzeit galt die Mitgliedschaft in der ► Kavallerie als besonders ehrenwert.

Rückzug
Zur »Kriegskunst« gehört nicht zuletzt die Fähigkeit, im richtigen Moment einen geordneten Rückzug anzutreten, um unnötige Verluste zu vermeiden, insbesondere um ► Umfassungsschlachten zu vermeiden.

Schlacht
Versuch, durch äußerste Kraftanstrengung die Entscheidung in einem kriegerischen Konflikt herbeizuführen. Es ist der Angreifer, der die Schlacht sucht, während der Angegriffene einer Schlacht so lange aus dem Weg gehen wird, wie er sich für eine Entscheidung noch nicht gerüstet fühlt. Der Angreifer wird versuchen, ihn vorher zur Schlacht zu stellen.

Schlachtschiff
Seit dem späten 19. Jahrhunderts sind Schlachtschiffe die größten, am besten gepanzerten und mit den meisten und schwersten Geschützen ausgestatteten Kriegsschiffe. Sie führen eine Flotte oder einen Flottenverband an.

Schwadron
Kavallerieeinheit

Stab
Im Unterschied zu den Kommandeuren der einzelnen Einheiten die Offiziere, die einem General oder anderen oberen Befehlshaber unmittelbar zugeordnet sind, mit ihm ► Strategie und Taktik erarbeiten und die Ausführung der Befehle in den einzelnen Einheiten überwachen. Der oberste dieser Stäbe ist der Generalstab.

Stellung
Die von einer militärischen Einheit einmal eingenommene und, soweit die Zeit es zulässt, befestigte Position. Eine Stellung kann die Ausgangsstellung eines ► Angriffs oder auch eines ► Rückzugs sein. Bei unbeweglicher Front wird die Stellung immer mehr befestigt. Die Truppe »gräbt sich ein«. Wenn dies in großem Umfang der Fall ist, spricht man von einem Stellungskrieg.

Stellungskrieg ► Stellung

Strategie
Wörtlich: Feldherrenkunst. Das militärische Kalkül, das über die unmittelbare Situation hinaus denkt und stets einen dauerhaften und umfassenden Sieg im Blick hat. Im Sinne der Strategie kann sogar das Inkaufnehmen einer begrenzten Niederlage sinnvoll sein. Das erfolgsbezogene Denken in einem beschränkteren Rahmen heißt dagegen Taktik.

Streitwagen
In der Bronzezeit aufkommendes erstes umfassendes technisches »Waffensystem« der Geschichte, bestehend aus einem von zwei Pferden gezogenen und mit einem Lenker und einem Kämpfer besetzten zweirädrigen offenen Wagen

Taktik ► Strategie

Torpedo
Durch Druckluft vorangetriebenes Unterwassergeschoss, wichtigste Bewaffnung der ► U-Boote

Triere / Trireme
»Dreiruderer«, die in der Antike üblichen Kriegsschiffe, in der drei Reihen von Ruderern auf beiden Seiten des Schiffes in drei »Etagen« übereinander saßen. Die durch die vielen Ruderer erreichte hohe Geschwindigkeit des Schiffs wurde vor allem beim Rammen gegnerischer Schiffe genutzt. Die Galeeren des Mittelalters und der frühen Neuzeit ähneln den antiken Trieren.

U-Boot / U-Boot-Krieg
Unterseeboote wurden zum ersten Mal im Ersten Weltkrieg in großem Stil eingesetzt, vor allem von den Deutschen, die durch den U-Boot-Krieg den Nachschub für die britische Kriegswirtschaft über den Atlantik zu unterbinden hofften. U-Boote versenkten Kriegs- und Handelsschiffe mit ihren ► Torpedos. Als wirksamste Waffe gegen sie erwiesen sich von Flugzeugen abgeworfene Wasserbomben.

Umfassungsschlacht
Ideal der Feldherrenkunst: Der Gegner wird durch schnelle Vorstöße der eigenen Truppen umfasst (»eingekesselt«), dadurch vom Nachschub abgeschnitten und leicht zum Opfer der Artillerie. Feldherren sind stets auch bestrebt, der Umfassung durch den Gegner durch rechtzeitigen taktischen ► Rückzug zu entgehen. Einmal eingekesselt, hat die bedrängte Einheit nur noch die Möglichkeit, aus dem Kessel auszubrechen, die Umklammerung durch den Gegner aufzubrechen.

Unteroffizier
Führer kleinster militärischer Gruppen, setzen die Befehle der ▶ Offiziere bei den ▶ Mannschaften um. Höhere Unteroffiziere sind die Feldwebel oder (bei der Marine) Maate.

Verteidigung ▶ Angriff

Versorgungseinheiten
Der größte Teil einer Streitmacht ist nicht an der Front, sondern in der »Etappe« mit der Versorgung der Soldaten an der Front mit Lebensmitteln, Munition usw. beschäftigt. Zu den Versorgungseinheiten gehören Transporteinheiten, Lazaretteinheiten usw.

Vorstoß
Der Versuch, auf das vom Gegner gehaltene Territorium möglichst schnell vorzudringen, um seine Truppen zu überraschen, möglicherweise im Rücken anzugreifen und so zu umfassen und zu vernichten. Ziel eines Vorstoßes ist es in der Regel nicht, das Territorium des Gegners zu besetzen, sondern seine Kampfkraft zu vernichten.

Waffengattungen
Die nach ihrer Funktion unterschiedenen Teile der Streitmacht. Zunächst die auch »Teilstreitmächte« genannten Waffengattungen Heer (Armee), Flotte (Marine) und Luftwaffe, dann aber auch Infante-

rie, Kavallerie oder Panzerwaffe, Artillerie usw.

Zerstörer
Gegenüber ▶ Kreuzer und ▶ Schlachtschiff kleineres, leichteres und beweglicheres Kriegsschiff

PERSONENREGISTER

ORTSREGISTER

BILDNACHWEIS

Der Verlag dankt allen, die uns Bilder zur Verfügung gestellt haben, für die freundliche Genehmigung zum Abdruck. Leider war es uns nicht in allen Fällen möglich, die Rechteinhaber ausfindig zu machen; alle Ansprüche bleiben gewahrt.

AKG Berlin: S. 1, 6–8, 13, 17, 23 oben, 26, 28 und U1, 30, 31 oben, 35 oben, 40, 41, 46 oben, 48, 50 oben, 50 unten und Buchrücken, 51, 52, 55 und 4, 56, 59 oben und unten, 60, 62–64, 65 unten, 66, 70 oben und 4, 71 unten, 74, 75 oben, 76, 79 und U4, 83, 84, 90 unten, 91 und U4, 92, 96, 100, 103 oben, 104, 110, 111 oben, 112, 114 oben, 116, 118–120, 122 unten, 123, 124, 125 und 4, 126, 129, 130, 132, 134, 135 oben und 5, 136, 140, 142, 144 unten, 145 oben und 3, 148–150, 151 unten, 152, 155 unten, 156–158, 160, 162–164 oben, 166, 167, 168 unten, 170, 172–174, 176–179, 182 und U4, 183 oben und unten, 184 oben und unten, 186, 188 unten, 189, 191 unten, 192, 195–197, 200, 201 oben und unten, 203, 204, 206 unten, 207 und U1, 211, 215, 216, 218, 220–222, 225 unten und 5, 226, 227, 233, 234, 236, 237 oben, 238 oben und unten, 239, 240, 242 unten und U1, 243, 244, 246, 248 unten, 249–252, 255 oben, 258, 264, 280 · AKG Berlin / British Library: S. 98 und 5, 99 · AKG Berlin / Erich Lessing: S. 12, 14 oben und unten, 16 oben, 18, 19, 38, 45 oben, 72, 80, 86 unten – 88, 103 unten und U1 · AKG Berlin / Günter Lachmuth: S. 161 oben · AKG Berlin / John Hios: S. 23 unten, 29 unten und U4 · AKG Berlin / S. Domingie: S. 102 · AKG Berlin / VISIOARS: S. 131 · AKG Berlin / Werner Forman: S. 34, 36 unten, 106, 108 · dpa Hamburg: S. 94, 138 unten, 146, 154, 171 unten, 180, 190, 191 oben, 194 unten, 198, 202, 208, 212, 224, 228, 231, 232, 256, 257 und 4, 260 und 4, 261 oben, 262, 263, 266, 267 oben, 268 · © Dr. John Coates: S. 37 · © Gerstenberg Verlag, 2002: alle Karten außer S. 40, 99, 201 · Hirmer Verlag GmbH: S. 42 · Jauch und Scheikowski, Porep: S. 9, 10 und U4, 24, 44, 115, 139, 141, 164 unten, 210 unten und 5, 213 und U4, 214, 245, 254 · Stiebner Verlag GmbH / Karl Reichhold: S. 31 unten · The Ancient Art & Architecture Collection Ltd.: S. 22 · The Bridgeman Art Library: S. 58 · © The British Museum: S. 46 unten, 47 · © Waseda University Library / mit freundlicher Unterstützung des Lehrstuhls für Ostasiatische Geschichte der Universität Erfurt: S. 107 oben

IMPRESSUM

Die Deutsche Bibliothek – CIP-Einheitsaufnahme
Ein Titeldatensatz für diese Publikation ist bei
Der Deutschen Bibliothek erhältlich.

Copyright © 2002 Gerstenberg Verlag, Hildesheim
Alle Rechte vorbehalten.
Gestaltung und Satz: typocepta, Wilhelm Schäfer, Köln
Satz aus der Berthold Concorde und der DTL Caspari
Druck und Bindung: Canale, Torino
Printed in Italy
ISBN 3-8067-2527-6